Jan R. Krezer
Die Kapitalgesellschaft als Schuldnerin der Schuldnerbegünstigung

Reihe Rechtswissenschaft

Band 219

Jan R. Krezer

Die Kapitalgesellschaft als Schuldnerin der Schuldnerbegünstigung

Eine Untersuchung zur tatbestandlichen
Funktionsfähigkeit des § 283d StGB
in der Kapitalgesellschaftsinsolvenz

Centaurus Verlag & Media UG

Über den Autor
Jan R. Krezer studierte Rechtswissenschaften an der Bucerius Law School in Hamburg sowie an der University of Cambridge (Großbritannien). Seit April 2012 ist er Rechtsreferendar am Hanseatischen Oberlandesgericht.

Bibliografische Informationen der Deutschen Nationalbibliothek
Die Deutsche Nationalbibliothek verzeichnet diese Publikation in der Deutschen Nationalbibliografie; detaillierte bibliografische Daten sind im Internet über http://dnb.d-nb.de abrufbar.

Gedruckt auf säurefreiem und chlorfrei gebleichtem Papier.

ISBN 978-3-86226-202-1   ISBN 978-3-86226-936-5 (eBook)
DOI 10.1007/978-3-86226-936-5
ISSN 0177-2805

Alle Rechte, insbesondere das Recht der Vervielfältigung und Verbreitung sowie der Übersetzung, vorbehalten. Kein Teil des Werkes darf in irgendeiner Form (durch Fotokopie, Mikrofilm oder ein anderes Verfahren) ohne schriftliche Genehmigung des Verlages reproduziert oder unter Verwendung elektronischer Systeme verarbeitet, vervielfältigt oder verbreitet werden.

© *CENTAURUS Verlag & Media KG, Freiburg 2012*
www.centaurus-verlag.de

Satz: Vorlage des Autors
Umschlaggestaltung: Jasmin Morgenthaler, Visuelle Kommunikation

Meiner Familie

Istud, quod tu summum putas, gradus est.
(L. Annaeus Seneca, Epistulae morales ad Lucilium, lib. XX, ep. 118, 6)

Vorwort

Die vorliegende Arbeit wurde im Sommertrimester 2012 von der Bucerius Law School als Dissertation angenommen. Das Manuskript wurde im Frühjahr 2012 abgeschlossen. Die mündliche Prüfung fand am 13. September 2012 statt.

Mein besonderer Dank gilt meinem Doktorvater, Herrn Professor Dr. Thomas Rönnau, der mich bereits während des Studiums für das Wirtschafts- und insbesondere das Insolvenzstrafrecht begeistern konnte. Ich danke ihm herzlich für seine hervorragende Betreuung während der Promotionszeit, im Rahmen derer er mir stets als kritischer Diskussionspartner zur Verfügung stand. Frau Professorin Dr. Birgit Weitemeyer danke ich für die zügige Erstellung des Zweitgutachtens.

Der Stiftung der Deutschen Wirtschaft danke ich für die Gewährung eines Studiensowie eines Promotionsstipendiums, wodurch die Entstehung dieser Arbeit ganz maßgeblich gefördert wurde.

Weiterhin danke ich Frau Wiss. Mit. Ramona Francuski, LL.B., vielmals für ungezählte Diskussionen auf höchstem Niveau sowie die gewissenhafte und kritische Durchsicht des Manuskripts.

Mein größter Dank gebührt meiner Familie, die mich stets in jeder nur denkbaren Weise unterstützt hat – ohne ihren bedingungslosen Rückhalt wäre all dies nicht möglich gewesen. Ihr ist diese Arbeit gewidmet.

Hamburg, im September 2012

Jan R. Krezer

Inhaltsverzeichnis

1. KAPITEL: EINLEITUNG, GRUNDLAGEN UND RECHTSTATSÄCHLICHE BEDEUTUNG DER §§ 283 FF. STGB   1

A. EINFÜHRUNG IN DIE THEMATIK   1

B. ZIELBESTIMMUNG UND GANG DER UNTERSUCHUNG   4

C. DER EINZELKAUFMANN ALS NORMORIGINÄRER PROTOTYP DER INSOLVENZDELIKTE IM ENGEREN SINNE   5

D. RECHTSTATSÄCHLICHE BEDEUTUNG DER KAPITALGESELLSCHAFT IN DER INSOLVENZPRAXIS   7

E. DELIKTISCHER ANWENDUNGSBEREICH DER SCHULDNERBEGÜNSTIGUNG NACH § 283D STGB UND KRIMINALPOLITISCHES REGELUNGSBEDÜRFNIS   9

    I. Gesetzeswortlaut der Schuldnerbegünstigung gemäß § 283d StGB   10

    II. Deliktstypischer Anwendungsbereich der Vorschrift und Abgrenzung zum Bankrott   11

    III. Kriminalpolitisches Regelungsbedürfnis aus Sicht des Gesetzgebers   13

F. PRAKTISCHE BEDEUTUNG DER SCHULDNERBEGÜNSTIGUNG NACH § 283D STGB IM INSOLVENZSTRAFRECHT   13

2. KAPITEL: RECHTSFORMÜBERGREIFENDE STRUKTUR- UND TATBESTANDSMERKMALE DER SCHULDNERBEGÜNSTIGUNG   16

A. GESCHÜTZTES RECHTSGUT UND DELIKTSCHARAKTER   16

    I. Tatbestandlich geschütztes Rechtsgut   16

        1. Individualrechtsgut: Befriedigungsinteressen der Gläubigergesamtheit   17

        2. Kollektivrechtsgüter   19

            a) Funktionsfähigkeit der Kreditwirtschaft bzw. der Gesamtwirtschaft   19

            b) Insolvenzmasse bzw. Insolvenzverfahren als solches   20

        3. Stellungnahme   21

    II. Deliktscharakter   25

        1. Normsystematische Einordnung im Kontext der Bankrottdelikte   25

2. Deliktsnatur	27
a) Gläubigerbegünstigung gemäß § 283c StGB	27
b) Bankrott gemäß § 283 StGB bzw. Schuldnerbegünstigung gemäß § 283d StGB	28
B. OBJEKTIVE MERKMALE DES TATBESTANDES	29
I. Tauglicher Täterkreis	30
II. Tatobjekt: Insolvenzmasse	33
III. Tathandlungen: Beiseiteschaffen, Verheimlichen, Zerstören, Beschädigen oder Unbrauchbarmachen	34
IV. Tatsituation: Wirtschaftliche Krise des Schuldners	36
C. ANFORDERUNGEN AN DIE SUBJEKTIVE TATSEITE	37
I. Handeln „mit Einwilligung" des Schuldners nach Zahlungseinstellung, Eröffnung des Insolvenzverfahrens oder gestelltem Eröffnungsantrag	38
II. Handeln „zu Gunsten" des Schuldners nach Zahlungseinstellung, Eröffnung des Insolvenzverfahrens oder gestelltem Eröffnungsantrag	39
III. Handeln „mit Einwilligung" des Schuldners bei (drohender) Zahlungsunfähigkeit	39
IV. Handeln „zu Gunsten" des Schuldners bei (drohender) Zahlungsunfähigkeit	40
V. Zwischenergebnis	40
D. OBJEKTIVE BEDINGUNGEN DER STRAFBARKEIT	42

3. KAPITEL: DIE EINWILLIGUNG DES SCHULDNERS ALS RECHTSFORMABHÄNGIGES TATBESTANDSMERKMAL — 45

A. TATBESTANDLICHE NORMSTRUKTUR DER SCHULDNERBEGÜNSTIGUNG	45
I. Zwei Tatbestandsvarianten: Handeln „mit Einwilligung" (Var. 1) oder „zu Gunsten" (Var. 2) des Schuldners	45
II. Bedeutung der Tatbestandsvarianten beim Vorliegen einer Kapitalgesellschaft als Insolvenzschuldnerin	47
1. Handeln „zu Gunsten" des Schuldners (§ 283d Abs. 1 Var. 2 StGB)	48
2. Handeln „mit Einwilligung" des Schuldners (§ 283d Abs. 1 Var. 1 StGB)	51
III. Zwischenergebnis	51

B. Dogmatische Einordnung des Merkmals der schuldnerischen
Einwilligung 52
I. Die Einwilligung des Schuldners als notwendige Teilnahmehandlung 53
II. Wirksamkeitsvoraussetzungen der schuldnerischen Zustimmung:
Einordnung als Einverständnis oder Einwilligung? 54
III. Erste mögliche Lesart: Einverständnis 55
IV. Zweite mögliche Lesart: Einwilligung 60
 1. Übertragbarkeit der Ansätze zur Reichweite der Einwilligungskompetenz im Kontext der Untreue auf die Schuldnerbegünstigung 60
 2. Die Gesellschafter als „wirtschaftliche Eigentümer" der Gesellschaft 63
  a) Darstellung der Ansicht 63
  b) Kritische Stellungnahme 64
 3. Strafrechtsautonome Betrachtungsweisen 65
  a) Ebene der Vermögensinhaberschaft 66
  b) Ebene der Einwilligung 67
  c) Kritische Stellungnahme 67
 4. Gesellschaftsrechtsakzessorische Bestimmung 71
  a) Gesellschaftsrechtsakzessorietät als Instrument zur Wahrung der
   Einheit der Rechtsordnung 72
  b) Gesellschaftsrechtsakzessorietät als Instrument der
   Willenszurechnung bei juristischen Personen 74
   aa) Gesellschaftsorgane als Voraussetzung der Handlungsfähigkeit
    juristischer Personen 75
   bb) Gesellschaftsrechtliche Willenszurechnung als notwendiger
    Zwischenschritt im Willensbildungsprozess bei juristischen Personen 76
  c) Mögliche Anknüpfungspunkte der Gesellschaftsrechtsakzessorietät:
   Vorschriften über Kapitalerhaltung und Kompetenzgefüge 78
   aa) Kapitalerhaltungsvorschriften 78
   bb) Kompetenzverteilungsvorschriften 80
V. Zwischenergebnis 81

4. KAPITEL: WIRKSAMKEITSVORAUSSETZUNGEN DER SCHULD- NERISCHEN EINWILLIGUNG BEI KAPITALGESELLSCHAFTEN 83

A. GESELLSCHAFT MIT BESCHRÄNKTER HAFTUNG (GMBH) 84
   I. Gesellschaftsrechtliches Kompetenzgefüge 84
   II. Vorschriften über die Kapitalerhaltung 88
      1. § 30 Abs. 1 GmbHG als zentrale Gläubigerschutzbestimmung des GmbHG 89
      2. Die Einwilligung der Kapitalgesellschaft im Sinne von § 283d Abs. 1 Var. 1 StGB als Verstoß gegen § 30 Abs. 1 GmbHG 90
         a) Grundsätzliche Subsumierbarkeit der Handlungsmodalitäten des § 283d Abs. 1 StGB unter § 30 Abs. 1 GmbHG 90
         b) Gesellschaftsrechtliche Auswirkungen eines Verstoßes gegen § 30 Abs. 1 GmbHG 92
         c) § 30 Abs. 1 GmbHG als strafrechtlich relevante Grenze der schuldnerischen Einwilligung nach § 283d Abs. 1 Var. 1 StGB 94
   III. Zwischenergebnis und Auswirkungen auf die Funktionsfähigkeit des Tatbestandes der Schuldnerbegünstigung (§ 283d Abs. 1 Var. 1 StGB) 96

B. HAFTUNGSBESCHRÄNKTE UNTERNEHMERGESELLSCHAFT (UG [HAFTUNGSBESCHRÄNKT]) 98
   I. Die UG als Rechtsformvariante der GmbH und Anwendbarkeit der Regelungen des GmbHG 100
   II. Spezifische Sonderregelungen gemäß § 5a GmbHG 101
      1. Reduziertes Mindeststammkapital 101
      2. Thesaurierungsgebot gemäß § 5a Abs. 3 S. 1 GmbHG 102
         a) Thesaurierungsgebot als Dotierungspflicht einer gesetzliche Rücklage 103
         b) Umgehung der Stammkapitalanwachsung durch Vermeidung thesaurierungspflichtiger Bilanzgewinne 104
      3. Sonstige Sonderregelungen 105
   III. Kapitalerhaltung bei der UG (haftungsbeschränkt) – die Pflichtrücklage als stammkapitalgleicher Schutzgegenstand der §§ 30 ff. GmbHG 106
      1. Gesetzliche Pflichtrücklage als „schwebendes Stammkapital" 106

2. Mögliche Szenarien des Stammkapitalschutzes beim Vorliegen
einer UG (haftungsbeschränkt) 108
   a) Szenario 1: Durch Bareinlage eingebrachtes oder durch
Umwandlung generiertes Stammkapital 108
   b) Szenario 2: Anfallen thesaurierungspflichtiger Bilanzgewinne 109
   c) Szenario 3: Betrieb einer „gewinnlosen" Gesellschaft 109
IV. Auswirkungen auf Umfang und Grenzen der strafrechtlichen
Einwilligungskompetenz der Gesellschafter 111
  1. Unwirksamkeit der Einwilligung wegen Verstoßes gegen §§ 30 ff.
GmbHG 112
  2. Unwirksamkeit der Einwilligung wegen Verstoßes gegen das
Existenzgefährdungsverbot im Übrigen 113
V. Zwischenergebnis und Auswirkungen auf die Funktionsfähigkeit des
Tatbestandes der Schuldnerbegünstigung (§ 283d Abs. 1 Var. 1 StGB) 114

C. AKTIENGESELLSCHAFT (AG) 115
  I. Aktienrechtliche Kompetenzstruktur 115
    1. Vorstand 115
    2. Aufsichtsrat 116
    3. Hauptversammlung 117
  II. Aktienrechtliche Kapitalbindung 119
  III. Auswirkungen auf Inhaberschaft, Umfang und Grenzen der strafrechtlichen Einwilligungskompetenz 121
    1. Aktienrechtliche Kompetenzverteilung – die Hauptversammlung als
einwilligungsbefugtes Gesellschaftsorgan 121
    2. Aktienrechtliche Kapitalbindung als Grenze der Einwilligungskompetenz 125
  IV. Zwischenergebnis und Auswirkungen auf die Funktionsfähigkeit des
Tatbestandes der Schuldnerbegünstigung (§ 283d Abs. 1 Var. 1 StGB) 129

D. SOCIETAS EUROPAEA (SE) 130
  I. Kapitalbindung 132
  II. Kompetenzordnung 133
    1. Hauptversammlung 133
    2. Dualistisch verfasste SE 135
    3. Monistische verfasste SE 136

III. Auswirkungen auf Umfang und Grenzen der strafrechtlichen Einwilligungskompetenz 139
IV. Zwischenergebnis und Auswirkungen auf die Funktionsfähigkeit des Tatbestandes der Schuldnerbegünstigung (§ 283d Abs. 1 Var. 1 StGB) 140
E. KOMMANDITGESELLSCHAFT AUF AKTIEN (KGAA) 141
   I. Kapitalbindung 144
      1. Vermögenseinlage eines Komplementärs 144
      2. Durch die Kommanditaktionäre aufzubringendes Grundkapital 145
   II. Kompetenzordnung 146
      1. Komplementär 147
      2. Hauptversammlung 148
      3. Aufsichtsrat 150
   III. Auswirkungen auf Umfang und Grenzen der strafrechtlichen Einwilligungskompetenz 151
      1. Dispositionsbefugtes Gesellschaftsorgan 151
         a) Grundkapital, Rücklagen und Bilanzgewinn: Dispositionssphäre der Hauptversammlung 152
         b) Vermögenseinlagen: Dispositionssphäre des persönlich haftenden Gesellschafters oder der Hauptversammlung? 153
            aa) Dispositionssphäre des persönlich haftenden Gesellschafter 154
            bb) Dispositionssphäre der Hauptversammlung 155
            cc) Stellungnahme 155
      2. Reichweite der Einwilligungskompetenz 157
   IV. Zwischenergebnis und Auswirkungen auf die Funktionsfähigkeit des Tatbestandes der Schuldnerbegünstigung (§ 283d Abs. 1 Var. 1 StGB) 158
F. ZWISCHENERGEBNIS FÜR DIE VERSCHIEDENEN KAPITALGESELLSCHAFTSFORMEN 160

5. KAPITEL: ZUSAMMENFASSUNG, SCHLUSSFOLGERUNGEN UND AUSBLICK 164

A. DIE SCHULDNERBEGÜNSTIGUNG NACH § 283D STGB ALS BEISPIEL DER EINGESCHRÄNKTEN FUNKTIONSFÄHIGKEIT DER §§ 283 FF. STGB 164

B. ZU ERWARTENDE STEIGERUNG DER RECHTSTATSÄCHLICHEN BEDEUTUNG DER §§ 283 FF. STGB IM LICHTE AKTUELLER ENTWICKLUNGEN 167

C. MÖGLICHER LÖSUNGSANSATZ ZUR WIEDERHERSTELLUNG DER
FUNKTIONSFÄHIGKEIT DES § 283D STGB 169
  I. Vorschlag zur Einfügung eines auf Kapitalgesellschaften
     zugeschnittenen § 283d Abs. 2 StGB n. F. 170
  II. Die Strafvorschriften des englischen Insolvency Act als Vorbild 172
D. SCHLUSSWORT 173

1. Kapitel: Einleitung, Grundlagen und rechtstatsächliche Bedeutung der §§ 283 ff. StGB

A. Einführung in die Thematik

Forderungen in Höhe von bis zu 500 Millionen Euro, rund 750.000 Gläubiger[1]: Das Insolvenzverfahren über das Vermögen des Strom- und Gasanbieters *TelDaFax*[2], welches durch den am 14. Juni 2011 gestellten Eröffnungsantrag seinen Anfang nahm, wird aller Voraussicht nach als bisher größtes in die deutsche Wirtschaftsgeschichte eingehen. Die schiere Dimension des drohenden Insolvenzschadens sowie die unüberschaubare Anzahl an betroffenen Gläubigern führen dabei zugleich einmal mehr eindrucksvoll vor Augen, welche erhebliche volkswirtschaftliche Bedeutung dem Insolvenzverfahren als gesetzlich institutionalisiertem Rahmen des Gläubigerschutzes zukommt – eine Bedeutung, der sich auch das Strafrecht anzunehmen hat.[3] *„Hundert Diebe können in der Regel nicht das zusammenstehlen, was ein einziger Durchschnittsbankrotteur an Schaden anrichtet"*[4] – unter dem Eindruck der genannten Zahlen erscheint dieser Ausspruch von *Walter Zirpins* und *Otto Terstegen* aus dem Jahr 1963 heute aktueller denn je. Nicht zu unterschätzen ist überdies der naturgemäß zyklische Charakter der Insolvenz als zeitlich verzögerter Folgewirkung wirtschaftlicher Krisensituationen, welcher angesichts anhaltender Turbulenzen im Finanzsektor sowie eines sich andeutenden Wachstumseinbruchs in der Realwirtschaft für das Jahr 2012 ein

---

[1] Siehe *Fründt*, in: Die Welt, 8. November 2011, abrufbar unter http://www.welt.de/wirtschaft/article13705427/Teldafax-Kunden-sehen-vor-2017-wohl-keinen-Cent.html (abgerufen am 26.9.2012).

[2] Betroffen sind im Einzelnen die Vermögen der Gesellschaften *TelDaFax Energy GmbH*, *TelDaFax Services GmbH* sowie *TelDaFax Holding AG*.

[3] Empirische Daten und kriminalistische Erfahrungswerte zeigen, dass mit der Verwirklichung von Insolvenzstraftaten regelmäßig außergewöhnlich hohe Schadenssummen einhergehen. Allein im Jahr 2010 betrugen die durch Insolvenzdelikte hervorgerufenen Schäden knapp 1,72 Mrd. Euro und machten damit einen Anteil von etwa 37 % des gesamten durch Wirtschaftsstraftaten verursachten (geschätzten) Schadensvolumens aus, siehe *Bundeskriminalamt*, Wirtschaftskriminalität, Bundeslagebild 2010, S. 8 f., abrufbar unter http://www.bka.de/nn_206018/SharedDocs/Downloads/DE/Publikationen/JahresberichteUndLagebilder/Wirtschaftskriminalitaet/wirtschaftskriminalitaetBundeslagebild2010,templateId=raw,property=publicationFile.pdf/wirtschaftskriminalitaetBundeslagebild2010.pdf (abgerufen am 26.9.2012).

[4] Siehe *Zirpins/Terstegen*, Wirtschaftskriminalität – Erscheinungsformen und ihre Bekämpfung, 1963, S. 955.

schwieriges gesamtwirtschaftliches Umfeld und daher voraussichtlich keine Entspannung des allgemeinen Insolvenzgeschehens erwarten lässt.[5]

Expertenschätzungen zufolge werden hierbei 50 bis 80 % aller Unternehmensinsolvenzen von kriminellen Handlungen flankiert.[6] Zur Sanktionierung derartiger Verhaltensweisen wurden vom Gesetzgeber zuvorderst die Normen der Insolvenzstraftaten vorgesehen, welche – entsprechend dem Grundsatz *par conditio creditorum*[7] – dem Schutz des Interesses der Gläubigergesamtheit an einer bestmöglichen und gleichmäßigen Befriedigung durch eine ungeschmälerte Insolvenzmasse dienen sollen.[8] Neben dem weithin bekannten Tatbestand der Insolvenzverschleppung gemäß § 15a Abs. 4 und 5 InsO[9] zählen hierzu insbesondere die ebenfalls den Insolvenzstraftaten im engeren Sinne[10] zuzuordnenden Delikte der §§ 283 ff. StGB, die detailliert verschiedene Handlungsweisen unter Strafe stellen, welche der Gesetzgeber als für das Befriedigungsinteresse der Gläubigergesamtheit besonders gefährlich einstuft.[11] Der Tatbestand der Schuldnerbegünstigung gemäß § 283d StGB ist Bestandteil dieses Sanktionsregimes und stellt aufgrund seiner

---

[5] So etwa die jüngste Schätzung der *Euler Hermes Kreditversicherung* vom 27. Oktober 2011, abrufbar unter http://www.eulerhermes.de/de/dokumente/presse-makro-oekonomie-20111027.pdf (zuletzt abgerufen am 26.9.2012).

[6] Vgl. *Beck*, in: Wabnitz/Janovsky, Kap. 6 Rn. 53; *Leipold/Böttger*, in: Münchener Anwaltshandbuch, § 18 Rn. 121; *Pelz*, Krise und Insolvenz, Rn. 6; *Püschel*, in: FS Rissing-van Saan, S. 471; *Weyand/Diversy*, Insolvenzdelikte, S. 5.

[7] Dazu grundlegend *Häsemeyer*, Insolvenzrecht, Kap. 4 Rn. 4.01 f.; *Becker*, Insolvenzrecht, § 1 Rn. 24; *Haarmeyer*, Insolvenzbeschlag, S. 24 Rn. 47 ff.; ferner *Rönnau*, in: FS Achenbach, S. 385, 386 m. Fn. 9, der den Grundsatz pointiert als „Herzstück des Regelinsolvenzverfahrens" bezeichnet. Vgl. außerdem *Braun*, in: Gottwald, Insolvenzrechts-Handbuch, § 66 Rn. 13 ff.; *Breuer*, Insolvenzrecht, Teil 1 Rn. 10; *Stürner*, in: MünchKomm-InsO, Einleitung Rn. 62. Erwähnung findet dieses Grundprinzip sogar bereits in den Digesten *Ulpians* (Dig. 42, 8, 6, 7: „*cum iam par conditio omnium creditorum facta esset*").

[8] Siehe nur BGHSt 35, 357, 359 = NJW 1989, 1167, 1168; ferner *Bosch*, in: Satzger/Schmitt/ Widmaier, StGB, §§ 283 ff. Rn. 1; *Kindhäuser*, in: NK-StGB, Vor §§ 283 bis 283d Rn. 1; *Tiedemann*, in: LK-StGB, Vor §§ 283 bis 283d Rn. 45; *Thilow*, Gläubigerbegünstigung, S. 15. Außerdem bereits *Lohoff*, Schuldnerbegünstigung, S. 21.

[9] Insolvenzordnung vom 5. Oktober 1994, BGBl. I 1999, S. 2866 ff., in Kraft getreten am 1. Januar 1999.

[10] Vgl. zur entsprechenden Kategorisierung *Rönnau*, NStZ 2003, 525 m. Fn. 3; *Tiedemann*, in: LK-StGB, Vor §§ 283 bis 283d Rn. 2; *Beukelmann*, in: von Heintschel-Heinegg, StGB, § 283 Rn. 4; *Köhler*, in: Wabnitz/Janovsky, Kap. 7 Rn. 3; ferner *Verjans*, in: Böttger, Wirtschaftsstrafrecht, Kap. 4 Rn. 1.

[11] Zur Gesetzesgenese der einzelnen Tatbestände der Bankrottdelikte ausführlich *Tiedemann*, in: LK-StGB, Vor §§ 283 bis 283d Rn. 32 ff. m. zahlr. vertiefenden Nachw.

Ausgestaltung als ein durch jedermann[12] begehbares Allgemeindelikt[13] eine außergewöhnliche Norm dar, welche die bereits vom Tatbestand des Bankrotts nach § 283 StGB bekannten Verhaltensweisen auch bei Begehung durch einen außenstehenden Dritten täterschaftlich sanktioniert. Man könnte die Schuldnerbegünstigung nach § 283 StGB insoweit – freilich untechnisch – auch als eine zur Täterschaft heraufgestufte Unterstützungshandlung bezeichnen.[14]

Bekleidet jedoch nicht eine natürliche Person (wie etwa der klassische Einzelkaufmann im Sinne des Handelsrechts), sondern eine Kapitalgesellschaft[15] die Rolle des Schuldners im Rahmen des Tatbestandes nach § 283d StGB, kann sich – insbesondere mit Blick auf die Tatbestandsvariante eines Handelns „mit dessen Einwilligung"[16] – de lege lata die geradezu paradoxe Situation ergeben, dass der Tatbestand ausgerechnet dann seinen strafrechtlichen Schutz versagt, wenn die Gefahr für das durch ihn geschützte Rechtsgut am größten ist. Die Ursache für dieses Phänomen ist – wie im Verlauf der Arbeit zu zeigen sein wird – letztlich auf die allgemeinen strafrechtsdogmatischen Problemfelder der Einwilligungskompetenz von Anteilseignern juristischer Personen sowie der Reichweite der Gesellschaftsrechtsakzessorietät der entsprechenden Straftatbestände zurückzuführen.

---

[12] Auszuscheiden aus dem Kreis tauglicher Täter hat hierbei freilich der Schuldner selbst, der im Rahmen von § 283d StGB widerrechtlich Begünstigter ist, vgl. *Tiedemann*, in: LK-StGB, § 283d Rn. 5. Näher dazu noch unter Kap. 2 B. I.

[13] *Fischer*, StGB, § 283 Rn. 2; *Radtke*, in: MünchKomm-StGB, Vor §§ 283 ff. Rn. 23; *Tiedemann*, in: LK-StGB, § 283d Rn. 5; *Bosch*, in: Satzger/Schmitt/Widmaier, StGB, Vor §§ 283 ff. Rn. 3; *Kindhäuser*, in: NK-StGB, § 283d Rn. 1; *Heine*, in: Schönke/Schröder, StGB, § 283d Rn. 1.

[14] Ähnlich bereits *Lohoff*, Schuldnerbegünstigung, S. 5, der den Tatbestand der Schuldnerbegünstigung in seiner Monographie aus dem Jahr 1922 auch als „Bankruttunterstützung" bezeichnet. Wie dieser selbst feststellt (a.a.O., S. 78 f.), erweist sich diese Beschreibung jedoch spätestens bei dogmatischer Betrachtung rasch als unzutreffend, da das Gesetz durch den Tatbestand der Schuldnerbegünstigung eine eigenständige, täterschaftliche Handlung sanktioniert und damit gerade keinerlei anknüpfungsfähige Haupttat des Schuldners fordert.

[15] Als Kapitalgesellschaften nach deutschem Recht werden gemeinhin die Gesellschaft mit beschränkter Haftung (GmbH), die haftungsbeschränkte Unternehmergesellschaft (UG [haftungsbeschränkt]), die Aktiengesellschaft (AG), die Societas Europaea (SE) sowie die Kommanditgesellschaft auf Aktien (KGaA) bezeichnet, vgl. *Raiser/Veil*, Kapitalgesellschaften, § 1 Rn. 1. Dieser Begriff der Kapitalgesellschaft wird auch im Rahmen der vorliegenden Arbeit zugrunde gelegt.

[16] Im Folgenden wird diesbezüglich synonym auch von der „Einwilligungsvariante" des Tatbestandes bzw. dem Tatbestand nach § 283d Abs. 1 Var. 1 StGB gesprochen. Die – im Rahmen der Schuldnerbegünstigung ausnahmsweise nicht tatbestandsausschließend oder rechtfertigend, sondern vielmehr strafbarkeitsbegründend (vgl. *Radtke*, in: MünchKomm-StGB, § 283d Rn. 10) wirkende – Einwilligung stellt den dogmatischen Anknüpfungspunkt für nachfolgende Überlegungen dar.

Hinter der Untersuchung steht somit nicht zuletzt auch die übergeordnete Frage nach der hinreichenden Tauglichkeit des Tatbestands der Schuldnerbegünstigung gemäß § 283d StGB, kriminelle Handlungen in einem Zeitalter der Kapitalgesellschaften effizient zu erfassen und zu sanktionieren, womit sich die Arbeit in einer verzahnten Querschnittsmaterie von Insolvenz-, Gesellschafts- und Strafrecht bewegt. Zugleich stellt diese rechtsgebietsübergreifende Thematik jedoch eine beachtliche Herausforderung dar, da die angesprochenen strafrechtlichen Fragestellungen nahezu ausnahmslos das Verständnis der vorgelagerten gesellschafts- oder insolvenzrechtlichen Strukturen voraussetzen; die sich hieraus ergebende Zweistufigkeit wird daher weite Teile der Abhandlung gleichsam wie ein roter Faden durchziehen.

B. Zielbestimmung und Gang der Untersuchung

Ziel der Arbeit ist es, die an ihrer Effizienz hinsichtlich des Rechtsgüterschutzes zu messende Funktionsfähigkeit des Tatbestandes der Schuldnerbegünstigung gemäß § 283d StGB für denjenigen Fall zu untersuchen, dass statt einer natürlichen Person eine Kapitalgesellschaft nach deutschem Recht die Rolle des Insolvenzschuldners im Sinne der Vorschrift einnimmt. Zugleich soll im Zuge dieser Abhandlung mit der Schuldnerbegünstigung eine strafrechtlich bisher noch kaum untersuchte „Dunkelnorm" eingehend beleuchtet werden, die sich – wie noch zu zeigen sein wird – als Kernbestandteil des insolvenzstrafrechtlichen Sanktionsregimes der §§ 283 ff. StGB wachsenden Herausforderungen gegenübersieht.

Hierzu soll zu Beginn ein Blick auf die rechtstatsächliche Bedeutung der Insolvenzstraftaten im Allgemeinen sowie der Schuldnerbegünstigung gemäß § 283d StGB im Besonderen geworfen werden, bevor die rechtsformübergreifenden – also sich für sämtliche Regelungssubjekte unterschiedslos auswirkenden – Strukturmerkmale des Tatbestandes der Schuldnerbegünstigung betrachtet werden (2. Kapitel). Als Kern der Abhandlung wird sodann für die verschiedenen Formen der Kapitalgesellschaft nach deutschem Recht gesondert eine detaillierte Untersuchung der rechtsformabhängigen Problemkreise im Kontext des Tatbestandes erfolgen, welche eine nach Art der jeweiligen Kapitalgesellschaft differenzierende Lösung verlangen (3. und 4. Kapitel). Abschließend werden die Ergebnisse der Arbeit in einem Fazit zusammengefasst und ein Ausblick auf mögliche Neujustierungen des Tatbestandes der Schuldnerbegünstigung gegeben, die einen effektiven Rechtsgüterschutz auch für den Fall sicherzustellen vermögen, dass eine Kapitalgesellschaft die Rolle des Insolvenzschuldners im Rahmen der Vorschrift des § 283d StGB einnimmt (5. Kapitel).

Am Ende der Abhandlung kann damit eine Bilanz hinsichtlich der Funktionsfähigkeit des Tatbestandes der Schuldnerbegünstigung nach § 283d StGB gezogen werden. Als gleichsam symptomatisches Beispiel für den Zustand der Insolvenzdelikte gemäß §§ 283 ff. StGB im Allgemeinen soll dieses Ergebnis Gradmesser dafür sein, wie es um die Zukunftsfähigkeit des klassischen Insolvenzstrafrechts vor dem Hintergrund wachsender Herausforderungen durch moderne Kapitalgesellschaftsformen bestellt ist.

C. Der Einzelkaufmann als normoriginärer Prototyp der Insolvenzdelikte im engeren Sinne

Die seit der Insolvenzrechtsreform im Jahr 1999 mit dem Titel „Insolvenzstraftaten" überschriebenen Tatbestände des 24. Abschnittes des Strafgesetzbuches (§§ 283 bis 283d StGB) wurden in ihrer heute gültigen Fassung vor allem durch das *Erste Gesetz zur Bekämpfung der Wirtschaftskriminalität* (1. WiKG)[17] vom 29. Juli 1976 geprägt, welches die entsprechenden Vorschriften aus der Konkursordnung (§§ 239 ff. KO[18] a.F.) wieder[19] in das StGB überführte sowie das zur Tatbestandsverwirklichung erforderliche Handeln des Täters in der Krise auf alle Straftatbestände – mit Ausnahme des Buchführungsdelikts nach § 283b StGB – erstreckte.[20] Abgesehen von dieser – aufgrund gravierender Bedenken hinsichtlich

---

[17] BGBl. I 1976, S. 2034 ff., in Kraft getreten am 1. September 1976.
[18] Konkursordnung vom 20. Mai 1898, RGBl. S. 612, aufgehoben und ersetzt durch die Insolvenzordnung (siehe oben Fn. 9) mit Wirkung zum 1. Januar 1999.
[19] Die Tatbestände waren – als §§ 281 ff. des Reichsstrafgesetzbuches – bereits früher einmal Bestandteil des sog. Kernstrafrechts.
[20] *Tiedemann*, in: LK-StGB, Vor §§ 283 bis 283d Rn. 40 f.; *ders.*, Wirtschaftsstrafrecht BT, § 9 Rn. 412; *Kindhäuser*, in: NK-StGB, Vor §§ 283 bis 283d Rn. 14 f.; *Matzen*, in: FS Samson, S. 401, 402; *Dannecker/Hagemeier*, in: Dannecker/Knierim/Hagemeier, Insolvenzstrafrecht, Kap. 1 Rn. 23; *Heinz*, GA 1977, 193, 216 ff. m. zahlr. Nachw.

der Vereinbarkeit mit dem strafrechtlichen Schuldprinzip erfolgten[21] – Änderung blieben die Sanktionsnormen inhaltlich weitestgehend unverändert, sodass ihre Wurzeln bis ins 19. Jahrhundert zurückreichen.[22] Der wirtschaftlichen Realität dieser Zeit entsprechend hatte der Gesetzgeber bei der Ausgestaltung der Tatbestände des Konkurs- bzw. des späteren Insolvenzstrafrechts vor allem den handelsrechtlichen Einzelkaufmann als damals dominierende Form unternehmerischer Betätigung vor Augen. Dementsprechend hat der Gesetzgeber die Tatbestände erkennbar auf natürliche Personen als Normadressaten zugeschnitten,[23] wie bereits der Wortlaut der Vorschriften – besonders anschaulich durch die Verwendung der Begriffe „*Täter*"[24] bzw. „*seines* Vermögens"[25] – verdeutlicht.[26]

Oder um es mit den Worten *Tiedemanns* zu sagen: Das geltende Insolvenzstrafrecht „*orientiert sich nach wie vor an dem personenhaft-gegenständlichen Modell des Marktes, auf dem sich einst Anbieter und Nachfrager höchst persönlich gegenüberstanden*"[27].

Zusammenfassend lässt sich damit feststellen, dass die Normen des geltenden Insolvenzstrafrechts – ihrer Entstehungszeit entsprechend – unverkennbar noch den Geist einer von der unternehmerischen Betätigungsform des klassischen Einzelkaufmanns geprägten Wirtschaftsrealität atmen, welche nunmehr weder der zwischenzeitlich gewandelten ökonomischen Wirklichkeit rechtlicher Organisationsstrukturen noch einer effizienten Erfassung strafwürdiger Verhaltensweisen in der Phase der Unternehmenskrise hinreichend Rechnung trägt.[28] Bereits die bloße

---

[21] Vgl. hierzu auch die Gesetzesbegründung zum 1. WiKG, BT-Drs. 7/3441, S. 19. *Schlüchter*, MDR 1978, 265, spricht insoweit treffend von der „Versöhnung des Bankrottstrafrechts mit dem Schuldprinzip".
[22] *Brand/Sperling*, ZStW 121 (2009), 281; *Maurach/Schroeder/Maiwald*, § 48 Rn. 4.
[23] Siehe *Püschel*, in: FS Rissing-van Saan, S. 471, 472; *Binz*, NJW 1978, 802; *Bittmann*, Insolvenzstrafrecht, § 12 Rn. 5, 45; *Brand/Sperling*, ZStW 119 (2009), 281, 307. Im Ergebnis auch *Gallandi*, wistra 1992, 10, 11, der die Insolvenzdelikte als „personal systematisiert" bezeichnet. Für die Konkursordnung als Ganzes ebenso bereits *K. Schmidt*, KTS 1988, 1, 5.
[24] So die Gesetzesformulierung im Rahmen der objektiven Strafbarkeitsbedingung gemäß § 283 Abs. 6 StGB. Entsprechendes gilt für § 283d Abs. 4 StGB – hier muss „der andere" in der Krise gehandelt haben. Zur Berichtigung dieser sprachlichen Unschärfe durch die Rechtsprechung vgl. *Richter*, GmbHR 1984, 137, 142.
[25] So der Wortlaut des § 283 Abs. 1 Nr. 1 StGB.
[26] Vgl. auch *Maurer/Wolf*, wistra 2011, 327, 332.
[27] Siehe *Tiedemann*, Verbrechen in der Wirtschaft, S. 11.
[28] *Däubler*, in: Studien zum Wirtschaftsstrafrecht, S. 1, 9, stellt in diesem Zusammenhang treffend fest: „Die Tatbestände sind im Grunde am Bild des individuellen Einzelunternehmers ausgerichtet; sie ignorieren das moderne arbeitsteilige Großunternehmen".

Betrachtung des Wortlautes der einzelnen Vorschriften des Sanktionsregimes nach §§ 283 ff. StGB weckt somit erste Zweifel daran, ob diese in ihrer derzeitigen Form grundsätzlich in der Lage sind, einen in rechtstatsächlicher Hinsicht vollzogenen Wandel hin zu einer gesteigerten Bedeutung der Kapitalgesellschaft als Teilnehmerin am Rechtsverkehr überhaupt adäquat abzubilden. Wie sich diese bislang nur vermutete Entwicklung der rechtstatsächlichen Bedeutung der Kapitalgesellschaft als Rechtsform im allgemeinen Insolvenzgeschehen konkret darstellt, soll nun anhand einiger empirischer Daten nachvollzogen werden.

D. Rechtstatsächliche Bedeutung der Kapitalgesellschaft in der Insolvenzpraxis

Bevor die Statistik der deutschen Unternehmensinsolvenzen hinsichtlich der verschiedenen Rechtsformen der Kapitalgesellschaft näher betrachtet wird, lohnt ein Blick auf die absolute statistische Verteilung der entsprechenden rechtlichen Organisationsstrukturen, welche sich im Laufe der Zeit in weiten Teilen maßgeblich verändert hat.

Betrachtet man hierbei den Zeitraum von 1972 bis 2010,[29] so zeigt die Statistik klare Tendenzen: Die Zahl der umsatzsteuerpflichtigen Einzelunternehmen[30] stieg um gut 60 % von 1.349.818 im Jahr 1972 auf 2.173.332 im Jahr 2010 an. Hinsichtlich der Kapitalgesellschaften weist die Statistik im selben Zeitraum jedoch eine noch wesentlich eindrucksvollere Entwicklung aus; ihre Anzahl ist von 42.370 umsatzsteuerpflichtigen Gesellschaften im Jahr 1972 auf insgesamt 1.034.378 eingetragene Gesellschaften im Jahr 2010 und damit um mehr als das Vierundzwanzigfache gewachsen. Mit nunmehr fünf Rechtsformvarianten (die Gesellschaft mit beschränkter Haftung, die haftungsbeschränkte Unternehmergesellschaft, die Aktiengesellschaft, die Societas Europaea sowie die Kommanditgesellschaft auf

---

[29] Vgl. dazu die Statistik „Steuerpflichtige und deren Lieferungen und Leistungen 1972 bis 2009 nach Rechtsformen", Statistisches Bundesamt, Abt. F310 – Umsatzsteuer, Verbrauchsteuern, Steuerhaushalt, Realsteuervergleich sowie die Statistiken (Stichtag: 1.1.2010) bei *Kornblum*, GmbHR 2010, 739, 746.

[30] Hierunter werden alle Unternehmen zusammengefasst, die weder als Personen- noch als Kapitalgesellschaften organisiert sind, also insbesondere eingetragene und nicht eingetragene Einzelkaufleute im handelsrechtlichen Sinne.

Aktien)³¹ stellt die deutsche Rechtsordnung Unternehmensgründern nunmehr so vielfältige Wahlmöglichkeiten zur Verfügung wie nie zuvor. Bereits die Betrachtung dieser absoluten Zahlen der letzten drei Jahrzehnte verdeutlicht damit den sprunghaften Bedeutungszuwachs der Kapitalgesellschaft als rechtlich-organisatorischem Rahmen unternehmerischer Betätigung und lässt weiterhin einen ungebrochenen Aufwärtstrend erwarten.

Diese Entwicklung spiegelt sich naturgemäß auch in der entsprechenden Statistik der Unternehmensinsolvenzen – also derjenigen Fälle, in welchen hinsichtlich des Vermögens nicht-natürlicher Personen ein gesetzlicher Insolvenzeröffnungsgrund eintritt – wider. Sie weist in diesem Zusammenhang einen Anstieg der Insolvenzen von Unternehmen von 3.097 im Jahr 1972 um mehr als das Zehnfache auf 32.687 im Jahr 2009 aus.³² Während davon im Jahr 1972 noch ein Anteil von etwa 26 % auf Kapitalgesellschaften entfiel, waren es im Jahr 2009 bereits etwa 44 %.³³

Die rasant gestiegene Bedeutung der Kapitalgesellschaften in der heutigen Insolvenzpraxis tritt damit offen zu Tage, sodass sich auch das auf dem vorgelagerten Insolvenzrecht basierende³⁴ Insolvenzstrafrecht dieser gewandelten Realität nicht verschließen kann, wenn es weiterhin in der Lage sein will, strafwürdige Verhaltensweisen in diesem Bereich effektiv zu sanktionieren.

---

[31] Zu den spezifischen Besonderheiten der einzelnen Kapitalgesellschaftsformen ausführlich unter Kap. 4.
[32] Der moderate Rückgang der Unternehmensinsolvenzen auf 31.998 im Jahr 2010 und 30.099 im Jahr 2011 (vgl. *Statistisches Bundesamt*, Insolvenzstatistik, abrufbar unter https://www.destatis.de/DE/ZahlenFakten/GesamtwirtschaftUmwelt/UnternehmenHandwerk/Insolvenzen/Tabellen/UnternehmenSchuldner.html?nn=50668 [abgerufen am 26.9.2012] sowie auszugsweise auch in ZInsO 2012, 117 ff.), ist nicht zuletzt auf den Ende 2008 im Zuge des Finanzmarktstabilisierungsgesetzes (FMStG, BGBl. I 2008, S. 1982 ff.) temporär modifizierten Überschuldungsbegriff zurückzuführen. Sollte dieser – wie nach derzeitiger Rechtslage vorgesehen – zum 1. Januar 2014 wieder durch die Vorgängernorm ersetzt werden, droht eine unüberschaubare Anzahl an Kapitalgesellschaften schlagartig überschuldet und damit insolvenzantragspflichtig zu werden, vgl. *Hunkemöller/Tymann*, ZInsO 2011, 712, 713. Zu den beiden verschiedenen Überschuldungsbegriffen übersichtlich *Wuschek*, ZInsO 2011, 1734 ff. Allgemein zu den insolvenzstrafrechtlichen Implikationen des FMStG instruktiv *Matzen*, in: FS Samson, S. 401, 402, 418 sowie *Wegner*, in: Achenbach/Ransiek, Teil 7 Kap. 1 Rn. 5.
[33] Siehe Statistik „Insolvenzen nach Rechtsformen 1950/1957 bis 1998 (Lange Reihe)" sowie „Insolvenzverfahren – Fachserie 2 Reihe 4.1 – Dezember und Jahr 2009", abrufbar unter https://www.destatis.de/DE/ZahlenFakten/Indikatoren/LangeReihen/Insolvenzen/lrins01.html (zuletzt abgerufen am 26.9.2012).
[34] Zur Regelungstechnik und den mittelbareren Konsequenzen des materiellen Insolvenzrechts für die Insolvenzdelikte vgl. instruktiv *Leipold*, in: Münchener Anwaltshandbuch, § 18 Rn. 18 m. w. N.

Wie die empirischen Daten und Trends in der Insolvenzpraxis belegen, wird sich notwendigerweise auch der Rechtsanwender der insolvenzstrafrechtlichen Delikte zukünftig immer mehr Kapitalgesellschaften als Regelungssubjekten gegenübersehen; das Zeitalter, in dem das Insolvenzstrafrecht noch von der Delinquenz klassischer Einzelkaufleute dominiert wurde, neigt sich jedenfalls fraglos dem Ende zu.

E. Deliktischer Anwendungsbereich der Schuldnerbegünstigung nach § 283d StGB und kriminalpolitisches Regelungsbedürfnis

Ist vom Insolvenzstrafrecht die Rede, so wurde damit zumeist vor allem die nunmehr in § 15a Abs. 4 und 5 InsO geregelten Tatbestände der Insolvenzverschleppung assoziiert, welchen in der Strafverfolgungspraxis auch die mit Abstand größte Bedeutung zukommt.[35] Die ebenfalls zu den Insolvenzdelikten zählende Schuldnerbegünstigung nach § 283d StGB stellt demgegenüber ein weitgehend unbeschriebenes Blatt dar,[36] was zum Anlass genommen werden soll, im Folgenden zunächst einen Blick auf den gesetzlichen Wortlaut der Vorschrift zu werfen (unter I.), bevor der vom Gesetzgeber bei ihrer Schaffung vorgesehene typische Anwendungsfall der Vorschrift vorgestellt sowie zugleich eine Abgrenzung zum Tatbestand des Bankrotts gemäß § 283 StGB vorgenommen wird (unter II.). Sodann soll kurz auf das kriminalpolitische Regelungsbedürfnis eingegangen werden (unter III.).

---

[35] Die Polizeilich Kriminalstatistik (PKS) 2010 weist 6.853 erfasste Fälle von Insolvenzverschleppung im Sinne des § 15a Abs. 4 InsO aus; die kumulierte Zahl aller erfassten Straftaten nach den §§ 283 bis 283d StGB betrug im selben Zeitraum 4.972 Fälle, vgl. *Bundesministerium des Innern*, Polizeiliche Kriminalstatistik 2010, S. 46, 52, abrufbar unter http://www.bmi.bund.de /SharedDocs/Downloads/DE/Broschueren/2011/ PKS2010.pdf?_blob=publicationFile (zuletzt abgerufen am 26.9.2012). In der Rechtspflegestatistik für das Jahr 2010 sind 26 Aburteilungen wegen Schuldnerbe-günstigung gemäß § 283d StGB erfasst, vgl. *Statistisches Bundesamt*, Rechtspflegestatistik 2010, S. 38, abrufbar unter http://www.bmi.bund.de/SharedDocs/ Downloads/DE/ Broschueren/ 2011/PKS2010.pdf?_blob=publicationFile (abgerufen am 26.9.2012).

[36] Zur entsprechenden Strafverfolgungsstatistik sogleich unter Kap. 1 F.

I. Gesetzeswortlaut der Schuldnerbegünstigung gemäß § 283d StGB

Da weite Teile der nachfolgenden Untersuchung eine präzise Kenntnis des Tatbestandes der Schuldnerbegünstigung nach § 283d StGB voraussetzen, soll die Aufmerksamkeit an dieser Stelle zunächst vorab auf dessen gesetzlichen Wortlaut[37] gelenkt werden, um so die Grundlage für die weiteren Ausführungen zu legen:

§ 283d – Schuldnerbegünstigung

(1) Mit Freiheitsstrafe bis zu fünf Jahren oder mit Geldstrafe wird bestraft, wer

1. in Kenntnis der einem anderen drohenden Zahlungsunfähigkeit oder

2. nach Zahlungseinstellung, in einem Insolvenzverfahren oder in einem Verfahren zur Herbeiführung der Entscheidung über die Eröffnung des Insolvenzverfahrens eines anderen

Bestandteile des Vermögens eines anderen, die im Falle der Eröffnung des Insolvenzverfahrens zur Insolvenzmasse gehören, mit dessen Einwilligung oder zu dessen Gunsten beiseite schafft oder verheimlicht oder in einer den Anforderungen einer ordnungsgemäßen Wirtschaft widersprechenden Weise zerstört, beschädigt oder unbrauchbar macht.

(2) Der Versuch ist strafbar.

[...]

(4) Die Tat ist nur dann strafbar, wenn der andere seine Zahlungen eingestellt hat oder über sein Vermögen das Insolvenzverfahren eröffnet oder der Eröffnungsantrag mangels Masse abgewiesen worden ist.

---

[37] § 283d StGB in der Fassung der Bekanntmachung vom 13. November 1998 (BGBl. I 1998, S. 3322 ff.), zuletzt geändert durch Art. 1 des Gesetzes zur Änderung des Strafgesetzbuches vom 6. Dezember 2011 (BGBl. I 2011, S. 2557 ff.) im Auszug. Da die Regelbeispiele eines besonders schweren Falles der Schuldnerbegünstigung nach § 283d Abs. 3 StGB im Zuge der Abhandlung keine Rolle spielen, werden sie an dieser Stelle nicht wiedergegeben.

II. Deliktstypischer Anwendungsbereich der Vorschrift und Abgrenzung zum Bankrott

Welche Sachverhaltskonstellationen der Gesetzgeber bei Schaffung der Vorschrift des § 283d StGB vor Augen hatte, erschließt sich zunächst nicht ohne Weiteres. Insbesondere mag man auf den ersten Blick versucht sein, die entsprechend beschriebenen Handlungen – insbesondere aufgrund des insoweit identischen Wortlauts – auch bei Begehung durch einen Dritten als Bankrotthandlungen einzuordnen, welche bekanntlich bereits durch § 283 Abs. 1 StGB strafrechtlich erfasst wären. Bei genauerer Betrachtung erweist sich dieser Weg jedoch als nicht gangbar, wie im Folgenden anhand eines einfach gelagerten Beispielfalles[38] gezeigt werden soll. Zugleich erfolgt damit eine Abgrenzung zum Bankrott, wodurch der Regelungsbereich und somit auch das vom Gesetzgeber gesehene kriminalpolitische Bedürfnis für den Tatbestand der Schuldnerbegünstigung gemäß § 283d StGB dargestellt wird:

> Bäckermeister B betreibt als Einzelkaufmann eine Bäckerei. Aufgrund des zunehmend schwierigeren wirtschaftlichen Umfelds wird er zahlungsunfähig und muss daher die Eröffnung des Insolvenzverfahrens beantragen.
> Den größten Vermögenswert verkörpert seine Backmaschine, die B auf alle Fälle mit Blick auf einen möglichen wirtschaftlichen Neustart vor dem Zugriff der Gläubiger sichern will. Mit seinem Freund F kommt B daher überein, dass dieser für ihn die Maschine aus der Backstube entfernen und in dessen Lagerschuppen unterstellen solle, bis das Insolvenzverfahren abgeschlossen und „Gras über die ganze Sache gewachsen" sei. F führt die Handlung sodann eigenständig wie zuvor besprochen aus.
> Der im weiteren Verlauf bestellte Insolvenzverwalter I bekommt die besagte Backmaschine daraufhin nie zu Gesicht und kann sie daher auch nicht im Rahmen der zur Gläubigerbefriedigung vorgesehenen Insolvenzmasse (vgl. § 35 Abs. 1

---

[38] Der Einfachheit halber nimmt an dieser Stelle in Gestalt des Einzelkaufmanns noch eine natürliche Person die tatbestandliche Rolle des Insolvenzschuldners ein. Vgl. hierzu auch schon der treffende Hinweis bei *Kellner*, Gläubiger- und Schuldnerbegünstigung, S. 20, dass sich insbesondere Freunde und Verwandte des Insolvenzschuldners nicht selten dazu motiviert sehen werden, diesem während des Unternehmenszusammenbruchs zu „helfen". Im weiteren Verlauf der Arbeit wird sodann die Konstellation zu betrachten sein, dass eine juristische Person in Gestalt einer Kapitalgesellschaft als Insolvenzschuldnerin auftritt. Übertragen auf den hier geschilderten Fall müsste man sich B insoweit lediglich als Gesellschafter-Geschäftsführer seiner Einmann-GmbH vorstellen. Weitere Beispielfälle zu § 283d StGB finden sich etwa bei *Kindhäuser*, Strafrecht BT, § 41 Rn. 3.

InsO) verwerten, womit an die Gläubigerschaft im Ergebnis nur eine entsprechend geringere Quote ausgekehrt werden kann.

Fragt man nun nach einer möglichen Strafbarkeit des F, so ergäbe sich ohne den Tatbestand des § 283d StGB die Straflosigkeit des exemplarisch geschilderten Verhaltens:
Eine Strafbarkeit des F wegen täterschaftlichen Bankrotts gemäß § 283 Abs. 1 Nr. 1 StGB scheidet bereits aufgrund dessen fehlender Eigenschaft als Insolvenzschuldner aus;[39] vielmehr handelte dieser hier lediglich als außenstehender Dritter. Aber auch eine Beihilfe des F zu einem Bankrott des Insolvenzschuldners B kommt nicht in Betracht, da der Schuldner in diesen Fällen selbst gerade keine Bankrotthandlung (etwa in Gestalt eines Beseiteschaffens von Vermögenswerten) vornimmt; ohne entsprechende anknüpfungsfähige Haupttat scheidet somit zugleich auch eine Beihilfe des Dritten zum Bankrott des Schuldners gemäß den §§ 283 Abs. 1 Nr. 1, 27 Abs. 1 StGB aus. F bliebe demnach – blendet man den Tatbestand der Schuldnerbegünstigung gemäß § 283d StGB aus – im geschilderten Tatszenario straffrei.

Auf eine Kurzformel gebracht soll der Tatbestand der Schuldnerbegünstigung nach § 283d StGB damit also Fälle erfassen, in denen ein außenstehender Dritter mit Tatherrschaft im Einvernehmen oder im Interesse des in der Krise Befindlichen diesem auf Kosten der Gläubigergesamtheit einen Sondervorteil verschaffen will.[40] Er stellt somit – hinsichtlich der adressierten Tatkonstellation – zugleich gewissermaßen auch ein (spiegelverkehrtes) Pendant zur Gläubigerbegünstigung gemäß § 283c StGB dar.[41]

---

[39] Der Bankrott gemäß § 283 StGB ist somit echtes Sonderdelikt, siehe nur – *pars pro toto* – *Lackner/Kühl*, StGB, § 283 Rn. 2. Ob die Schuldnereigenschaft hingegen ein besonderes persönliches Merkmal im Sinne der §§ 14, 28 StGB darstellt, ist umstritten (vgl. zum Streitstand *Radtke*, in: MünchKomm-StGB, § 283 Rn. 2; ferner *Krause*, Sonderdelikte, S. 205; *Gold*, Strafrechtliche Verantwortung, S. 84 ff.).

[40] Vgl. dazu BGHSt 35, 357 ff. = NJW 1989, 1167 ff. Außerdem *Krekeler/Werner*, Unternehmer und Strafrecht, Rn. 1365, 1442. *Lohoff*, Schuldnerbegünstigung, S. 6, beschreibt den eigenständigen Anwendungsbereich der Schuldnerbegünstigung treffend als „Beteiligung Dritter, die nicht Schuldner sind, an einem Vermögenszusammenbruch, gleichgültig, ob sich dabei der betreffende Schuldner des [...] Bankrotts oder sonst einer strafbaren Handlung schuldig gemacht hat oder nicht.".

[41] Siehe *Verjans*, in: Böttger, Wirtschaftsstrafrecht, Kap. 4 Rn. 124; ähnlich *Wegner*, in: Achenbach/Ransiek, Teil 7 Kap. 1 Rn. 239.

III. Kriminalpolitisches Regelungsbedürfnis aus Sicht des Gesetzgebers

Über das kriminalpolitische Bedürfnis, die oben beispielhaft skizzierte Handlung strafrechtlich zu ahnden, lässt sich sicher trefflich streiten; doch ändert dies nichts an der Tatsache, dass der demokratisch legitimierte Gesetzgeber hier offenbar ein solches Bedürfnis gesehen und insoweit von der ihm zustehenden Einschätzungsprärogative[42] Gebrauch gemacht hat, um aus seiner Sicht bestehende Strafbarkeitslücken zu schließen.[43] Da seit dem Inkrafttreten des 1. WiKG[44] im Jahr 1976 keinerlei Änderung bzw. Streichung des § 283d StGB erfolgte, ist somit davon auszugehen und hinzunehmen, dass der Gesetzgeber die durch den Tatbestand der Schuldnerbegünstigung erfassten Verhaltensweisen nach wie vor als strafwürdiges Unrecht betrachtet.

Ausgehend von diesem durch den Gesetzgeber erkannten Regelungsbedürfnis kommt der ersten Tatbestandsvariante des § 283d StGB in Gestalt eines Handelns mit Einwilligung des Schuldners auch eine aus Sicht der Strafverfolgungspraxis nicht unerhebliche Bedeutung hinsichtlich der Beweisführung zu: Die *de facto* regelmäßig schwierige bis unmögliche Ermittlung des für die Annahme der zweiten Tatbestandsvariante „zu dessen Gunsten" notwendigen Interesses des Schuldners am Handeln des außenstehenden Dritten wird entbehrlich, sobald der Schuldner im Sinne der ersten Tatbestandsvariante eingewilligt hat.[45]

F. Praktische Bedeutung der Schuldnerbegünstigung nach § 283d StGB im Insolvenzstrafrecht

Misst man die praktische Bedeutung des Straftatbestandes der Schuldnerbegünstigung an den Zahlen der Polizeilichen Kriminalstatistik (PKS), so erscheint diese

---

[42] Vgl. hierzu aus jüngerer Zeit nur BVerfGE 120, 224, 241 = NJW 2008, 1137, 1140 – „Geschwisterinzest"; außerdem *von Heintschel-Heinegg*, in: von Heintschel-Heinegg, StGB, § 1 Rn. 23a.
[43] Siehe dazu die Ausführungen des Gesetzgebers im Rahmen der Gesetzesbegründung zum 1. WiKG, BT-Drs. 7/3441, S. 34, in denen er der Vorschrift des § 283d StGB eine „abrundende und ergänzende" Funktion zuschrieb.
[44] Vgl. oben Fn. 17.
[45] Auf diese Bedeutung der ersten Tatbestandsvariante im Hinblick auf die Beweislast der Ermittlungsbehörden weisen auch *Tiedemann*, in: LK-StGB, § 283d Rn. 13 sowie *Radtke*, in: MünchKomm-StGB, § 283d Rn. 11 hin.

bei nur 49 erfassten Fällen im Jahr 2010[46] denkbar gering.[47] Die Rechtspflegestatistik weist für denselben Zeitraum sogar lediglich 26 Aburteilungen aus.[48] Der Grund für diesen Befund liegt indes weniger in einer tatsächlich geringen Deliktshäufigkeit, sondern vielmehr nicht zuletzt in einer signifikanten Dunkelziffer, welche insbesondere auf die Konzentration der staatsanwaltlichen Ermittlungen auf strafrechtlich erhebliches Verhalten des insolventen Schuldners – gewissermaßen als Zentralgestalt des (deliktischen) Insolvenzgeschehens – zurückzuführen ist.[49]

Die Insolvenzrealität lehrt jedoch ganz im Gegenteil, dass eine Einflussnahme außenstehender Dritter auf das kriselnde Unternehmen zur Sicherung eigener Rechte nahezu an der Tagesordnung ist; oftmals bleiben diese Handlungen jedoch unaufgeklärt oder zumindest ungeahndet, da der von der Krise Betroffene bereits den wirtschaftlichen Neubeginn vor Augen hat, für den er gerade auch maßgeblich auf das Wohlwollen derartiger Dritter – man denke hier beispielsweise an Lieferanten oder Kreditgeber – angewiesen ist.[50] Auch tritt zusätzlich erschwerend eine generell besonders aufwendige und komplexe Beweisführung bei der Verfolgung von Insolvenzstraftaten hinzu.[51]

In der Strafverfolgungspraxis ist demnach durchaus ein Schattendasein der Schuldnerbegünstigung nach § 283d StGB auch im Vergleich zu den übrigen Insolvenzstraftaten der §§ 283 ff. StGB zu konstatieren. Dieses ist zum einen auf den origi-

---

[46] Vgl. Polizeiliche Kriminalstatistik (PKS) 2010, S. 46, unter Straftatschlüssel 565000. Trotz der vergleichsweise geringen absoluten Zahl an erfassten Fällen ergibt sich damit noch immer eine relative Steigerung um 17 % gegenüber dem Vorjahr.
[47] So auch *Wegner*, in: Achenbach/Ransiek, Teil 7 Kap. 1 Rn. 240, der von einem „Schattendasein" der Vorschrift spricht. Ähnlich *Püschel*, in: AnwKomm-StGB, § 283d Rn. 3; *Ogiermann/Weber*, wistra 2011, 206, 207. Aufschlussreiche Aussagen zur allgemeinen Kriminalphänomenologie der Täter von Insolvenzstraftaten finden sich bei *Hammerl*, Bankrottdelikte, S. 51 ff.
[48] Vgl. *Statistisches Bundesamt*, Rechtspflegestatistik 2010, S. 38, abrufbar unter http://www.bmi.bund.de/SharedDocs/Downloads/DE/Broschueren/2011/PKS2010.pdf?__blob =publicationFile (zuletzt abgerufen am 26.9.2012). Unter Aburteilungen als Oberbegriff werden hierbei klassische Verurteilungen zu Strafsanktionen (Freiheits-, Geldstrafe oder Strafarrest) sowie sonstige verfahrensbeendende Entscheidungen (etwa Freispruch, Einstellung oder Absehen von Strafe) zusammengefasst.
[49] *Böttger*, in: Münchener Anwaltshandbuch, § 18 Rn. 125; *Dannecker/Hagemeier*, in: Dannecker/Knierim/Hagemeier, Insolvenzstrafrecht, Kap. 1 Rn. 19; *Tiedemann*, in: LK-StGB, Vor §§ 283 bis 283d Rn. 24.
[50] Siehe *Weyand/Diversy*, Insolvenzdelikte, Rn. 143.
[51] Vgl. *Köhler*, in: Wabnitz/Janovsky, Kap. 7 Rn. 1; *Köhler*, in: Beck/Depré, Praxis der Insolvenz, § 37 Rn. 178 ff.; *Pape/Uhlenbruck/Voigt-Salus*, Insolvenzrecht, Kap. 47 Rn. 5 f., 14; *Seemann*, Gläubigerrechte, S. 3; *Verjans*, in: Böttger, Wirtschaftsstrafrecht, Kap. 4 Rn. 3.

när verhältnismäßig schmalen Regelungsbereich der Vorschrift des § 283d StGB, zum anderen aber auch auf die im Wege einer teleologischen Reduktion zusätzlich eingeschränkte Anwendung des Tatbestandes zurückzuführen, sobald ein Gläubiger deliktisch handelt.

Wie im weiteren Verlauf der Abhandlung noch zu zeigen sein wird,[52] treten hierzu noch gravierende strukturelle Unzulänglichkeiten der Tatbestandsarchitektur, welche insbesondere beim Vorliegen einer Kapitalgesellschaft als tatbestandlichem Insolvenzschuldner zu Tage treten; diese Defizite tragen zusätzlich in erheblichem Umfang zur Marginalisierung der rechtstatsächlichen Bedeutung der Vorschrift der Schuldnerbegünstigung nach § 283d StGB in ihrer derzeitigen Fassung bei.

---

[52] Dieser Frage wird ausführlich im Rahmen von Kap. 3 der Abhandlung als Kernproblem der vorliegend untersuchten Konstellation einer Kapitalgesellschaft als tatbestandlicher Insolvenzschuldnerin im Rahmen des § 283d StGB nachgegangen.

2. Kapitel: Rechtsformübergreifende Struktur- und Tatbestandsmerkmale der Schuldnerbegünstigung

Im zweiten Kapitel sollen diejenigen tatbestandlichen Strukturmerkmale der Schuldnerbegünstigung im Vordergrund stehen, welche sich – unabhängig von der konkreten Gestalt des Schuldners – für alle unter die Vorschrift zu fassenden Fälle unterschiedslos auswirken. Hierbei wird zunächst auf das durch den Tatbestand des § 283d StGB geschützte Rechtsgut sowie die deliktischen Charakteristika der Vorschrift (unter A.) einzugehen sein. Sodann rücken die einzelnen Tatbestandsmerkmale der Schuldnerbegünstigung (unter B. bis D.) in den Mittelpunkt der Betrachtung.

A. Geschütztes Rechtsgut und Deliktscharakter

I. Tatbestandlich geschütztes Rechtsgut

Den Ausgangspunkt einer jeden Betrachtung eines Deliktstatbestandes hat für ein dem Leitbild des „subsidiären Rechtsgüterschutzes"[53] verpflichtetes Strafrecht die möglichst präzise Bestimmung des umfassten Schutzgutes zu bilden. Dieses stellt somit nichts weniger als die „Grundlage des Aufbaus und der Auslegung der Tatbestände"[54] dar.[55] Dieser Prämisse folgend soll nun zunächst ein kurzer Überblick über die Diskussion um die von den Insolvenzdelikten der §§ 283 ff. StGB

---

[53] *Roxin*, Strafrecht AT I, § 2 Rn. 1; *Hefendehl*, Kollektive Rechtsgüter, S. 5. Grundlegend zum Rechtsgüterschutz als Aufgabe des Strafrechts *Hassemer/Neumann*, in: NK-StGB, Vor § 1 Rn. 108 ff. m. zahlr. Nachw.
[54] Siehe *Jescheck/Weigend*, Strafrecht AT, § 26 I 2; ähnlich *Hassemer/Kargl*, in: NK-StGB, § 1 Rn. 114; *Welzel*, Strafrecht, § 1 I 2; *Jakobs*, Strafrecht AT, Abschn. 2 Rn. 12 ff.; *Krey/Esser*, Strafrecht AT, § 1 Rn. 5 ff.; *Roxin*, Strafrecht AT I, § 2 Rn. 4; *Stratenwerth/Kuhlen*, Strafrecht AT, § 2 Rn. 5 ff.; *Krause*, Erlaubtes Risiko, S. 154; ferner auch *Hassemer*, Theorie und Soziologie, S. 58.
[55] Allgemein zum strafrechtlichen Rechtsgutsbegriff sowie dessen verschiedenen Funktionen instruktiv *Rönnau*, JuS 2009, 209 ff. m. w. N.

geschützten Rechtsgüter gegeben werden,[56] um sich auf dieser Grundlage dem Deliktscharakter sowie den weiteren Tatbestandsmerkmalen der Schuldnerbegünstigung zuzuwenden.

1. Individualrechtsgut: Befriedigungsinteressen der Gläubigergesamtheit

Unstreitig geschütztes Rechtsgut sämtlicher Insolvenzstraftaten der §§ 283 ff. StGB – und somit auch der Schuldnerbegünstigung gemäß § 283d StGB – ist nach allgemeiner Auffassung das Interesse der Gläubigergesamtheit an deren Befriedigung durch eine ungeschmälerte Insolvenzmasse[57],[58] was letztlich dem Schutz der Vermögensinteressen der Gläubiger, also eines Individualrechtsgutes entspricht.[59] Ganz herrschend wird hierfür auch das Vorliegen bereits eines einzigen Gläubigers für ausreichend erachtet.[60] Existieren jedoch – wie in der Praxis regelmäßig –

---

[56] Vgl. hierzu den Überblick bei *Dannecker/Hagemeier*, in: Dannecker/Knierim/Hagemeier, Insolvenzstrafrecht, Kap. 1 Rn. 35 ff. m. w. N.

[57] Zur insolvenzrechtsakzessorischen Bezugnahme auf die Insolvenzmasse im Sinne von § 35 Abs. 1 InsO sogleich noch ausführlich bei der Bestimmung des deliktischen Tatobjektes unter Kap. 2 B. II.

[58] Siehe *Fischer*, StGB, § 283d Rn. 2; *Lackner/Kühl*, StGB, § 283d Rn. 1; *Radtke*, in: Münch-Komm-StGB, § 283d Rn. 2; *ders.*, JR 2010, 233, 234; *Bär/Reinhart*, in: Graf/Jäger/Wittig, Vor §§ 283 ff. StGB Rn. 1; *Beukelmann*, in: von Heintschel-Heinegg, § 283d Rn. 2 f.; *Bieneck*, in: Müller-Gugenberger/Bieneck, § 81 Rn. 1; *Bosch*, in: Satzger/Schmitt/Widmaier, StGB, Vor §§ 283 ff. Rn. 1; *Kindhäuser*, in: NK-StGB, § 283d Rn. 3; *Hoyer*, in: SK-StGB, § 283d Rn. 2, 4; *Wegner*, in: Achenbach/Ransiek, Teil 7 Kap. 1 Rn. 3; *Verjans*, in: Böttger, Wirtschaftsstrafrecht, Kap. 4 Rn. 34; *Bittmann*, Insolvenzstrafrecht, § 22 Rn. 2; *Dohmen*, Verbraucherinsolvenz und Strafrecht, S. 94 f. sowie bereits *Klug*, Konkursstrafrecht, § 242 KO Rn. 1.

[59] So *Hefendehl*, Kollektive Rechtsgüter, S. 272; *Püschel*, in: FS Rissing-van Saan, S. 471, 476; *Maurach/Schroeder/Maiwald*, Strafrecht BT I, § 48 Rn. 8; *Radtke*, JR 2010, 233, 234. Ferner bereits *Lohoff*, Schuldnerbegünstigung, S. 6, der die Schuldnerbegünstigung daher auch explizit als „Vermögensdelikt" bezeichnet. Für § 283 StGB ebenso *Röhm*, Abhängigkeit des Insolvenzstrafrechts, S. 70 f.

[60] Vgl. RGZ 11, 40, 42; RGSt 39, 326, 327; 41, 309, 314 f.; BGH, Urteil v. 22. Februar 2001, 4 StR 421/00 = NJW 2001, 1874, 1875; ferner *Bosch*, in: Satzger/Schmitt/Widmaier, StGB, Vor §§ 283 ff. Rn. 1; *Fischer*, StGB, Vor § 283 Rn. 3; *Heine*, in: Schönke/Schröder, StGB, Vor §§ 283 ff. Rn. 2; *Radtke*, in: MünchKomm-StGB, § 283 Rn. 3. Kritisch hierzu *Krüger*, wistra 2002, 52, 53.

mehrere Gläubiger, so sind nicht die Befriedigungsinteressen[61] der Einzelnen, sondern diejenigen der Gläubigergesamtheit maßgeblich.[62]

Das so umrissene Schutzgut deckt sich insoweit auch mit der allgemeinen Vorgabe einer geordneten und größtmöglichen Befriedigung der berechtigten Gläubiger aus der Insolvenzmasse (*par conditio creditorum*) als grundlegender Zielsetzung des gesetzlichen Insolvenzverfahrens.[63]

Gelegentlich wird das Gestaltungsinteresse der Gläubiger im Rahmen des Insolvenzverfahrens – etwa mit Blick auf die der Gläubigerversammlung zugewiesenen Rechte zur Bestimmung des Insolvenzverwalters nach § 57 InsO oder zur Entscheidung über den Verfahrensfortgang gemäß § 157 InsO – im Zuge der Diskussion um die durch die §§ 283 ff. StGB geschützten Rechtsgüter separat genannt.[64] Die damit angesprochenen Gläubigerrechte stellen sich bei genauerer Betrachtung indes nicht als eigenständiges Rechtsgut, sondern vielmehr als ein integraler Bestandteil des geschützten Individualrechtsguts der vermögenswerten Befriedigungsinteressen der Gläubigerschaft in Gestalt eines spezifischen Aspekts der damit verbundenen Dispositionsfreiheit dar.[65] Ein selbstständiges tatbestandliches Rechtsgut der §§ 283 ff. StGB ist hierin demnach aber nicht zu erblicken.[66]

---

[61] Gemeint sind hiermit Befriedigungsinteressen im insolvenzrechtlichen Sinne, sodass es nicht etwa – wie dies im bürgerlichen Recht beispielsweise im Rahmen des § 774 Abs. 1 BGB der Fall ist – nur auf eine Befriedigung als Erfüllung von Leistungspflichten, sondern vielmehr auf eine Haftungsverwirklichung (dazu *Pape*, in: Uhlenbruck, InsO, § 1 Rn. 2) ankommt, siehe *Krause*, Erlaubtes Risiko, S. 156 m. w. N.

[62] Siehe nur BGHSt 28, 371, 373 = NJW 1980, 406, 407; außerdem *Bosch*, in: Satzger/Schmitt/Widmaier, StGB, Vor §§ 283 ff. Rn. 1; *Lackner/Kühl*, StGB, § 283 Rn. 1; *Röhm*, Abhängigkeit des Insolvenzstrafrechts, S. 65 f. Eine Auseinandersetzung mit der Frage, ob bereits in dieser Summe der für sich genommen individuellen Vermögensinteressen der Gläubiger möglicherweise ein überindividuelles Rechtsgut gesehen werden könnte, sucht man dabei freilich vergeblich (vgl. etwa *Krause*, Erlaubtes Risiko, S. 155 ff., *Penzlin*, Strafrechtliche Auswirkungen, S. 13 ff., die implizit jeweils eine Einordnung als Individualrechtsgut vornehmen).

[63] *Radtke*, in: MünchKomm-StGB, Vor §§ 283 ff. Rn. 1; *Püschel*, in: AnwKomm-StGB, Vor §§ 283-283d Rn. 1. Zur größtmöglichen gemeinschaftlichen Befriedigung der Gläubiger als Hauptziel des Insolvenzverfahrens ausführlich *Breuer*, Insolvenzrecht, Teil 1 Rn. 10 ff.; *Smid*, Insolvenzrecht, § 1 Rn. 20 ff.

[64] So vor allem *Krause*, Erlaubtes Risiko, S. 159 ff.; in diese Richtung auch *Kilger*, ZRP 1984, 46.

[65] Ebenso *Hoyer*, in: SK-StGB, Vor § 283 Rn. 4; *Radtke*, in: MünchKomm-StGB, Vor §§ 283 ff. Rn. 12 f.

[66] An dieser Einschätzung ändert auch die mit dem jüngst in Kraft getretenen *Gesetz zur weiteren Erleichterung der Sanierung von Unternehmen* (kurz: ESUG, BGBl. I 2011, S. 2582 ff.) einhergegangene weitere Stärkung der Gläubigerstellung (insbesondere durch Einsetzung eines vorläufigen Gläubigerausschusses bereits im Insolvenzeröffnungsverfahren) nichts, vgl. dazu *Fuhst*, DStR 2012, 418, 419 f.

2. Kollektivrechtsgüter

Zusätzlich zu den allgemein anerkannten Befriedigungsinteressen der Gläubigergesamtheit werden verbreitet auch diverse überindividuelle Rechtsgüter als durch die Insolvenzdelikte der §§ 283 ff. StGB geschützt erachtet.

Im Folgenden sollen die diesbezüglichen Auffassungen zunächst überblicksartig dargestellt und anschließend zur Frage der Anerkennung eines solchen Kollektivrechtsgutes im Rahmen der §§ 283 ff. StGB Stellung bezogen werden.

a) Funktionsfähigkeit der Kreditwirtschaft bzw. der Gesamtwirtschaft

Eine stark vertretene Auffassung sieht insbesondere die „Funktionsfähigkeit der Kreditwirtschaft"[67] oder sogar des „gesamtwirtschaftlichen Systems"[68] als durch die Insolvenzstraftaten der §§ 283 ff. StGB geschütztes überindividuelles Rechtsgut an.[69] Zur Begründung der Notwendigkeit der Einbeziehung dieser Kollektivrechtsgüter in den Schutzbereich der Insolvenzdelikte wird regelmäßig auf die mit diesen Straftaten verbundenen Folgewirkungen (häufig ist hierbei auch von einer „Kettenreaktion" bzw. einem „Dominoeffekt" die Rede)[70] für die Kredit- und Realwirtschaft rekurriert, welche mit insolvenzbedingten Forderungsausfällen einhergehen und dadurch nicht selten zu einer Insolvenz der entsprechend betroffenen Gläubiger ihrerseits führen können.[71]

---

[67] So insbesondere *Tiedemann*, in: LK-StGB, Vor §§ 283 bis 283d Rn. 55, § 283d Rn. 2; *ders.*, Wirtschaftsstrafrecht BT, § 9 Rn. 413; *ders.*, ZIP 1983, 513, 520; außerdem *Moosmayer*, Einfluss der Insolvenzordnung, S. 133 ff.; *Plathner*, Einfluss der Insolvenzordnung, S. 146 f.; *Weyand/Diversy*, Insolvenzdelikte, Rn. 12.

[68] So – jedoch ohne weitergehende Ausführungen – explizit BGHSt 55, 107, 115 = NJW 2010, 2894, 2896 für den Bankrott gemäß § 283 StGB; die „Gesamtwirtschaft" wollen *Lackner/Kühl*, StGB, § 283 Rn. 1, *Bittmann*, Insolvenzstrafrecht, § 12 Rn. 25 sowie *Röhm*, Abhängigkeit des Insolvenzstrafrechts, S. 63 ff., 81, mitschützen.

[69] Eine Übersicht der zahlreichen hierzu vertretenen Einzelansichten findet sich bei *Dohmen*, Verbraucherinsolvenz und Strafrecht, S. 100 ff.

[70] Vgl. hierzu die Darstellung der entsprechenden Auffassungen bei *Dohmen*, Verbraucherinsolvenz und Strafrecht, S. 103 ff. m. zahlr. Nachw.

[71] Siehe *Tiedemann*, in: LK-StGB, Vor §§ 283 bis 283d Rn. 55; ferner *Hammerl*, Bankrottdelikte, S. 110.

b) Insolvenzmasse bzw. das Insolvenzverfahren als solches

Der Vollständigkeit halber sei an dieser Stelle schließlich die vereinzelt gebliebene Auffassung erwähnt, welche die Insolvenzmasse als solche bzw. das Institut des Insolvenzverfahrens als durch die §§ 283 ff. StGB geschützt ansieht.[72]

Der Anerkennung eines derartigen Rechtsguts muss indes – noch vor der eigentlichen Stellungnahme hinsichtlich der Anerkennung von Kollektivrechtsgütern im Rahmen der §§ 283 ff. StGB[73] – bereits deshalb eine Absage erteilt werden, weil dies den Schutz eines Rechtsgutes bedeuten würde, welches im Zeitpunkt der gesetzlich beschriebenen Tathandlung regelmäßig noch gar nicht existiert, sondern vielmehr erst durch diese hervorgebracht wird:[74]

Die durch die Vorschriften der §§ 283 ff. StGB ausdrücklich (insolvenzrechtsakzessorisch) in Bezug genommene Insolvenzmasse im Sinne des § 35 Abs. 1 InsO entsteht als solche erst durch den sog. Insolvenzbeschlag bei Verfahrenseröffnung,[75] welcher gewissermaßen das der Zwangsvollstreckung unterworfene Vermögen des Schuldners zum Zweck der späteren Gläubigerbefriedigung abspaltet und es hierzu in ein haftungsrechtliches Sondervermögen überführt.[76] Da zur Verwirklichung der §§ 283 ff. StGB – wie die objektiven Strafbarkeitsbedingungen nach §§ 283 Abs. 6, 283d Abs. 4 StGB[77] verdeutlichen – jedoch keineswegs zwingend stets die Eröffnung des Insolvenzverfahrens notwendig ist, sondern etwa auch die tatsächliche Zahlungseinstellung seitens des Schuldners genügt, wäre eine tatbestandliche Verwirklichung der Strafvorschriften möglich, obwohl das durch sie geschützte Rechtsgut mangels Verfahrenseröffnung noch gar nicht existent ist.

Eine derartige Interpretation vermag schließlich auch den für eine Legitimation strafrechtlicher Sanktionsnormen grundsätzlich erforderlichen Rechtsgutsbezug sämtlicher informationsbezogenen Tathandlungen[78] im Rahmen der §§ 283 ff. StGB von vornherein nicht zu begründen,[79] was ebenfalls entscheidend gegen die

---

[72] In diese Richtung etwa *Krause*, Erlaubtes Risiko, S. 158 f.; *ders.*, NStZ 1999, 161, 162 sowie *Gallandi*, wistra 1992, 10 ff.
[73] Hierzu sogleich ausführlich unter Kap. 2 A. I.
[74] Siehe *Hoyer*, in: SK-StGB, Vor § 283 Rn. 3; *Tiedemann*, in: LK-StGB, Vor §§ 283 bis 283d Rn. 46.
[75] Vgl. dazu ausführlich *Häsemeyer*, Insolvenzrecht, Kap. 9 Rn. 9.01 ff. sowie *Haarmeyer*, Insolvenzbeschlag, S. 40 Rn. 80 ff.; ferner *Andres*, in: Nerlich/Römermann, InsO, § 35 Rn. 4 f.; *Lwowski/Peters*, in: MünchKomm-InsO, § 35 Rn. 22.
[76] *Häsemeyer*, Insolvenzrecht, Kap. 9 Rn. 9.03; *Haarmeyer*, Insolvenzbeschlag, S. 29 Rn. 57; *Smid*, Insolvenzrecht, § 1 Rn. 98 ff., § 7 Rn. 2 ff.
[77] Hierzu später eingehend unter Kap. 2 D.
[78] Zu dieser Systematisierung und den entsprechenden Begrifflichkeiten im Kontext der §§ 283 ff. StGB ausführlich unter Kap. 2 B. III.
[79] *Kindhäuser*, in: NK-StGB, Vor §§ 283 bis 283d Rn. 30.

Anerkennung als tatbestandlich geschütztes Rechtsgut spricht. Die Ansicht, welche die Insolvenzmasse oder das Insolvenzverfahren an sich als Rechtsgut der §§ 283 ff. StGB betrachten möchte, ist daher zurückzuweisen.

3. Stellungnahme

Im Ergebnis vermag auch die kumulative Einbeziehung keines der übrigen ins Feld geführten Kollektivrechtsgüter in den Schutzbereich der Insolvenzdelikte gemäß §§ 283 ff. StGB zu überzeugen:
Zunächst gilt es festzustellen, dass sämtlichen Bestrebungen zur Einbeziehung eines Universalrechtsgutes in den Schutzbereich der Insolvenzstraftaten nach §§ 283 ff. StGB im Kern letztlich die fundamentale Frage nach der verfassungsrechtlichen Legitimation des Insolvenzstrafrechts zugrunde liegt:[80] Nach verbreiteter Ansicht soll die bloße Beeinträchtigung der Vermögensinteressen der Gläubiger als Individualrechtsgut für sich genommen noch kein strafwürdiges Unrecht darstellen.[81] Vielmehr sei zur hinreichenden Legitimation einer Bestrafung aus den Insolvenzstraftatbeständen vor dem Hintergrund des verfassungsrechtlich verankerten Verhältnismäßigkeitsgrundsatzes daneben zugleich auch die Beeinträchtigung eines überindividuellen Rechtsgutes zu fordern.[82] Erst dieser um ein Kollektivrechtsgut ergänzte Schutzgehalt soll letztlich die grundsätzliche Strafwürdigkeit der Insolvenzdelikte zu begründen vermögen.

Dieser Auffassung ist zuzugeben, dass die deutlich ins Vorfeld einer Rechtsgutsverletzung verlagerte Strafbarkeit nach den §§ 283 ff. StGB – und dabei insbesondere der Vorschrift des § 283b Abs. 2 StGB, welche unter Verzicht auf das Vorliegen von Krisenmerkmalen sogar eine bloß fahrlässig herbeigeführte Gefährdung von Vermögensinteressen ausreichen lässt – beachtliche Fragen hinsichtlich der verfassungsrechtlichen Legitimation der Insolvenzstraftatbestände aufwirft.[83]

---

[80] Vgl. dazu *Dannecker/Hagemeier*, in: Dannecker/Knierim/Hagemeier, Insolvenzstrafrecht, Kap. 1 Rn. 35; *Penzlin*, Strafrechtliche Auswirkungen, S. 39 ff.; *Püschel*, in: AnwKomm-StGB, Vor §§ 283-283d Rn. 2; *Radtke*, in: MünchKomm-StGB, Vor §§ 283 ff. Rn. 11; *Röhm*, Abhängigkeit des Insolvenzstrafrechts, S. 48 ff. Ausführlich zur Problematik jüngst ferner *Brand*, KTS 2012, 195 ff.
[81] So etwa *Tiedemann*, in: LK-StGB, Vor §§ 283 bis 283d Rn. 54.
[82] Deutlich *Heine*, in: Schönke/Schröder, StGB, Vor §§ 283 ff. Rn. 2, auch unter Hinweis auf *Lagodny*, Schranken der Grundrechte, S. 439 f. Zusammenfassend außerdem *Röhm*, Abhängigkeit des Insolvenzstrafrechts, S. 46 ff.
[83] Kritisch diesbezüglich insbesondere *Tiedemann*, in: LK-StGB, Vor §§ 283 bis 283d Rn. 54; ferner *Schlüchter*, JR 1979, 513, 515.

Gleichwohl greifen die dahingehend geäußerten Bedenken letztlich nicht durch: Bei der Bewertung der verfassungsrechtlichen Legitimität der §§ 283 ff. StGB ist entscheidend auf die spezifische Situation der Unternehmenskrise abzustellen, welche im Falle des § 283 Abs. 1 StGB – neben der objektiven Strafbarkeitsbedingung – bei Ausführung der entsprechenden Tathandlung vorliegen bzw. im Falle des § 283 Abs. 2 StGB durch die Tathandlung kausal herbeigeführt werden muss. Da es sich insofern regelmäßig um eine Wirkungsdynamik handelt, deren weitere Entwicklung nach Ausführung der umschriebenen Tathandlung hin zu einer möglichen Rechtsgutsverletzung nicht mehr beeinflusst werden kann, muss dem Gesetzgeber im Sinne eines – nicht zuletzt von Verfassungs wegen gebotenen[84] – effektiven Rechtsgüterschutzes die Möglichkeit eröffnet sein, bereits die Vornahme der generell gefährdenden Handlung selbst im Vorfeldbereich durch Sanktionierung zu unterbinden,[85] auch wenn sich ein solches Vorgehen notwendigerweise stets im Spannungsfeld mit der Natur des Strafrechts als *ultima ratio* der Rechtsordnung bewegen muss.[86] Durch die Ausgestaltung der Insolvenzstraftaten als Gefährdungsdelikte[87] hat der Gesetzgeber von eben diesem Spielraum in zulässiger Weise Gebrauch gemacht;[88] die verfassungsrechtliche Legitimität der Insolvenzdelikte gemäß §§ 283 ff. StGB ist demnach – auch bei Annahme eines in Gestalt der Befriedigungsinteressen der Gläubigergesamtheit rein individualistisch ausgerichteten Rechtsgutsschutzes – noch gewährleistet.[89]

Auch lässt sich anhand der Gesetzgebungsmaterialien ohne Weiteres nachvollziehen, dass die von den Befürwortern eines kumulativ geschützten Universalrechtsguts zur Begründung angeführte Vorverlagerung der Strafbarkeit durch die Insolvenzstraftaten gesetzeshistorisch nicht etwa durch den Schutz eines wie auch immer gearteten überindividuellen Rechtsguts, sondern vielmehr durch die Ver-

---

[84] Vgl. hierzu tiefgründig *Appel*, KritV 1999, 278, 285 ff. m. zahlr. Nachw.
[85] Siehe *Radtke*, in: MünchKomm-StGB, Vor §§ 283 ff. Rn. 16 sowie grundlegend *ders.*, Dogmatik, S. 68 ff.
[86] Vgl. dazu nur *Roxin*, Strafrecht AT I, § 2 Rn. 97 ff.
[87] Hierbei ist freilich je nach Tatbestand umstritten, ob es sich um abstrakte (so die ganz h. M., vgl. nur *Radtke*, in: MünchKomm-StGB, Vor §§ 283 ff. Rn. 17 ff.) oder konkrete Gefährdungsdelikte (so etwa *Trüg/Habetha*, wistra 2007, 365, 370) handelt. Dazu ausführlich sogleich unter Kap. 2 A. II.
[88] Vgl. zur grundsätzlichen Zulässigkeit abstrakter Gefährdungsdelikte im Strafrecht nur BVerfGE 90, 145, 184 = NJW 1994, 1577, 1581; ferner *Roxin*, Strafrecht AT I, § 2 Rn. 68 ff.
[89] So im Ergebnis auch *Hefendehl*, Kollektive Rechtsgüter, S. 274 f.; *Radtke*, in: MünchKomm-StGB, Vor §§ 283 ff. Rn. 16.

meidung von handfesten praktischen Beweisschwierigkeiten im Zuge der Strafverfolgung motiviert war.[90]

Insbesondere gegen die Anerkennung eines Schutzes der „Funktionsfähigkeit der Kreditwirtschaft" spricht, dass eine auch nur annähernd fassbare Auslegung dieser unscharfen Begrifflichkeit im Rahmen teleologischer Erwägungen schlechterdings unmöglich erscheint.[91] Darüber hinaus taugt das durch die Befürworter eines Schutzes der Funktionsfähigkeit der Kreditwirtschaft regelmäßig vorgebrachte Argument einer empfindlichen Beeinträchtigung der institutionalisierten Abläufe in der Kreditwirtschaft durch Insolvenzdelinquenz gleich aus zwei Gründen nicht zur Begründung eines durch die §§ 283 ff. StGB geschützten Kollektivrechtsguts:

Erstens vermag der Rückschluss von einer rein empirischen Anzahl faktischer Schadensfälle im Kontext der Insolvenzdelikte auf ein abstraktes rechtliches Schutzgut bereits methodisch nicht zu überzeugen;[92] zweitens handelt es sich bei den damit beschriebenen Folgen – mögen die verursachten finanziellen Insolvenzschäden noch so groß sein – letztlich erneut um nichts anderes als die Vermögensinteressen betroffener Gläubiger,[93] sodass ein strafrechtlicher Schutz der in den Blick genommenen Rechtspositionen bereits ebenso effektiv durch die Erfassung dieser Vermögensinteressen als Individualrechtsgut gewährleistet wird und für die Annahme eines solchen diffusen Kollektivrechtsgutes daher im Ergebnis überhaupt kein Anlass besteht.[94] Oder um es auf eine einfache Formel zu bringen: Durch den effektiven Schutz der Befriedigungsinteressen der Gläubigergesamtheit als Individualrechtsgut wird gleichsam reflexartig auch die Funktionsfähigkeit der

---

[90] Siehe *Püschel*, in: FS Rissing-van Saan, S. 471, 476, unter Hinweis auf den Bericht des entsprechenden Sonderausschusses, BT-Drs. 7/52191, S. 19 sowie Protokoll 7/2831. Auf die damit zusammenhängende Frage nach Legitimität und Strafwürdigkeit dieser Vorfeldkriminalisierung vor dem Hintergrund des verfassungsrechtlichen Grundsatzes der Verhältnismäßigkeit kann an dieser Stelle nicht näher eingegangen werden, vgl. dazu *Hefendehl*, Kollektive Rechtsgüter, S. 274; *Moosmayer*, Einfluss der Insolvenzordnung, S. 140 f.; *Dohmen/Sinn*, KTS 2003, 205, 212, 215; *Püschel*, in: FS Rissing-van Saan, S. 471, 477 f.
[91] Vgl. *Erdmann*, Krisenbegriffe, S. 81 ff.; *Penzlin*, Strafrechtliche Auswirkungen, S. 18 f. Ähnlich auch *Krüger*, wistra 2002, 52, 53, der insoweit von einem „diffusen und konturenlosen" Gut spricht.
[92] Diese Vorgehensweise bemängeln auch *Mohr*, Bankrottdelikte, S. 147 f.; *Krause*, Erlaubtes Risiko, S. 176 sowie *Püschel*, in: FS Rissing-van Saan, S. 471, 477.
[93] Vgl. *Höfner*, Überschuldung, S. 28 ff.; *Krause*, Erlaubtes Risiko, S. 176 f.; *Radtke*, in: MünchKomm-StGB, Vor §§ 283 ff. Rn. 15.
[94] So jeweils auch die Schlussfolgerung bei *Hefendehl*, Kollektive Rechtsgüter, S. 274 und *Dohmen/Arndt*, KTS 2003, 205, 216. Allgemein kritisch zur Anerkennung neuer Rechtsgüter aufgrund vermeintlicher „komplexer Wirkungszusammenhänge" *Lüderssen*, Krise des öffentlichen Strafanspruchs, S. 7 ff. m. zahlr. vertiefenden Nachw.

Kreditwirtschaft sichergestellt; mit einem eigenständigen überindividuellen Rechtsgut hat dies jedoch nichts zu tun.

Erst recht müssen vorstehende Erwägungen für diejenige Auffassung gelten, welche gar das „gesamtwirtschaftliche System" bzw. „die Volkswirtschaft" als durch die Insolvenzdelikte geschütztes Universalrechtsgut betrachten will;[95] auch dies vermag aus den zuvor genannten Gründen nicht zu überzeugen.[96]

Abschließend bleibt noch anzumerken, dass die Befürworter des Schutzes eines Kollektivrechtsguts durch die Tatbestände der §§ 283 ff. StGB ihre eigene Argumentation im Übrigen auch nicht folgerichtig zu Ende führen:

Trotz des von ihnen angenommenen Schutzes eines überindividuellen Rechtsgutes soll einer etwaigen Einwilligung rechtfertigende Wirkung zukommen, was mangels Rechtsgutsinhaberschaft und Dispositionsbefugnis[97] freilich aus dogmatischen Gründen konsequenterweise von vornherein auszuscheiden hätte.[98]

Dies würde freilich interessante Folgefragen insbesondere in solchen Fällen aufwerfen, in denen eine krisenbedingte Unternehmenssanierung erfolgen soll, bei der regelmäßig Vermögensverschiebungen während der wirtschaftlichen Krisensituation vorgenommen werden (müssen). Denkt man diesen Gedanken der Anerkennung eines überindividuellen Rechtsguts der §§ 283 ff. StGB auf dem Boden der vorherrschenden Einwilligungsdogmatik[99] weiter, könnten die betroffenen Gläubiger derartigen Maßnahmen mangels Dispositionsbefugnis nicht mehr in strafrechtlich beachtlicher Weise zustimmen, womit sich der Sanierungsberater einem erheblichen Strafbarkeitsrisiko aus den Insolvenzdelikten der §§ 283 ff.

---

[95] Siehe die Nachweise unter Fn. 68.
[96] Zu Recht hat bereits *Samson*, in: SK-StGB (1. Auflage, Februar 1987), Vor § 283 Rn. 3, angemahnt, dass insoweit nicht der Anlass zur Schaffung der Bankrottdelikte mit dem Rechtsgut derselben verwechselt werden dürfe. Dies gilt insbesondere mit Blick auf das zur Begründung eines Kollektivrechtsgutes regelmäßig bemühte Argument einer „negativen Sog- bzw. Spiralwirkung" der Insolvenzdelinquenz (vgl. dazu *Teufel*, Insolvenzkriminalität, S. 55 f.; *Dohmen/Arndt*, KTS 2003, 205, 214). Zust. auch *Mohr*, Bankrottdelikte, S. 149; *Püschel*, in: FS Rissing-van Saan, S. 471, 477; *Penzlin*, Strafrechtliche Auswirkungen, S. 34 ff.
[97] Zu Rechtsgutsinhaberschaft und Dispositionsbefugnis als grundlegenden Voraussetzungen der strafrechtlich relevanten Einwilligung vgl. *Rönnau*, in: LK-StGB, Vor § 32 Rn. 176 ff.; ferner *Kientzy*, Einwilligung, S. 17; *Roxin*, Strafrecht AT I, § 13 Rn. 1 ff., 34; *Sternberg-Lieben*, Objektive Schranken, S. 81 ff.; *Tiedemann*, in: FS Mehle, S. 625, 633.
[98] Eben dies stellt *Tiedemann*, in: LK-StGB, Vor §§ 283 bis 283d Rn. 57 a. E. jedoch gleichsam apodiktisch fest, was nicht zu überzeugen vermag. Kritisch hierzu auch *Erdmann*, Krisenbegriffe, S. 84 sowie *Püschel*, in: FS Rissing-van Saan, S. 471, 477.
[99] Zu Grundlagen und Voraussetzungen der allgemeinen Einwilligungsdogmatik später noch ausführlich unter Kap. 3 B. II.

StGB gegenübersähe.[100] Diesen Schritt möchte jedoch keiner der genannten Vertreter gehen.

Zusammenfassend bleibt demnach festzuhalten, dass geschütztes Rechtsgut der Insolvenzdelikte nach §§ 283 ff. StGB – also auch der Schuldnerbegünstigung gemäß § 283d StGB – allein das Individualschutzgut des Befriedigungsinteresses der Gläubigergesamtheit ist; die Anerkennung eines wie auch immer gearteten, daneben geschützten Universalrechtsguts ist abzulehnen.[101]

II. Deliktscharakter

Im Anschluss an die Frage nach dem durch den Tatbestand der Schuldnerbegünstigung geschützten Rechtsgut soll im Folgenden dessen gesetzessystematische Stellung sowie sein deliktischer Charakter näher beleuchtet werden. Neben der systematischen Stellung des § 283d StGB im Kontext der anderen Bankrottdelikte (unter 1.), gilt die Aufmerksamkeit hierbei vor allem einer Analyse der dogmatischen Deliktsnatur des Tatbestandes (unter 2.).

4. Normsystematische Einordnung im Kontext der Bankrottdelikte

Die Gesetzessystematik der Insolvenzdelikte kann mit Fug und Recht als nicht eben offenkundig bezeichnet werden.[102] Bemüht man sich jedoch um eine Systematisierung der Tatbestände, bietet sich eine tatobjektsorientierte Differen-

---

[100] Denkbar wäre bei Annahme eines kumulativen Schutzes von Individual- und Kollektivrechtsgut an dieser Stelle lediglich die vorherige Einholung der Zustimmung sämtlicher Gläubiger zur Sanierungsmaßnahme (vgl. auch *Penzlin*, Strafrechtliche Auswirkungen, S. 44), was indes angesichts der Vielzahl an Gläubigern in der wirtschaftlichen Realität regelmäßig eine eher theoretische Option darstellen dürfte.

[101] Zu diesem Ergebnis gelangen auch *Bär/Reinhart*, in: Graf/Jäger/Wittig, Vor §§ 283 ff. StGB Rn. 1; *Dohmen*, Verbraucherinsolvenz und Strafrecht, S. 105 ff., 113; *Erdmann*, Krisenbegriffe, S. 84 f.; *Penzlin*, Strafrechtliche Auswirkungen, S. 37, 44 f.; *Krause*, Erlaubtes Risiko, S. 178; *Püschel*, in: FS Rissing-van Saan, S. 471, 477; *Kindhäuser*, in: NK-StGB, Vor §§ 283 bis 283d Rn. 33; *Radtke*, in: MünchKomm-StGB, Vor §§ 283 ff. Rn. 16; *Thilow*, Gläubigerbegünstigung, S. 121 ff. Ausdrücklich offen gelassen wurde die Frage in BVerfG, Beschl. v. 28. August 2003, 2 BvR 704/01, Rn. 9.

[102] *Maurach/Schroeder/Maiwald*, § 48 Rn. 21 bezeichnen die Tatbestandsvarianten des Bankrotts gemäß § 283 StGB in diesem Kontext pointiert als „verwirrende Reihe".

zierung zwischen den entsprechenden Sanktionsnormen anhand deren jeweiligem Regelungsgegenstand an:[103]

Als *bestandsbezogene Insolvenzdelikte* können diejenigen Vorschriften bezeichnet werden, welche aufgrund der beschriebenen Tathandlung eine Schmälerung jenes Vermögensbestandes des Schuldners zur Folge haben, welcher im Falle der Eröffnung eines Insolvenzverfahrens zur Insolvenzmasse im Sinne von § 35 Abs. 1 InsO gehört.[104] Charakteristisch für diese tatbestandsmäßigen Handlungen ist ihr starker Rechtsgutsbezug, der sich aus der unmittelbaren Substanzbeeinträchtigung der Befriedigungsinteressen der Gläubiger durch Verringerung der (späteren) Insolvenzmasse ergibt.[105] Folgende Insolvenzstraftaten im engeren Sinne werden hierunter zusammengefasst: Die Bankrotthandlungen gemäß § 283 Abs. 1 Nr. 1 Var. 1 (Beiseiteschaffen) und Var. 3 StGB (Zerstören u. a.), § 283 Abs. 1 Nr. 2, Nr. 3 und Nr. 8 Var. 1 StGB (Verringern), die Gläubigerbegünstigung nach § 283c StGB sowie die Schuldnerbegünstigung gemäß § 283d StGB (mit Ausnahme der Variante des Verheimlichens in § 283d Abs. 1 StGB).[106]

Demgegenüber sind unter *informationsbezogenen Insolvenzdelikten* solche zu verstehen, die eine vom Schuldner verursachte Verschlechterung der Informationsmöglichkeiten über dessen Vermögensbestand – etwa durch unrichtige Angaben bzw. fehlende oder mangelhafte Darstellung der schuldnerischen Vermögensverhältnisse – zum Regelungsgegenstand haben.[107] Sie zeichnen sich durch einen im Vergleich zu den bestandsbezogenen Delikten schwächeren Rechtsgutsbezug aus, da insoweit nicht der reale Vermögensbestand verändert, sondern vielmehr die zur Bestimmung der Insolvenzmasse nach § 35 Abs. 1 InsO sowie zur Durchführung des Insolvenzverfahrens notwendige Kenntnis des Insolvenzverwalters – und damit mittelbar auch der Insolvenzgläubiger – von den wahren Vermögensverhältnissen des Schuldners nachteilig beeinträchtigt wird.[108] Dieser Deliktsgruppe unterfallen die Straftaten gemäß § 283 Abs. 1 Nr. 1 Var. 2 StGB (Verheimlichen), § 283

---

[103] So grundlegend *Krause*, Erlaubtes Risiko, S. 35 ff.; diesem folgend *Hartwig*, in: FS Bemmann, S. 311, 313 ff.; *Kindhäuser*, in: NK-StGB, Vor §§ 283 bis 283d Rn. 5 ff.; *Leipold*, in: Münchener Anwaltshandbuch, § 18 Rn. 10; *Radtke*, in: MünchKomm-StGB, Vor §§ 283 ff. Rn. 27 ff.; *Tiedemann*, Wirtschaftsstrafrecht BT, § 9 Rn. 414.
[104] Vgl. *Kindhäuser*, in: NK-StGB, Vor §§ 283 bis 283d Rn. 5 f. m. w. N.
[105] Siehe *Bittmann*, Insolvenzstrafrecht, § 12 Rn. 2, 10; *Radtke*, in: MünchKomm-StGB, Vor §§ 283 ff. Rn. 28.
[106] *Radtke*, in: MünchKomm-StGB, Vor §§ 283 ff. Rn. 29; *Kindhäuser*, in: NK-StGB, Vor §§ 283 bis 283d Rn. 6.
[107] *Kindhäuser*, in: NK-StGB, Vor §§ 283 bis 283d Rn. 7; *Radtke*, in: MünchKomm-StGB, Vor §§ 283 ff. Rn. 31.
[108] Vgl. dazu *Krause*, Erlaubtes Risiko, S. 37 f.; *Kindhäuser*, in: NK-StGB, Vor §§ 283 bis 283d Rn. 7.

Abs. 1 Nrn. 4 bis 7 StGB, § 283 Abs. 1 Nr. 8 Var. 2 und 3 StGB (Verheimlichen oder Verschleiern) sowie die Verletzung der Buchführungspflicht nach § 283b StGB und die Schuldnerbegünstigung in der Tatvariante des Verheimlichens gemäß § 283d Abs. 1 Var. 2 StGB.[109]

5. Deliktsnatur

Die Frage nach der Deliktsnatur der Insolvenzstraftaten gemäß den §§ 283 ff. StGB wird – mit Ausnahme der Vorschrift des § 283b StGB, die unstreitig nach allgemeiner Auffassung als abstraktes Gefährdungsdelikt einzuordnen ist[110] – noch immer nicht einheitlich beantwortet. Um die entsprechende Darstellung übersichtlicher zu gestalten, wird bei der Skizzierung der hierzu vertretenen Ansichten im Folgenden zwischen der Gläubigerbegünstigung nach § 283c StGB (unter a)) auf der einen sowie dem Bankrott nach § 283 StGB bzw. der Schuldnerbegünstigung nach § 283d StGB (unter b)) auf der anderen Seite unterschieden.

a) Gläubigerbegünstigung gemäß § 283c StGB

Durch den Tatbestand der Gläubigerbegünstigung nach § 283c StGB stellt der Gesetzgeber die Gewährung inkongruenter Leistungen – also solcher, die nicht, nicht in der Art oder nicht zu der Zeit geschuldet waren (vgl. hierzu das Anfechtungsrecht gemäß § 131 Abs. 1 InsO als insolvenzrechtliches Pendant)[111] – an einzelne Gläubiger unter Strafe, da hierdurch die gleichmäßige Befriedigung der Gläubigergesamtheit nachteilig beeinträchtigt oder vereitelt wird.[112] Dabei stellt sich § 283c StGB mit seiner deutlich abgesenkten Strafandrohung als Privilegierungstatbestand dar, welcher somit insbesondere eine Strafbarkeit wegen Bankrotts gemäß § 283 StGB als *lex specialis* verdrängt.[113]

---

[109] *Radtke*, in: MünchKomm-StGB, Vor §§ 283 ff. Rn. 31; *Kindhäuser*, in: NK-StGB, Vor §§ 283 bis 283d Rn. 7.

[110] Siehe OLG Hamburg, NJW 1987, 1342, 1343; ferner *Schlüchter*, JR 1979, 513, 514; *Tiedemann*, in: LK-StGB, § 283b Rn. 1; *Hoyer*, in: SK-StGB, § 283b Rn. 1; *Lackner/Kühl*, StGB, § 283b Rn. 1; *Heine*, in: Schönke/Schröder, StGB, § 283b Rn. 1; *Bosch*, in: Satzger/Schmitt/Widmaier, StGB, § 283b Rn. 1; *Radtke*, in: MünchKomm-StGB, § 283b Rn. 6.

[111] *Becker*, Insolvenzrecht, § 14 Rn. 594; *Häsemeyer*, Insolvenzrecht, Kap. 21 Rn. 21.38 ff.; *Schoppmeyer*, in: Bork, Insolvenzanfechtung, Kap. 8 Rn. 1 ff.; *Smid*, Insolvenzrecht, § 21 Rn. 19 ff.

[112] Siehe dazu *Beukelmann*, in: von Heintschel-Heinegg, StGB, § 283c Rn. 2 ff.; *Bosch*, in: Satzger/Schmitt/Widmaier, StGB, § 283c Rn. 3; *Fischer*, StGB, § 283c Rn. 3; *Heine*, in: Schönke/Schröder, StGB, § 283c Rn. 2 ff.; *Radtke*, in: MünchKomm-StGB, § 283c Rn. 6 ff.

[113] *Kindhäuser*, in: NK-StGB, § 283c Rn. 1; *Lackner/Kühl*, StGB, § 283c Rn. 1; *Richter*, in: Müller-Gugenberger/Bieneck, § 79 Rn. 1. Präzise stellt § 283c StGB somit den privilegierten

Was ihre deliktische Natur anbelangt, wird die Vorschrift des § 283c StGB von der ganz herrschenden Ansicht als Erfolgsdelikt eingeordnet,[114] wobei der konkrete Gefährdungserfolg hierbei im Eintritt der Begünstigung des entsprechenden Gläubigers bestehen soll.[115] Andere wollen § 283c StGB als (Rechtsguts-)Verletzungsdelikt begreifen, da es bei einer rechtsgutsorientierten Betrachtung insofern nicht auf die Begünstigung des Einzelgläubigers, sondern vielmehr auf die durch die Gewährung einer inkongruenten Leistung bereits nachteilig beeinträchtigten Vermögensinteressen der Gläubigergesamtheit als deren notwendige Kehrseite ankomme.[116]

b) Bankrott gemäß § 283 StGB bzw. Schuldnerbegünstigung gemäß § 283d StGB

Für den Tatbestand der Schuldnerbegünstigung nach § 283d StGB ergibt sich im Rahmen dieser Diskussion aufgrund seiner wortgleich formulierten Tathandlungen ein Gleichlauf zum Bankrott, sodass im Folgenden insbesondere die zur Vorschrift des § 283 Abs. 1 Nr. 1 StGB im Schrifttum vertretenen Auffassungen näher beleuchtet werden sollen; diese beanspruchen damit auch für die Frage nach der Deliktsnatur des § 283d StGB entsprechende Geltung.

Nach ganz überwiegender Ansicht handelt es sich bei den Bankrottdelikten des § 283 Abs. 1 und 2 StGB um abstrakte Gefährdungsdelikte, die für ihre Verwirklichung keinen (Rechtsgutsverletzungs-)Erfolg voraussetzen.[117] Der Gesetzgeber stuft also schon die bloße Vornahme der tatbestandlich beschriebenen Handlungen als gefährlich und sanktionsbedürftig ein. Die Vorschrift des § 283 Abs. 2 StGB stellt insofern einen Sonderfall dar, als diese zwar – in Gestalt der Herbeiführung von Überschuldung oder Zahlungsunfähigkeit – als Erfolgs-, nicht aber als (Rechtsguts-)Verletzungsdelikt ausgestaltet ist;[118] die rechtsgutsbezogene Einordnung als abstraktes Gefährdungsdelikt soll daher hiervon letztlich nicht berührt werden.[119]

Fall eines Bankrotts nach § 283 Abs. 1 Nr. 1 StGB in Gestalt eines Beiseiteschaffens von Vermögenswerten durch den zahlungsunfähigen Schuldner selbst dar, siehe BGHSt 34, 221, 224 = NJW 1987, 1710, 1711; *Radtke*, in: MünchKomm-StGB, § 283c Rn. 1.
[114] Siehe BT-Drs. 7/3441, S. 38; *Tiedemann*, in: LK-StGB, § 283c Rn. 2; *Hoyer*, in: SK-StGB, § 283c Rn. 1; *Kindhäuser*, in: NK-StGB, § 283c Rn. 2.
[115] Vgl. *Heine*, in: Schönke/Schröder, StGB, § 283c Rn. 13.
[116] So *Radtke*, in: MünchKomm-StGB, Vor §§ 283 ff. Rn. 21.
[117] *Tiedemann*, in: LK-StGB, § 283 Rn. 3, 7; *Kindhäuser*, in: NK-StGB, Vor §§ 283 bis 283d Rn. 34; *Bittmann*, Insolvenzstrafrecht, § 12 Rn. 10; *Krause*, Erlaubtes Risiko, S. 222 ff.
[118] Vgl. *Kindhäuser*, in: NK-StGB, Vor §§ 283 bis 283d Rn. 36.
[119] Siehe *Radtke*, in: MünchKomm-StGB, Vor §§ 283 ff. Rn. 19; *Kindhäuser*, in: NK-StGB, § 283 Rn. 3.

Abweichend von der herrschenden Klassifizierung wollen *Hoyer* und *Radtke* den Tatbestand des Bankrotts hingegen als konkretes Gefährdungsdelikt einordnen.[120] Mit im Einzelnen leicht variierender Begründung wird von dieser Auffassung maßgeblich auf das Handeln in bzw. das Herbeiführen der Krise sowie das Vorliegen der objektiven Strafbarkeitsbedingung nach § 283 Abs. 6 StGB als gesetzlichen Ausdruck der erforderlichen konkreten Gefahr abgestellt.[121] Hierzu bleibt jedoch festzustellen, dass eine solche Interpretation erkennbar mit Willen des Gesetzgebers in Konflikt gerät: Der ursprüngliche Vorschlag eines Merkmals konkreter Vermögensgefährdung wurde im Rahmen der Gesetzesberatungen zu Gunsten eines an Krisenmerkmale gekoppelten, abstrakten Gefährdungsdelikts wegen befürchteter Nachweisschwierigkeiten verworfen,[122] sodass man diese Ansicht jedenfalls als nicht über jeden Zweifel erhaben bezeichnen muss.

Den Tatbestand der Schuldnerbegünstigung gemäß § 283d StGB betrifft dieser Befund zur Diskussion um die Deliktsnatur des § 283 Abs. 1 StGB angesichts der parallelen Deliktsausgestaltung entsprechend.[123] Folglich wird auch dieser herrschend als abstraktes[124] bzw. von einer Minderheitenansicht als konkretes[125] Gefährdungsdelikt eingeordnet.

B. Objektive Merkmale des Tatbestandes

Die vom Tatbestand der Schuldnerbegünstigung gemäß § 283d StGB beschriebenen deliktischen Verhaltensweisen lassen sich zusammenfassen als schädigende Handlungen eines Dritten in der wirtschaftlichen Krise des Schuldners zulasten der (späteren) Insolvenzmasse. Die einzelnen Tatmodalitäten sind hierbei wortgleich

---

[120] *Hoyer*, in: SK-StGB, § 283 Rn. 5; *Radtke*, in: MünchKomm-StGB, Vor §§ 283 ff. Rn. 20; im Ergebnis ebenso *Bieneck*, in: Müller-Gugenberger/Bieneck, § 76 Rn. 92. *Trüg/Habetha*, wistra 2007, 365, 370, wollen jedenfalls die §§ 283 Abs. 1, 283b StGB als konkrete Gefährdungsdelikte einordnen.
[121] *Radtke*, in: MünchKomm-StGB, Vor §§ 283 ff. Rn. 20, § 283 Rn. 2. Dazu ausführlich unter Kap. 2 D.
[122] Vgl. dazu den Gesetzesentwurf zum 1. WiKG, BT-Drs. 7/550, S. 27, 256 f., der eine Gefährdung der Befriedigung der Gläubiger als konkreten (Gefahr-)Erfolg noch explizit vorsah.
[123] *Radtke*, in: MünchKomm-StGB, Vor §§ 283 ff. Rn. 22.
[124] Vgl. statt vieler nur *Tiedemann*, in: LK-StGB, § 283d Rn. 4; *Verjans*, in: Böttger, Wirtschaftsstrafrecht, Kap. 4 Rn. 124 m. w. N.
[125] *Radtke*, in: MünchKomm-StGB, § 283d Rn. 2; *Hoyer*, in: SK-StGB, § 283d Rn 2.

den Bankrotthandlungen gemäß § 283 Abs. 1 Nr. 1 StGB nachempfunden.[126] Im Folgenden sollen die Voraussetzungen nun anhand einer Betrachtung der objektiven Tatbestandsmerkmale der Schuldnerbegünstigung gemäß § 283d StGB näher beleuchtet werden.

I. Tauglicher Täterkreis

Mit Blick auf ihre deliktische Täteradressierung kann die Vorschrift der Schuldnerbegünstigung gemäß § 283d StGB durchaus als „Exot" unter den Insolvenzstraftaten im engeren Sinne bezeichnet werden:[127] Während alle übrigen Sanktionsnormen der §§ 283 ff. StGB das Vorliegen der spezifischen Eigenschaft als (Insolvenz-)Schuldner für deren Verwirklichung voraussetzen,[128] kann der Tatbestand der Schuldnerbegünstigung nach § 283d StGB grundsätzlich von jedermann erfüllt werden. Deliktssystematisch handelt es sich damit um ein so genanntes Allgemein- oder Jedermannsdelikt, welches keine besonderen Anforderungen an die Person des handelnden Täters stellt.[129]

Der Ausgestaltung des weit überwiegenden Teils der Insolvenzstraftaten als echte Sonderdelikte[130] liegt dabei vor allem die Überlegung zugrunde, dass eine strafrechtliche Ahndung der umschriebenen Verhaltensweisen nur dann in Betracht kommt, wenn der Täter nach Eintritt der Vermögenskrise eine bestimmte Nähe zur Insolvenzmasse als Haftungsfonds seiner Gläubiger aufweist.[131] Denn allein der

---

[126] Vgl. nur *Beukelmann*, in: von Heintschel-Heinegg, StGB, § 283d Rn. 2: „§ 283d Abs. 1 ist quasi ein Spiegelbild zu § 283 Abs. 1 Nr. 1 StGB"; außerdem *Bosch*, in: Satzger/Schmitt/Widmaier, StGB, § 283d Rn. 2.

[127] In diesem Sinne auch *Bieneck*, in: Müller-Gugenberger/Bieneck, § 75 Rn. 111, nach dem der Tatbestand des § 283d StGB nicht „in das System der Insolvenzdelikte als Sonderdelikte" passe.

[128] Es handelt sich hierbei somit um echte Sonderdelikte, vgl. *Rönnau*, NStZ 2003, 525, 526; ferner *Beukelmann*, in: von Heintschel-Heinegg, StGB, § 283 Rn. 86; *Bosch*, in: Satzger/Schmitt/ Widmaier, StGB, Vor §§ 283 ff. Rn. 3; *Hoyer*, in: SK-StGB, Vor § 283 Rn. 7; *Radtke*, in: MünchKomm-StGB, Vor §§ 283 ff. Rn. 23.

[129] Der Schuldner selbst scheidet freilich von vornherein als tauglicher Täter im Rahmen des § 283d StGB aus, da dieser nicht Täter seiner eigenen Begünstigung sein kann, vgl. *Brand*, Untreue und Bankrott, S. 266; *Kindhäuser*, in: NK-StGB, § 283d Rn. 1; *Köhler*, in: Wabnitz/Janovsky, Kap. 7 Rn. 184; *Radtke*, in: MünchKomm-StGB, § 283d Rn. 5; *Tiedemann*, in: LK-StGB, § 283d Rn. 5; *Pelz*, Krise und Insolvenz, Rn. 129; ferner bereits *Kellner*, Gläubiger- und Schuldnerbegünstigung, S. 17; *Klug*, Konkursstrafrecht, § 242 KO Rn. 3 sowie *Lohoff*, Schuldnerbegünstigung, S. 7 f.

[130] Siehe hierzu auch die ausführliche Darstellung bei *Krause*, Sonderdelikte, S. 81 ff.

[131] Vgl. *Kindhäuser*, in: NK-StGB, Vor §§ 283 bis 283d Rn. 37, der insoweit von einer „schuldnerischen Sonderstellung" bzw. einem „besonderen Näheverhältnis zur Insolvenzmasse" spricht.

Schuldner hat das Vertrauen der Gläubiger in Anspruch genommen, sodass grundsätzlich auch nur ihn eine besondere Pflicht treffen kann, sich diesen gegenüber zahlungsfähig zu erhalten.[132] Das in den Straftatbeständen beschriebene deliktische Handeln eines Schuldners, der sich in dieser Nähebeziehung zu den Befriedigungsinteressen der Gläubigergesamtheit befindet, begründet daher letztlich erst die besondere Sozialschädlichkeit seines Verhaltens, welche den Weg einer Sanktionierung durch das Strafrecht als „schärfstes Schwert der Rechtsordnung"[133] eröffnet. Da der Gesetzgeber auf diese Nähebeziehung beim Tatbestand des § 283d StGB jedoch durch Ausgestaltung als Allgemeindelikt gerade ausdrücklich verzichtet hat,[134] wurde es notwendig, die hiermit drohende Legitimationslücke anderweitig zu schließen. Dem kam der Gesetzgeber dadurch nach, dass er zugleich erhöhte Anforderungen an andere Tatbestandsmerkmale der Schuldnerbegünstigung nach § 283d StGB stellte, die in ihrer Gesamtheit sicherstellen, dass auch hier ein hinreichender Unrechtsgehalt vorhanden ist, um strafrechtliche Sanktionierung zu rechtfertigen.[135]

Jenseits dieser generellen Bestimmung des potentiellen Täterkreises der Schuldnerbegünstigung wird von der herrschenden Auffassung jedoch im Wege einer teleologischen Reduktion des Tatbestandes eine nicht unbedeutende Fallgruppe aus dem Anwendungsbereich des § 283d StGB ausgenommen, die vom Wortlaut der Vorschrift zunächst ohne Weiteres umfasst wäre:[136] Angesprochen ist hiermit die Konstellation, dass der Täter – im Einvernehmen mit dem Schuldner – in der Absicht handelt, durch seine Handlung (ausschließlich) einen Gläubiger des Insolvenzschuldners zu begünstigen; dieser Gläubiger kann auch er selbst sein. Eine solche Einschränkung ergibt sich zwar keineswegs unmittelbar aus dem Wortlaut der Vorschrift,[137] ist jedoch gleich aus zweierlei Gründen geboten: Zum einen hat mit Blick auf das durch die Schuldnerbegünstigung geschützte Rechtsgut der Befriedigungsinteressen der Gläubigergesamtheit eine Verwirklichung des § 283d StGB durch einen Gläubiger im Falle dessen eigener inkongruenter Befriedigung[138]

---

[132] Eine ähnliche Charakterisierung der Pflichtenstellung des Schuldners findet sich bereits bei *Kellner*, Gläubiger- und Schuldnerbegünstigung, S. 11.
[133] So prägnant *Hoffmann-Holland*, Der Modellgedanke im Strafrecht (2007), S. 31.
[134] Vgl. dazu auch *Hoyer*, in: SK-StGB, Vor § 283 Rn. 8.
[135] Hierzu eingehend sogleich unter Kap. 2 C. und D.
[136] Diese nicht unerhebliche Einschränkung des Anwendungsbereiches der Schuldnerbegünstigung schlägt sich freilich auch entsprechend in der Kriminalstatistik (dazu oben unter Kap. 1 F.) nieder, da in diesen Fällen keine Erfassung der Tat unter § 283d StGB mehr in Betracht kommt.
[137] So das Hauptargument der Gegenmeinung, welche eine solche teleologische Reduktion ablehnt, vgl. *Hoyer*, in: SK-StGB, § 283d Rn. 9.
[138] Vgl. zur inkongruenten Befriedigung von Gläubigern allgemein *Böttger*, in: Münchener Anwaltshandbuch, § 18 Rn. 198.

mangels Rechtsgutsverletzung auszuscheiden, da die Insolvenzmasse insoweit zugleich von der entsprechenden Verbindlichkeit befreit und daher per Saldo nicht zum Nachteil der übrigen Gläubiger geschmälert wird; es liegt damit im Ergebnis lediglich ein Verstoß gegen den insolvenzrechtlich determinierten Vorgang der Masseverteilung vor, was für eine Bestrafung aus § 283d StGB für sich genommen noch nicht hinreichend sein kann.[139]

Zum anderen drohte ein gesetzessystematischer Wertungswiderspruch, wenn der außenstehende Dritte angesichts des durch § 283d StGB angedrohten Strafmaßes schärfer bestraft würde als ein seinen Gläubiger begünstigender Schuldner selbst, der sich in derselben Tatsituation lediglich dem privilegierenden Strafrahmen des § 283c StGB ausgesetzt sähe.[140] Ein solches Ergebnis wäre weder mit der spezifischen Sonderpflichtenstellung des Schuldners gegenüber seinen Gläubigern, noch mit der vom Gesetz vorgesehenen, gesteigerten Vorsatzintensität im Rahmen des § 283c StGB vereinbar.[141] Der Dritte ist in diesem Fall daher nicht wegen § 283d StGB, sondern – bei gleichzeitigem Vorliegen der übrigen erforderlichen Voraussetzungen – allenfalls wegen Teilnahme an einer Gläubigerbegünstigung des konsentierenden Schuldners gemäß §§ 283c, 27 StGB strafbar.[142]

Mit Blick auf das durch den Tatbestand der Schuldnerbegünstigung nach § 283d StGB geschützte Rechtsgut[143] erweist sich dieses Ergebnis schließlich auch als sachgerecht: Beabsichtigt der außenstehende Dritte nämlich, sich selbst durch seine Handlung als Gläubiger des Insolvenzschuldners oder einen beliebigen anderen Einzelgläubiger desselben zu begünstigen, so wird das Befriedigungsinteresse der Gläubigergesamtheit als Ganzes materiell nicht nachteilig beeinträchtigt;[144] es liegt dann – angesichts der hierdurch gewährten inkongruenten Deckung[145] – vielmehr

---

[139] Vgl. *Tiedemann*, in: LK-StGB, § 283d Rn. 4; *Bieneck*, in: Müller-Gugenberger/Bieneck, § 81 Rn. 4. Ein solches Verhalten unterfällt vielmehr der Schutzrichtung des § 283c StGB, dazu sogleich.
[140] Statt vieler *Radtke*, in: MünchKomm-StGB, § 283d Rn. 3 m. w. N.
[141] So die ganz herrschende Auffassung, vgl. nur BGHSt 35, 357, 359 f. = NJW 1989, 1167 f.; außerdem *Tiedemann*, in: LK-StGB, § 283d Rn. 4; *Kindhäuser*, in: NK-StGB, § 283d Rn. 5; *Radtke*, in: MünchKomm-StGB, § 283d Rn. 3; *Bieneck*, in: Müller-Gugenberger/Bieneck, § 81 Rn. 4; a. A. *Hoyer*, in: SK-StGB, § 283d Rn. 9, der für derartige Fälle einer „Gläubigerbegünstigung durch Außenstehende" lediglich die einschränkenden subjektiven Voraussetzungen sowie den milderen Strafrahmen des § 283c StGB auf § 283d StGB übertragen will.
[142] Siehe BGHSt 35, 357, 361 = NJW 1989, 1167, 1168. Ferner *Beukelmann*, in: von Heintschel-Heinegg, StGB, § 283d Rn. 3; *Bieneck*, in: Müller-Gugenberger/Bieneck, § 81 Rn. 4; *Bittmann*, Insolvenzstrafrecht, § 22 Rn. 1; *Fischer*, StGB, § 283d Rn. 2; *Köhler*, in: Wabnitz/Janovsky, Kap. 7 Rn. 184 – jew. m. w. N.
[143] Dazu bereits oben unter Kap. 2 A. I.
[144] *Bieneck*, in: Müller-Gugenberger/Bieneck, § 81 Rn. 4.
[145] Siehe hierzu bereits *Welzel*, Strafrecht, § 53 II 2 a.

lediglich ein Verstoß gegen das formal-insolvenzrechtliche Verteilungsgefüge und damit die Bevorzugung eines bestimmten Gläubigers gegenüber allen anderen vor;[146] die strafrechtliche Sanktionierung eines derartigen Verstoßes regelt aber gerade der Tatbestand der Gläubigerbegünstigung gemäß § 283c StGB, sodass sich die allenfalls mögliche Bestrafung des Täters als Teilnehmer einer Gläubigerbegünstigung des Schuldners – nicht jedoch als Täter einer Schuldnerbegünstigung nach § 283d StGB – hier auch hinsichtlich der tatbestandlich geschützten Rechtsgüter als das einzig zutreffende Ergebnis erweist.

Als tauglicher Täter der Schuldnerbegünstigung kommt nach alledem jedermann in Betracht außer der Schuldner selbst sowie Gläubiger, die durch ihre Handlung im Ergebnis sich selbst oder einen anderen Einzelgläubiger begünstigen wollen.

II. Tatobjekt: Insolvenzmasse

Die Insolvenzmasse verkörpert den Inbegriff der Befriedigungsinteressen der Gläubigergesamtheit und somit des durch die Insolvenzdelikte geschützten Rechtsguts.[147] In § 35 Abs. 1 InsO findet sich eine Legaldefinition der Insolvenzmasse, nach der hierunter *„das gesamte Vermögen, das dem Schuldner zum Zeitpunkt der Eröffnung des Verfahrens gehört und das er während des Verfahrens erlangt"* zu verstehen ist.[148] Mit anderen Worten stellt die Insolvenzmasse den eigentlichen Fonds zur Befriedigung von Gläubigerforderungen und damit nicht weniger als den Dreh- und Angelpunkt eines jeden Insolvenzverfahrens dar.[149]

Dieser herausragenden Bedeutung entsprechend ist die Insolvenzmasse auch vorrangige Referenzgröße und Handlungsgrundlage für die gesamte Tätigkeit des Insolvenzverwalters, was insbesondere durch den hoheitlich angeordneten Übergang der Verfügungsgewalt am entsprechenden Vermögen gemäß § 80 Abs. 1 InsO bei Verfahrenseröffnung[150] deutlich zum Ausdruck kommt. Aus strafrechtlicher

---

[146] Vgl. *Köhler*, in: Wabnitz/Janovsky, Kap. 7 Rn. 184.
[147] Siehe oben unter Kap. 2 A. I.
[148] Unberührt vom Insolvenzbeschlag zu Gunsten der Gläubiger bei Verfahrenseröffnung bleibt freilich etwaiges vollstreckungsfreies Vermögen des Schuldners, dazu *Eickmann*, in: Kreft, Insolvenzordnung, § 35 Rn. 29; *Häsemeyer*, Insolvenzrecht, Kap. 9 Rn. 9.02 ff.; *Smid*, Insolvenzrecht, § 7 Rn. 32 ff.
[149] Vgl. *Bäuerle*, in: Braun, InsO, § 35 Rn. 1; *Lwowski/Peters*, in: MünchKomm-InsO, § 35 Rn. 1. Ferner auch *Erdmann*, Krisenbegriffe, S. 55 f.; *Thilow*, Gläubigerbegünstigung, S. 16.
[150] Zum Übergang der Verwaltungs- und Verfügungsbefugnis des Schuldners auf den Insolvenzverwalter bei Verfahrenseröffnung siehe detailliert *Breuer*, Insolvenzrecht, Teil 1 Rn. 65; *Kayser*, in: Kreft, Insolvenzordnung, § 80 Rn. 18 ff.; *Smid*, Insolvenzrecht, § 8 Rn. 17 ff.; *Uhlenbruck*, in: Uhlenbruck, Insolvenzordnung, § 80 Rn. 2 ff. – jew. m. w. N.

Sicht beachtlich ist hierbei, dass in der wörtlichen Bezugnahme auf die „Insolvenzmasse" durch sämtliche Insolvenzdelikte der §§ 283 ff. StGB eine insoweit insolvenzrechtsakzessorische Ausgestaltung der Straftatbestände offen zu Tage tritt.[151]

III. Tathandlungen: Beiseiteschaffen, Verheimlichen, Zerstören, Beschädigen oder Unbrauchbarmachen

Im Rahmen der tatbestandsmäßigen Handlung nach § 283d StGB ist erforderlich, dass ein außenstehender Dritter[152] eine Handlung vornimmt, welche die Insolvenzmasse zulasten der Gläubigergesamtheit nachteilig beeinträchtigt (Verringerung der sog. Aktivmasse).[153] Hierfür sieht der Gesetzgeber diverse Begehungsmöglichkeiten vor, die sich in ihrer Formulierung vollständig mit denjenigen nach § 283 Abs. 1 Nr. 1 StGB decken und somit allesamt eine Unterdrückung von Vermögen zum Gegenstand haben:[154]

Erste mögliche Tatmodalität ist gemäß § 283d Abs. 1 Var. 1 StGB das *Beiseiteschaffen* von Vermögensgegenständen, die im Falle der Eröffnung des Insolvenzverfahrens zu Insolvenzmasse gehören. Der hierbei zugrunde gelegte Vermögensbegriff entspricht grundsätzlich demjenigen der §§ 253, 263 und 266 StGB – mit der insolvenzrechtlichen Besonderheit, dass Vermögensgegenstände, die gemäß § 36 Abs. 1 InsO i. V. m. §§ 811, 850 ff. ZPO nicht der Zwangsvollstreckung unterliegen,[155] auch keine tauglichen Tatobjekte darstellen.[156] Die Tathandlung des Beiseiteschaffens verwirklicht nach allgemeiner Meinung, wer Vermögensbestandteile dergestalt in eine veränderte rechtliche oder tatsächliche Lage verbringt, dass den Gläubigern der alsbaldige Zugriff darauf unmöglich gemacht oder erschwert wird;[157] dies soll grundsätzlich auch durch Unterlassen möglich sein.[158] In jüngerer

---

[151] Dies heben – im spezifischen Kontext der Schuldnerbegünstigung nach § 283d StGB – auch *Brand/Sperling*, ZStW 121 (2009), 281, 292 hervor und bezeichnen die Bezugnahme auf die in § 35 Abs. 1 InsO legaldefinierte Insolvenzmasse als „insolvenzrechtliche Rückkoppelung"; ähnlich auch *Radtke*, in: MünchKomm-StGB, § 283 Rn. 3.
[152] Als außenstehender Dritter kann jedermann handeln außer dem (Insolvenz-)Schuldner selbst bzw. einem Gläubiger, vgl. dazu bereits ausführlich unter Kap. 2 B. I.
[153] Vgl. *Verjans*, in: Böttger, Wirtschaftsstrafrecht, Kap. 4 Rn. 126.
[154] Siehe *Radtke*, in: MünchKomm-StGB, § 283d Rn. 8.
[155] Statt aller *Smid*, Insolvenzrecht, § 7 Rn. 32 ff.
[156] Vgl. *Kindhäuser*, in: NK-StGB, § 283 Rn. 13 m. w. N.
[157] So BGHSt 55, 107, 113 = NJW 2010, 2894, 2896 – „Mobilcom"; sowie – *pars pro toto* – *Fischer*, StGB, § 283 Rn. 4.

Zeit wurde durch die höchstrichterliche Strafrechtsprechung überdies einschränkend klargestellt, dass hierfür nicht jedes beliebige Zugriffserschwernis genügt, sondern der Zugriff auf den in Rede stehenden Vermögensgegenstand „erheblich" erschwert sein muss.[159] Ferner fordert die inzwischen ganz herrschende Auffassung – trotz des insoweit nicht eindeutigen Wortlauts[160] – zusätzlich noch einen Verstoß gegen die Anforderungen einer ordnungsgemäßen Wirtschaft,[161] der im entsprechenden Handeln zum Ausdruck kommen muss.[162]

Die zweite Möglichkeit, den Tatbestand der Schuldnerbegünstigung zu verwirklichen, besteht darin, Vermögensgegenstände gemäß § 283d Abs. 1 Var. 2 StGB zu *verheimlichen*. Hierunter ist jedes Verhalten zu verstehen, durch welches ein Gläubiger oder der Insolvenzverwalter in Unkenntnis über Vermögensbestandteile oder deren Zugehörigkeit zur Insolvenzmasse gesetzt oder gehalten wird;[163] dieses kann sich im konkreten Fall sowohl durch das Vortäuschen tatsächlicher (beispielsweise durch Verbergen oder Ableugnen des Besitzes an einer Sache) als auch rechtlicher (z. B. durch Behaupten eines in Wahrheit nicht bestehenden Aussonderungsrechts) gegenüber dem Insolvenzverwalter) Zugriffshindernisse äußern.[164]

Als dritte Handlungsmodalität sieht der Tatbestand der Schuldnerbegünstigung schließlich das *Zerstören, Beschädigen oder Unbrauchbarmachen* nach § 283d Abs. 1 Var. 3 StGB vor. Nach ganz herrschender Auffassung sind diese drei Handlungsvarianten – einem (negativen bzw. absteigenden) Stufenverhältnis folgend – entsprechend den §§ 87 Abs. 2 Nr. 2, 303 Abs. 1 und 316b Abs. 1 StGB auszulegen.[165] Unter einem *Zerstören* soll demnach die völlige Aufhebung der Fun-

---

[158] *Radtke*, in: MünchKomm-StGB, § 283 Rn. 16. Erforderlich hierfür ist freilich stets eine Garantenstellung im Sinne des § 13 StGB, welche sich allein aus der Stellung als Schuldners bei Eröffnung des Insolvenzverfahrens jedenfalls noch nicht ergibt, vgl. *Wegner*, in: Achenbach/Ransiek, Teil 7 Kap. 1 Rn. 120 m. w. N.

[159] So BGHSt 55, 107, 116 = NJW 2010, 2894, 2897: „Dass nicht jede Erschwerung des Zugriffs ausreichend ist, sondern diese erheblich sein muss, ergibt sich aus dem Begriff des Beiseiteschaffens, der Gleichstellung der Zugriffserschwernis mit der Zugriffsvereitelung, dem Schutzzweck des § 283 StGB und dem Grundsatz der ‚ultima ratio' des Strafrechts.".

[160] Vgl. nur *Radtke*, in: MünchKomm-StGB, § 283 Rn. 14 f.

[161] Zu diesem unbestimmten Begriff näher *Bosch*, in: Satzger/Schmitt/Widmaier, StGB, § 283 Rn. 5 m. w. N.

[162] RGSt 62, 277, 278; 66, 88, 89; BGHSt 34, 309, 310; *Heine*, in: Schönke/Schröder, StGB, § 283 Rn. 4; *Kindhäuser*, in: NK-StGB, § 283 Rn. 15; *Lackner/Kühl*, StGB, § 283 Rn. 10. Kritisch diesbezüglich *Hoyer*, in: SK-StGB, § 283 Rn. 31 ff.

[163] Siehe statt aller *Tiedemann*, in: LK-StGB, § 283 Rn. 38 m. w. N.

[164] Vgl. *Radtke*, in: MünchKomm-StGB, § 283 Rn. 17; *Wegner*, in: Achenbach/Ransiek, Teil 7 Kap. 1 Rn. 121; *Weyand/Diversy*, Insolvenzdelikte, Rn. 67.

[165] *Bosch*, in: Satzger/Schmitt/Widmaier, StGB, § 283 Rn. 7; *Kindhäuser*, in: NK-StGB, § 283 Rn. 27; *Tiedemann*, in: LK-StGB, § 283 Rn. 45.

ktionsfähigkeit durch Vernichtung der Sachsubstanz zu verstehen sein,[166] während das *Beschädigen* eines Vermögensgegenstandes die Beeinträchtigung des bestimmungsgemäßen Gebrauchs durch einen Eingriff in die Sachsubstanz erfordere.[167] Ein *Unbrauchbarmachen* soll immer dann vorliegen, wenn die Nutzbarkeit beeinträchtigt wird, zugleich jedoch kein Substanzeingriff gegeben ist.[168]

Als kurzer Ausblick sei bereits an dieser Stelle angedeutet, dass die letztgenannten, unter § 283d Abs. 1 Var. 3 StGB zusammengefassten Tathandlungsvarianten zwar in der Strafverfolgungspraxis regelmäßig eine untergeordnete Rolle spielen;[169] im weiteren Verlauf der vorliegenden Abhandlung werden sie jedoch ausnahmsweise besondere Bedeutung erlangen: Da im Falle eines Zerstörens, Beschädigens oder Unbrauchbarmachens – vor dem Hintergrund der von Verfassungs wegen gebotenen strengen Wortlautbindung im Strafrecht[170] – nur schwerlich noch von einem Handeln „zu Gunsten" des Schuldners die Rede sein konnte, waren die destruktiven Tathandlungsmodalitäten nach § 283d Abs. 1 Var. 3 StGB der eigentliche gesetzgeberische Anlass zur Einfügung der Einwilligungsvariante im Rahmen des Tatbestandes der Schuldnerbegünstigung,[171] welche durch die Änderungen im Zuge des 1. WiKG umgesetzt wurde.

IV. Tatsituation: Wirtschaftliche Krise des Schuldners

Der Schuldner muss sich zum Zeitpunkt der oben beschriebenen Tathandlungen in einer wirtschaftlichen Krisensituation befinden,[172] welche damit ein objektives Tatbestandsmerkmal im Rahmen des § 283d StGB darstellt.[173] In Betracht kommt

---

[166] Siehe *Wegner*, in: Achenbach/Ransiek, Teil 7 Kap. 1 Rn. 123.
[167] Vgl. *Bittmann*, Insolvenzstrafrecht, § 12 Rn. 118; *Bosch*, in: Satzger/Schmitt/Widmaier, StGB, § 283 Rn. 7; *Dannecker/Hagemeier*, in: Dannecker/Knierim/Hagemeier, Insolvenzstrafrecht, Kap. 3 Rn. 1040; *Kindhäuser*, in: NK-StGB, § 283 Rn. 27; *Tiedemann*, in: LK-StGB, § 283 Rn. 47.
[168] *Heine*, in: Schönke/Schröder, StGB, § 283 Rn. 6; *Radtke*, in: MünchKomm-StGB, § 283 Rn. 20.
[169] Vgl. *Kindhäuser*, in: NK-StGB, § 283 Rn. 27, der diese als „in der Praxis bedeutungslos" bezeichnet; ähnlich *Bieneck*, in: Müller-Gugenberger/Bieneck, § 78 Rn. 38: „praktisch kaum Bedeutung".
[170] Zur Wortlautgrenze als Ausprägung des in Art. 103 Abs. 2 GG und § 1 StGB verankerten Grundsatzes *nullum crimen sine lege stricta*, vgl. *Roxin*, Strafrecht AT I, § 5 Rn. 8, 26 ff.
[171] Vgl. hierzu die Gesetzesbegründung BT-Drs. 7/3441, S. 39; ebenso *Tiedemann*, in: LK-StGB, § 283d Rn. 4.
[172] *Bosch*, in: Satzger/Schmitt/Widmaier, StGB, Vor §§ 283 ff. Rn. 8; *Kindhäuser*, in: NK-StGB, § 283d Rn. 7; *Lackner/Kühl*, StGB, § 283 Rn. 3; *Pape/Uhlenbruck/Voigt-Salus*, Insolvenzrecht, Kap. 47 Rn. 15 f.
[173] Siehe statt aller *Böttger*, in: Münchener Anwaltshandbuch, § 18 Rn. 128 ff.

hierfür zum einen die *drohende bzw. eingetretene Zahlungsunfähigkeit*[174] des Schuldners (§ 283d Abs. 1 Nr. 1 StGB) oder zum anderen die *Zahlungseinstellung*[175], die *Eröffnung des Insolvenzverfahrens bzw. die Stellung eines entsprechenden Eröffnungsantrags* (§ 283d Abs. 1 Nr. 2 StGB) hinsichtlich seines Vermögens. Vergleicht man die in § 283d Abs. 1 StGB aufgezählten Krisensituationen mit denjenigen des strukturverwandten Bankrotttatbestandes nach § 283 Abs. 1 StGB, so fällt auf, dass im Rahmen der Schuldnerbegünstigung das Krisenszenario der Überschuldung[176] fehlt und diese somit nicht zur Tatbestandsverwirklichung des § 283d StGB ausreicht.[177]

Präzise handelt es sich bei sämtlichen tatbestandlich geforderten Krisensituationen um Voraussetzungen, die das Gesetz in zeitlicher Hinsicht an das Verhalten des handelnden Täters stellt.[178]

C. Anforderungen an die subjektive Tatseite

Die Verwirklichung des Tatbestandes der Schuldnerbegünstigung gemäß § 283d StGB als Vorsatzdelikt erfordert in subjektiver Hinsicht grundsätzlich ein zumindest von *dolus eventualis* getragenes Handeln des Täters;[179] dies ergibt sich

---

[174] Vgl. zur drohenden Zahlungsunfähigkeit *K. Schmidt*, in: Schmidt/Uhlenbruck, S. 427 Rn. 5.41 ff., zur eingetretenen Zahlungsunfähigkeit *Uhlenbruck*, in: Schmidt/Uhlenbruck, S. 409 Rn. 5.12 ff. Ein entsprechender Überblick findet sich ferner bei *Tiedemann*, Wirtschaftsstrafrecht BT, § 9 Rn. 425 f. Abzugrenzen ist die (drohende) Zahlungsunfähigkeit dabei insbesondere von der bloßen sog. Zahlungsstockung, welche für sich genommen noch keine hinreichende Krisensituation darstellen würde, vgl. hierzu *Matzen*, in: FS Samson, S. 401, 411 ff.; ferner *Bosch*, in: Satzger/Schmitt/Widmaier, StGB, Vor §§ 283 ff. Rn. 16; *Hoyer*, in: SK-StGB, § 283 Rn. 18; *Radtke*, in: MünchKomm-StGB, Vor §§ 283 ff. Rn. 82.
[175] *Matzen*, in: FS Samson, S. 401, 414 f.; *Reinhart*, in: Graf/Jäger/Wittig, Vor §§ 283 ff. StGB Rn. 27 ff.; *Tiedemann*, Wirtschaftsstrafrecht BT, § 9 Rn. 427.
[176] Zum Begriff und den insolvenzrechtlichen Voraussetzungen der Überschuldung siehe ausführlich *K. Schmidt*, in: Schmidt/Uhlenbruck, S. 435 Rn. 5.53 ff.; einen Kurzüberblick bietet *Wuschek*, ZInsO 2011, 1734 ff. Ferner ausführlich hierzu *Matzen*, in: FS Samson, S. 401, 416 ff. m. zahlr. Nachw.
[177] Allgemeine Meinung, vgl. nur statt vieler *Kindhäuser*, in: NK-StGB, § 283d Rn. 7. A. A. insoweit *Brand/Sperling*, ZStW 121 (2009), 281, 283 ff., die für eine Einbeziehung der Überschuldung plädieren, welche *a maiore ad minus* in der Krisensituation der drohenden Zahlungsunfähigkeit enthalten sei.
[178] Siehe *Bosch*, in: Satzger/Schmitt/Widmaier, StGB, Vor §§ 283 ff. Rn. 8; *Dannecker/Hagemeier*, in: Dannecker/Knierim/Hagemeier, Insolvenzstrafrecht, Kap. 3 Rn. 1018; *Radtke*, in: MünchKomm-StGB, § 283d Rn. 7.
[179] Statt aller *Fischer*, StGB, § 283d Rn. 7 m. w. N.

bereits aus der allgemeinen Regelung des § 15 StGB, da fahrlässiges Handeln – anders als etwa im Fall des § 283b Abs. 2 StGB[180] – durch die Vorschrift des § 283d StGB nicht unter Strafe gestellt ist.

Dieser Grundsatz erfährt jedoch im Rahmen der unterschiedlichen Varianten, in welchen der Tatbestand der Schuldnerbegünstigung nach § 283d StGB verwirklicht werden kann, teils erhebliche Modifizierungen.[181] Hierbei sind insgesamt vier verschiedene tatbestandliche Kombinationen denkbar, deren jeweilige Anforderungen an die subjektive Tatseite sich übersichtsartig wie folgt darstellen lassen:

I. Handeln „mit Einwilligung" des Schuldners nach Zahlungseinstellung, Eröffnung des Insolvenzverfahrens oder gestelltem Eröffnungsantrag

Die erste und mit Blick auf die subjektiven Tatbestandsvoraussetzungen strukturell einfachste Verwirklichungsvariante besteht darin, dass der Täter „mit Einwilligung" des Insolvenzschuldners (§ 283d Abs. 1 Var. 1 StGB) sowie nach Zahlungseinstellung, Eröffnung des Insolvenzverfahrens oder gestelltem Eröffnungsantrag (§ 283d Abs. 1 Nr. 2 StGB) handelt.

In subjektiver Hinsicht muss der Täter dann bezüglich der entsprechenden Tathandlung, des Vorliegens der schuldnerischen Einwilligung sowie der entsprechenden Krisensituation lediglich Eventualvorsatz *(dolus eventualis)* aufweisen;[182] weitergehende Voraussetzungen bestehen nicht. In dieser Konstellation stellt das Gesetz demnach die geringsten Anforderungen an die subjektive Tatseite.

---

[180] Siehe hierzu *Beukelmann*, in: von Heintschel-Heinegg, StGB, § 283b Rn. 5; *Bittmann*, Insolvenzstrafrecht, § 13 Rn. 10; *Fischer*, StGB, § 283b Rn. 7; *Heine*, in: Schönke/Schröder, StGB, § 283b Rn. 5; *Kindhäuser*, in: NK-StGB, § 283b Rn. 4; *Lackner/Kühl*, StGB, § 283b Rn. 2; *Wegner*, in: Achenbach/Ransiek, Teil 7 Kap. 1 Rn. 216; ferner *Bosch*, in: Satzger/Schmitt/ Widmaier, StGB, § 283b Rn. 1, der die Norm deshalb auch als „unter Schuldaspekten problematisch" bezeichnet.

[181] Vgl. zur entsprechenden Differenzierung der Anforderungen an den Tätervorsatz bereits *Klug*, Konkursstrafrecht, § 242 KO Rn. 11.

[182] Siehe *Beukelmann*, in: von Heintschel-Heinegg, StGB, § 283d Rn. 6; *Heine*, in: Schönke/ Schröder, StGB, § 283d Rn. 6; *Lackner/Kühl*, StGB, § 283d Rn. 4; *Radtke*, in: MünchKomm-StGB, § 283d Rn. 15.

II. Handeln „zu Gunsten" des Schuldners nach Zahlungseinstellung, Eröffnung des Insolvenzverfahrens oder gestelltem Eröffnungsantrag

Des Weiteren kann der Tatbestand der Schuldnerbegünstigung dergestalt verwirklicht werden, dass der Täter „zu Gunsten" des Insolvenzschuldners (§ 283d Abs. 1 Var. 1 StGB) sowie wiederum nach Zahlungseinstellung, Eröffnung des Insolvenzverfahrens oder gestelltem Eröffnungsantrag (§ 283d Abs. 1 Nr. 2 StGB) handelt.

Zusätzlich zum *dolus eventualis* auf das Vorliegen der entsprechenden Krisensituation ist bezüglich der intendierten Begünstigung des Insolvenzschuldners eine echte Absicht im Sinne von *dolus directus ersten Grades* seitens des Täters notwendig.[183]

III. Handeln „mit Einwilligung" des Schuldners bei (drohender) Zahlungsunfähigkeit

Die dritte mögliche Konstellation der Tatbestandsverwirklichung besteht in einem Handeln des Täter „mit Einwilligung" des Insolvenzschuldners (§ 283d Abs. 1 Var. 1 StGB) sowie bei drohender oder – *a maiore ad minus*[184] – eingetretener Zahlungsunfähigkeit (§ 283d Abs. 1 Nr. 1 StGB).

In subjektiver Hinsicht ist hier neben *dolus eventualis* bezüglich der Tathandlung sowie des Vorliegens der schuldnerischen Einwilligung mit Blick auf die Krisensituation der (drohenden) Zahlungsunfähigkeit sicheres Wissen in Form von *dolus directus zweiten Grades* erforderlich (der Gesetzeswortlaut spricht insoweit von einem Handeln „in Kenntnis" der wirtschaftlichen Krise des Schuldners).[185]

---

[183] Für die ganz herrschende Auffassung stellt die intendierte Begünstigung des Schuldners damit ein subjektives Tatbestandsmerkmal dar, vgl. – *pars pro toto* – *Tiedemann*, in: LK-StGB, § 283d Rn. 12. Dies hat zugleich zur Folge, dass es auf einen tatsächlichen Eintritt der beabsichtigten Begünstigung beim Schuldner nicht ankommt, siehe hierzu schon *Lohoff*, Schuldnerbegünstigung, S. 57. A. A. insoweit *Hoyer*, in: SK-StGB, § 283d Rn. 6, der diese als objektives Tatbestandsmerkmal einordnen will, für welches dann Eventualvorsatz erforderlich wäre.

[184] *Heine*, Schönke/Schröder, StGB, § 283d Rn. 5; *Hoyer*, in: SK-StGB, § 283d Rn. 3; *Kindhäuser*, in: NK-StGB, § 283d Rn. 7; *Lackner/Kühl*, StGB, § 283d Rn. 3; *Radtke*, in: MünchKomm-StGB, § 283d Rn. 7.

[185] Siehe *Heine*, in: Schönke/Schröder, StGB, § 283d Rn. 8; *Lackner/Kühl*, StGB, § 283d Rn. 4; *Radtke*, in: MünchKomm-StGB, § 283d Rn. 15.

IV. Handeln „zu Gunsten" des Schuldners bei (drohender) Zahlungsunfähigkeit

Schließlich kann der Tatbestand der Schuldnerbegünstigung viertens dadurch verwirklicht werden, dass der Täter „zu Gunsten" des Insolvenzschuldners (§ 283d Abs. 1 Var. 2 StGB) sowie bei drohender bzw. eingetretener Zahlungsunfähigkeit (§ 283d Abs. 1 Nr. 1 StGB) handelt.

Für diese Konstellation sieht das Gesetz die strengsten Voraussetzungen an die subjektive Tatseite vor: Der Täter muss mit Blick auf die intendierte Begünstigung des Insolvenzschuldners absichtlich *(dolus directus ersten Grades)* sowie bezüglich des Vorliegens der Krisensituation der drohenden bzw. eingetretenen Zahlungsunfähigkeit desselben mit sicherem Wissen *(dolus directus zweiten Grades)* handeln.[186]

V. Zwischenergebnis

Die Anforderungen an den subjektiven Tatbestand der Schuldnerbegünstigung gemäß § 283d StGB variieren somit – wie gesehen – je nach entsprechender Kombination von Tathandlung und Krisensituation hinsichtlich der geforderten Vorsatzintensität.

Die insgesamt verschärften Anforderungen[187] an die subjektive Tatseite – speziell im Fall des § 283d Abs. 1 Nr. 1 StGB (Situation der drohenden bzw. eingetretenen Zahlungsunfähigkeit) – finden ihre Berechtigung letztlich in der Stellung des handelnden Täters: Er agiert als außenstehender Dritter und steht dem durch die Schuldnerbegünstigung geschützten Rechtsgut des Befriedigungsinteresses der Gläubigergesamtheit in Gestalt der (potentiellen) Insolvenzmasse daher zunächst einmal fern, insbesondere treffen ihn diesbezüglich keinerlei gesetzliche Pflichten.[188] Die Situation der drohenden bzw. eingetretenen Zahlungsunfähigkeit

---

[186] *Bosch*, in: Satzger/Schmitt/Widmaier, StGB, § 283d Rn. 4; *Heine*, in: Schönke/Schröder, StGB, § 283d Rn. 8; *Kindhäuser*, in: NK-StGB, § 283d Rn. 6, 8; *Tiedemann*, in: LK-StGB, § 283d Rn. 17.

[187] Vgl. *Heinrich*, in: Arzt/Weber/Heinrich/Hilgendorf, Strafrecht BT, § 16 Rn. 63; *Radtke*, in: MünchKomm-StGB, § 283d Rn. 1.

[188] Die Gesetzesbegründung stellt hierzu fest, dass der potentielle Täter des § 283d StGB als Dritter „nicht dieselbe Verantwortung für die Befriedigung der Gläubigerschaft trägt wie der Schuldner selbst", siehe BT-Drs. 7/3441, S. 39. Ebenso *Bieneck*, in: Müller-Gugenberger/Bieneck, § 81 Rn. 9; *Köhler*, in: Beck/Depré, Praxis der Insolvenz, § 37 Rn. 91; *ders.*, in: Wabnitz/Janovsky, Kap. 7 Rn. 180; *Wessels/Hillenkamp*, Strafrecht BT II, § 12 Rn. 486. Bereits *Kellner*, Gläubiger- und Schuldnerbegünstigung, S. 11, betont, dass der Schuldnerbegünstigung

ist – im Gegensatz zur erfolgten Zahlungseinstellung oder Eröffnung des Insolvenzverfahrens im Sinne von § 283d Abs. 1 Nr. 2 StGB – auch nicht ohne Weiteres für außenstehende Dritte nach außen wahrnehmbar.[189]
Erst durch sein konkretes Handeln mit Einwilligung oder im Interesse des Schuldners rückt der Dritte an das Vermögen als (potentielle) Insolvenzmasse heran und positioniert sich gleichsam im Lager des Schuldners. Aus diesem Grund stellt der Tatbestand als – vor dem Hintergrund der mit dem Bankrott übereinstimmenden Strafandrohung gebotener[190] – Ausgleich zur rechtsgutsfernen Stellung des handelnden Dritten in subjektiver Hinsicht besonders hohe Hürden für ein tatbestandsmäßiges Verhalten auf.[191]

Die Bewertung möglicher Irrtumskonstellationen richtet sich schließlich nach den allgemeinen Regeln.[192] Denkbar ist diesbezüglich insbesondere eine Fehlvorstellung des Täters über die Zugehörigkeit eines Vermögensgegenstandes zur Insolvenzmasse im Sinne von § 35 Abs. 1 InsO, welche sich vorsatzausschließend auswirken kann.[193] Irrtümer über das zeitliche Stadium, in welchem sich ein etwaiges Insolvenzverfahren zum Zeitpunkt der Tathandlung befindet, lassen den Vorsatz hingegen regelmäßig unberührt.[194]

---

insoweit „das kennzeichnende Merkmal des Bankrotts" fehle, „nämlich die Verletzung der Pflicht des Schuldners, sich zahlungsfähig zu erhalten".

[189] *Tiedemann*, in: LK-StGB, § 283d Rn. 17 („Krise durch äußere Akte verlautbart"); ähnlich auch *Weyand/Diversy*, Insolvenzdelikte, Rn. 142.

[190] Vgl. *Bieneck*, in: Müller-Gugenberger/Bieneck, § 81 Rn. 9.

[191] Die Gesetzesbegründung spricht in diesem Zusammenhang von „strengen Anforderungen, die an die Schuldnerbegünstigung gestellt werden", vgl. BT-Drs. 7/3441, S. 39.

[192] *Radtke*, in: MünchKomm-StGB, § 283d Rn. 16. Beispiele für Irrtumskonstellationen im Rahmen des § 283d StGB finden sich bei: *Bieneck*, in: Müller-Gugenberger/Bieneck, § 81 Rn. 10 sowie bei *Bittmann*, Insolvenzstrafrecht, § 22 Rn. 13.

[193] Vgl. dazu *Bosch*, in: Satzger/Schmitt/Widmaier, StGB, § 283d Rn. 4; *Kindhäuser*, in: NK-StGB, § 283d Rn. 8; *Tiedemann*, in: LK-StGB, § 283d Rn. 16. Relevant werden kann dies vor allem in Fällen, in denen ein Vermögensgegenstand gemäß § 36 Abs. 1 InsO i. V. m. §§ 811, 850 ff. ZPO nicht der Vollstreckung unterliegt, der Täter dies aber nicht erkennt.

[194] *Bittmann*, Insolvenzstrafrecht, § 22 Rn. 13; *Hoyer*, in: SK-StGB, § 283d Rn. 10; *Köhler*, in: Wabnitz/Janovsky, Kap. 7 Rn. 189.

D. Objektive Bedingungen der Strafbarkeit

Gemäß § 283d Abs. 4 StGB[195] setzt die Verwirklichung des Tatbestandes der Schuldnerbegünstigung ferner voraus, dass der Schuldner seine Zahlungen eingestellt hat, das Insolvenzverfahren über sein Vermögen eröffnet oder ein entsprechender Eröffnungsantrag mangels Masse abgewiesen wurde.[196] Diese Voraussetzung ist dabei als so genannte objektive Strafbarkeitsbedingung ausgestaltet,[197] sodass die genannten wirtschaftlichen Krisenszenarien rein tatsächlich vorliegen, jedoch insbesondere nicht vom Tätervorsatz umfasst sein müssen.[198]

Regelungstechnischer Hintergrund dieser unrechts- und schuldunabhängigen objektiven Strafbarkeitsbedingung ist letztlich, die Strafwürdigkeit des – vom Gesetzgeber als abstrakt gefährlich eingestuften – tatbestandlichen Verhaltens auch nach außen hin erkennbar werden zu lassen:[199] Es tritt mit dem (teilweisen) Forderungsausfall zu Lasten der Gläubigergesamtheit faktisch gerade der Fall ein, den der Straftatbestand zu verhindern suchte.[200] Mit anderen Worten: Das Gesetz hält insoweit zwar bereits das tatbestandlich umschriebene Handeln in der Krise als solches für grundsätzlich strafwürdig, sieht im konkreten Fall jedoch kein Strafbedürfnis (mehr), sofern es dem Schuldner doch noch gelingt, die Krise zu überwinden.[201] Allen in § 283d Abs. 4 StGB aufgeführten Krisenszenarien soll nach

---

[195] Die objektive Strafbarkeitsbedingung nach § 283d Abs. 4 StGB deckt sich dabei vollständig mit derjenigen des strukturverwandten Bankrotttatbestandes in § 283 Abs. 6 StGB, vgl. dazu *Beukelmann*, in: von Heintschel-Heinegg, StGB, § 283d Rn. 8; *Bieneck*, in: Müller-Gugenberger/Bieneck, § 81 Rn. 12; *Bosch*, in: Satzger/Schmitt/Widmaier, StGB, § 283d Rn. 1.

[196] Vgl. dazu *Tiedemann*, Wirtschaftsstrafrecht BT, § 9 Rn. 417; *Böttger*, in: Münchener Anwaltshandbuch, § 18 Rn. 205.

[197] Vgl. schon RGSt 45, 88, 90 ff. sowie *Welzel*, Strafrecht, § 53 II 1. Allgemein zu den Charakteristika der objektiven Strafbarkeitsbedingung als Regelungsinstrument *Rönnau*, JuS 2011, 697 ff. Grundlegend und insgesamt kritisch ferner *Bemmann*, Objektive Bedingungen, S. 12 ff., 52 ff.

[198] Ist ein Krisenszenario hingegen bereits Tatbestandsmerkmal (z. B. Zahlungseinstellung, Eröffnung des Insolvenzverfahrens gemäß § 283d Abs. 1 Nr. 2 StGB), so hat sich der Tätervorsatz freilich auch hierauf zu erstrecken und die Strafbarkeitsbedingung insoweit keine eigenständige Bedeutung mehr, vgl. *Köhler*, in: Wabnitz/Janovsky, Kap. 7 Rn. 190.

[199] Vgl. dazu *Wegner*, in: Achenbach/Ransiek, Teil 7 Kap. 1 Rn. 110; ferner *Heinz*, GA 1977, 193, 218.

[200] *Kindhäuser*, in: NK-StGB, Vor §§ 283 bis 283d Rn. 102; ähnlich auch *Otto*, in: GS Bruns, S. 265, 281.

[201] Vgl. dazu die Gesetzesbegründung BT-Drs. 7/3441, S. 33; ebenso BGH, Urteil v. 27. Mai 1977, 3 StR 11/78 = JZ 1979, 75, 77; ferner *Bittmann*, Insolvenzstrafrecht, § 12 Rn. 323 ff.; außerdem *Heinrich*, in: Arzt/Weber/Heinrich/Hilgendorf, Strafrecht BT, § 16 Rn. 52; *Tiedemann*, NJW 1977, 777, 783.

Vorstellung des Gesetzgebers aber gemein sein, dass sie in ihrer Qualität einem wirtschaftlichen Zusammenbruch des Schuldners gleichkommen.[202]

Als erste relevante Krisensituation kommt hierbei die *Zahlungseinstellung* seitens des Schuldners in Betracht (§ 283d Abs. 4 Var. 1 StGB). Eine solche soll immer dann vorliegen, wenn der Schuldner nach außen erkennbar aufgehört hat, die fälligen Geldschulden gegenüber seinen Gläubigern aufgrund eines tatsächlich oder angeblich dauernden Mangels an liquiden Mitteln zu begleichen.[203]

Ferner betrachtet das Gesetz als hinreichenden Ausdruck der Krise, wenn über das Vermögen des Schuldners gemäß § 27 InsO das *Insolvenzverfahren eröffnet* (§ 283d Abs. 4 Var. 2 StGB) oder aber nach § 26 Abs. 1 InsO ein hierauf gerichteter *Eröffnungsantrag mangels Masse abgewiesen* wird (§ 283d Abs. 4 Var. 3 StGB).[204] Der entsprechende Beschluss des Insolvenzgerichts hat mit Eintritt der Rechtskraft insoweit auch für das Strafverfahren bindende Wirkung.[205]

Abschließend sei an dieser Stelle noch auf den allgemein geforderten, in seinen spezifischen Konturen jedoch umstrittenen Zusammenhang[206] zwischen der Tathandlung und dem Eintritt einer der objektiven Strafbarkeitsbedingungen eingegangen. Der Sache nach geht es hierbei um die Frage, ob die entsprechende objektive Strafbarkeitsbedingung für eine Bankrotthandlung im Sinne von § 283 Abs. 1 bzw. 2 StGB auch dann als eingetreten gelten kann, wenn die in Rede stehende Tathandlung und die den Eintritt der objektiven Strafbarkeitsbedingung auslösende Krisensituation nichts miteinander zu tun haben.[207] Als gesichert kann hierbei gelten, dass für diesen Zusammenhang jedenfalls keine Kausalität vorzuliegen braucht;[208] die vorherrschende Auffassung lässt insoweit einen zeitlich-

---

[202] Vgl. *Mohr*, Bankrottdelikte, S. 34 ff.; *Tiedemann*, in: LK-StGB, § 283d Rn. 19; *ders.*, Wirtschaftsstrafrecht BT, § 9 Rn. 417.
[203] *Bosch*, in: Satzger/Schmitt/Widmaier, StGB, Vor §§ 283 ff. Rn. 16; *Lackner/Kühl*, StGB, § 283 Rn. 27; *Radtke*, in: MünchKomm-StGB, Vor §§ 283 ff. Rn. 96.
[204] Siehe *Bosch*, in: Satzger/Schmitt/Widmaier, StGB, Vor §§ 283 ff. Rn. 17; *Heine*, in: Schönke/ Schröder, StGB, § 283 Rn. 61 f.
[205] *Hoyer*, in: SK-StGB, Vor § 283 Rn. 15; *Kindhäuser*, in: NK-StGB, Vor §§ 283 bis 283d Rn. 106; *Lackner/Kühl*, StGB, § 283 Rn. 28; *Tiedemann*, in: LK-StGB, Vor §§ 283 bis 283d Rn. 162.
[206] Diskutiert wird dieser zumeist unter den Schlagworten „Risikozusammenhang" (etwa *Kindhäuser*, in: NK-StGB, Vor §§ 283 bis 283d Rn. 109) bzw. „Krisenidentität" (so *Bittmann*, Insolvenzstrafrecht, § 12 Rn. 315 f.).
[207] *Bieneck*, in: Müller-Gugenberger/Bieneck, § 76 Rn. 90 ff.; *Bittmann*, Insolvenzstrafrecht, § 12 Rn. 311 ff. – jew. m. zahlr. Nachw.
[208] Vgl. nur BGHSt 28, 231, 234 = NJW 1979, 1418, 1419; *Fischer*, StGB, Vor § 283 Rn. 17; *Kindhäuser*, in: NK-StGB, Vor §§ 283 bis 283d Rn. 108; *Wegner*, in: Achenbach/Ransiek,

räumlichen Zusammenhang genügen.[209] Ferner lässt sich in negativer Hinsicht festhalten, dass der notwendige Zusammenhang mangels Strafbedürfnis immer dann nicht gegeben ist, wenn der Täter zwar eine tatbestandsmäßige Handlung vorgenommen hat, die objektive Strafbarkeitsbedingung jedoch erst aufgrund von Umständen eintritt, welche sich nach einer vom Schuldner zunächst vollständig überwundenen Krise ergeben haben.[210]

Letzteres kann insbesondere im praktisch relevanten Fall einer so genannten Sanierung[211] – also von Maßnahmen zur Beseitigung einer dauerhaften Illiquidität oder einer bedrohlich fallenden Rentabilität, welche die wirtschaftliche Existenz des Schuldners in Frage stellt[212] – Bedeutung erlangen.[213]

Teil 7 Kap. 1 Rn. 111 – jew. m. w. N.; a. A. soweit ersichtlich nur *Trüg/Habetha*, wistra 2007, 365, 370.

[209] Siehe BGHSt 28, 231, 234 = NJW 1979, 1418, 1419; *Beukelmann*, in: von Heintschel-Heinegg, StGB, § 283 Rn. 35; *Bittmann*, Insolvenzstrafrecht, § 12 Rn. 316; *Bosch*, in: Satzger/Schmitt/Widmaier, StGB, Vor §§ 283 ff. Rn. 18; *Heine*, in: Schönke/Schröder, StGB, § 283 Rn. 59; *Lackner/Kühl*, StGB, § 283 Rn. 29.

[210] *Tiedemann*, in: LK-StGB, § 283 Rn. 90; *Wegner*, in: Achenbach/Ransiek, Teil 7 Kap. 1 Rn. 109. Welche Anforderungen an eine solche Überwindung der Krise zu stellen sind, ist ebenfalls Gegenstand einer kontrovers geführten Diskussion, vgl. hierzu *Radtke*, in: MünchKomm-StGB, Vor §§ 283 ff. Rn. 104 f. m. w. N.

[211] Zu den verschiedenen Varianten einer Unternehmenssanierung siehe *K. Schmidt*, in: Schmidt/Uhlenbruck, Rn. 2.6 ff., 2.209 ff.

[212] Vgl. zum Begriff der Sanierung umfassend *K. Schmidt*, DJT-Gutachten, D 20. Außerdem *Hess*, Sanierungshandbuch, Kap. 1 Rn. 100 ff. m. zahlr. Nachw.

[213] Dazu ausführlich *Mohr*, Bankrottdelikte, S. 97 ff.; *Kindhäuser*, in: NK-StGB, Vor §§ 283 bis 283d Rn. 108 ff.; *Radtke*, in: MünchKomm-StGB, Vor §§ 283 ff. Rn. 103 ff.

3. Kapitel: Die Einwilligung des Schuldners als rechtsformabhängiges Tatbestandsmerkmal

Nachdem bisher diejenigen Merkmale des Tatbestandes der Schuldnerbegünstigung im Vordergrund standen, welche sich für alle unter die Vorschrift zu subsumierenden Fälle unterschiedslos auswirken, soll nun der Frage nachgegangen werden, ob, und falls ja, wie es sich auf die Voraussetzungen und rechtsgutsorientierte Funktionsfähigkeit des § 283d StGB auswirkt, wenn keine natürliche Person – etwa in Gestalt eines Einzelkaufmanns –,[214] sondern vielmehr eine Kapitalgesellschaft die tatbestandliche Rolle des Insolvenzschuldners bekleidet.

Im Detail wird hierbei zu zeigen sein, welchen Herausforderungen sich der Tatbestand der Schuldnerbegünstigung nach § 283d StGB in seiner derzeitigen Fassung angesichts dieser spezifischen Konstellation gegenübersieht.

A. Tatbestandliche Normstruktur der Schuldnerbegünstigung

I. Zwei Tatbestandsvarianten: Handeln „mit Einwilligung" (Var. 1) oder „zu Gunsten" (Var. 2) des Schuldners

Die Schuldnerbegünstigung nach § 283d StGB sieht in Form eines Handelns *mit Einwilligung des Schuldners* (§ 283d Abs. 1 Var. 1 StGB) sowie *zu Gunsten des Schuldners* (§ 283d Abs. 1 Var. 2 StGB) zwei selbstständig nebeneinander stehende Begehungsmodalitäten vor, in denen der Tatbestand verwirklicht werden kann.[215] Beide Handlungsvarianten sind hierbei gleichberechtigt; insbesondere besteht zwischen ihnen kein formales Subsidiaritätsverhältnis.[216]

Der Anschein eines auf den ersten Blick übersichtlich wirkenden Aufbaus trügt jedoch. Die vollständige Normstruktur der Schuldnerbegünstigung erschließt sich

---

[214] Dies sollte aus Sicht des historischen Gesetzgebers den Normalfall im Rahmen der Insolvenzdelikte nach den §§ 283 ff. StGB darstellen, dazu bereits oben unter Kap. 1 C.
[215] Statt aller *Lackner/Kühl*, StGB, § 283d Rn. 2 m. w. N.
[216] Allgemein zum systematischen Verständnis der beiden Handlungsalternativen des § 283d Abs. 1 StGB instruktiv *Bittmann*, Insolvenzstrafrecht, § 22 Rn. 6 f. sowie *Brand/Sperling*, ZStW 121 (2009), 281, 290 ff.

vielmehr erst bei genauerer Betrachtung, sodass sie an dieser Stelle zur Vorbereitung der nachfolgenden Ausführungen einmal näher beleuchtet sein soll:

Die zweite Tatbestandsvariante – ein Handeln des Dritten „zu Gunsten" des Schuldners gemäß § 283d Abs. 1 Var. 2 StGB – präsentiert sich vergleichsweise unkompliziert. Geschütztes Rechtsgut der Schuldnerbegünstigung nach § 283d StGB ist das Befriedigungsinteresse der Gläubigergesamtheit und „zu Gunsten" des Schuldners erfolgt eine Handlung des Dritten stets dann, wenn sie im objektiven Interesse des Schuldners liegt.[217] Zum einen zeichnet sich die Tatbestandsvariante nach § 283d Abs. 1 Var. 2 StGB demnach durch ihre finale Struktur aus: Der außenstehende Dritte handelt, *um* ein im objektiven Interesse des Schuldners liegendes Ziel zu erreichen. Zum anderen liegt der damit beschriebenen Verhaltensweise des Täters ein unmittelbarer, durch keinerlei weitere Voraussetzungen bedingter Handlungscharakter zugrunde, da der zu begünstigende Schuldner das Verhalten des Dritten noch nicht einmal bemerken muss. Diese Tatbestandsvariante zeichnet sich also dadurch aus, dass sie ohne jede kommunikative Interaktion mit dem Schuldner als intendiertem Begünstigungsempfänger verwirklicht werden kann.

Demgegenüber offenbart die erste Begehungsmodalität – ein Handeln des Dritten „mit Einwilligung" des Schuldners nach § 283d Abs. 1 Var. 1 StGB – ihre eigentliche Komplexität erst auf den zweiten Blick: Zwar ist auch bei dieser nach wie vor allein das Befriedigungsinteresse der Insolvenzgläubiger geschütztes Rechtsgut des Tatbestandes. Anders als bei der zuvor genannten Variante bezieht sich jedoch die vom objektiven Tatbestand geforderte Einwilligung des Insolvenzschuldners hier unmittelbar auf das schuldnerische Vermögen und damit auf ein vom geschützten Rechtsgut abgrenzbares Bezugsobjekt, welches als Anknüpfungspunkt der Einwilligung in den Tatbestand der Schuldnerbegünstigung gemäß § 283d StGB inkorporiert ist. Die daraus resultierende Normstruktur gleicht für die erste Tatbestandsvariante gemäß § 283d Abs. 1 Var. 1 StGB – bildhaft gesprochen – einer schachtelartigen Konstruktion, innerhalb derer das tatbestandlich geschützte Rechtsgut der Gläubigerinteressen das schuldnerische Vermögen als Bezugsobjekt der Einwilligung gewissermaßen überwölbt. Die in § 283d Abs. 1 Var. 1 StGB beschriebene Begehungsmodalität ist somit – richtet man den Blick auf die am Ende stehende Gefährdung der Gläubigerinteressen als geschütztes Rechtsgut –

---

[217] Siehe *Bieneck*, in: Müller-Gugenberger/Bieneck, § 81 Rn. 1a; *Fischer*, StGB, § 283d Rn. 4; *Heine*, in: Schönke/Schröder, StGB, § 283d Rn. 9; *Kindhäuser*, in: NK-StGB, § 283d Rn. 6; *Köhler*, in: Wabnitz/Janovsky, Kap. 7 Rn. 186.

durch die Einwilligung des Schuldners hinsichtlich einer Disposition über sein Vermögen als vermittelnden Zwischenschritt gekennzeichnet; sie stellt damit ein verknüpfendes Bindeglied zwischen der tatbestandlichen Handlung des Normadressaten und der Gefährdung des geschützten Rechtsgutes dar.

Illustrieren lässt sich die tatbestandliche Normstruktur des § 283d Abs. 1 Var. 1 StGB damit wie folgt:

> **Rechtsgut**: Befriedigungsinteressen der Gläubiger
>
> **Bezugsobjekt der Einwilligung**: Vermögen

Für das Verständnis der weiteren Ausführungen – insbesondere hinsichtlich des insoweit zentralen Einwilligungsmerkmals – wird diese tatbestandsinterne Differenzierung zwischen dem durch § 283d StGB *in toto* geschützten Rechtsgut (den Befriedigungsinteressen der Gläubiger) auf der einen und dem konkreten Bezugsobjekt der Einwilligung nach § 283d Abs. 1 Var. 1 StGB (dem Vermögen des Schuldners) auf der anderen Seite noch von entscheidender Bedeutung sein.

II. Bedeutung der Tatbestandsvarianten beim Vorliegen einer Kapitalgesellschaft als Insolvenzschuldnerin

Die vorherrschende Auffassung im Schrifttum sieht hierbei – anders als der Gesetzeswortlaut zunächst vermuten lassen könnte – in der Variante gemäß § 283d Abs. 1 Var. 2 StGB (Handeln *zu Gunsten* des Schuldners) den Hauptanwendungsfall der Vorschrift.[218] Hierfür soll insbesondere sprechen, dass die erste Tatbestandsvariante eines Handelns *mit Einwilligung* des Schuldners ausweislich der Gesetzesgenese im Wesentlichen aus zwei Gründen nachträglich eingefügt wurde: Einerseits wollte der Gesetzgeber mit Blick auf die destruktiven Tathandlungen des

---

[218] So etwa *Tiedemann*, in: LK-StGB, § 283d Rn. 4, 11; *Radtke*, in: MünchKomm-StGB, § 283d Rn. 11.

Zerstörens, Beschädigens und Unbrauchbarmachens einen offenkundigen Konflikt mit der aus Art. 103 Abs. 2 GG folgenden Wortlautbindung vermeiden, da insoweit – dem maßgeblichen alltagssprachlichen Wortsinn[219] nach – schlechterdings nicht mehr von einem Handeln „zu Gunsten" des Schuldners die Rede sein konnte.[220] Andererseits sollten Nachweisschwierigkeiten entschärft werden, welche dadurch drohten, dass ein im Interesse des Schuldners liegendes Handeln im Einzelfall nahezu unbeweisbar ist.[221]

Nimmt man hierbei – ähnlich wie der historische Gesetzgeber bei Schaffung der §§ 283 ff. StGB[222] – allein den Einzelkaufmann als natürliche Person in den Blick, wäre der soeben dargestellten Ansicht vollumfänglich zuzustimmen. Dass eine solche Sichtweise jedoch nicht mehr der gewandelten wirtschaftlichen Realität entspricht und daher eine Erweiterung des Betrachtungshorizonts dahingehend notwendig ist, dass immer häufiger auch Kapitalgesellschaften die Rolle des Insolvenzschuldners einnehmen, hat bereits die Vorstellung der empirischen Daten zu Beginn der Abhandlung belegt.[223]

Erkennt man diese gewandelte wirtschaftliche Realität an, bedarf es hinsichtlich der Bedeutung der beiden Tatbestandsvarianten des § 283d StGB vielmehr einer differenzierten Betrachtung, sobald eine Kapitalgesellschaft die Rolle des Insolvenzschuldners einnimmt:

1. Handeln „zu Gunsten" des Schuldners (§ 283d Abs. 1 Var. 2 StGB)

Der im Schrifttum namentlich von *Brand/Sperling* vertretenen Ansicht zufolge soll der zweiten Handlungsmodalität im Rahmen des Tatbestandes der Schuldnerbegünstigung in dieser Konstellation nur ein marginaler Anwendungsbereich zukommen.[224] *Brand/Sperling* begründen dies mit den für sämtliche Formen der Kapitalgesellschaft nach deutschem Recht vorgesehenen gesetzlichen Vorschriften zur Auflösung der Gesellschaft bei Eröffnung des Insolvenzverfahrens über deren

---

[219] Vgl. nur BVerfGE 47, 109, 121 ff. = NJW 1978, 933, 934 f.; 105, 135, 157 = NJW 2002, 1779, 1781; ferner *Eser/Hecker*, in: Schönke/Schröder, StGB, § 1 Rn. 54; *Hassemer*, in: NK-StGB, § 1 Rn. 80; *Roxin*, Strafrecht AT I, § 5 Rn. 28; *Satzger*, in: Satzger/Schmitt/Widmaier, StGB, § 1 Rn. 39; *Schmidt-Aßmann*, in: Maunz/Dürig, GG, Art. 103 Rn. 227.
[220] So ausdrücklich die Gesetzesbegründung BT-Drs. 7/3441, S. 39; ebenso *Tiedemann*, in: LK-StGB, § 283d Rn. 4.
[221] *Tiedemann*, in: LK-StGB, § 283d Rn. 13 m. w. N.
[222] Dazu bereits im Rahmen der Gesetzesgenese unter Kap. 1 C.
[223] Siehe oben Kap. 1 D.
[224] *Brand/Sperling*, ZStW 121 (2009), 281, 290 f.

Vermögen oder bei Abweisung eines entsprechenden Eröffnungsantrags mangels Masse.[225] Hieran schließe sich regelmäßig eine Liquidation an, da eine Sanierung *in praxi* nur in den seltensten Fällen noch in Betracht komme.[226] Als Konsequenz soll dies nach *Brand/Sperling* zur Folge haben, dass es dann schlicht am notwendigen Schuldner als intendiertem Begünstigungsempfänger im Sinne der Vorschrift fehle:[227] Die Gesellschaft, die den Schuldnerstatus als Inhaberin des Gesellschaftsvermögens und Insolvenzbetroffene innehatte, existiere in dieser Form nach Auflösung und Liquidation nicht mehr. Der Tatbestand der Schuldnerbegünstigung könne demnach in dieser Konstellation nicht verwirklicht werden; die Begehungsmodalität des § 283d Abs. 1 Var. 2 StGB gehe folglich regelmäßig immer dann ins Leere, wenn eine Kapitalgesellschaft die Rolle des Schuldners bekleidet und über ihr Vermögen das Insolvenzverfahren eröffnet bzw. ein entsprechender Eröffnungsantrag mangels Masse abgewiesen wird.

Dieser Einschätzung von *Brand/Sperling* ist jedoch aus zweierlei Gründen entgegenzutreten: Da die Tathandlung des § 283d Abs. 1 Var. 2 StGB auch bei Zahlungseinstellung oder drohender bzw. eingetretener Zahlungsunfähigkeit des Schuldners verwirklicht werden kann, besteht ein Restbereich von denkbaren Fällen, in denen es nicht zu der soeben beschriebenen Auflösung kommt und die Kapitalgesellschaft als Schuldnerin im Rahmen des Tatbestandes bestehen bleibt. Diese Fälle sind freilich eher theoretischer Natur, da das Vorliegen einer tatsächlichen Zahlungseinstellung regelmäßig und dasjenige der drohenden bzw. eingetretenen Zahlungsunfähigkeit zwingend (vgl. insoweit die nach § 15a Abs. 4 und 5 InsO strafbewehrte Insolvenzantragspflicht der zuständigen Organe juristischer Personen) einen entsprechenden Antrag auf Eröffnung des Insolvenzverfahrens zur Folge haben wird; gleichwohl läuft die zweite Tatbestandsvariante der Schuldnerbegünstigung hier keineswegs leer.

Des Weiteren spricht entscheidend gegen eine solche Sichtweise, dass diese nicht hinreichend zwischen dem Vorliegen der Schuldnereigenschaft im Zeitpunkt

---

[225] Im Einzelnen ergibt sich dies für die GmbH bzw. die haftungsbeschränkte Unternehmergesellschaft aus § 60 Abs. 1 Nrn. 4, 5 GmbHG, für die AG bzw. die SE aus § 262 Abs. 1 Nrn. 3 und 4 AktG sowie für die KGaA aus §§ 289 Abs. 1 AktG i. V. m. 161 Abs. 2, 131 Abs. 1 Nr. 3 HGB.
[226] Siehe *Brand/Sperling*, ZStW 121 (2009), 281, 291.
[227] So *Brand/Sperling*, ZStW 121 (2009), 281, 290 f. Anders muss dies freilich sehen, wer – wie die Vertreter der so genannten *strengen Gesellschaftertheorie* im Kontext der GmbH-Untreue (Nachweise hierzu bei *Kindhäuser*, in: NK-StGB, § 266 Rn. 70) – die Gesellschafter als „wirtschaftliche Eigentümer" der Gesellschaft mit der Folge betrachtet, dass sie und nicht die Gesellschaft selbst als juristische Person die Position des „anderen" im Sinne des § 283d Abs. 1 StGB einnimmt. Hiergegen bestehen indes – gerade im Rahmen der §§ 283 ff. StGB – durchgreifende Bedenken; dazu ausführlich sogleich unter Kap. 3 B. IV. 2.

der Tathandlung einerseits und im Zeitpunkt des Eintritts der objektiven Strafbarkeitsbedingung andererseits differenziert, wie sich durch einen Vergleich mit dem Tatbestand des Bankrotts gemäß § 283 Abs. 1 Nr. 1 StGB verdeutlichen lässt: Zwar nimmt der Schuldner im Rahmen von Schuldnerbegünstigung (als intendierter Begünstigungsempfänger) und Bankrott (als Anforderung an die Täterqualität aufgrund des Sonderdeliktscharakters) jeweils unterschiedliche tatbestandliche Rollen ein. Gemeinsam haben beiden Strafvorschriften jedoch, dass sie die Existenz des Schuldners in Form eines konstitutiven objektiven Tatbestandsmerkmals voraussetzen. Stellte man nun im Fall des Bankrotts nach § 283 Abs. 1 Nr. 1 StGB ebenfalls darauf ab, dass es beim Vorliegen eine Kapitalgesellschaft mit Eröffnung des Insolvenzverfahrens aufgrund einer Auflösung der Gesellschaft am tauglichen Täter fehle, würde im Ergebnis das gesamte Bankrottstrafrecht ausgehebelt. Dies kann nicht zutreffend sein.

Vielmehr muss an dieser Stelle maßgeblich darauf abgestellt werden, ob im Zeitpunkt der Vornahme der Tathandlung (also etwa des Beiseiteschaffens eines zur hypothetischen Insolvenzmasse gehörigen Vermögensgegenstandes) ein tauglicher Schuldner – etwa als Täter im Sinne des Bankrotts oder als Begünstigungsempfänger im Rahmen der Schuldnerbegünstigung – vorlag; auf ein mögliches späteres Entfallen dieser Eigenschaft mit Eintreten der (unrechts- und schuldunabhängigen) objektiven Strafbarkeitsbedingung kann es sodann nicht mehr ankommen.

Es bleibt demnach festzuhalten, dass der tatbestandlichen Handlungsvariante nach § 283d Abs. 1 Var. 2 StGB auch beim Vorliegen einer Kapitalgesellschaft als Insolvenzschuldnerin ein denkbarer Anwendungsbereich verbleibt.[228]

Trotz Anerkennung dieses Anwendungsbereichs ergeben sich freilich hinsichtlich des Merkmals eines Handeln „zu Gunsten" des Schuldners gemäß § 283d Abs. 1 Var. 2 StGB keine nennenswerten rechtlichen Probleme: Da zur Verwirklichung dieser Tatmodalität ausschließlich der außenstehende Dritte handeln und damit keinerlei Interaktion mit dem Schuldner stattfinden muss, weist das Tatbestandsmerkmal eines Handelns „zu Gunsten" des Schuldners insoweit eine schlichte eindimensionale Struktur auf. An die tatbestandlich beschriebene Handlung werden – auch beim Vorliegen einer Kapitalgesellschaft als intendierter Begünstigungsempfängerin – vom Gesetz keine weiteren Voraussetzungen gestellt.

---

[228] A. A. insoweit *Brand/Sperling*, ZStW 121 (2009), 281, 292, welche für die zweite Handlungsalternative keinen praktischen Anwendungsbereich bei Vorliegen einer juristischen Person als Insolvenzschuldnerin sehen.

Die Tatbestandsvariante eines Handelns „zu Gunsten" des Schuldners nach § 283d Abs. 1 Var. 2 StGB kann daher im Rahmen der weiteren Ausführungen außer Betracht bleiben.

2. Handeln „mit Einwilligung" des Schuldners (§ 283d Abs. 1 Var. 1 StGB)

Anders stellt sich die Situation hinsichtlich der Begehungsmodalität eines Handelns „mit Einwilligung" des Schuldners nach § 283d Abs. 1 Var. 1 StGB dar. Wie die vorangegangene Untersuchung gezeigt hat,[229] weist diese Tatbestandsvariante eine zweidimensionale Struktur auf: Geschütztes Rechtsgut des Tatbestandes ist das Befriedigungsinteresse der Gläubigergesamtheit, Bezugspunkt des tatbestandlichen Einwilligungsmerkmals jedoch das Vermögen des Schuldners. Während dies beim Vorliegen einer natürlichen Person als Regelungssubjekt keine nennenswerten Auswirkungen nach sich zieht, wirft dieselbe Zustimmung im Fall einer juristischen Person als Vermögensträgerin erhebliche Rechtsfragen auf.

Es wird zu klären sein, welche Voraussetzungen an die entsprechende konsentierende Willensäußerung zu stellen sind und inwieweit diese den jeweils einschlägigen gesellschaftsrechtlichen Rahmenbedingungen zu genügen hat.

III. Zwischenergebnis

Beide Tatbestandsvarianten der Schuldnerbegünstigung – ein Handeln *mit Einwilligung* des Schuldners gemäß § 283d Abs. 1 Var. 1 StGB sowie ein Handeln *zu Gunsten* des Schuldners nach § 283d Abs. 1 Var. 2 StGB – haben auch dann einen Anwendungsbereich, wenn eine Kapitalgesellschaft die Rolle des Insolvenzschuldners einnimmt. Da die Variante eines Handelns *zu Gunsten* des Schuldners nach § 283d Abs. 1 Var. 2 StGB aufgrund ihrer eindimensionalen Normstruktur dabei keine rechtlichen Probleme aufwirft, konzentrieren sich die weiteren Ausführungen auf das Merkmal der schuldnerischen Einwilligung nach § 283d Abs. 1 Var. 1 StGB sowie dessen Auswirkungen auf die übergeordnete Frage nach der rechtsgutsorientierten Schutztauglichkeit des Tatbestandes der Schuldnerbegünstigung gemäß § 283d StGB.

---

[229] Siehe oben unter Kap. 3 A. I.

Es wird hierbei zunächst um die Frage gehen, ob das Merkmal der Einwilligung des Insolvenzschuldners im Sinne des § 283d Abs. 1 Var. 1 StGB rein faktisch, strafrechtsautonom oder aber akzessorisch zum einschlägigen Gesellschaftsrecht zu bestimmen ist (unter B.). In einem zweiten Schritt soll dann für die einzelnen Formen der Kapitalgesellschaft nach deutschem Recht im Detail jeweils gesondert untersucht werden, welche gesellschaftsrechtlichen Vorgaben für die Wirksamkeit einer solchen Einwilligung konkret zu berücksichtigen sind (unter C.).

B. Dogmatische Einordnung des Merkmals der schuldnerischen Einwilligung

Bevor im Detail auf die Voraussetzungen der schuldnerischen Einwilligung bei Kapitalgesellschaften eingegangen wird, mag es hilfreich sein, sich vorab nochmals kurz die tatbestandliche Ausgangssituation der von § 283d StGB erfassten Sachverhalte zu vergegenwärtigen:[230] Ein außenstehender Dritter verschiebt einen Gegenstand des schuldnerischen Vermögens, der zur Insolvenzmasse gehören würde. Er handelt hierbei mit (durch die entsprechenden Gesellschaftsorgane geäußerter) Einwilligung des Insolvenzschuldners, der keine natürliche Person, sondern eine Kapitalgesellschaft ist.

Im Gegensatz zu einer natürlichen Person[231] in der Rolle des Insolvenzschuldners bringt das Vorliegen einer Kapitalgesellschaft in derselben Position – wie im weiteren Verlauf der Untersuchung zu zeigen sein wird – Besonderheiten mit sich, welche insbesondere Auswirkungen auf die Bildung der für eine Strafbarkeit nach § 283d Abs. 1 Var. 1 StGB konstitutiven Einwilligung haben.

Im Folgenden wird daher das insoweit zentrale tatbestandliche Merkmal der Einwilligung des Insolvenzschuldners im Fokus der Aufmerksamkeit stehen, wobei die Voraussetzungen an die Bildung und Entäußerung derselben seitens der Kapitalgesellschaft von besonderem Interesse sein werden. Auf den Punkt gebracht wird es damit um nichts anderes als die Notwendigkeit gehen, die allgemeine Einwilligungsdogmatik systematisch auf die durch das Recht geschaffene juristische

---

[230] Dazu bereits unter Kap. 1 E. II.
[231] Für diesen bestünde insoweit konsequenterweise „Handelsrechtsakzessorietät". Da das HGB diesbezüglich jedoch keine spezifischen Regelungen vorsieht, kann es an dieser Stelle ausgeklammert bleiben.

Person anzuwenden.²³² Inwieweit dies im Gewand des geltenden Tatbestandes der Schuldnerbegünstigung nach § 283d Abs. 1 Var. 1 StGB geleistet werden kann, wird Gegenstand der nachfolgenden Ausführungen sein.

I. Die Einwilligung des Schuldners als notwendige Teilnahmehandlung

Delikte, die nur mit Zustimmung des jeweils anderen Teils begangen werden können, sind der strafrechtlichen Dogmatik keineswegs fremd. Im Rahmen der so genannten *Begegnungs- und Konvergenzdelikte* gehört die Verhaltensweise des anderen Teils zu den Tatbestandsmerkmalen der strafbaren Handlung, ohne die die Strafvorschrift nicht verwirklicht werden kann.²³³ Nimmt das Gegenüber die tatbestandlich umschriebene Handlung vor, stellt dies einen straflosen Akt so genannter *notwendiger Teilnahme* dar.²³⁴ Als anschauliches Beispiel für ein solches Verhalten mag etwa der Abschluss eines für ihn ausbeuterischen Vertrags durch den Bewucherten im Rahmen des Wuchertatbestandes gemäß § 291 Abs. 1 StGB dienen.²³⁵

Da auch die schuldnerische Einwilligung im Sinne des § 283d Abs. 1 Var. 1 StGB ein strafbegründendes Merkmal des objektiven Tatbestandes der Schuldnerbegünstigung darstellt,²³⁶ spricht vieles dafür, diese in Parallele zur genannten Deliktsgruppe ebenfalls als einen Fall notwendiger Teilnahme einzuordnen.²³⁷

---

[232] So prägnant *Rönnau*, in: FS Amelung, S. 247, 253 hinleitend zur entsprechenden Problematik im Kontext des Untreuetatbestandes.

[233] Vgl. *Jakobs*, Strafrecht AT, Abschn. 24 Rn. 7 ff.; *Jescheck/Weigend*, Strafrecht AT, § 34 I 1 a, § 64 V 1; *Krey/Esser*, Strafrecht AT, § 30 Rn. 1031 f.

[234] Instruktiv zur notwendigen Teilnahme im Allgemeinen *Magata*, Jura 1999, 246 ff.

[235] Vgl. *Tiedemann*, Wirtschaftsstrafrecht BT, § 6 Rn. 277; Zahlreiche weitere Beispiele finden sich etwa bei *Heine*, in: Schönke/Schröder, StGB, Vor §§ 25 ff. Rn. 46 ff. Zu den sich im Rahmen des Wuchers ergebenden Beteiligungsfragen (insbesondere auch die Rolle des Bewucherten als Anstifter) ausführlich *Hohendorf*, Individualwucherstrafrecht (1982), S. 153 ff.

[236] Siehe *Beukelmann*, in: von Heintschel-Heinegg, StGB, § 283d Rn. 4; *Hoyer*, in: SK-StGB, § 283d Rn. 7; *Kindhäuser*, in: NK-StGB, § 283d Rn. 4.

[237] Für die Begehungsmodalität eines Handelns „zu Gunsten" des Schuldners nach § 283d Abs. 1 Var. 2 StGB gilt dies freilich nicht, da insoweit zur Tatbestandsverwirklichung gerade keine Mitwirkungshandlung desselben erforderlich ist, vgl. *Bosch*, in: Satzger/Schmitt/Widmaier, StGB, § 283d Rn. 5. Der Vollständigkeit halber sei angemerkt, dass die Einordnung als Delikt mit notwendiger Teilnahmehandlung etwa für die Gläubigerbegünstigung gemäß § 283c StGB bereits allgemein anerkannt ist, siehe hierzu nur *Bittmann*, Insolvenzstrafrecht, § 14 Rn. 56; *Dannecker/Hagemeier*, in: Dannecker/ Knierim/Hagemeier, Insolvenzstrafrecht, Rn. 1116; *Fischer*, StGB, § 283c Rn. 10; *Heine*, in: Schönke/Schröder, StGB, § 283c Rn. 21; *Kindhäuser*, in: NK-StGB, § 283c Rn. 21; *Lackner/Kühl*, StGB, § 283c Rn. 8; *Sowada*, GA 1995, 60, 62;

Zwar ist mit dieser Zuordnung zunächst ein Mehr an struktureller Klarheit, noch nicht jedoch eine Antwort auf die im Kern interessierende Frage nach den konkreten Anforderungen an eine solche Einwilligung des Insolvenzschuldners gewonnen: Charakteristikum dieser Deliktsgruppe ist vor allem die Straffreiheit des notwendigerweise Teilnehmenden,[238] wie sie sich auch zu Gunsten des einwilligenden Insolvenzschuldners im Rahmen der Schuldnerbegünstigung nach § 283d StGB präsentiert – strafbar ist hier gerade der außenstehende Dritte als Handelnder. Auf die konkreten Anforderungen an das Vorliegen und die Wirksamkeit der schuldnerischen Einwilligung als solcher hat die Klassifizierung als notwendige Teilnahmehandlung indes keinen Einfluss. Vielmehr vermag dies erst eine Betrachtung aller denkbaren Lesarten dieses tatbestandlichen Merkmals der schuldnerischen Einwilligung im Sinne von § 283d Abs. 1 Var. 1 StGB zu leisten (hierzu sogleich unter III. und IV.).

II. Wirksamkeitsvoraussetzungen der schuldnerischen Zustimmung: Einordnung als Einverständnis oder Einwilligung?

Die Frage, welche Anforderungen erfüllt sein müssen, um von einer wirksamen Einwilligung des Insolvenzschuldners nach § 283d Abs. 1 Var. 1 StGB sprechen zu können, hängt nach der noch vorherrschenden Auffassung in Rechtsprechung und Schrifttum maßgeblich von der Einordnung derselben innerhalb des Systems der strafrechtlich relevanten Zustimmung zu Rechtsgutsbeeinträchtigungen ab.

Die traditionelle Dogmatik unterscheidet in diesem Kontext zwischen dem *tatbestandsausschließenden Einverständnis* einerseits und der *rechtfertigenden Einwilligung* andererseits.[239] Auf dem Boden dieser herrschenden Ansicht soll im Fol-

---

Vormbaum, GA 1981, 101, 131; *Wegner*, in: Achenbach/Ransiek, Teil 7 Kap. 1 Rn. 236; *Winkelbauer/Alexander*, in: Müller-Gugenberger/Bieneck, § 16 Rn. 37.

[238] Straffreiheit genießt der notwendige Teilnehmer nach allgemeiner Auffassung jedoch nur, solange seine Handlung nicht über das Maß des zur Deliktsverwirklichung unbedingt Erforderlichen hinausgeht, vgl. BGH, Urteil v. 19. Januar 1993, 1 StR 518/92 = NJW 1993, 1278, 1279; *Radtke*, in: MünchKomm-StGB, § 283 Rn. 79.

[239] So die auf *Geerds* (Einwilligung und Einverständnis, Kiel, 1953) zurückzuführende Differenzierung. Vgl. hierzu umfassend *Rönnau*, in: LK-StGB, Vor § 32 Rn. 147 ff.; *Lenckner/Sternberg-Lieben*, in: Schönke/Schröder, StGB, Vor §§ 32 ff. Rn. 29 f. Die beachtliche Gegenauffassung, welche eine derartige Unterscheidung zu Gunsten einer Wirkung allein auf Tatbestandsebene grundsätzlich ablehnt, soll an dieser Stelle ausgeklammert bleiben. Zu ihr – als Anhänger dieser Ansicht – ausführlich *Rönnau*, Willensmängel, S. 12 ff.; *ders.*, Jura 2002, 595, 596 f. – jew. m. zahlr. Nachw.

genden näher beleuchtet werden, in welchen verschiedenen Lesarten das objektive Tatbestandsmerkmal der schuldnerischen Einwilligung nach § 283d Abs. 1 Var. 1 StGB interpretiert werden kann und welche spezifischen Voraussetzungen hieran jeweils geknüpft sind. Die nachfolgende Kategorisierung auf Basis der herrschenden Dogmatik erfolgt damit also ausdrücklich nicht hinsichtlich der – sich im Fall der Schuldnerbegünstigung gemäß § 283d StGB unstreitig auf Tatbestandsebene vollziehenden[240] – Auswirkungen der in Rede stehenden schuldnerischen Zustimmung, sondern vielmehr ausschließlich mit Blick auf ihre von der entsprechenden Einordnung determinierten objektiven Wirksamkeitsvoraussetzungen.

III. Erste mögliche Lesart: Einverständnis

Die erste denkbare Interpretationsmöglichkeit besteht darin, das Merkmal der schuldnerischen Einwilligung nach § 283d Abs. 1 Var. 1 StGB rein faktisch – also gänzlich losgelöst von rechtlichen Voraussetzungen[241] – zu bestimmen. Trotz des gesetzlichen Wortlauts des § 283d Abs. 1 Var. 1 StGB, welcher *expressis verbis* von „Einwilligung" spricht, ist man sich einig, dass diese – wenn auch ausnahmsweise strafbarkeitsbegründend – unstreitig bereits auf Tatbestandsebene[242] wirkt und somit in ihrer Rechtsfolge grundsätzlich derjenigen eines Einverständnisses entspricht. Ausgehend von diesem Befund mag man daher geneigt sein, die Einwilligung des § 283d Abs. 1 Var. 1 StGB als *Einverständnis* im Sinne der traditionellen Dogmatik zu lesen und zu behandeln, was sich maßgeblich auf die Voraussetzungen einer solchen zustimmenden Willensäußerung auswirkt: Entscheidend wäre dann ausschließlich das tatsächliche Vorliegen eines natürlichen, zustimmenden Willens zur Vermögensbeeinträchtigung seitens des Schuldners,[243] welcher insbesondere auch konkludent – also durch schlüssiges Verhalten – zum Ausdruck kommen könnte.[244] Etwaige Willensmängel (namentlich Irrtum, Täu-

---

[240] Siehe nur *Hoyer*, in: SK-StGB, § 283d Rn. 7; *Radtke*, in: MünchKomm-StGB, § 283d Rn. 10 m. w. N.
[241] *Roxin*, Strafrecht AT I, § 13 Rn. 4, spricht insoweit von der „faktischen Natur des Einverständnisses".
[242] Siehe dazu bereits oben unter Kap. 3 B. II. sowie *Hoyer*, in: SK-StGB, § 283d Rn. 7; *Radtke*, in: MünchKomm-StGB, § 283d Rn. 10.
[243] Vgl. *Roxin*, Strafrecht AT I, § 13 Rn. 6.
[244] Siehe *Heine*, in: Schönke/Schröder, StGB, § 283d Rn. 3; *Tiedemann*, in: LK-StGB, § 283d Rn. 15; *Wegner*, in: Achenbach/Ransiek, Teil 7 Kap. 1 Rn. 244.

schung oder Zwang) ließen die Wirksamkeit des Einverständnisses regelmäßig unberührt.[245]

Diese Deutungsmöglichkeit wird von der derzeit herrschenden Auffassung im strafrechtlichen Schrifttum favorisiert;[246] eine Auseinandersetzung mit den nachgelagerten Fragen rund um die Bildung dieses zustimmenden Willens beim Vorliegen einer Kapitalgesellschaft anstelle einer natürlichen Person in der Rolle des Insolvenzschuldners sucht man hierbei jedoch in aller Regel vergeblich, sodass dies wohl weniger als Ausdruck allseitiger Akzeptanz dieser Ansicht, sondern vielmehr als eine noch erheblich defizitäre wissenschaftliche Beleuchtung des Problemkomplexes zu werten ist.

Entscheidend gegen ein Verständnis der schuldnerischen Einwilligung nach § 283d Abs. 1 Var. 1 StGB als Einverständnis im Sinne der traditionellen Dogmatik spricht, dass eine derartige Interpretation die entsprechende Gesetzesgenese vollständig ausblenden und somit den gesetzgeberischen Ursprung des Sanktionsregimes der §§ 283 ff. StGB verkennen würde:

Willigt – wie vom historischen Gesetzgeber einst vorgesehen[247] – in Gestalt des Einzelkaufmanns eine natürliche Person als Schuldner in die entsprechende Verschiebungshandlung ein, ergeben sich mangels einschlägiger gesetzlicher Vorschriften keine Besonderheiten, die eine über das bloße Vorliegen des natürlichen, faktischen Willens zur Weggabe der Vermögensposition hinausgehende und gewissen Voraussetzungen unterworfene Zustimmung erforderlich machen würden. Die Rechtsordnung erkennt damit an, dass der Einzelkaufmann sein Unternehmen gleichsam interessenskongruent in eigener Person repräsentiert. In seinem Fall genügt es also, dass er einen natürlichen zustimmenden Willen hinsichtlich der Vermögensbeeinträchtigung entäußert.

Demgegenüber sind juristische Personen – zu denen die hier im Mittelpunkt des Interesses stehenden Kapitalgesellschaften sämtlich gehören[248] – verselbständigte

---

[245] Vgl. dazu *Rönnau*, Willensmängel, S. 181; *ders.*, Jura 2002, 595, 596; *ders.*, JuS 2007, 18, 19 – jew. m. w. N.
[246] So etwa *Bieneck*, in: Müller-Gugenberger/Bieneck, § 81 Rn. 1a; *Hoyer*, in: SK-StGB, § 283d Rn. 7; *Kindhäuser*, in: NK-StGB, § 283d Rn. 4; *Radtke*, in: MünchKomm-StGB, § 283d Rn. 10; *Reinhart*, in: Graf/Jäger/Wittig, § 283d StGB Rn. 3; *Weyand/Diversy*, Insolvenzdelikte, Rn. 138.
[247] Hierzu unter Kap. 1 C.
[248] Siehe nur *Eisenhardt*, Gesellschaftsrecht, § 2 Rn. 22.

Kunstschöpfungen des Rechts.[249] Sie können aufgrund ihrer fehlenden natürlichen Handlungsfähigkeit allein durch ihre Organe[250] und auch insoweit nur innerhalb desjenigen Rahmens wirksam handeln, welchen ihnen die einschlägigen gesetzlichen Vorschriften – namentlich diejenigen des Gesellschaftsrechts[251] – setzen.[252] Das heißt, dass im Gegensatz zum Einzelkaufmann ein bloß natürlicher zustimmender Wille des entsprechenden Gesellschaftsorgans (beispielsweise des Geschäftsleiters oder der Anteilseigner) allein keinesfalls ausschlaggebend sein kann. Dies – und sei es auch nur im Falle eines Tatbestandsmerkmals des § 283d StGB – durch eine faktische Bestimmung der schuldnerischen Einwilligung anders praktizieren zu wollen, hieße – bildhaft gesprochen – Rosinen zu picken, wo sie die Rechtsordnung nicht vorsieht. Die Kapitalgesellschaft ist als juristische Person vielmehr nur um den Preis zu haben, welchen der Gesetzgeber als ihr Urheber in Gestalt der einschlägigen Vorschriften dafür verlangt.[253] Die vom Gesetzgeber im Gesellschaftsrecht kodifizierten Rahmenbedingungen für die – durch ihre verfassungsmäßigen Organe vermittelte – Interaktion juristischer Personen mit dem Rechtsverkehr stellt somit nichts anderes dar als die Gegenleistung für die diversen korporationsrechtlichen Vorteile, welche die rechtliche Organisationsform einer Kapitalgesellschaft mit sich bringt – allen voran die charakteristische Haftungsbeschränkung auf das Gesellschaftsvermögen.[254]

Wie bereits im Zuge der Normgenese dargelegt wurde, hatte der historische Gesetzgeber bei Schaffung der Insolvenzstraftaten nach §§ 283 ff. StGB – und somit auch mit Blick auf die Schuldnerbegünstigung gemäß § 283d StGB – die juristische Person jedoch gerade noch nicht als Regelungssubjekt vor Augen.[255] An der

---

[249] *K. Schmidt*, Gesellschaftsrecht, § 8 II 1, spricht – unter Hinweis auf *Ihering* (Geist des römischen Rechts, 4. Auflage [1888], Band III/1, S. 225) – insoweit von der juristischen Person als „rechtstechnischem Kunstgriff", *Rönnau*, in: FS Amelung, S. 247, 256 von einem „juristischen Kunstprodukt".

[250] Hierzu *Eisenhardt*, Gesellschaftsrecht, § 2 Rn. 16; *Schäfer*, Gesellschaftsrecht, § 34 Rn. 1. Zum klassischen Streitstand zwischen Organ- und Vertretertheorie ausführlich *K. Schmidt*, Gesellschaftsrecht, § 10 I 2 m. zahlr. Nachw.

[251] Relevant werden hierbei insbesondere Normen des GmbHG, des AktG sowie des HGB.

[252] Vgl. *Gribbohm*, ZGR 1990, 1, 20; ebenso – wenn auch im Ergebnis ablehnend – *Hohn*, in: FS Samson, S. 315, 328 f.

[253] Ähnlich auch *Gribbohm*, ZGR 1990, 1, 23.

[254] Ausführlich hierzu etwa die Monographie von *Birkholz*, Untreuestrafbarkeit als strafrechtlicher „Preis" der beschränkten Haftung, 1998, *passim*. Ferner *Wiedemann*, in: FS Hüffer, S. 1091, 1100 f., der die für juristische Personen charakteristische Kombination aus Vermögenstrennung und Haftungsbeschränkung als „*proprium* des Rechtsinstituts", also als eine wesentliche Eigentümlichkeit, bezeichnet.

[255] Siehe dazu oben Kap. 1 C.

hieraus resultierenden, auf natürliche Personen zugeschnittenen Normgestaltung des § 283d StGB ändert im übrigen auch das Instrument der Merkmalsüberwälzung nach § 14 StGB[256] vor allem auf die organschaftlichen Vertreter nichts, da im Zuge dieser im Ergebnis lediglich fingiert wird, dass die Organe der juristischen Person (die selbst „Schuldner" im Sinne des Sonderdelikts ist[257]) überhaupt für diese in strafrechtlich relevanter Weise handeln – für die Bestimmung der im Rahmen jener Handlung konstitutiven Einwilligung bleibt sie jedoch ohne Bedeutung.[258]

Würde die Rolle des Insolvenzschuldners im Rahmen des § 283d StGB also stets von Einzelkaufleuten als natürlichen Personen bekleidet, stünde einer Einordnung des Einwilligungsmerkmals in § 283d Abs. 1 Var. 1 StGB als Einverständnis im Sinne der traditionellen Dogmatik nichts entgegen. Da dies jedoch offenkundig nicht der Fall ist,[259] muss der Natur der Kapitalgesellschaft als einer durch zahlreiche Vorschriften konditionierten Kunstschöpfung der Rechtsordnung sowie dem normhistorischen Ursprung der noch nicht auf juristische Personen als Regelungssubjekte ausgelegten Insolvenzstraftaten nach §§ 283 ff. StGB Rechnung getragen werden. Hierzu reicht ein sich in beliebiger Weise äußernder, bloß natürlicher Zustimmungswille des Insolvenzschuldners zur entsprechenden vermögensbeeinträchtigenden Maßnahme für die tatbestandlich geforderte Einwilligung im Sinne des § 283d Abs. 1 Var. 1 StGB nicht aus.

Anhand eines einfachen Beispielfalles lässt sich veranschaulichen, zu welchen zweifelhaften Ergebnissen eine solche rein faktische Betrachtungsweise, wie sie die vorherrschende Auffassung anwenden will, führen kann:

> G ist Geschäftsführer der X GmbH und lässt seinen minderjährigen Sohn S während einer Besprechung außer Haus unbeaufsichtigt in seinem Büro zurück. F, der beste Freund von G, hatte aus sicherer Quelle erfahren, dass sich die X GmbH in massiven finanziellen Schwierigkeiten befindet und alsbald zahlungsunfähig werden wird. Um G einen wirtschaftlichen Neuanfang zu ermöglichen, begibt sich

---

[256] Vgl. hierzu – im spezifischen Kontext der Bankrottdelikte – jüngst BGH, Beschl. v. 15. September 2011, 3 StR 118/11, Rn. 14 = NZG 2011, 1311, 1312 f.; ferner *Bosch*, in: Satzger/Schmitt/Widmaier, StGB, Vor §§ 283 ff. Rn. 5 ff.; *Neurath*, in: Heybrock, GmbH-Recht, § 283 StGB Rn. 38; *Reinhart*, in: Graf/Jäger/Wittig, Vor §§ 283 ff. StGB Rn. 12 ff. Allgemein zu Normgenese, rechtspolitischen Hintergründen und Voraussetzungen der Merkmalsüberwälzung nach § 14 StGB ausführlich *Schünemann*, in: LK-StGB, § 14 Rn. 1 ff. m. zahlr. Nachw.
[257] Dazu *Reinhart*, in: Graf/Jäger/Wittig, Vor §§ 283 ff. StGB Rn. 11.
[258] Vgl. *Brand/Sperling*, ZStW 121 (2009), 281, 295 f.
[259] Zu den entsprechenden empirischen Daten oben unter Kap. 1 D.

F ohne Wissen des G in dessen unverschlossenes Büro. F will den darin befindlichen Firmencomputer des G, auf dem wertvolles Know-how gespeichert ist, an sich nehmen und aufbewahren, bis „Gras über die ganze Sache gewachsen" ist. Unverhofft trifft F sodann auf S, der nach wie vor im Büro des G spielt. F lässt S wissen, dass sein Vater ihn darum gebeten habe, den Computer abzuholen. S stimmt nickend zu und widmet sich wieder seinem Spielzeug. F nimmt den Computer daraufhin an sich, verlässt das Büro und deponiert ihn wie geplant bei sich. Am Tag darauf beantragt G für die X GmbH die Eröffnung des Insolvenzverfahrens; das Verfahren wird kurze Zeit später eröffnet.

Strafbarkeit des F wegen Schuldnerbegünstigung gemäß § 283d Abs. 1 Var. 1 StGB?

Ließe man an dieser Stelle nun jedweden zustimmenden Willen bei gleichzeitigem Bestehen einer faktischen Zugriffsmöglichkeit auf den zu verschiebenden Vermögensgegenstand genügen, wäre im vorliegenden Fall die konsentierende Willensäußerung des minderjährigen S ausreichend, um eine Strafbarkeit des F wegen Schuldnerbegünstigung nach § 283d Abs. 1 Var. 1 StGB zu begründen, da alle übrigen Strafbarkeitsvoraussetzungen gegeben sind und insbesondere die Täuschung gegenüber S dessen Einverständnis unberührt lässt. Mit Blick auf die Stellung des S leuchtet es unmittelbar ein, dass dieses geradezu abstruse Ergebnis so nicht richtig sein. Es wird hierdurch ferner deutlich, dass auch die herrschende Auffassung im Wege ihrer vorgeblich rein faktischen Bestimmung des Einwilligungsmerkmals nicht umhin kommt, zumindest Anforderungen daran zu formulieren, wer die Zustimmung im Sinne des § 283d Abs. 1 Var. 1 StGB äußern kann. Werden dann zusätzlich noch – wenn auch nur vage – Bedingungen an das Vorliegen dieser schuldnerischen Einwilligung gestellt,[260] kann von einer rein faktischen Bestimmung des Einwilligungsmerkmals nach § 283d Abs. 1 Var. 1 StGB genau genommen ohnehin keine Rede mehr sein, da eine Prüfung solcher Wirksamkeitsvoraussetzungen insoweit bereits erkennbar akzessorische Tendenzen aufweist.

Angesichts dieser untragbaren Ergebnisse, zu denen eine Bestimmung des Merkmals der schuldnerischen Einwilligung gemäß § 283d Abs. 1 Var. 1 StGB allein anhand eines natürlichen zustimmenden Willens führen kann, hat eine Ein-

---

[260] So etwa *Heine*, in: Schönke/Schröder, StGB, § 283d Rn. 3, der feststellt, dass die Einwilligung durch ein vertretungsberechtigtes Organ oder einen gesetzlichen Vertreter des Schuldners nur „im Rahmen des rechtlich Zulässigen maßgebend" ist.

ordnung derselben als Einverständnis im Sinne der traditionellen Dogmatik folglich auszuscheiden.[261]

IV. Zweite mögliche Lesart: Einwilligung

Zweite mögliche Deutungsoption ist die Betrachtung der schuldnerischen Einwilligung nach § 283d Abs. 1 Var. 1 StGB als *Einwilligung* im oben genannten Sinne.[262] Diese Sichtweise hätte maßgebliche Auswirkungen auf die Voraussetzungen einer solchen Zustimmung durch den Insolvenzschuldner: Zum einen stehen etwaige Willensmängel ihrer Wirksamkeit – anders als beim zuvor genannten Einverständnis[263] – in weitem Umfang entgegen.[264] Zum anderen – und dies ist im vorliegenden Zusammenhang entscheidend – stellt sich bei einer solchen, nicht bloß rein faktischen, sondern vielmehr von einer Vielzahl an rechtlichen Bedingungen abhängigen Bestimmung der Einwilligung zugleich auch die Frage nach deren konkreten Wirksamkeitsvoraussetzungen und damit letztlich nach Inhaberschaft und allgemeinen Schranken der Einwilligungskompetenz von Anteilseignern juristischer Personen.

Im Folgenden sollen die in diesem Zusammenhang denkbaren Argumentationslinien aufgezeigt und nach möglichen Determinanten der schuldnerischen Einwilligung im Rahmen des § 283d Abs. 1 Var. 1 StGB gesucht werden, wobei sich – wie noch zu zeigen sein wird – insbesondere der vergleichende Blick auf das parallele Problemfeld im Kontext des Untreuetatbestandes gemäß § 266 StGB als hilfreich erweisen wird.

1. Übertragbarkeit der Ansätze zur Reichweite der Einwilligungskompetenz im Kontext der Untreue auf die Schuldnerbegünstigung

Gemeinhin wird die Diskussion hinsichtlich Umfang und Grenzen der Einwilligungskompetenz von Anteilseignern juristischer Personen gegenüber „ihrer" Gesellschaft im Rahmen des Untreuetatbestandes gemäß § 266 StGB geführt.[265] Es

---

[261] So im Ergebnis auch *Brand/Sperling*, ZStW 121 (2009), 281, 293, 302, die nach den „Anforderungen" an eine solche „Einwilligung der GmbH" fragen.
[262] Zur Differenzierung zwischen Einverständnis und Einwilligung auf Basis der herrschenden Dogmatik oben Kap. 3 B. II.
[263] Dazu unter Kap. 3 B. III.
[264] Vgl. *Rönnau*, in: LK-StGB, Vor § 32 Rn. 198 ff.; *Rosenau*, in: Satzger/Schmitt/Widmaier, StGB, Vor §§ 32 ff. Rn. 40 – jew. m. zahlr. Nachw.
[265] Siehe dazu ausführlich *Radtke/Hoffmann*, GA 2008, 535 ff. m. w. N.

liegt daher nahe, die dort vorgebrachten Ansätze auch im Rahmen der Bestimmung des Merkmals der schuldnerischen Einwilligung nach § 283d Abs. 1 Var. 1 StGB fruchtbar zu machen. Allein stellt sich die Frage, ob sich eine solche Parallele zwischen den beiden Tatbeständen ziehen lässt.

Prima facie scheinen die Tatbestände der Untreue gemäß § 266 StGB sowie der Schuldnerbegünstigung nach § 283d Abs. 1 Var. 1 StGB hinsichtlich ihrer jeweiligen Deliktsstruktur wenig gemein zu haben: Während das Vermögen tatbestandliches Rechtsgut der Untreue ist, bezweckt die Schuldnerbegünstigung den Schutz der Befriedigungsinteressen der Gläubigergesamtheit.

Bei genauerer Betrachtung ergibt sich indes aufgrund der besonderen Normstruktur[266] des Tatbestandes der Schuldnerbegünstigung gemäß § 283d Abs. 1 Var. 1 StGB ein anderes Bild: Zwar sind die Befriedigungsinteressen der Gläubiger unbestritten tatbestandlich geschütztes Rechtsgut. Das Tatbestandsmerkmal der schuldnerischen Einwilligung jedoch bezieht sich auf das Vermögen des Schuldners und somit auf ein vom tatbestandlichen Rechtsgut abzugrenzendes Objekt: Der Insolvenzschuldner erklärt die im Rahmen des § 283d Abs. 1 Var. 1 StGB erforderliche Einwilligung gerade nicht – wie sonst üblich – in Bezug auf das tatbestandlich geschützte Rechtsgut, sondern auf sein Vermögen. Erst die konsentierte Beeinträchtigung dieses Vermögens führt in der Folge zur Gefährdung der Befriedigungsinteressen der Gläubigerschaft im Sinne des durch § 283d StGB geschützten Gutes.

Aufgrund dieses gemeinsamen Anknüpfungspunktes „Vermögen" stellen sich hinsichtlich der schuldnerischen Einwilligung im Rahmen des § 283d Abs. 1 Var. 1 StGB beim Vorliegen einer juristischen Person als rechtlich verselbstständigter Vermögensträgerin exakt dieselben Grundsatzfragen, wie sie im Kontext der Untreue gemäß § 266 StGB auftreten; dass beide Tatbestände dabei den Schutz unterschiedlicher Rechtsgüter bezwecken, ändert hieran nichts. Die spezifische Betrachtung des Einwilligungsmerkmals in § 283d Abs. 1 Var. 1 StGB sieht sich folglich denselben Problemfeldern gegenüber, wie sie im Zusammenhang des Untreuetatbestandes bekannt sind.

Übereinstimmender dogmatischer *nucleus* der Problematik – und damit gleichzeitig gemeinsamer Anknüpfungspunkt für den entsprechenden Vergleich – sind somit die Aspekte der Inhaberschaft und Reichweite der Einwilligungskompetenz von Gesellschaftern einer juristischen Person; es stellt sich jeweils die allgemeine Frage nach dem „Ob" und dem „Wie" der gesellschaftsrechtlichen Determination des

---

[266] Hierzu unter Kap. 3 A. I.

Tatbestandes: Für die Untreue gemäß § 266 StGB ist hierbei anerkannt, dass einer die Pflichtwidrigkeit ausschließenden Zustimmung des Geschäftsherrn insoweit normative Bedeutung zukommt und dieses somit denjenigen Voraussetzungen zu genügen hat, nach denen sich – traditioneller Dogmatik folgend – die Wirksamkeit einer Einwilligung bemisst,[267] womit sie, im Gegensatz zum rein faktisch bestimmten Einverständnis, insbesondere rechtlichen Determinanten unterworfen ist.

Für das Merkmal der Einwilligung des Insolvenzschuldners im Sinne von § 283d Abs. 1 Var. 1 StGB gilt hierbei nichts anderes: Wie soeben festgestellt, muss die rein faktische Bestimmung Merkmals der schuldnerischen Einwilligung auch im Rahmen des Tatbestandes der Schuldnerbegünstigung ausscheiden, da eine solche dem Wesen der juristischen Person als Kunstschöpfung der Rechtsordnung widerspricht sowie der spezifischen Gesetzesgenese der Insolvenzstraftaten nach den §§ 283 ff. StGB nicht hinreichend Rechnung trägt.[268] Der Boden für den vergleichenden Blick auf die Untreue hinsichtlich der Anforderungen an das Einwilligungsmerkmal des § 283d Abs. 1 Var. 1 StGB ist damit bereitet.

An einer entsprechenden Parallelität zweifeln lassen könnte allenfalls noch ein Blick auf die tatbestandlichen Verwirklichungsvoraussetzungen beider Normen: Während im Fall der Untreue gemäß § 266 StGB in entsprechenden Sachverhaltskonstellationen stets eine Schädigung der Gesellschaft durch die Anteilseigner vorzuliegen hat, ist dies bei der Schuldnerbegünstigung nach § 283d StGB, bei der die durch ihre Organe zustimmende Gesellschaft als Insolvenzschuldnerin tatbestandlich Begünstigte sein soll, gerade nicht der Fall. Bei genauerer Betrachtung wird indes rasch deutlich, dass hierin letztlich kein wesensmäßiger Unterschied zwischen beiden Tatbeständen liegt: Da die mögliche Begünstigung im Rahmen des § 283d StGB lediglich vom Handelnden beabsichtigt sein muss und somit ein rein subjektives Merkmal darstellt,[269] kommt es auf deren tatsächlichen Eintritt überhaupt nicht an. Des Weiteren kann für die Beurteilung der zustimmenden Willensäußerung seitens (der Organe) des Vermögensinhabers überdies allein der Zeitpunkt der entsprechenden Weggabehandlung von Bedeutung sein, sodass etwaige Rückflüsse in das schuldnerische Vermögen ohnehin unbeachtlich sind. Auch die unterschiedlichen Voraussetzungen der Tatbestandsverwirklichung ste-

---

[267] Siehe *Fischer*, StGB, § 266 Rn. 92; *Saliger*, in: Satzger/Schmitt/Widmaier, StGB, § 266 Rn. 46; *Schmid*, in: Müller-Gugenberger/Bieneck, § 31 Rn. 79 ff.; *Schramm*, Untreue und Konsens, S. 47; *Seier*, in: Achenbach/Ransiek, Teil 5 Kap. 2 Rn. 90; *Wittig*, in: von Heintschel-Heinegg, StGB, § 266 Rn. 21; *dies.*, Wirtschaftsstrafrecht, § 20 Rn. 61; ferner ausführlich *Beulke*, in: FS Eisenberg, S. 245, 256 sowie *Weber*, in: FS Seebode, S. 437, 441.
[268] Siehe oben unter Kap. 3 B. III.
[269] Dazu bereits oben Kap. 2 C. mit Fn. 183.

hen einem vergleichenden Blick auf den Untreuetatbestand gemäß § 266 StGB bei der Bestimmung der Wirksamkeit der schuldnerischen Einwilligung im Rahmen des § 283d Abs. 1 Var. 1 StGB somit nicht entgegen. Die zentrale dogmatische Fragestellung nach Umfang und Grenzen der gesellschaftsrechtsakzessorischen Bestimmung der Einwilligungskompetenz von Gesellschaftern juristischer Personen stellt sich im Rahmen der Untreue gemäß § 266 StGB wie bei der schuldnerischen Einwilligung des § 283d Abs. 1 Var. 1 StGB in identischer Weise. Die dort vertretenen Ansätze sind – wie bereits *Brand/Sperling* zutreffend ausgeführt haben – dementsprechend auf die entsprechende Problemkonstellation im Kontext der Schuldnerbegünstigung übertragbar.[270] Im Folgenden soll daher versucht werden, aus den zur parallelen Thematik im Kontext des Untreuetatbestandes vertretenen Argumentationstopoi Erkenntnisse für die Suche nach den Wirksamkeitsvoraussetzungen der Einwilligung des Insolvenzschuldners im Sinne des § 283d Abs. 1 Var. 1 StGB zu gewinnen.

2. Die Gesellschafter als „wirtschaftliche Eigentümer" der Gesellschaft

a) Darstellung der Ansicht

Eine Auffassung setzt auf Ebene des einwilligenden Vermögensträgers an und will die hinter einer Gesellschaft stehenden Gesellschafter als deren „wirtschaftliche Eigentümer" betrachten. Folgte man dieser Sichtweise, bestünde Identität zwischen den Gesellschafter- und den Gesellschaftsinteressen; diese könnten damit letztlich nie divergieren. Bekannt ist dieses Argumentationsmuster aus dem Kontext der so genannten „GmbH-Untreue", wo unter dem Schlagwort der *strengen Gesellschaftertheorie*[271] für eine wirtschaftliche Betrachtung der Gesellschafter als wahre Inhaber des Gesellschaftsvermögens eingetreten und die entsprechende Vermögensverfügung als bloße Selbstschädigung angesehen wird.[272] Auf den Tatbe-

---

[270] Siehe *Brand/Sperling*, ZStW 121 (2009), 281, 298 f.
[271] Diese auf *Schünemann*, in: LK-StGB, § 266 Rn. 125 zurückzuführende Nomenklatur hat sich im Rahmen der Untreuediskussion mittlerweile etabliert und wird daher auch hier übernommen.
[272] Vertreten wird diese im Rahmen der parallelen Diskussion um den Untreuetatbestand etwa von *Arloth*, NStZ 1990, 570, 574; *Bräunig*, Untreue, S. 215 ff., 224; *Corsten*, Einwilligung, S. 86 ff., 94; *Fischer*, StGB, § 266 Rn. 99; *Hoyer*, in: SK-StGB, § 266 Rn. 73; *Kasiske*, wistra 2005, 81, 85; *Kubiciel*, NStZ 2005, 353, 359; *Labsch*, JuS 1985, 602, 604; *ders.*, wistra 1985, 1, 7; *Lichtenwimmer*, Untreueschutz, S. 187 ff., 291; *Nelles*, Untreue, S. 483 ff., 512 ff.; *Perron*, in: Schönke/Schröder, StGB, § 266 Rn. 21b; *Reiß*, wistra 1989, 83, 84; *Rönnau*, in: FS Amelung, S. 247, 250, 264, 268.

stand des § 283d Abs. 1 StGB übertragen[273] hätte diese Betrachtungsweise insbesondere zur Folge, dass die Einwilligungskompetenz der Gesellschafter in Vermögensverfügungen der juristischen Person keinerlei Grenzen und somit insbesondere nicht den Einschränkungen durch gesellschaftsrechtliche Kapitalerhaltungsregelungen wie etwa die §§ 30 Abs. 1 GmbHG, 57 Abs. 1 AktG oder den von der Rechtsprechung entwickelten Grundsätzen zur Existenzgefährdung[274] unterläge.[275]

Legt man diese Auffassung im Rahmen der Bestimmung der schuldnerischen Einwilligung nach § 283d Abs. 1 Var. 1 StGB zu Grunde, wären die Gesellschafter einer Kapitalgesellschaft bei ihrer organschaftlich erteilten Einwilligung folglich keinerlei gesellschaftsrechtlichen Beschränkungen unterworfen, die – auch nur mittelbar – dem Gläubigerschutz dienen.

b) Kritische Stellungnahme

Die im Zusammenhang mit der GmbH-Untreue als *strenge Gesellschaftertheorie* diskutierte Auffassung zur Frage der Reichweite der Einwilligungskompetenz von Gesellschaftern gegenüber „ihrer" Gesellschaft als juristischer Person gründet letztlich auf der Überlegung, dass die Untreue gemäß § 266 StGB als Vermögensdelikt nicht durch Aufladung mit zivilrechtlichen Kapitalerhaltungsvorschriften in eine gläubigerschützende Norm verkehrt und somit eine Rechtsgutsvertauschung betrieben werden darf.[276] Zur Begründung wird maßgeblich auf die wirtschaftliche Realität abgestellt, in der – für den Fall der GmbH – die Gesellschafter *de facto* als wahre Inhaber des Gesellschaftsvermögens erscheinen.[277]

---

[273] Dieser Parallele steht insbesondere nicht entgegen, dass die Vermögensverschiebung im Rahmen des § 283d StGB gerade mit Absicht der Begünstigung des Schuldners (also der durch ihre Organe zustimmenden Kapitalgesellschaft selbst) – und somit gegebenenfalls letztlich zu deren Gunsten – erfolgt: Zum einen ist die Absicht lediglich Merkmal der subjektiven Tatseite, sodass die erstrebte Begünstigung *realiter* nie eintreten muss. Zum anderen kann es für die Beurteilung der Einwilligung allein auf den Zeitpunkt und Akt der Vermögensweggabe ankommen, sodass ein etwaiger Rückfluss des Vermögensgegenstandes unbeachtlich ist.

[274] Vgl. *Raum*, in: Wabnitz/Janovsky, Kap. 4 Rn. 81 ff.; *Seier*, in: Achenbach/Ransiek, Teil 5 Kap. 2 Rn. 319 ff. m. zahlr. Nachw.

[275] So etwa *Perron*, in: Schönke/Schröder, StGB, § 266 Rn. 21b; *Schramm*, Untreue und Konsens, S. 124 f.

[276] Zur Gefahr einer drohenden Schutzzweckverfehlung im Rahmen des Untreuetatbestandes prägnant *Rönnau*, in: FS Amelung, S. 247, 260 f. sowie – im Kontext von Verstößen gegen Korruptionsdelikte als Einwilligungsschranken – *ders.*, in: FS Tiedemann, S. 713, 718 f.; *ders.*, ZStW 119 (2007), 887, 923 ff. – jew. m. w. N.

[277] *Fischer*, StGB, § 266 Rn. 99; *Perron*, in: Schönke/Schröder, StGB, § 266 Rn. 21b; *Rönnau*, in: FS Amelung, S. 247, 260 f.

Unabhängig davon, wie man diese Auffassung und die mit ihr einhergehende uneingeschränkte Einwilligungskompetenz von Gesellschaftern gegenüber der juristischen Person im Kontext des Untreuetatbestandes bewertet,[278] ergibt sich für die Betrachtung der parallel gelagerten Frage bei der Einwilligungsvariante des § 283d StGB ein entscheidender Unterschied: Geschütztes Rechtsgut der Schuldnerbegünstigung ist nicht wie bei der Untreue nach § 266 StGB das (Gesellschafts-)Vermögen, sondern ausschließlich die Befriedigungsinteressen der Gläubigergesamtheit.[279]

Was im Rahmen der Untreuediskussion also zentrales und durchaus stichhaltiges Argument der Befürworter einer *strengen Gesellschaftertheorie* ist, hieße bei der Schuldnerbegünstigung offene Türen einzurennen – eine Rechtsgutsvertauschung ist hier nämlich gerade nicht zu befürchten. Der Grund hierfür liegt in der aufgezeigten zweidimensionalen Tatbestandsstruktur des § 283d Abs. 1 Var. 1 StGB, im Rahmen derer neben das tatbestandliche Rechtsgut der Gläubigerinteressen das schuldnerische Vermögen tritt, auf das sich das Einwilligungsmerkmal bezieht.[280] Vieles spricht daher dafür, dass die Betrachtung von Gesellschaftern als wirtschaftliche Eigentümer einer juristischen Person und die damit einhergehende Unbeschränkbarkeit ihrer Einwilligungskompetenz jedenfalls für die Einwilligungsvariante des gläubigerschützenden Tatbestandes nach § 283d StGB auszuscheiden hat.

3. Strafrechtsautonome Betrachtungsweisen

Eine weitere Möglichkeit, das Merkmal der Einwilligung gemäß § 283d Abs. 1 Var. 1 StGB zu bestimmen, besteht darin, dieses strafrechtsautonom – also punktuell in einer für strafrechtliche Normen spezifischen Weise – auszulegen. Zwar hat diese Sichtweise mit einer rein faktischen Betrachtung[281] gemein, dass vorgelagerte Rechtsvorschriften – insbesondere die zivilrechtliche Zuordnung der Vermögensinhaberschaft – für die strafrechtliche Handlungsbewertung außer Acht

---

[278] Ein knapper Überblick über den derzeitigen Streitstand zwischen den beiden wesentlichen Gegenpositionen der *strengen* und *eingeschränkten Gesellschaftertheorie* findet sich bei *Bräunig*, Untreue, S. 215 ff.; *Corsten*, Einwilligung, S. 86 ff., *Kindhäuser*, in: NK-StGB, § 266 Rn. 68 ff., *Rönnau*, in: FS Amelung, S. 247, 249 f., *Wittig*, Wirtschaftsstrafrecht, § 20 Rn. 65 ff. sowie *Werner*, CCZ 2011, 201, 203 f. – jew. m. zahlr. Nachw.
[279] Siehe oben unter Kap. 2 A. I.
[280] Zum zweidimensionalen Charakter der Tatbestandsvariante nach § 283d Abs. 1 Var. 1 StGB – insbesondere im Gegensatz zur lediglich eindimensionalen Begehungsmodalität gemäß § 283d Abs. 1 Var. 2 StGB – unter Kap. 3 A. I. und II.
[281] Vgl. dazu oben Kap. 3 B. III.

gelassen werden und somit letztlich keine Rolle spielen. Gleichwohl ändert dies nichts daran, dass die strafrechtsautonome Auslegung durch das punktuelle Außerkraftsetzen der (Zivilrechts-)Akzessorietät von Strafrechtssätzen Modifikationen in rechtlicher Hinsicht vornimmt, die sich wesensmäßig von einer von vornherein rein faktischen Betrachtungsweise unterscheiden und damit an dieser Stelle eine Behandlung unter dem Begriff der Einwilligung im Sinne der traditionellen Dogmatik rechtfertigen.

Eine solche strafrechtsautonome Bestimmung kann hierbei auf zweierlei Ebenen erfolgen: entweder auf vorgelagerter Ebene der Zuordnung der Vermögensinhaberschaft als Bezugsobjekt der Einwilligung gemäß § 283d Abs. 1 Var. 1 StGB (dazu unter a)) oder aber auf Ebene der Einwilligung nach § 283d Abs. 1 Var. 1 StGB selbst (dazu unter b)).

a) Ebene der Vermögensinhaberschaft

Eine strafrechtsautonome Betrachtung vor dem Hintergrund des in Rede stehenden Merkmals der schuldnerischen Einwilligung gemäß § 283d Abs. 1 Var. 1 StGB kann zunächst dergestalt erfolgen, dass diese bereits am Bezugsobjekt der Einwilligung – dem Vermögen des Insolvenzschuldners – ansetzt. Indem sie das von der *strengen Gesellschaftertheorie* her bekannte Argument der Gesellschafter als „wahre Inhaber" des Gesellschaftsvermögens gewissermaßen fortentwickelt und zuspitzt, will *Nelles* die zivilrechtliche Eigentumszuordnung hinsichtlich des Vermögens der Kapitalgesellschaft als juristischer Person auf dem Gebiet des Strafrechts punktuell für unbeachtlich erklären: Die Gesamtheit der Gesellschafter soll demnach aus strafrechtlicher Warte betrachtet als Inhaber des geschützten Vermögens gelten.[282] Verbunden mit der entsprechenden Dispositionsbefugnis würde damit insbesondere deren uneingeschränkte Einwilligungskompetenz in etwaige Verfügungen einhergehen. Diese Derogation der zivilrechtlichen Vermögenszuordnung hätte als strafrechtsautonome Betrachtung unmittelbaren Einfluss auf die schuldnerische Einwilligung gemäß § 283d Abs. 1 Var. 1 StGB, welche dann von den Gesellschaftern als Vermögensinhabern ohne jede Rücksicht auf etwaige die Gesellschaftsinteressen schützende Vorschriften erteilt werden könnte.

---

[282] So *Nelles*, Untreue, S. 479 ff., 492, 546; krit. dazu *Brammsen*, DB 1989, 1609, 1610; *Kaufmann*, Organuntreue, S. 61 f.; *Radtke*, GmbHR 1998, 311, 314 f.; *Ransiek*, in: FS Kohlmann, S. 207, 213 f. Im Fahrwasser von *Nelles* aus jüngerer Zeit jedoch *Bauer*, Cash-Pooling, S. 106 f.

b) Ebene der Einwilligung

Ferner kann eine strafrechtsautonome Betrachtungsweise auch auf Ebene der schuldnerischen Einwilligung gemäß § 283d Abs. 1 Var. 1 StGB als solcher ansetzen. Insbesondere *Hohn* stellt generell in Frage, ob „*Beachtlichkeit und Grenzen eines durch die Anteilseigner einer Kapitalgesellschaft gegebenen Einverständnisses*" überhaupt davon abhängig gemacht werden können, „*wie Kapitalbindung und Kompetenzverteilung im jeweiligen Verfassungsgesetz ausgestaltet sind*".[283]

Zwar wird damit – im Unterschied zur zuvor dargestellten Auffassung von *Nelles* – die zivilrechtlich abschließend vorgegebene Zuordnung des Gesellschaftsvermögens zur Kapitalgesellschaft auch auf dem Gebiet des Strafrechts grundsätzlich anerkannt. Den jeweils einschlägigen Kapitalerhaltungs- und Kompetenzregelungen – also insbesondere denjenigen des GmbHG sowie des AktG – wird jedoch die Tauglichkeit zur Bestimmung der Reichweite der Dispositionsbefugnis der Anteilseigner in Gestalt ihrer Einwilligungskompetenz *in toto* abgesprochen. Vielmehr sollen diese nur „*Grenzen des erlaubten Risikos*" darstellen, „*in das ein Fremder die Rechtsgüter der Gesellschaft noch bringen darf*".[284]

Im Ergebnis kommt dies einer originär strafrechtsautonomen Bestimmung der Einwilligung als solcher gleich, welche gänzlich unabhängig von entsprechenden gesellschaftsrechtlichen Vorschriften über die Kapitalerhaltung und der innergesellschaftlichen Kompetenzverteilung zu erfolgen hat.[285]

c) Kritische Stellungnahme

Beide Spielarten einer strafrechtsautonomen Bestimmung der Gesellschaftereinwilligung haben zunächst den Charme einer von den vermeintlichen Fesseln vorgelagerter Rechtsgebiete befreiten Betrachtung der Einwilligung, welche ihre Wirkungen als Instrument der Willensbetätigung schließlich gerade auf dem Gebiet des Strafrechts zeitigt. Gemeinsamer gedanklicher Kern der Vertreter dieser Meinungsströmung ist im Ergebnis eine weitgehende Losgelöstheit des Strafrechts als eines Rechtsgebiets mit eigener Systemvernunft[286] oder, wie einst *Bruns* zugespitzt gefordert hat, „*die Befreiung des Strafrechts vom zivilistischen Denken*"[287].

---

[283] Siehe *Hohn*, in: FS Samson, S. 315, 326.
[284] *Hohn*, in: FS Samson, S. 315, 332.
[285] So auch das ausdrückliche Fazit bei *Hohn*, in: FS Samson, S. 315, 337.
[286] Hierzu *Hassemer*, wistra 2009, 169, 171; ähnlich ferner *Helmrich/Eidam*, ZIP 2011, 257, 260.
[287] So *Bruns*, Befreiung des Strafrechts, S. 107.

Gleichwohl begegnen beide Ansätze einer isoliert strafrechtlichen Bestimmung des Merkmals der schuldnerischen Einwilligung bei genauerer Betrachtung im Ergebnis durchgreifenden Bedenken:

Der von *Nelles*[288] vertretenen Auffassung zu folgen hieße, im Ergebnis die durch die Zivilrechtsordnung vorgesehene Verselbstständigung der Kapitalgesellschaft als juristische Person mit eigener Rechtspersönlichkeit in Frage zu stellen.[289] Indem sie die zivilrechtliche Grundentscheidung, nach der die juristische Person selbst Trägerin ihrer Rechte und Pflichten und somit eben auch ihres Vermögens ist (sog. Trennungsprinzip[290]),[291] punktuell für die strafrechtliche Betrachtung außer Kraft setzen will, beraubt sie diese letztlich ihrer rechtlichen Selbstständigkeit auf strafrechtlichem Terrain.[292] Ein solches Vorgehen verkennt grundlegend, dass die rechtliche Verselbstständigung der juristischen Person nach dem Willen des Gesetzes gerade mit der damit verbundenen Haftungsbeschränkung auf das Gesellschaftsvermögen einhergeht – kurz: Die gesellschaftsrechtlichen Grundsätze der Vermögenstrennung und Kapitalerhaltung sind das notwendige und zwingende Pendant zur für die Kapitalgesellschaft charakteristischen Haftungsbegrenzung zu Gunsten der Anteilseigner,[293] welches auch das Strafrecht anzuerkennen hat.[294]

Dass dem Strafrecht diese Anerkennung dabei von Gesetzes wegen durchaus nicht fremd ist, zeigt sich bereits dadurch, dass es jene Selbstständigkeit des rechtlichen Gebildes „juristische Person" im Rahmen der Merkmalsüberwälzung nach

---

[288] Siehe oben unter Kap. 3 B. IV. 3. a).
[289] Für die GmbH bzw. die haftungsbeschränkte Unternehmergesellschaft ergibt sich diese aus § 13 Abs. 1 GmbHG, für die Aktiengesellschaft aus § 1 Abs. 1 AktG, für die SE aus Art. 1 Abs. 3 SE-VO sowie für die KGaA aus § 278 Abs. 1 AktG.
[290] Siehe dazu nur *Lutter*, in: Lutter/Hommelhoff, GmbHG, § 13 Rn. 5 f.; *Raiser*, in: Ulmer/Habersack/Winter, GmbHG, § 13 Rn. 51; *Niggemann*, Gläubigerschutzsystem, S. 45; ferner ausführlich *Wiedemann*, in: FS Hüffer, S. 1091, 1097 ff. m. zahlr. Nachw.
[291] So wurde die Vermögensinhaberschaft der Gesellschaft als solcher bereits durch RGSt 42, 278, 280 anerkannt. Siehe auch *Radtke/Hoffmann*, GA 2008, 535, 537: „[...] die Frage der Vermögenszuordnung des Gesellschaftsvermögens zu der Gesellschaft selbst jedenfalls für die strafgerichtliche Praxis in Richtung auf die Vermögensinhaberschaft der Gesellschaft als geklärt gelten kann [...]".
[292] Siehe *Brand*, Untreue und Bankrott, S. 74 f.; *ders./Sperling*, ZStW 121 (2009), 281, 291; *Busch*, Konzernuntreue, S. 18 f.; *Kasiske*, JR 2011, 235, 238; *Kaufmann*, Organuntreue, S. 52 f.; *Kohlmann*, in: FS Werner, S. 387, 397; *Ransiek*, ZStW 116 (2004), 634, 673; *ders.*, wistra 2005, 121, 124; *Ulmer*, in: FS Pfeiffer, S. 853, 860 f.
[293] Ebenso *Radtke*, GmbHR 1998, 361, 367; ähnlich auch *Schäfer*, GmbHR 1992, 509, 512.
[294] So auch die gefestigte höchstrichterliche Strafrechtsprechung, vgl. nur RGSt 42, 278, 280; BGHSt 34, 379, 384; 35, 333, 336; BGH, NStZ-RR 2005, 86. Ferner jüngst *Saliger*, in: FS Roxin, S. 1053, 1063. Ähnlich *Schumacher*, Vermögensbetreuungspflichten, S. 108.

§ 14 Abs. 1 Nr. 1 StGB gerade selbst voraussetzt.[295] Bestätigt wird dieser Befund schließlich dadurch, dass im Rahmen der Schuldnerbegünstigung gemäß § 283d StGB eine solche strafrechtsautonome Betrachtung der Vermögenszuordnung zugleich notwendigerweise einen spezifisch strafrechtlichen Begriff des Insolvenzschuldners – als Vermögensträger im Sinne des Tatbestandes – zur Folge hätte; angesichts der Verknüpfung mit dem Insolvenzrecht, welche etwa durch die in § 35 Abs. 1 InsO legaldefinierte Insolvenzmasse als Tatobjekt des § 283d StGB deutlich zum Ausdruck kommt, ist – insoweit *Brand/Sperling* folgend – nicht ersichtlich, weshalb ausgerechnet die Bestimmung des Insolvenzschuldners strafrechtsautonom erfolgen sollte, wenn bereits das Objekt der deliktischen Tat erkennbar (insolvenzrechts-)akzessorisch bestimmt wird.[296]

Auch dem von *Hohn* vertretenen Ansatz einer strafrechtsautonomen Betrachtung, welcher nicht bei der vorgelagerten Frage der Vermögensinhaberschaft, sondern direkt am Instrument der Einwilligung ansetzt, stehen – jedenfalls mit Blick auf den Tatbestand des § 283d StGB – gewichtige Einwände entgegen: Der These *Hohns*, dass „*weder die Kompetenzverteilungs- und die Kapitalerhaltungsregeln des GmbHG noch die des AktG Aussagen über Möglichkeit und Reichweite eines Einverständnisses enthalten*",[297] zuzustimmen hieße in letzter Konsequenz, die Axt an jegliche Gesellschaftsrechtsakzessorietät eines jeden von einer Einwilligung abhängigen Tatbestandes zu legen, und zwar unabhängig davon, ob diese im konkreten Fall strafbarkeitsausschließend (wie etwa beim Entfallen der Pflichtwidrigkeit im Kontext der Untreue nach § 266 StGB) oder strafbarkeitsbegründend (wie bei der Schuldnerbegünstigung nach § 283d StGB) wirkt. Im Rahmen der Untreue gemäß § 266 StGB mag dies aufgrund der divergierenden Schutzrichtungen von tatbestandlich geschütztem Rechtsgut (Vermögen) auf der einen und den gesellschaftsrechtlichen Kapitalerhaltungsvorschriften (Gläubigerschutz) auf der anderen Seite noch hinnehmbar und etwa durch eine gespaltene Betrachtung der straf- und zivilrechtlichen Folgen einer Vermögensschädigung kompensierbar erscheinen.[298]

---

[295] So überzeugend *Kaufmann*, Organuntreue, S. 52; ähnlich auch *Schumacher*, Vermögensbetreuungspflichten, S. 108.
[296] Vgl. *Brand/Sperling*, ZStW 121 (2009), 281, 292.
[297] Siehe *Hohn*, in: FS Samson, S. 315, 332, 337.
[298] So schlägt *Hohn*, in: FS Samson, S. 315, 335 als mögliche Lösung die getrennte Beurteilung der straf- und zivilrechtlichen Folgen der konsentierten Vermögensschädigung dahingehend vor, dass ein Einverständnis allein als Strafunrechtsausschlussgrund im Sinne der Lehre von *H.-L. Günther* (Strafrechtswidrigkeit und Strafunrechtsausschluß, Köln, 1983, S. 103 ff., 394 ff.)

Entfällt diese Divergenz jedoch – wie im Fall der Schuldnerbegünstigung nach § 283d StGB, bei der geschütztes Rechtsgut und Regelungszweck der Kapitalerhaltungsregelungen in Gestalt der Gläubigerinteressen Hand in Hand gehen[299] –, erscheint eine derartige strafrechtsautonome Betrachtungsweise der schuldnerischen Einwilligung insbesondere vor dem Hintergrund des methodischen Grundsatzes der Einheit der Rechtsordnung[300] äußerst fragwürdig:[301] Die vom Zivilgesetzgeber vorgesehene rechtliche Verselbstständigung der Kapitalgesellschaft als juristische Person ist nur um den Preis der Einhaltung entsprechender Sicherungsvorschriften zur Kapitalerhaltung zu bekommen.[302] Diese sehen aber unstreitig gerade keinen von allen rechtlichen Rahmenbedingungen losgelösten Umgang der Anteilseigner mit dem verselbstständigten Gesellschaftsvermögen[303] vor. Insoweit muss sich auch ein außenstehender Dritter – wie der (Straf-)Normadressat des § 283d StGB – darauf verlassen können, dass dasjenige, was im Gesellschaftsrecht gilt, im Grundsatz auf dem Gebiet des Strafrechts ebenfalls entsprechende Geltung beansprucht.[304]

Ferner drohen die dargestellten strafrechtsautonomen Betrachtungsweisen mit dem Prinzip des Strafrechts als *ultima ratio*[305] der Rechtsordnung in Konflikt zu ge-

---

fungiert, während die zivilrechtliche Haftung erhalten und Gläubigerinteressen damit gewahrt bleiben.

[299] Zu den Befriedigungsinteressen der Gläubiger als alleiniges Rechtsgut der Schuldnerbegünstigung gemäß § 283d StGB siehe oben unter Kap. 2 A. I.

[300] Zum methodischen Grundsatz der Einheit der Rechtsordnung als Ausdruck einer „Freiheit der Rechtsordnung von Widersprüchen" ausführlich *Felix*, Einheit der Rechtsordnung, S. 142 ff., 146; ferner *Rönnau*, in: LK-StGB, Vor § 32 Rn. 20 f.; *Samson*, in: VGR 2004, S. 109, 112; *Sternberg-Lieben*, Objektive Schranken, S. 199 ff.; *Stracke*, Übertragbarkeit, S. 394 ff.; *Stratenwerth/Kuhlen*, Strafrecht AT, § 2 Rn. 22; *Tachau*, Strafrecht, S. 152 f.; *Wagner*, Untreue, S. 109 f. Außerdem grundlegend *Engisch*, Einheit der Rechtsordnung, S. 26 ff., 29 f.

[301] *Brammsen*, DB 1989, 1609, 1610; *Brand/Sperling*, ZStW 121 (2009), 281, 292.

[302] Siehe *Radtke*, GmbHR 1998, 361, 361 f.; *ders./Hoffmann*, GA 2008, 535, 545.

[303] Vgl. *Brand/Sperling*, AG 2011, 233, 240; *Gribbohm*, ZGR 1990, 1, 25 m. zahlr. Nachw.

[304] Ebenso *Bräunig*, Untreue, S. 89; *Brammsen/Apel*, WM 2010, 781, 787, jeweils im Kontext der Akzessorietät des Untreuetatbestandes. Der hiermit angesprochene Grundsatz, dass strafrechtlich nicht sanktioniert werden kann, was zivilrechtlich erlaubt ist, kann als allgemein anerkannt gelten (vgl. nur *Brand/Vogt*, wistra 2007, 408, 411; *Kaufmann*, Organuntreue, S. 26, 33 ff.; *Schramm*, Untreue und Konsens, S. 119 f.). Umgekehrt ist damit jedoch ein entsprechender Verstoß gegen Vorschriften des Zivilrechts – immerhin – notwendige, wenn auch für sich genommen noch nicht hinreichende Bedingung für eine strafrechtliche Relevanz des Verhaltens (zu diesem Prinzip der sog. asymmetrischen Akzessorietät siehe *Lüderssen*, in: FS Lampe, S. 727, 729; *Beulke*, in: FS Eisenberg, S. 245, 253; *Dierlamm*, StraFo 2005, 397, 398; *Kraatz*, ZStW 123 [2011], 447, 449 f.). Teilweise wird die Akzessorietät auch abweichend bestimmt, vgl. zum Meinungsbild *Rönnau*, ZGR 2005, 832, 853 f. m. zahlr. Nachw.

[305] Vgl. BVerfGE 39, 1, 47; 57, 250, 270; 73, 206, 253; *Lackner/Kühl*, StGB, Vor §§ 13-21 Rn. 3; *Wagner*, Untreue, S. 111 f., 114.

raten, welches insofern eng mit dem Postulat der Einheit der Rechtsordnung verknüpft ist: Hielte man die gesellschaftsrechtlichen Kapitalerhaltungsvorschriften im Rahmen einer entsprechenden Einwilligung des Vermögensträgers – wie derjenigen des Schuldners nach § 283d Abs. 1 Var. 1 StGB – für irrelevant, würde das Strafrecht *de facto* die Grenzen des Zugriffs der Anteilseigner auf das Gesellschaftsvermögen bestimmen; das Strafrecht würde sich insoweit vom sekundären zum primären Regelungsregime aufschwingen,[306] was angesichts seiner bereits von Verfassungs wegen gebotenen[307] Subsidiarität[308] innerhalb der Gesamtrechtsordnung nicht richtig sein kann.

Die genannten Bedenken müssen schließlich umso schwerer wiegen, als das Vorliegen einer wirksamen Einwilligung des Schuldners im Fall des § 283d Abs. 1 Var. 1 StGB – gleich einem Tatbestandsmerkmal – ausnahmsweise strafbarkeitsbegründend wirkt und somit unmittelbar über Strafbarkeit oder Straflosigkeit (mit-)entscheidet.

Beide Spielarten einer strafrechtsautonomen Bestimmung der schuldnerischen Einwilligung im Rahmen des § 283d Abs. 1 Var. 1 StGB – sowohl auf Ebene der Vermögenszuordnung als auch der Einwilligung als solcher – sind folglich aus den genannten Gründen zurückzuweisen.

4. Gesellschaftsrechtsakzessorische Bestimmung

Nachdem dargelegt wurde, dass im Ergebnis weder eine rein faktische[309] noch eine wirtschaftliche[310] oder strafrechtsautonome[311] Bestimmung der objektiven Wirksamkeitsvoraussetzungen der Einwilligung im Sinne des § 283d Abs. 1 Var. 1 StGB zu überzeugen vermag, soll im Folgenden untersucht werden, inwiefern diese

---

[306] So auch *Birkholz*, Untreuestrafbarkeit, S. 90 f., der dem Gesellschaftsrecht insoweit eine „Einschätzungsprärogative" gegenüber dem Strafrecht zumisst. Ähnlich *Schumacher*, Vermögensbetreuungspflichten, S. 105 f.
[307] Siehe *Appel*, Verfassung und Strafe, S. 414; *Kühl*, in: FS Tiedemann, S. 29, 41 ff. m. zahlr. Nachw.
[308] Vgl. *Baumann/Weber/Mitsch*, Strafrecht AT, § 3 Rn. 19; *Jakobs*, Strafrecht AT, Abschn. 2 Rn. 27; *Kaufmann*, in: FS Henkel, S. 89, 103 f.; *Krey/Esser*, Strafrecht AT, § 1 Rn. 16 ff.; *Michaelsen*, Abweichungen, S. 68 f.; *Roxin*, JA 1980, 545, 547; *Stratenwerth/Kuhlen*, Strafrecht AT, § 2 Rn. 20; *Tachau*, Strafrecht, S. 144 f.; *Wagner*, Untreue, S. 111 f.
[309] Dazu unter Kap. 3 B. II.
[310] Siehe oben Kap. 3 B. IV. 2.
[311] Vgl. hierzu Kap. 3 B. IV. 3.

stattdessen möglicherweise im Wege einer gesellschaftsrechtsakzessorischen[312] Betrachtungsweise geleistet werden kann.

Hierbei soll zunächst die Bedeutung einer solchen Betrachtungsweise vor dem Hintergrund des Grundsatzes der Einheit der Rechtsordnung rekapituliert werden (unter a)). Im Anschluss daran wird zu zeigen sein, dass die gesellschaftsrechtsakzessorische Betrachtungsweise ferner die Funktion eines Willenszurechnungsmechanismus wahrnimmt, welcher aufgrund der rechtlich verselbstständigten Natur juristischer Personen erforderlich wird (unter b)). Schließlich wird der Frage nachzugehen sein, welche Vorschriften als Quellen einer entsprechenden gesellschaftsrechtsakzessorischen Bestimmung des Merkmals der schuldnerischen Einwilligung im Sinne von § 283d Abs. 1 Var. 1 StGB grundsätzlich geeignet erscheinen (unter c)).

a) Gesellschaftsrechtsakzessorietät als Instrument zur Wahrung der Einheit der Rechtsordnung

Die Diskussion um eine akzessorische Auslegung von deliktischen Merkmalen durchzieht das in besonderer Weise auf die Wertungen außerstrafrechtlicher Rechtsgebiete angewiesene Wirtschaftsstrafrecht wie ein roter Faden.[313] Während etwa im Bereich des in höchstem Maße akzessorischen Umweltstrafrechts vor allem Fragen der Abhängigkeit strafrechtlicher Normen von öffentlichrechtlichen Vorschriften und Verwaltungsentscheidungen im Vordergrund stehen,[314] spielen für das praktisch inzwischen wohl bedeutsamste Delikt des Wirtschaftsstrafrechts

---

[312] Die Frage nach einer akzessorischen Bestimmung von Deliktsmerkmalen im Rahmen der Insolvenzstraftaten stellt sich in ihrer augenfälligsten Ausprägung freilich bereits mit Blick auf die Krisensituationen insolvenzrechtlichen Ursprungs (Zahlungsunfähigkeit gemäß § 17 InsO, drohende Zahlungsunfähigkeit gemäß § 18 InsO und Überschuldung gemäß § 19 InsO). Der hiermit verbundene, schon vielfach untersuchte Problemkomplex zur Übertragbarkeit der insolvenzrechtlichen Krisenbegriffe ins Strafrecht soll jedoch nicht Gegenstand dieser Abhandlung sein. Dazu ausführlich *Achenbach*, in: GS Schlüchter, S. 257, 258 ff.; *Bosch*, in: Satzger/Schmitt/Widmaier, StGB, Vor §§ 283 ff. Rn. 8 ff.; *Penzlin*, Strafrechtliche Auswirkungen, S. 95 ff.; *Pfaff*, Überschuldungstatbestand, S. 148 ff.; *Plathner*, Einfluss der Insolvenzordnung, S. 141 ff.; *Stracke*, Übertragbarkeit, S. 276 ff.; *Radtke*, in: MünchKomm-StGB, Vor §§ 283 ff. Rn. 5 ff.

[313] So konstatieren etwa *Radtke/Hoffmann*, GA 2008, 535, 536 im Kontext des Untreuetatbestandes eine „Abhängigkeit von gesellschaftsrechtlichen Vorgaben". Ähnlich auch *Ransiek/Hüls*, ZGR 2009, 157, 162 f.: „Bindung des Strafrechts an das Wirtschaftsrecht".

[314] Dazu – pars pro toto – *Saliger*, in: Satzger/Schmitt/Widmaier, StGB, Vor §§ 324 ff. Rn. 14 ff. m. zahlr. Nachw.

im engeren Sinne – die Untreue gemäß § 266 StGB – insbesondere gesellschaftsrechtliche Vorgaben eine entscheidende Rolle.[315]

Nicht anders verhält es sich – wie gesehen[316] – hinsichtlich der Frage nach etwaigen Grenzen der Einwilligungskompetenz von Anteilseignern juristischer Personen im Rahmen der Einwilligungsvariante der Schuldnerbegünstigung nach § 283d Abs. 1 Var. 1 StGB:
Eine Kapitalgesellschaft in der tatbestandlichen Rolle des Insolvenzschuldners unterliegt – im Gegensatz zu natürlichen Personen – verschiedensten Rahmenbedingungen, welche die Rechtsordnung als Gegenleistung für die Nutzung der Konstruktion einer juristischen Person vorsieht. Die gesellschaftsrechtsakzessorische Bestimmung des Deliktsmerkmals der schuldnerischen Einwilligung im Sinne des § 283d Abs. 1 Var. 1 StGB leistet damit in diesem Zusammenhang einen entscheidenden Beitrag zur Wahrung des Prinzips der Einheit der Rechtsordnung, indem sie sicherstellt, dass auf die Geltung einschlägiger normativer Entscheidungen des Zivilgesetzgebers auch im Strafrecht Verlass ist.[317]
Nur sie vermag letztlich zu verhindern, dass – insbesondere sobald rechtlich verselbstständigte juristische Personen in Erscheinung treten – in einer Weise punktuell „wirtschaftlich" oder „strafrechtsautonom" argumentiert wird,[318] welche die Gefahr birgt, die Widerspruchsfreiheit der Rechtsordnung als Ganzes aufs Spiel zu setzen. Die Überlegenheit der gesellschaftsrechtsakzessorischen Bestimmung des Deliktsmerkmals der schuldnerischen Einwilligung nach § 283d Abs. 1 Var. 1 StGB im Rahmen des Tatbestandes der Schuldnerbegünstigung gegenüber einer faktischen oder wirtschaftlichen Betrachtungsweise kommt somit nicht zuletzt dadurch zum Ausdruck, dass sie zugleich ein probates Mittel zur Wahrung des Grundsatzes der Einheit der Rechtsordnung darstellt. Oder mit anderen Worten:
„Das Strafrecht hat kein eigenständiges, besseres Wirtschaftsrecht zu betreiben, sondern ist an die wirtschaftsrechtlichen Vor-Wertungen gebunden."[319]

---

[315] Dies kam bereits im Rahmen der Identifizierung des gemeinsamen Problemkerns der Einwilligungskompetenz von Gesellschaftern juristischer Personen zum Ausdruck, vgl. oben unter Kap. 3 B. IV. Hierzu instruktiv auch *Rönnau*, ZStW 119 (2007), 887, 903 ff.; *Helmrich/Eidam*, ZIP 2011, 257, 260 m. w. N.
[316] Siehe unter Kap. 3 B. IV. 1.
[317] So auch *Bräunig*, Untreue, S. 88 f. zur „Außerstrafrechts-Akzessorietät" der Untreue. Ähnlich *Gribbohm*, ZGR 1990, 1, 3 f. Es geht damit letztlich um die „verständlichkeitsfördernde Wirkung einer rechtsgebietsübergreifend einheitlichen Auslegung beim Normadressaten" (*Stracke*, Übertragbarkeit, S. 395).
[318] Siehe unter Kap. 3 B. IV. 2. und 3.
[319] So prägnant *Ransiek/Hüls*, ZGR 2009, 157, 162. In diese Richtung auch *Helmrich/Eidam*, ZIP 2011, 257, 260.

b) Gesellschaftsrechtsakzessorietät als Instrument der Willenszurechnung bei juristischen Personen

Lediglich eine gesellschaftsrechtsakzessorische Bestimmung des Merkmals der schuldnerischen Einwilligung im Sinne des § 283d Abs. 1 Var. 1 StGB trägt überdies dem zentralen wesensmäßigen Unterschied zwischen einem durch eine natürliche Person repräsentierten Unternehmen (beispielsweise einem Einzelkaufmann) und einer juristischen Person Rechnung:

Während der einmal gebildete Wille im erstgenannten Fall ohne Weiteres Geltung beanspruchen kann, erfordert die besondere Rechtsnatur einer Kapitalgesellschaft als juristische Person für die Erzielung desselben Effektes hingegen einen vermittelnden Zwischenschritt, welcher angesichts seiner Bedeutung für die weiteren Ausführungen im Folgenden etwas näher zu beleuchtet werden soll. Scharf abzugrenzen ist dieser Vorgang der Willenszurechung an dieser Stelle jedoch insbesondere von einem anderen Zurechnungsmechanismus, nämlich demjenigen der Merkmalsüberwälzung nach § 14 Abs. 1 StGB:[320]

Während sich der hier als Willenszurechnung bezeichnete Vorgang auf einen durch gesellschaftsrechtliche Normen determinierten Prozess bezieht, bewirkt die Merkmalsüberwälzung durch die Vorschrift des § 14 Abs. 1 StGB allein die formalstrafrechtliche Fiktion des Vorliegens einer Eigenschaft bei Personen, die – mangels eines spezifischen vom Gesetz geforderten Merkmals – nicht unmittelbare Normadressaten sind.[321] Bei der Merkmalsüberwälzung nach § 14 Abs. 1 StGB geht es also allein um eine Erzeugung von Strafbarkeit bei Organ- oder Vertreterhandeln.[322]

Der hier in Rede stehende Zwischenschritt im Rahmen des Willensbildungsprozesses bei juristischen Personen setzt an einem völlig anderen Punkt an: Er beschreibt einen notwendigen Schritt auf dem Weg von einer organschaftlich gebildeten Willensentscheidung hin zu einem beachtlichen Willen der rechtlich verselbstständigten Körperschaft als solcher. Dass ein solcher Mechanismus im Zuge des Willensbildungsprozesses bei juristischen Personen durch ihre Organe erforderlich wird, soll im Folgenden eine eingehende Begründung erfahren. Die entsprechenden Ausführungen werden damit zugleich den Grundstein für sämtliche

---

[320] Allgemein zur Strafbarkeitserzeugung qua Merkmalsüberwälzung nach § 14 StGB siehe *Jakobs*, Strafrecht AT, Abschn. 21 Rn. 10 ff. m. zahlr. Nachw.
[321] Vgl. *Bieneck*, in: Müller-Gugenberger/Bieneck, § 77 Rn. 6 ff.; *Radtke*, in: MünchKomm-StGB; § 14 Rn. 1 ff.; *Wegner*, in: Achenbach/Ransiek, Teil 7 Kap. 1 Rn. 7 ff.
[322] Hierzu ausführlich *Kawan*, Strafrechtliche Organ- und Vertreterhaftung, S. 163.

nachgelagerten Fragen nach den konkreten Wirksamkeitsvoraussetzungen der schuldnerischen Einwilligung im Rahmen des § 283d Abs. 1 Var. 1 StGB legen.

aa) Gesellschaftsorgane als Voraussetzung der Handlungsfähigkeit juristischer Personen

Für sich betrachtet sind juristische Personen zwar nach dem Willen des Gesetzgebers verselbstständigt und rechtsfähig,[323] *de facto* als bloße Rechtskonstrukte jedoch vollständig handlungsunfähig. Um im Rechtsverkehr nach außen, aber auch hinsichtlich der Gesellschaftsangelegenheiten nach innen agieren zu können, sind diese daher zwingend auf ihre so genannten Gesellschaftsorgane angewiesen, die für sie – bildhaft gesprochen – als Gliedmaßen des an sich unbeweglichen Korpus „Kapitalgesellschaft" fungieren.

Bereits seit dem 19. Jahrhundert ist diesbezüglich in der gesellschaftsrechtlichen Dogmatik umstritten, wie dieses Handeln der körperschaftlichen Organe für die Gesellschaft rechtstechnisch einzuordnen ist. Gegenüber stehen sich hierbei im Wesentlichen die beiden Lager der *Vertretertheorie*[324] einerseits sowie der *Organtheorie*[325] andererseits: Nach erstgenannter Auffassung ist und bleibt die juristische Person als solche handlungsunfähig; sie kann nur durch Dritte, nämlich ihre gesetzlichen Vertreter, agieren. Letztgenannter Ansicht zufolge soll hingegen die juristische Person selbst mittels ihrer Organe Willens- und Handlungsträger sein.[326]

Die Einzelheiten der Auseinandersetzung können an dieser Stelle jedoch außer Betracht bleiben – verdeutlicht werden sollte durch den kurzen Abriss primär, dass sich bereits in Gestalt dieser grundlegenden Kontroverse ein erstes Indiz dafür abzeichnet, dass der Vorgang der Willensbildung in der Kapitalgesellschaft – ob nun im dogmatischen Gewand der Organ- oder der Vertretertheorie – notwendig eines wie auch immer gearteten Zwischenschrittes in Gestalt von rechtlichen Zurech-

---

[323] Dies ergibt sich aus § 13 Abs. 1 GmbHG für die GmbH bzw. haftungsbeschränkte Unternehmergesellschaft, aus § 1 Abs. 1 AktG für die AG, Art. 1 Abs. 3 SE-VO für die SE sowie aus § 278 Abs. 1 AktG für die KGaA.

[324] Die Vertretertheorie geht dabei zurück auf *von Savigny*, System des heutigen römischen Rechts (1840), Band II, § 90 (S. 282 f.).

[325] Die Organtheorie findet ihren Ursprung bei *von Gierke*, Das Wesen der menschlichen Verbände (1902), *passim* sowie *ders.*, Die Genossenschaftstheorie und die deutsche Rechtsprechung (1887), S. 603 ff.

[326] Siehe *K. Schmidt*, Gesellschaftsrecht, § 10 I 2. Mit Schaffung der Regelung des § 31 BGB hat der Gesetzgeber diese Streitfrage – zumindest für den Bereich des Bürgerlichen Rechts – mittlerweile zugunsten der Organtheorie entschieden. Vgl. hierzu auch *Wiedemann*, in: FS Hüffer, S. 1091, 1095 f. m. w. N.

nungsmechanismen bedarf, um den durch ihre Organe gebildeten Willen der Gesellschaft in einem zweiten Schritt als eigenen zuzurechnen.[327]

Hierin liegt ein entscheidender Unterschied zwischen einer natürlichen Person und der davon grundsätzlich abweichenden Konstruktion einer juristischen Person in Gestalt einer Kapitalgesellschaft.

Für das Insolvenzstrafrecht wurde dieser Ansatz dabei erstmals von *Brand* aufgezeigt und sodann von *Brand/Sperling* weiterentwickelt.[328] *Brand* hat die Erforderlichkeit eines derartigen Wirkungszusammenhangs nicht zuletzt überzeugend mit dem normativen Charakter der §§ 283 ff. StGB als Selbstschädigungsdelikte untermauert.[329] Diesem kann letztlich allein dadurch Rechnung getragen werden, dass eine vermögensbeeinträchtigende Handlung des Exekutivorgans nur dann als eigenes Verhalten der Vermögensträgerin „Kapitalgesellschaft" begriffen wird, wenn ihr zuständiges Willensbildungsorgan dem Verhalten (gesellschaftsrechtlich) wirksam zugestimmt hat.[330] Dieser Gedanke soll im Folgenden näher beleuchtet und fortentwickelt werden.

bb) Gesellschaftsrechtliche Willenszurechnung als notwendiger Zwischenschritt im Willensbildungsprozess bei juristischen Personen

Wenn somit grundsätzlich feststeht, dass die rechtliche Konstruktion „Kapitalgesellschaft" als juristische Person notwendig einen zurechnenden Zwischenschritt auf dem Weg vom durch die Gesellschaftergesamtheit gebildeten Willen hin zu einem Willen der Gesellschaft als solcher erforderlich macht, stellt sich nunmehr konsequenterweise die Frage, wie dieser auszusehen hat.

Abstrakt lässt sich insoweit nur formulieren, dass sich die Zurechnung lediglich in demjenigen Rahmen vollziehen kann, den die Rechtsordnung der juristischen

---

[327] Ebenso schon *Fleck*, ZGR 1990, 31, 35; *Gribbohm*, ZGR 1990, 1, 20 f.; *Hanft*, Strafrechtliche Probleme, S. 50, 82 f.
[328] Hervorzuheben sind in diesem Zusammenhang insbesondere die Ausführungen bei *Brand*, Untreue und Bankrott, S. 59, 267, *ders./Sperling*, ZStW 121 (2009), 281, 301 ff. sowie *ders./Kanzler*, ZWH 2012, 1, 2, 5 f.
[329] Diesen Aspekt deuten auch *Kindhäuser*, in: NK-StGB, Vor §§ 283 bis 283d Rn. 56 sowie *Tiedemann*, in: LK-StGB, Vor §§ 283 bis 283d Rn. 83 an.
[330] Vgl. *Brand*, JR 2011, 400, 403; *ders.*, Untreue und Bankrott, S. 59; *ders.*, NJW 2010, 3463, 3464; *ders.*, AG 2007, 681, 682; *ders./Kanzler*, ZWH 2012, 1, 5; *Busch*, Konzernuntreue, S. 146 ff.; implizit auch *Vonnemann*, GmbHR 1988, 329, 330 f., indem er den nichtigen Gesellschafterbeschluss als „für die Willensbildung der Gesellschaft unbeachtlich" bezeichnet. Außerdem *Fleck*, ZGR 1990, 31, 35, nach dem der von den Gesellschaftern gebildete Wille „der Gesellschaft selbst als deren Entscheidung zuzurechnen" sei.

Person zugesteht. Ihr kann folglich nur derjenige Wille wirksam als eigener zugerechnet werden, der nicht gegen die für sie einschlägigen gesellschaftsrechtlichen Vorschriften verstößt.[331] Erst der auf diese Weise „gefilterte" Gesellschaftswille kann vom zuständigen Exekutivorgan in den Rechtsverkehr entäußert werden.

Im Einzelnen richten sich die Modalitäten des Zurechnungsmechanismus dann maßgeblich nach den spezifischen Charakteristika des jeweiligen Gesellschaftstypus, für den die einschlägigen gesellschaftsrechtlichen Vorschriften differenzierte Regelungsregime bereithalten. Hierauf wird daher im Rahmen der individuellen Analyse der verschiedenen Kapitalgesellschaftsformen jeweils gesondert einzugehen sein (dazu unter Kap. 4).

Die Einwilligung im Rahmen des § 283d Abs. 1 Var. 1 StGB stellt sich bei alledem als typischer Anwendungsfall dieser notwendigen Willenszurechnung dar: Vermögensinhaberin und Insolvenzschuldnerin ist aufgrund ihrer rechtlichen Verselbstständigung die Kapitalgesellschaft, gebildet wird der konsentierende Wille jedoch durch das jeweils zuständige Gesellschaftsorgan. Die gesellschaftsrechtsakzessorische Auslegung verkörpert das Bindeglied zwischen Gesellschafter- und Gesellschaftswillen; sie ermöglicht eine Zurechnung des entsprechenden Willens zur Kapitalgesellschaft, soweit dieser den durch das einschlägige Gesellschaftsrecht vorgegebenen Korridor nicht verlässt.

Die gesellschaftsrechtsakzessorische Auslegung des Merkmals der schuldnerischen Einwilligung im Sinne des § 283d Abs. 1 Var. 1 StGB füllt somit den Zurechnungsschritt mit Leben aus, welcher aufgrund der rechtlichen Verselbstständigung der juristischen Person erforderlich wurde. Überschreitet der durch das Gesellschaftsorgan getroffene Wille jedoch den durch die einschlägigen gesellschaftsrechtlichen Vorschriften vorgegebenen Rahmen, scheidet eine wirksame Zurechnung des Willens zur Gesellschaft und somit auch eine strafrechtlich beachtliche Einwilligung derselben aus.[332] Man kann sich diesen Mechanismus mithin als eine Art Filter vorstellen, welcher nur diejenigen Entscheidungen des zuständigen Willensbildungsorgans als rechtlich erheblichen Willen der Körperschaft passieren lässt, die mit den jeweils einschlägigen gesellschaftsrechtlichen Vor-

---

[331] Siehe *Brand/Kanzler*, ZWH 2012, 1, 2, die – exemplarisch anhand der GmbH – feststellen: „Da die GmbH als juristische Person keinen natürlichen Willen bilden kann, verläuft die Willensbildung in den Bahnen, die das GmbHG vorgibt. Das heißt: Nur der wirksam gefasste Gesellschafterbeschluss kann der GmbH als ihr Wille zugerechnet werden.".

[332] So im Grundsatz – zumeist im Untreuekontext – auch *Auer*, Gläubigerschutz, S: 209 f.; *Busch*, Konzernuntreue, S. 147 f.; *Flum*, Der strafrechtliche Schutz, S. 245; *Hanft*, Strafrechtliche Probleme, S. 82 f.; *Hoffmann*, Untreue, S. 189 ff.; *Labsch*, JuS 1985, 602, 605; *Radtke*, GmbHR 1998, 311, 316; *Reiß*, wistra 1989, 81, 84.

schriften[333] konform gehen. Es geht der Sache nach somit um eine Mindestqualität an Zustimmung, welcher der organschaftlich gebildete Wille, für die juristische Person in eine Handlung im Sinne des § 283d StGB einzuwilligen, genügen muss.

c) Mögliche Anknüpfungspunkte der Gesellschaftsrechtsakzessorietät: Vorschriften über Kapitalerhaltung und Kompetenzgefüge

Es hat sich gezeigt, dass allein eine auf das vorgelagerte Gesellschaftsrecht zurückgreifende Bestimmung des Merkmals der schuldnerischen Einwilligung im Rahmen des § 283d Abs. 1 Var. 1 StGB in der Lage ist, dem Grundsatz der Einheit der Rechtsordnung, dem *ultima ratio*-Prinzip des Strafrechts sowie dem Erfordernis einer gesellschaftsrechtlichen Willenszurechnung bei juristischen Personen hinreichend Rechnung zu tragen. Hieran anknüpfend stellt sich nunmehr die Frage, welche gesellschaftsrechtlichen Normen für diese Konkretisierung des deliktischen Merkmals der Einwilligung des Schuldners dem Grundsatz nach in Betracht kommen.

Zunächst wird damit nach an sich geeigneten Parametern einer wirksamen Einwilligung im Sinne des § 283d Abs. 1 Var. 1 StGB gesucht, bevor anschließend *in concreto* eine detaillierte Untersuchung der in Betracht kommenden Einzelvorschriften jeweils gesondert für die verschiedenen Formen der Kapitalgesellschaft nach deutschem Recht erfolgt (dazu Kap. 4).

aa) Kapitalerhaltungsvorschriften

Die erste und bedeutendste Gruppe von Normen, welche für eine gesellschaftsrechtsakzessorische Bestimmung der schuldnerischen Einwilligung nach § 283d Abs. 1 Var. 1 StGB grundsätzlich in Betracht kommen könnten, stellen die Vorschriften über die Kapitalerhaltung (insbesondere diejenigen des GmbHG sowie des AktG[334]) dar.

Charakteristisches Kennzeichen jeder Kapitalgesellschaft ist das vom Gesetzgeber vorgesehene Erfordernis, ein bestimmtes Mindestkapital aufzubringen und zu erhalten.[335] Die zwingenden gesetzlichen Vorschriften zur Kapitalerhaltung sind

---

[333] Zu den in diesem Zusammenhang grundsätzlich relevanten Normgruppen (Kompetenzverteilungs- und Kapitalerhaltungsvorschriften) sogleich unter Kap. 3 B. IV. 4. c).
[334] Hierzu sogleich ausführlich unter Kap. 4 für die einzelnen Formen der Kapitalgesellschaft nach deutschem Recht.
[335] Vgl. hierzu *Hirte*, Kapitalgesellschaftsrecht, § 5 Rn. 5.17; *K. Schmidt*, Gesellschaftsrecht, § 29 II 2, § 37 III 1; *Kindl*, Gesellschaftsrecht, § 2 Rn. 10; *Kübler*, Gesellschaftsrecht, § 14 I 2, § 17

damit das Korrelat zur fehlenden persönlichen Haftung der Gesellschafter, wie sie insbesondere für Personengesellschaften typisch ist (vgl. § 128 HGB).[336] Der gesetzliche Schutz des Gesellschaftsvermögens vor den Anteilseignern in Gestalt der Kapitalerhaltungsvorschriften ist somit nichts anderes als der „Preis", den diese für das Privileg einer auf das Vermögen der Gesellschaft beschränkten Haftung zahlen müssen.[337]

Unternehmer haben daher – im Unterschied zu einer mit unbeschränkter persönlicher Haftung verbundenen wirtschaftlichen Betätigung wie beispielsweise als Einzelkaufmann – nur dann Anspruch, in den Genuss dieser gesetzlichen Haftungsprivilegierung zu kommen, wenn sie sämtliche Bedingungen einhalten, welche das jeweils einschlägige Gesetz als Urheber des juristischen Kunstobjekts „Kapitalgesellschaft" an das entsprechende Haftungsregime geknüpft hat. Dieser grundsätzlichen Wertung kann sich auch das Strafrecht nicht verschließen.

Nichts anderes als eine solche gesellschaftsrechtsakzessorische Betrachtung betreibt die im Rahmen der Untreue als *eingeschränkte Gesellschaftertheorie* bekannte Auffassung,[338] wenn sie zur Bestimmung der Grenzen der Einwilligungskompetenz maßgeblich auf die gesetzlichen Vorschriften über die Kapitalerhaltung zurückgreift.

Diese Parallele vor Augen, spricht im Fall der schuldnerischen Einwilligung im Sinne des § 283d Abs. 1 Var. 1 StGB gar ein Erst-Recht-Schluss für die grundsätzliche Tauglichkeit gesetzlicher Kapitalerhaltungsvorschriften als relevante Wirksamkeitsvoraussetzungen der entsprechenden Einwilligung: Wenn die Vertreter dieser Auffassung die Wirksamkeit der Einwilligung in eine vermögensbeeinträchtigende Maßnahme schon im Kontext des Untreuetatbestandes – in dessen Rahmen bekanntlich das Vermögen des Geschäftsherrn als Rechtsgut geschützt wird – durch die Vorschriften zum gesetzlichen Kapitalschutz sowie das Existenzgefährdungsverbot begrenzen wollen,[339] muss dies erst recht für den Fall gelten, in

---

II 2; *Raiser/Veil*, Kapitalgesellschaften, § 19 Rn. 1 ff., § 23 Rn. 58 ff., § 37 Rn. 1 ff.; *Sudmeyer*, in: Schüppen/Schaub, Aktienrecht, § 10 Rn. 14 f.; *Wilhelm*, Kapitalgesellschaftsrecht, Rn. 404 ff.

[336] Siehe nur *Wiedemann*, Gesellschaftsrecht I, S. 557 f.; ferner auch *Niggemann*, Gläubigerschutzsystem, S. 45 ff.

[337] *Hennrichs*, in: FS Schneider, S. 489, 491; *Priester*, ZGR 1993, 512, 520; ebenso *Birkholz*, Untreuestrafbarkeit, S. 21 f.

[338] Hierzu ausführlicher im Rahmen der GmbH unter Kap. 4 A.

[339] Im Kontext der GmbH-Untreue werden etwa die Kapitalerhaltungsvorschrift des § 30 Abs. 1 GmbHG sowie das Existenzgefährdungsverbot als Grenzen einer etwaigen Gesellschafterzustimmung begriffen. So die st. Rspr., vgl. nur jüngst erneut BGH, NStZ-RR 2012, 80 ff.; ebenso bereits BGHSt 35, 333, 336 ff. = NJW 1989, 112, 113; 49, 147, 157 ff. = NJW 2004, 2248,

dem – wie bei der Schuldnerbegünstigung nach § 283d Abs. 1 Var. 1 StGB – sogar ein Gleichlauf von geschütztem Rechtsgut und der Schutzrichtung der Kapitalerhaltungsvorschriften (nämlich jeweils Gläubigerinteressen) vorliegt.

Es kann somit festgehalten werden, dass die Vorschriften der einschlägigen Gesetze über die Erhaltung eines Mindestgarantiekapitals der juristischen Person grundsätzlich taugliche und anknüpfungsfähige Determinanten einer gesellschaftsrechtsakzessorischen Bestimmung der Voraussetzungen einer etwaigen Einwilligung im Sinne des § 283d Abs. 1 Var. 1 StGB darstellen.[340]

bb) Kompetenzverteilungsvorschriften

Die zweite Gruppe von Normen, welche *prima facie* für eine an das Gesellschaftsrecht anknüpfende Bestimmung der Einwilligung in Betracht kommen könnte, enthält die Vorschriften zur Kompetenzverteilung bzw. Zuständigkeitsordnung innerhalb der juristischen Person. Auch hier sieht der Gesetzgeber im GmbHG sowie im AktG zwingende Anforderungen an die interne Organisation einer Kapitalgesellschaft vor, denen bei Wahl der entsprechenden Rechtsform genügt werden muss.[341]

Es stellt sich erneut die Frage, ob derartige Normen zur gesellschaftsrechtsakzessorischen Bestimmung des Vorliegens einer wirksamen Einwilligung grundsätzlich geeignet sind. Im Zusammenhang mit der Parallelproblematik beim Untreuetatbestand nach § 266 StGB wird dies nicht einheitlich beantwortet: Während die wohl herrschende Auffassung im Schrifttum Umfang und Grenzen der Einwilligungskompetenz von Anteilseignern juristischer Personen auch unter Hinzuziehung von gesellschaftsrechtlichen Vorschriften über die Kompetenzverteilung innerhalb der jeweiligen Kapitalgesellschaftsform bestimmen will,[342] sprechen andere diesen Normen bereits die grundsätzliche Tauglichkeit als Wirksamkeitsvoraussetzung einer strafrechtlich relevanten Einwilligung ab.[343]

2252 ff. – „Bremer Vulkan"; 54, 52, 57 ff. = NJW 2009, 3666, 3667 ff.; BGH, NJW 2009, 2225, 2227. Aus dem Schrifttum – *pars pro toto* – Kindhäuser, in: NK-StGB, § 266 Rn. 71 m. zahlr. Nachw.

[340] Im Ergebnis entspricht dies der zu § 266 StGB von der ständigen Rechtsprechung des BGH sowie den Befürwortern der *eingeschränkten Gesellschaftertheorie* vertretenen Auffassung.

[341] Vgl. hierzu *Hirte*, Kapitalgesellschaftsrecht, § 3 Rn. 3.1 ff.; *K. Schmidt*, Gesellschaftsrecht, § 28 I, § 36 I; *Kübler*, Gesellschaftsrecht, § 15 II, § 17 IV; *Raiser/Veil*, Kapitalgesellschaften, § 13 Rn. 1 ff., § 23 Rn. 14 ff., § 31 Rn. 1 ff.; *Wilhelm*, Kapitalgesellschaftsrecht, Rn. 953 ff.

[342] So etwa *Rönnau*, in: FS Amelung, S. 247, 256 ff.; zust. *Fischer*, StGB, § 266 Rn. 102; auch *Kaufmann*, Organuntreue, S. 152; *Zech*, Untreue, S. 108 ff.

[343] So – wenn auch freilich mit im Einzelnen abweichender Begründung – *Brand*, AG 2007, 681, 683 f.; *Hohn*, in: FS Samson, S. 315, 332, 337.

Bei abstrakter Betrachtung spricht angesichts der vom Gesetz nach Art der jeweiligen Kapitalgesellschaft unterschiedlich ausgestalteten Stellung von Anteilseignern und Organen in der Körperschaft zwar einiges dafür, die gesellschaftsrechtliche Zuständigkeitsverteilung juristischer Personen bei der Bestimmung der strafrechtlich relevanten Einwilligungskompetenz von Gesellschaftern mit zu berücksichtigen.[344]

Eine abschließende Bewertung der Frage nach der Tauglichkeit solcher Vorschriften im Rahmen der gesellschaftsrechtsakzessorischen Bestimmung einer etwaigen Einwilligung kann sinnvoll jedoch nur für jede Form der Kapitalgesellschaft gesondert erfolgen; dieser Fragestellung widmet sich im Detail das 4. Kapitel der Abhandlung.

Festhalten lässt sich an dieser Stelle aber bereits, dass diejenigen Auffassungen, welche eine Eignung gesellschaftsrechtlicher Kompetenzvorschriften bei der Bestimmung einer wirksamen Einwilligung von vornherein gänzlich in Frage stellen,[345] jedenfalls als zu pauschal zurückzuweisen sind: Ein solches Urteil mag unter Umständen das Ergebnis einer Analyse sein, welche die individuellen Besonderheiten einer jeden Kapitalgesellschaftsform berücksichtigt – keinesfalls lässt es sich jedoch im Wege einer generalisierenden, vermeintlich allgemeingültigen Aussage begründen.

V. Zwischenergebnis

Als Zwischenergebnis kann somit festgehalten werden, dass eine rein faktische, wirtschaftliche oder strafrechtsautonome Bestimmung der schuldnerischen Einwilligung im Sinne des § 283d Abs. 1 Var. 1 StGB mit dem Grundsatz der Einheit der Rechtsordnung, dem *ultima ratio*-Prinzip des Strafrechts sowie dem Erfordernis einer gesellschaftsrechtlichen Willenszurechnung als wesensmäßige Besonderheit bei juristischen Personen in Konflikt zu geraten droht und daher auszuscheiden hat.[346] Vielmehr vermag allein eine gesellschaftsrechtsakzessorische Betrachtungsweise des Merkmals diesen Gesichtspunkten hinreichend Rechnung zu tragen. Wie auch *Brand/Sperling* betonen, hat dies zur Folge, dass die schuldnerische Einwilligung im Rahmen des § 283d Abs. 1 Var. 1 StGB beim Vorliegen einer

---

[344] Siehe etwa *Rönnau*, in: FS Amelung, S. 247, 256 ff.
[345] Vgl. die Nachweise in Fn. 343.
[346] Siehe unter Kap. 3 B. III. und IV.

Kapitalgesellschaft als Insolvenzschuldnerin entsprechend der einschlägigen gesellschaftsrechtlichen Vorschriften wirksam sein muss.[347]

Die schuldnerische Einwilligung im Sinne des § 283d Abs. 1 Var. 1 StGB stellt somit ein gesellschaftsrechtsakzessorisches Merkmal des objektiven Tatbestandes der Schuldnerbegünstigung dar. Für die Bestimmung ihrer Wirksamkeit kommen grundsätzlich insbesondere die jeweils einschlägigen Normen des GmbHG und des AktG über die Kapitalerhaltung sowie das innergesellschaftliche Kompetenzgefüge in Betracht, deren konkrete Eignung zur Determination der Einwilligungskompetenz aber für jede einzelne Form der Kapitalgesellschaft individuell festzustellen ist.

Versuchte man eine Kategorisierung der Einwilligung des Insolvenzschuldners nach § 283d Abs. 1 Var. 1 StGB unter Beibehaltung der Nomenklatur der traditionellen Dogmatik[348], wäre damit wohl von einem „strafbarkeitsbegründenden Einverständnis unter Einwilligungsvoraussetzungen" zu sprechen.

---

[347] So auch *Brand/Sperling*, ZStW 121 (2009), 281, 297 f., 302; ähnlich ferner *Heine*, in: Schönke/Schröder, StGB, § 283d Rn. 3, nach dem die entsprechende Einwilligung nur „im Rahmen des rechtlich Zulässigen maßgebend" sein soll.

[348] Hierzu oben Kap. 3 B. II.

4. Kapitel: Wirksamkeitsvoraussetzungen der schuldnerischen Einwilligung bei Kapitalgesellschaften

Nachdem festgestellt wurde, dass die Vorschriften über Kapitalerhaltung und Kompetenzgefüge der jeweils einschlägigen Gesetze – also insbesondere diejenigen des GmbHG sowie des AktG – als zumindest grundsätzlich taugliche Quellen einer gesellschaftsrechtsakzessorischen Bestimmung der Wirksamkeit der schuldnerischen Einwilligung im Rahmen des § 283d Abs. 1 Var. 1 StGB in Betracht kommen,[349] gilt es nun, diesen Befund im Wege einer detaillierten Untersuchung für die verschiedenen Formen der Kapitalgesellschaft nach deutschem Recht anhand der konkreten Normen zu überprüfen.

Besonderes Augenmerk soll hierbei auf die wesensmäßigen Unterschiede zwischen den einzelnen Kapitalgesellschaftsformen sowie deren mögliche Auswirkungen für die strafrechtlich relevante Einwilligungskompetenz der Gesellschafter liegen; dies wird sich im Aufbau der weiteren Abhandlung erneut durch eine entsprechende Zweistufigkeit der Untersuchung widerspiegeln.

Im Rahmen der nachfolgenden Analyse werden hierzu der Reihe nach sämtliche derzeit gesetzlich anerkannten Formen der Kapitalgesellschaft nach deutschem Recht durchgemustert.

Begonnen werden soll mit der GmbH (unter A.) als derjenigen Rechtsform, für welche in Rechtsprechung und Literatur die breiteste Basis an konkretisierten Voraussetzungen und Schranken der Einwilligungskompetenz im Zusammenhang mit juristischen Personen gegeben ist. Sodann folgen die vor dem Hintergrund der Schuldnerbegünstigung nach § 283d StGB bisher noch gänzlich unbeleuchteten Rechtsformen der haftungsbeschränkten Unternehmergesellschaft (unter B.), der Aktiengesellschaft (unter C.), der Societas Europaea (unter D.) sowie schließlich der Kommanditgesellschaft auf Aktien (unter E.).

---

[349] Vgl. oben Kap. 3 B. IV. 4. c).

A. Gesellschaft mit beschränkter Haftung (GmbH)

Zunächst soll mit der GmbH die in der wirtschaftlichen Realität und Insolvenzhäufigkeit mit Abstand bedeutendste[350] rechtliche Form unternehmerischer Betätigung im Mittelpunkt des Interesses stehen.

Aufbauend auf den bisher gewonnenen Erkenntnissen wird das rechtliche Schicksal einer GmbH als Insolvenzschuldnerin im Rahmen der Einwilligungsvariante des Tatbestandes der Schuldnerbegünstigung nach § 283d Abs. 1 Var. 1 StGB unter allen nach Maßgabe der vorangegangenen Ausführungen in Betracht kommenden Gesichtspunkten analysiert und die Auswirkungen dieser Konstellation auf die an der Effizienz des Rechtsgüterschutzes zu messende Funktionsfähigkeit der Sanktionsnorm aufgezeigt.

Hierzu gilt es zunächst die gesellschaftsrechtlichen Grundstrukturen der GmbH darzustellen.

I. Gesellschaftsrechtliches Kompetenzgefüge

Das GmbHG sieht für die Rechtsform der GmbH – insbesondere im Gegensatz zur später noch zu betrachtenden AG – ein vergleichsweise hohes Maß an Flexibilität bei der Gestaltung der Führungsorganisation der Gesellschaft vor.[351] Zumindest zwei Organe muss jede GmbH jedoch zwingend aufweisen: den bzw. die Geschäftsführer (§§ 6, 35 ff. GmbHG) sowie die Gesellschafterversammlung (§§ 45, 48 GmbHG).[352]

Die grundsätzlich rein fakultative[353] Einrichtung eines Aufsichtsrates im Sinne von § 52 GmbHG kann ohne Weiteres durch eine entsprechende Regelung im Gesell-

---

[350] So betrafen etwa im Jahr 2010 knapp 40 % aller deutschen Unternehmensinsolvenzen eine GmbH, womit diese die insolvenzanfälligste Rechtsform ist, vgl. hierzu den Jahresbericht 2010 des Wirtschaftsforschungsinstituts *Creditreform*, S. 18, abrufbar unter http://www.creditreform.de/Deutsch/Creditreform/Presse/Archiv/Insolvenzen_Neugruendungen_Loeschungen_DE/2010_-_Jahr/2010-11-29_Insolvenzen_ Neugruendungen_ Loeschungen.pdf (zuletzt abgerufen am 26.9.2012).
[351] Siehe *Raiser/Veil*, Kapitalgesellschaften, § 31 Rn. 1 m. w. N.
[352] Vgl. dazu *Kübler*, Gesellschaftsrecht, § 17 I 1 a.
[353] Die Einrichtung eines Aufsichtsrates der GmbH kann im Einzelfall jedoch aus Gründen der Arbeitnehmermitbestimmung oder der Verfolgung bestimmter Geschäftszwecke (z. B. Kapitalanlagegesellschaft) obligatorisch werden, vgl. dazu *Schneider*, in: Scholz, GmbHG, § 52 Rn. 2; *Zöllner/Noack*, in: Baumbach/Hueck, GmbHG, § 52 Rn. 2 – jew. m. w. N.

schaftsvertrag erfolgen; wurde ein solcher eingerichtet, so ist auch er (Innen-)Organ der GmbH.[354]

Dem *Geschäftsführer* sind als notwendigem Organ der GmbH die Aufgaben der Führung der Geschäfte sowie die gerichtliche und außergerichtliche Vertretung der Gesellschaft zugewiesen (vgl. § 35 Abs. 1 GmbHG);[355] er fungiert somit als das nach außen handelnde Exekutivorgan der GmbH. Die organschaftliche Bestellung des Geschäftsführers erfolgt entweder durch den Gesellschaftsvertrag oder durch entsprechenden Beschluss der Gesellschafterversammlung (§§ 6 Abs. 3, 46 Nr. 5 GmbHG).[356] Im Übrigen besteht für den Geschäftsführer ein Anstellungsvertrag mit der Gesellschaft, welcher regelmäßig als Kombination aus Dienst- und Geschäftsbesorgungsvertrag ausgestaltet ist.[357]

Die *Gesellschafterversammlung* stellt als institutionalisierte Gesamtheit aller Anteilseigner das oberste (Willensbildungs-)Organ der GmbH dar.[358] Neben den in § 46 GmbHG ausdrücklich geregelten Befugnissen kann die Gesellschafterversammlung nahezu alle anfallenden Entscheidungen an sich ziehen, sodass sie als *de facto* allzuständig bezeichnet werden kann.[359] Ausfluss dieser Allzuständigkeit und damit wohl zugleich „wichtigste Besonderheit des Organisationsrechts der GmbH"[360] ist das Weisungsrecht der Gesellschafterversammlung gegenüber dem Geschäftsführer gemäß § 37 Abs. 1 GmbHG,[361] wodurch die GmbH-Organe in einem gleichsam hierarchischen Verhältnis zueinander stehen.[362]

---

[354] Vgl. – *pars pro toto* – *Peres*, in: Saenger/Inhester, GmbHG, § 52 Rn. 69.
[355] Siehe dazu *Axhausen*, in: Beck GmbH-Handbuch, § 5 Rn. 150 ff.; *Lücke/Simon*, in: Saenger/Inhester, GmbHG, § 35 Rn. 8; *Raiser/Veil*, Kapitalgesellschaften, § 32 Rn. 1 ff.; *Schneider*, in: Scholz, GmbHG, § 35 Rn. 11 ff.; *Wicke*, GmbHG, § 35 Rn. 2 ff.; *Zöllner/Noack*, in: Baumbach/Hueck, GmbHG, § 35 Rn. 3.
[356] *Altmeppen*, in: Roth/Altmeppen, GmbHG, § 35 Rn. 20; *Schneider*, in: Scholz, GmbHG, § 46 Rn. 69 f.
[357] Siehe *Raiser/Veil*, Kapitalgesellschaften, § 32 Rn. 39, 43.
[358] Vgl. *Bergjan*, in: Saenger/Inhester, GmbHG, § 45 Rn. 5; *K. Schmidt*, Gesellschaftsrecht, § 36 I 2; *ders.*, in: Scholz, GmbHG, § 45 Rn. 5; *Raiser/Veil*, Kapitalgesellschaften, § 31 Rn. 2; *Schmiegelt/Gerber*, in: Beck GmbH-Handbuch, § 3 Rn. 2; *Wicke*, GmbHG, § 45 Rn. 2; *Zöllner*, in: Baumbach/Hueck, GmbHG, § 45 Rn. 7. Ferner jüngst auch *Saliger*, in: FS Roxin, S. 1053, 1063.
[359] Siehe *Schäfer*, Gesellschaftsrecht, § 34 Rn. 16; *Schindler*, in: Ziemons/Jaeger, GmbHG, § 46 Rn. 131; *Zöllner*, in: Baumbach/Hueck, GmbHG, § 46 Rn. 5, 89.
[360] So *K. Schmidt*, Gesellschaftsrecht, § 36 I 2.
[361] Vgl. *Schindler*, in: Ziemons/Jaeger, GmbHG, § 46 Rn. 132 f.; *Schneider*, in: Scholz, GmbHG, § 37 Rn. 30 f.
[362] Siehe *Rönnau*, in: FS Amelung, S. 247, 257.

Ausgehend von dieser Binnenstruktur einer klaren Organhierarchie, der sich hieraus ergebenden personalistischen Prägung der GmbH sowie der umfassenden Vereinigung von Zielvorgabe- und Weisungskompetenz in den Händen der Gesellschafter lassen im Kontext der Untreue gemäß § 266 StGB durchaus Rückschlüsse auf die Reichweite der Einwilligungskompetenz der Anteilseigner ziehen.[363] Da dies jedoch maßgeblich auf der besonderen Nähe der umfassenden „Interessendefinitionsmacht"[364] der Gesellschafter zum Vermögen als tatbestandlich geschützten Rechtsgut des § 266 StGB beruht, erweisen sich die gesellschaftsrechtlichen Kompetenzverteilungsvorschriften des GmbHG aufgrund der insoweit wesensmäßig verschiedenen Tatbestandsarchitektur der Schuldnerbegünstigung[365] für die entsprechende Fragestellung hinsichtlich Umfang und Grenzen der Einwilligungsbefugnis im Rahmen des § 283d Abs. 1 Var. 1 StGB als unergiebig.

In anderer Hinsicht kommt dem innergesellschaftlichen Kompetenzgefüge in der GmbH dennoch auch für die im hiesigen Kontext besonders interessierende Einwilligung des Schuldners gemäß § 283d Abs. 1 Var. 1 StGB entscheidende Bedeutung zu:

Im Zusammenspiel mit dem zuvor festgestellten Befund, dass die GmbH als juristische Person zur Willensbildung notwendigerweise eines rechtlichen Zurechnungsmechanismus bedarf,[366] gibt dieses zugleich die konkreten Modalitäten des zurechnenden Zwischenschrittes vor. In einem ersten Schritt bilden die Gesellschafter im Rahmen der Gesellschafterversammlung als oberstem Organ für die GmbH den Willen, in die Vornahme einer rechtsgutsbeeinträchtigenden Handlung eines Dritten[367] zu Lasten des (Gesellschafts-)Vermögen einzuwilligen. In einem zweiten Schritt wird dieser Wille sodann – falls gesellschaftsrechtlich wirksam – der Gesellschaft als eigener Wille zugerechnet.[368] Dieser Zurechnungszusammenhang basiert hierbei auf dem von *Brand* sowie *Brand/Sperling* entwickelten Gedanken einer konditionierten Willenszurechnung bei Entscheidungen von Organen juristischer Personen. Der Geschäftsführer transportiert den auf diese Weise gebil-

---

[363] Vgl. dazu umfassend *Rönnau*, in: FS Amelung, S. 247, 256 f.
[364] *Rönnau*, in: FS Amelung, S. 247, 261.
[365] Geschütztes Rechtsgut ist hier gerade nicht das Vermögen, sondern das Interesse der Gläubigergesamtheit an einer ungeschmälerten Befriedigung. Dazu oben unter Kap. 3 A. I. und II.
[366] Siehe zur ausführlichen Herleitung dieses Erfordernisses oben Kap. 3 B. IV. 4. b).
[367] Denkbar wäre stattdessen auch ein Handeln des Geschäftsführers selbst, welcher ohne Weiteres tauglicher Täter des § 283d StGB sein kann. In diesem Fall käme es dann entsprechend ausschließlich auf die Einwilligung der Anteilseigner an.
[368] *Brand/Sperling*, ZStW 121 (2009), 281, 297.

deten Willen der GmbH dementsprechend nur noch nach außen und entäußert ihn für die Gesellschaft in den Rechtsverkehr.

Angesichts dieses zweistufigen Prozesses kann bei den hier in Rede stehenden Konstellationen des § 283d StGB somit eine alleinige Willensbildung und -entäußerung durch den Geschäftsführer ohne Befassung der Gesellschaftergesamtheit nicht in Betracht kommen:

Die im Außenverhältnis unbeschränkbare Vertretungsmacht des Geschäftsführers darf an dieser Stelle nicht mit der am gesellschaftsrechtlich determinierten Kompetenzgefüge orientierten Handlungsbefugnis im Innenverhältnis der Gesellschaft gleichgesetzt werden;[369] die grundsätzliche Zustimmung zur Beeinträchtigung des Gesellschaftsrechtsgutes „Vermögen" muss beim obersten Willensbildungsorgan, der Gesellschafterversammlung, liegen.[370]

Hierfür spricht nicht zuletzt, dass eine derartige Entscheidung in aller Regel als „ungewöhnliche Maßnahme" zu qualifizieren ist, womit nach überwiegender Auffassung im gesellschaftsrechtlichen Schrifttum vom Geschäftsführer schon allein deswegen eine vorherige Entscheidung der Gesellschafterversammlung einzuholen ist.[371]

Doch auch nachdem die Gesellschaftergesamtheit einen entsprechenden Willen gebildet hat, liegt noch keineswegs zwangsläufig eine wirksame Einwilligung der GmbH als Vermögensträgerin vor; vielmehr muss jener in einem letzten Schritt – insoweit auf dem dogmatischen Fundament der Organtheorie[372] – der Gesellschaft als ihr Wille zugerechnet werden.[373] An einer solchen, wirksamen Zurechnung des Willens der Gesellschafter könnte es insbesondere dann fehlen, wenn die Entscheidung der Gesellschaftergesamtheit gegen zwingende gesetzliche Vorschriften verstößt;[374] dem wird im Verlauf der weiteren Ausführungen noch vertieft nachzugehen sein.[375]

---

[369] Vgl. *Wittmann*, Wissenszurechnung, S. 99, 104 f.; *Brand/Sperling*, ZStW 121 (2009), 281, 293 ff., 295. A. A. offenbar *Heine*, in: Schönke/Schröder, StGB, § 283d Rn. 3, wonach allein die Einwilligung des „vertretungsberechtigten Organs" oder eines „gesetzlichen Vertreters" maßgeblich sein soll, was freilich auch auf den Geschäftsführer zuträfe.
[370] Siehe *Brand/Sperling*, ZStW 121 (2009), 281, 295.
[371] Vgl. *Schneider*, in: Scholz, GmbHG, § 37 Rn. 12 ff.; *Lutter/Hommelhoff*, GmbHG, § 37 Rn. 10 f.; krit. *Zöllner*, in: Baumbach/Hueck, GmbHG, § 37 Rn. 7 m. w. N.
[372] Hierzu unter Kap. 3 B. IV. 4. b) aa).
[373] Siehe *Brand*, NJW 2010, 3463, 3464; ders., JR 2011, 400, 403; *Busch*, Konzernuntreue, S. 146 ff.; ähnlich *Vonnemann*, GmbHR 1988, 329, 330 sowie *Jordan*, Jura 1999, 304, 307, die ebenfalls eine entsprechende Zurechnung des Willens zur Gesellschaft voraussetzen.
[374] Vgl. *Brand*, JR 2011, 400, 403; ders./Sperling, ZStW 121 (2009), 281, 298 f.
[375] Hierzu sogleich unter Kap. 4 A. II.

Zusammenfassend und mit Blick auf die im Rahmen von § 283d Abs. 1 Var. 1 StGB erforderliche Einwilligung der Kapitalgesellschaft als Insolvenzschuldnerin bedeutet dies folglich, dass der Wille, in eine vermögensrelevante Handlung des außenstehenden Dritten einzuwilligen, aufgrund des gesellschaftsrechtlichen Kompetenzgefüges von der Gesellschafterversammlung als oberstem Willensbildungsorgan der GmbH gebildet werden muss.

Der auf diese Weise formulierte Wille der Gesellschafter muss der Gesellschaft sodann als eigener zugerechnet werden, was die Frage nach möglichen Hinderungsgründen einer solchen Zurechnung aufwirft.

In Betracht kommen hierfür insbesondere die Kapitalerhaltungsregelungen des GmbHG, die im Folgenden näher auf ihre diesbezügliche Relevanz hin untersucht werden sollen.

II. Vorschriften über die Kapitalerhaltung

Im Gegensatz zur Untreue gemäß § 266 StGB stellt bei der Schuldnerbegünstigung nach § 283d StGB – wie bereits gesehen – nicht das (Gesellschafts-)Vermögen, sondern die Befriedigungsinteressen der Gläubigerschaft das tatbestandlich geschützte Rechtsgut dar.[376]

Angesichts der dadurch vorliegenden Kongruenz von geschütztem Rechtsgut und Schutzrichtung der Kapitalerhaltungsvorschriften droht im Rahmen des § 283d StGB bei einer Bestimmung der Einwilligungskompetenz der Anteilseigner anhand von Vorschriften der Kapitalbindung insbesondere keine Rechtsgutsvertauschung *contra legem*,[377] womit die einschlägigen Kapitalerhaltungsvorschriften (also insbesondere § 30 Abs. 1 GmbHG[378]) hier als geeignete Determinanten einer wirksamen Einwilligung in Frage kommen.

Die Kapitalerhaltungsregelungen gemäß den §§ 30 ff. GmbHG dienen dazu, den Verbleib eines festen Mindestgarantiekapitals im Vermögen der GmbH gesetzlich

---

[376] Siehe oben Kap. 2 A. I.
[377] Vgl. dazu Kap. 3 B. IV. 2.
[378] Dazu sogleich unter Kap. 4 A. II.

abzusichern;[379] sie bilden damit das Pendant zu den Kapitalaufbringungsregelungen.[380]

Kernstück des gesetzlichen Kapitalerhaltungsregimes ist im Fall der GmbH die Regelung des § 30 Abs. 1 GmbHG, welche nachfolgend Gegenstand näherer Betrachtung sein soll. Hierbei wird es insbesondere darum gehen zu klären, inwieweit sich eine gegen § 30 Abs. 1 GmbHG verstoßende Entscheidung auf die Wirksamkeit der Einwilligung nach § 283d Abs. 1 Var. 1 StGB auswirkt.

1. § 30 Abs. 1 GmbHG als zentrale Gläubigerschutzbestimmung des GmbHG

Für die Kapitalgesellschaftsform der GmbH kodifiziert § 30 Abs. 1 GmbHG den Grundsatz der Kapitalerhaltung im rechtstechnischen Gewand eines gesetzlichen Ausschüttungsverbotes.[381] Die Vorschrift stellt zwingendes Recht dar, sodass die Ausschüttungssperre insbesondere nicht durch Gesellschaftsvertrag abdingbar ist.[382] Das auf diese Weise gebundene Mindestgarantiekapital wird als Stammkapital bezeichnet und stellt ein – auch für die Anteilseigner – unangreifbares Reservoir haftenden Gesellschaftsvermögens dar, welches gleichsam als „letzte Verteidigungslinie" der Gläubigerinteressen ausgestaltet ist.[383]

Im Umkehrschluss bedeutet dies zugleich, dass das Kapitalerhaltungsregime des GmbHG – im Gegensatz zu den insoweit deutlich strengeren Vorschriften des AktG[384] – erst dann prohibitiv eingreift, wenn durch die entsprechend intendierte Ausschüttung eine so genannte Unterbilanz zu entstehen droht, also im Vermögensstatus der Gesellschaft die Aktiva nicht mehr die Summe aus Verbindlichkeiten und Stammkapital decken.[385]

---

[379] Vgl. *Jung/Otto*, in: Beck GmbH-Handbuch, § 8 Rn. 1; *Westermann*, in: Scholz, GmbHG, § 30 Rn. 1 ff. – jew. m. w. N.

[380] Siehe nur *Hirte*, Kapitalgesellschaftsrecht, § 5 Rn. 5.74. Ferner *Berg*, Rechtsdogmatische Fragen, S. 58.

[381] Vgl. statt aller *Schäfer*, Gesellschaftsrecht, § 34 Rn. 26 ff.

[382] *Ekkenga*, in: MünchKomm-GmbHG, § 30 Rn. 9; *Greitemann*, in: Saenger/Inhester, GmbHG, § 30 Rn. 6; *Habersack*, in: Ulmer/Habersack/Winter, GmbHG, § 30 Rn. 4; *Jung/Otto*, in: Beck GmbH-Handbuch, § 8 Rn. 3; *Westermann*, in: Scholz, GmbHG, § 30 Rn. 6.

[383] Ähnlich auch *Stimpel*, in: FS 100 Jahre GmbHG, S. 335, 337, welcher in diesem Zusammenhang von einer „Befriedigungsreserve" der Gesellschaftsgläubiger spricht.

[384] Vgl. nur *Fleck*, ZGR 1990, 31, 33 f. Dazu noch ausführlich unter Kap. 4 C. II.

[385] *K. Schmidt*, Gesellschaftsrecht, § 37 III 1 d; *Habersack*, in: Ulmer/Habersack/Winter, GmbHG, § 30 Rn. 30 ff.; *Hommelhoff*, in: Lutter/Hommelhoff, GmbHG, § 30 Rn. 10 ff.; *Hueck/Fastrich*, in: Baumbach/Hueck, GmbHG, § 30 Rn. 19; *Thiessen*, in: Bork/Schäfer, GmbHG, § 30 Rn. 13 f.; *Westermann*, in: Scholz, GmbHG, § 30 Rn. 15 ff.; *Wicke*, GmbHG, § 30 Rn. 4, 7.

Die Gesellschafter sind daher oberhalb der Grenze zur Unterbilanz grundsätzlich zur freien Disposition über das Gesellschaftsvermögen berechtigt.[386] § 30 Abs. 1 GmbHG sichert nicht mehr, aber auch nicht weniger als einen in Gestalt des Stammkapitals gebundenen Mindesthaftungsfonds für die Forderungen der Gesellschaftsgläubiger, welcher damit das Korrelat zur Haftungsbeschränkung auf das Gesellschaftsvermögen gemäß § 13 Abs. 2 GmbHG darstellt.[387]

2. Die Einwilligung der Kapitalgesellschaft im Sinne von § 283d Abs. 1 Var. 1 StGB als Verstoß gegen § 30 Abs. 1 GmbHG

Nachdem die grundsätzliche Eignung von Kapitalerhaltungsvorschriften und somit auch die der Regelung des § 30 Abs. 1 GmbHG als taugliche Determinanten einer gesellschaftsrechtsakzessorischen Bestimmung der Voraussetzung einer Einwilligung des Insolvenzschuldners gemäß § 283d Abs. 1 Var. 1 StGB bereits festgestellt wurde,[388] stellt sich nun die Frage nach den gesellschafts- und strafrechtlichen Auswirkungen einer entgegen § 30 Abs. 1 GmbHG getroffenen Entscheidung der Gesellschafterversammlung sowie der hierauf basierenden Einwilligung der Kapitalgesellschaft in ihrer Eigenschaft als Insolvenzschuldnerin.

a) Grundsätzliche Subsumierbarkeit der Handlungsmodalitäten des § 283d Abs. 1 StGB unter § 30 Abs. 1 GmbHG

Um im Rahmen des § 30 Abs. 1 GmbHG überhaupt von Relevanz zu sein, müsste die schuldnerische Einwilligung der Kapitalgesellschaft gemäß § 283d Abs. 1 Var. 1 StGB zunächst einmal begrifflich dem Auszahlungsverbot nach § 30 Abs. 1 GmbHG unterfallen; nur wenn dies der Fall ist, muss im Weiteren untersucht werden, unter welchen Voraussetzungen die Einwilligung nach § 283d Abs. 1 Var. 1 StGB auch einen Verstoß gegen die Kapitalerhaltungsvorschrift des § 30 Abs. 1 GmbHG darzustellen vermag.

Erforderlich für eine verbotene Ausschüttung nach § 30 Abs. 1 GmbHG ist zunächst, dass überhaupt eine „Auszahlung" im Sinne der Vorschrift vorliegt. Da der Begriff der Auszahlung jedoch nach allgemeiner Auffassung in Rechtsprechung

---

[386] Siehe BGHZ 95, 330, 340 = NJW 1986, 188, 190; 142, 92, 94 f. = NJW 1999, 2817, 2818; *Altmeppen*, in: Roth/Altmeppen, GmbHG, § 30 Rn. 8 f.; *Fleck*, ZGR 1990, 31, 34 f.; *ders.*, in: FS 100 Jahre GmbHG, S. 391, 392; *Hueck/Fastrich*, in: Baumbach/Hueck, GmbHG, § 30 Rn. 2; *Raiser/Veil*, Kapitalgesellschaften, § 37 Rn. 9.

[387] Vgl. nur *Jung/Otto*, in: Beck GmbH-Handbuch, § 8 Rn. 1; *Kindl*, Gesellschaftsrecht, § 27 Rn. 20; *Thiessen*, in: Bork/Schäfer, GmbHG, § 30 Rn. 1; *Westermann*, in: Scholz, GmbHG, § 30 Rn. 1.

[388] Siehe oben Kap. 3 B. IV. 4. c) aa).

und Literatur extensiv auszulegen ist,[389] reicht grundsätzlich jedwede Verringerung des Gesellschaftsvermögens unter die Stammkapitalziffer, der keine gleichwertige Gegenleistung gegenübersteht, für eine solche Auszahlung aus.[390] Während dies hinsichtlich der tatbestandlichen Begehungsmodalitäten des Beiseiteschaffens und Verheimlichens im Rahmen der Schuldnerbegünstigung gemäß § 283d StGB unmittelbar einleuchtet, kommen mit Blick auf die Verhaltensweisen des Zerstörens, Beschädigens oder Unbrauchbarmachens von Vermögensgegenständen bereits erste Zweifel an der von *Brand/Sperling* vertretenen Ansicht auf, dass sich diese Verhaltensweisen tatsächlich noch unter den Begriff der Auszahlung im Sinne des § 30 Abs. 1 GmbHG fassen lassen.[391]

Des Weiteren müsste die entsprechende Ausschüttung jedoch auch einem Gesellschafter oder einem vom Tatbestand des § 30 Abs. 1 GmbHG sonst erfassten Dritten zumindest mittelbar bzw. faktisch zu Gute kommen.[392] Bei den Tatbestandshandlungen des Beiseiteschaffens sowie des Verheimlichens ist dies abermals unproblematisch denkbar: Der dem Zugriff der Insolvenzgläubiger entzogene Vermögensgegenstand steht im Falle einer wirtschaftlichen Neugründung erneut der Gesellschaft und damit mittelbar den Gesellschaftern als Anteilseignern zur Verfügung.

Anders stellt sich die Situation jedoch mit Blick auf die Tathandlungen des Zerstörens, Beschädigens und Unbrauchbarmachens dar. Es drängt sich hier unweigerlich die Frage auf, wie solche rein destruktiven Verhaltensweisen zu einer auch nur faktischen Vermögensmehrung führen und somit im Interesse des Empfängers erfolgen können sollen.[393]

---

[389] Siehe *Habersack*, in: Ulmer/Habersack/Winter, GmbHG, § 30 Rn. 75; *Hueck/Fastrich*, in: Baumbach/Hueck, GmbHG, § 30 Rn. 33.
[390] Ständige Rspr., vgl. nur RGZ 136, 260, 264; BGHZ 122, 333, 337 f. = NJW 1993, 1922, 1923; ebenso *Ekkenga*, in: MünchKomm-GmbHG, § 30 Rn. 127; *Fleck*, in: FS 100 Jahre GmbHG, S. 391, 399 f.; *Greitemann*, in: Saenger/Inhester, GmbHG, § 30 Rn. 17 ff.; *Heidinger*, in: Heckschen/Heidinger, Die GmbH, § 9 Rn. 3; *Hommelhoff*, in: Lutter/Hommelhoff, GmbHG, § 30 Rn. 8; *Wicke*, GmbHG, § 30 Rn. 8. Aus dem monographischen Schrifttum umfassend *Berg*, Rechtsdogmatische Fragen, S. 94 ff.
[391] So ohne weitergehende Begründung jedoch *Brand/Sperling*, ZStW 121 (2009), 281, 303 f.
[392] Siehe *Altmeppen*, in: Roth/Altmeppen, GmbHG, § 30 Rn. 29; *Habersack*, in: Ulmer/Habersack/Winter, GmbHG, § 30 Rn. 59 ff., 85; *Heidinger*, in: Ziemons/Jaeger, GmbHG, § 30 Rn. 69 ff.; *ders.*, in: Michalski, GmbHG, § 30 Rn. 109; *Hommelhoff*, in: Lutter/Hommelhoff, GmbHG, § 30 Rn. 18 ff.; *Thiessen*, in: Bork/Schäfer, GmbHG, § 30 Rn. 92 ff.; *Wicke*, GmbHG, § 30 Rn. 15 ff. Außerdem *Berg*, Rechtsdogmatische Fragen, S. 108 f.
[393] So auch noch *Brand/Sperling*, ZStW 121 (2009), 281, 304.

In der Literatur wurde namentlich von *Brand/Sperling* versucht, ebendies zu begründen:[394] Eine Subsumtion der genannten Verhaltensweisen unter § 30 Abs. 1 GmbHG könne nicht mit der Begründung abgelehnt werden, dass die Auszahlung nicht zum Vorteil eines Gesellschafters erfolgte. Unter erneutem Rückgriff auf die Bedeutung der Tatbestandsvarianten beim Vorliegen einer Kapitalgesellschaft soll die erteilte Einwilligung im Rahmen des § 283d StGB insoweit ein möglicherweise fehlendes Interesse des Schuldners kompensieren.[395]

Eine solche Interpretation, bei der konsequenterweise sogar im Anzünden des Vermögensgegenstandes eine Leistung zu Gunsten des Auszahlungsadressaten zu sehen wäre, strapaziert den gesetzlichen Wortlaut des § 30 Abs. 1 GmbHG in nicht mehr vertretbarer Weise und findet sich so daher zu Recht auch im gesellschaftsrechtlichen Schrifttum nicht wieder. Da die Begründung außerdem nicht zuletzt auf der – widerlegten[396] – Annahme beruht, dass die Tatbestandsvariante eines Handelns „zu Gunsten" des Schuldners nach § 283d Abs. 1 Var. 2 StGB beim Vorliegen einer Kapitalgesellschaft in der Position des Insolvenzschuldners keine Rolle spielt, ist die Sichtweise von *Brand/Sperling* insoweit zurückzuweisen.

Dies führt zur Schlussfolgerung, dass lediglich die Begehungsmodalitäten des Beiseiteschaffens und Verheimlichens im Falle der Einwilligungsvariante nach § 283d Abs. 1 Var. 1 StGB begrifflich unter das gesetzliche Auszahlungsverbot gemäß § 30 Abs. 1 GmbHG subsumierbar sind und eine entsprechend erteilte Einwilligung der Gesellschaftergesamtheit in diesem Zusammenhang daher grundsätzlich gegen die Kapitalerhaltungsvorschrift des § 30 Abs. 1 GmbHG verstoßen kann.

Die Handlungsvarianten des Zerstörens, Beschädigens und Unbrauchbarmachens hingegen können begrifflich nicht mehr unter den Wortlaut des § 30 Abs. 1 GmbHG gefasst werden.[397]

b) Gesellschaftsrechtliche Auswirkungen eines Verstoßes gegen § 30 Abs. 1 GmbHG

In gesellschaftsrechtlicher Hinsicht löst eine entgegen § 30 Abs. 1 GmbHG erfolgende Auszahlung von Gesellschaftsvermögen zunächst einen Rückerstattungsanspruch der GmbH gegen die Anteilseigner gemäß § 31 Abs. 1 GmbHG in ent-

---

[394] Siehe *Brand/Sperling*, ZStW 121 (2009), 281, 304 f.
[395] *Brand/Sperling*, ZStW 121 (2009), 281, 305: „Was der Geschädigte wirksam konsentiert, kann nur schwerlich seinem Interesse zuwiderlaufen."
[396] Vgl. oben unter Kap. 3 A. II.
[397] A. A. *Brand/Sperling*, ZStW 121 (2009), 281, 305.

sprechender Höhe aus,[398] auf den als selbstständigen gesellschaftsrechtlichen Rückerstattungsanspruch insbesondere die Vorschriften des Vindikations- und Kondiktionsrechts keine Anwendung finden.[399]

Wichtiger ist im hiesigen Zusammenhang jedoch die Betrachtung der sich daraus ergebenden Rechtsfolgen: Welche Auswirkungen hat es für den entsprechenden Beschluss, wenn die Gesamtheit der Anteilseigner im Rahmen ihrer organschaftlichen Kompetenz als Gesellschafterversammlung eine gegen die Ausschüttungssperre des § 30 Abs. 1 GmbHG verstoßende Entscheidung trifft?

Das GmbHG selbst hält für den Fall – etwa aufgrund von Gesetzesverstößen – mangelhafter Beschlüsse der Gesellschafterversammlung kein eigenes Rechtsfolgenregime bereit;[400] nach allgemeiner Auffassung ist daher auf die differenzierten Regelungen des Aktienrechts gemäß §§ 241 ff. AktG zurückzugreifen, welche analog und unter Berücksichtigung der GmbH-rechtlichen Besonderheiten zur Anwendung gelangen.[401] Das Regelungssystem der §§ 241 ff. AktG unterscheidet hinsichtlich der vorgesehenen Rechtsfolge danach, wie schwer der Mangel des entsprechenden Beschlusses wiegt: Während die bloße Anfechtbarkeit des Beschlusses im Wege der Anfechtungsklage gemäß § 246 AktG den gesetzlichen Normalfall darstellt, sind Beschlüsse, die unter besonders gravierenden Mängeln leiden, ausnahmsweise[402] gemäß § 241 AktG *ipso iure* nichtig.[403]

---

[398] *K. Schmidt*, Gesellschaftsrecht, § 37 III 2; *Schäfer*, Gesellschaftsrecht, § 35 Rn. 36 f.; *Heidinger*, in: Heckschen/Heidinger, Die GmbH, § 9 Rn. 25; *Jung/Otto*, in: Beck GmbH-Handbuch, § 8 Rn. 45 ff. Zur umstrittenen Frage, ob sich dieser Anspruch der GmbH auch gegen Nichtgesellschafter richten kann vgl. *Ekkenga*, in: MünchKomm-GmbHG, § 31 Rn. 23 ff.; *Thiessen*, in: Bork/Schäfer, GmbHG, § 31 Rn. 13; *Westermann*, in: Scholz, GmbHG, § 30 Rn. 11.

[399] Vgl. BGHZ 31, 258, 265 = NJW 1960, 285, 286; *Raiser/Veil*, Kapitalgesellschaften, § 37 Rn. 25; *Jung/Otto*, in: Beck GmbH-Handbuch, § 8 Rn. 55.

[400] Statt aller *Schäfer*, Gesellschaftsrecht, § 36 Rn. 9.

[401] Vgl. RGZ 166, 129; BGHZ 11, 231, 235 = NJW 1954, 385, 386 f.; *Bayer*, in: Lutter/Hommelhoff, GmbHG, Anh. § 47 Rn. 1 ff.; *Fischer/Gerber*, in: Beck GmbH-Handbuch, § 4 Rn. 164; *Puszkajler*, in: Saenger/Inhester, GmbHG, Anh. § 47 Rn. 1 ff.; *Raiser/Veil*, Kapitalgesellschaften, § 33 Rn. 71 m. w. N.

[402] Das entsprechende Regel-Ausnahme-Verhältnis spiegelt sich im Wortlaut des § 241 AktG „nur dann nichtig, wenn..." wider. Die abschließend normierten Nichtigkeitsgründe ergeben sich aus der enumerativen Aufzählung in § 241 Nrn. 1 bis 6 AktG, vgl. dazu *Zöllner*, in: Aktienrecht im Wandel, Kap. 10 Rn. 62 ff.

[403] *Schäfer*, Gesellschaftsrecht, § 36 Rn. 9, § 43 Rn. 10 ff.; *Englisch*, in: Hölters, AktG, § 241 Rn. 1 ff.; *Hüffer*, in: MünchKomm-AktG, § 241 Rn. 6; *Würthwein*, in: Spindler/Stilz, AktG, § 241 Rn. 4 ff.

Bewertet man vor diesem Hintergrund den Verstoß einer Entscheidung der Gesellschaftergesamtheit gegen das Ausschüttungsverbot nach § 30 Abs. 1 GmbHG,[404] so kommt insbesondere eine Nichtigkeit des entsprechenden Beschlusses der Gesellschafterversammlung analog § 241 Nr. 3 AktG in Betracht: § 30 Abs. 1 GmbHG schützt nach einhelliger Auffassung das Stammkapital der Gesellschaft in allererster Linie zu Gunsten der Gläubiger und stellt damit als die zentrale Gläubigerschutzvorschrift des GmbHG das Musterbeispiel einer Vorschrift dar, welche „ausschließlich oder überwiegend zum Schutze der Gläubiger der Gesellschaft" (vgl. § 241 Nr. 3 AktG) besteht.[405] Ein unter Verstoß gegen die Kapitalerhaltungsvorschrift des § 30 Abs. 1 GmbHG gefasster Beschluss der Gesellschafterversammlung ist folglich analog § 241 Nr. 3 AktG *ipso iure* nichtig und entfaltet somit keinerlei Rechtswirkung,[406] was eine Unterbrechung der Willenszurechnung der von der Gesellschafterversammlung als Organ gebildeten Entscheidung zur GmbH zur Folge hat.[407]

c) § 30 Abs. 1 GmbHG als strafrechtlich relevante Grenze der schuldnerischen Einwilligung nach § 283d Abs. 1 Var. 1 StGB

Nachdem begründet wurde, dass die Handlungsmodalitäten der Schuldnerbegünstigung im Zusammenspiel mit der Einwilligungsvariante nach § 283d Abs. 1 Var. 1 StGB grundsätzlich einen Verstoß gegen die Vorschrift des § 30 Abs. 1 GmbHG darzustellen vermögen, verbleibt umgekehrt noch zu klären, welche Relevanz die gesellschaftsrechtliche Ausschüttungssperre des § 30 Abs. 1 GmbHG konkret für die Reichweite der strafrechtlich beachtlichen Einwilligung im Sinne des § 283d Abs. 1 Var. 1 StGB hat.

---

[404] Da das Ausschüttungsverbot des § 30 Abs. 1 GmbHG seinem gesetzlichen Wortlaut nach unmittelbar nur den Geschäftsführer zu adressieren scheint, ist es insoweit präziser, von einer schuldhaften Veranlassung der Auszahlung im Wege eines Beschlusses der Gesellschafterversammlung zu sprechen, vgl. hierzu *Westermann*, in: Scholz, GmbHG, § 30 Rn. 50, § 31 Rn. 31 m. w. N.

[405] Siehe dazu nur *Fischer/Gerber*, in: Beck GmbH-Handbuch, § 4 Rn. 177; *Zöllner*, in: Baumbach/Hueck, GmbHG, Anh. § 47 Rn. 53.

[406] *Bayer*, in: Lutter/Hommelhoff, GmbHG, Anh. § 47 Rn. 18; *Casper*, in: Bork/Schäfer, GmbHG, § 47 Rn. 67; *Puszkajler*, in: Saenger/Inhester, Anh. § 47 Rn. 32; *Roth*, in: Roth/Altmeppen, GmbHG, § 47 Rn. 97; *Wicke*, GmbHG, Anh. § 47 Rn. 7; *Zöllner*, in: Baumbach/Hueck, GmbHG, Anh. § 47 Rn. 53; *Konzen*, NJW 1989, 2977, 2982.

[407] Siehe *Brand/Kanzler*, ZWH 2012, 1, 2: „Was bleibt, ist ein für die Gesellschaft irrelevantes nullum.". Ebenso *Brand*, NStZ 2010, 9, 13; *ders./Sperling*, ZStW 121 (2009), 281, 306; zust. insoweit *Kraatz*, ZStW 123 (2011), 447, 470, 476 f. Ähnlich auch bereits *Vonnemann*, GmbHR 1988, 329, 330.

Bei der Frage nach der Bedeutung der Kapitalerhaltungsvorschrift des § 30 Abs. 1 GmbHG als Schranke der strafrechtlichen Einwilligungskompetenz der GmbH-Gesellschafter erweist sich hierbei erneut ein Blick auf die Parallelproblematik des Untreuetatbestandes gemäß § 266 StGB als hilfreich:[408]

Wie im Zuge der vorangegangenen Ausführungen bereits kurz angesprochen,[409] stehen sich im dortigen Kontext heute – nach einer jahrzehntelangen, wechselvollen Entwicklung in Rechtsprechung und Literatur[410] – im Wesentlichen noch die beiden Lager der *strengen Gesellschaftertheorie* auf der einen sowie der *eingeschränkten Gesellschaftertheorie* auf der anderen Seite gegenüber: Während erstgenannte Auffassung im Wege einer wirtschaftlichen Betrachtungsweise grundsätzlich jede Einwilligung der Anteilseigner für strafrechtlich wirksam hält und somit für eine uneingeschränkte Dispositionsbefugnis der GmbH-Gesellschafter eintritt,[411] schränkt die letztgenannte Ansicht diese dahingehend ein, dass einer Einwilligung der Anteilseigner dann ihre Wirksamkeit und strafrechtliche Beachtlichkeit zu versagen ist, wenn die dadurch konsentierte Schmälerung des Gesellschaftsvermögens das Stammkapital entgegen § 30 Abs. 1 GmbHG beeinträchtigen oder die wirtschaftliche Existenz der GmbH gefährden würde.[412]

Es wurde jedoch ebenfalls bereits deutlich, dass das zentrale Argument der *strengen Gesellschaftertheorie* – ungeachtet ihrer durchaus starken Position in Rahmen

---

[408] Zur Übertragbarkeit der im Kontext des Untreuetatbestandes zur Frage der Einwilligungskompetenz von Anteilseignern juristischer Personen vertretenen Ansätze auf den Tatbestand der Schuldnerbegünstigung vgl. ausführlich oben Kap. 3 B. IV. 1.
[409] Siehe unter Kap. 3 B. IV. 2. und 4.
[410] Eine Übersicht über die hierzu im Laufe der Zeit vertretenen Auffassungen, beginnend mit der heute freilich überholten Rechtsprechung des Reichsgerichts (vgl. RGSt 42, 278, 283; 71, 353, 355), findet sich bei *Schünemann*, in: LK-StGB, § 266 Rn. 125.
[411] *Arloth*, NStZ 1990, 570, 574; *Fischer*, StGB, § 266 Rn. 99; *Hoyer*, in: SK-StGB, § 266 Rn. 73; *Kasiske*, wistra 2005, 81, 85; *Kubiciel*, NStZ 2005, 353, 359; *Labsch*, JuS 1985, 602, 604; *ders.*, wistra 1985, 1, 7; *Nelles*, Untreue, S. 483 ff., 512 ff.; *Perron*, in: Schönke/Schröder, StGB, § 266 Rn. 21b; *Reiß*, wistra 1989, 83, 84; *Rönnau*, in: FS Amelung, S. 247, 250, 264, 268.
[412] So auch die mittlerweile ständige Rechtsprechung des BGH, der den Verstoß gegen das Kapitalerhaltungsgebot nach § 30 Abs. 1 GmbHG als Unterfall der wirtschaftlichen Existenzgefährdung einordnet, vgl. jüngst deutlich BGH, Beschl. v. 30. August 2011, 3 StR 228/11, Rn. 13 = NZG 2011, 1238 f.; ebenso bereits BGHSt 49, 147, 157 ff. = NJW 2004, 2248, 2252 ff. – „Bremer Vulkan"; 54, 52, 57 ff. = NJW 2009, 3666, 3667 ff.; BGH, NJW 2009, 2225, 2227. Aus dem Schrifttum *Brand/Sperling*, ZStW 121 (2009), 281, 291 f.; *Dierlamm*, in: Münch-Komm-StGB, § 266 Rn. 137; *Fleck*, ZGR 1990, 31, 36 f., 43; *Fleischer*, NJW 2004, 2867, 2869; *Kindhäuser*, in: NK-StGB, § 266 Rn. 71; *Kohlmann*, in: FS Werner, S. 387, 397, 403 f.; *Lackner/Kühl*, StGB, § 266 Rn. 20a; *Radtke/Hoffmann*, GA 2008, 535, 547 ff.; *Ransiek*, in: FS Kohlmann, S. 207, 212 ff.; *Saliger*, in: FS Roxin, S. 1053, 1064; *Schünemann*, in: LK-StGB, § 266 Rn. 125; *Tiedemann*, in: Scholz, GmbHG, Vor §§ 82 ff. Rn. 8; *ders.*, Wirtschaftsstrafrecht BT, § 9 Rn. 391; *Zieschang*, in: FS Kohlmann, S. 351, 362 f.

der Diskussion bei § 266 StGB – vor dem Hintergrund der Schuldnerbegünstigung gemäß § 283d StGB seine Bedeutung verliert:

Aufgrund der Kongruenz von geschütztem Rechtsgut und Schutzrichtung der Kapitalerhaltungsregelungen kommt die Beschränkung der Einwilligungskompetenz der GmbH-Gesellschafter durch die Vorschrift des § 30 Abs. 1 GmbHG hier gerade keiner unstatthaften Vertauschung der tatbestandlichen Schutzrichtung gleich.[413]

Im Ergebnis erweist sich also – wie auch *Brand/Sperling* zutreffend feststellen – im Falle der Einwilligung des Schuldners im Sinne des § 283d Abs. 1 Var. 1 StGB allein derjenige Weg als gangbar, welcher im Zusammenhang mit dem Untreuetatbestand als *eingeschränkte Gesellschaftertheorie* firmiert: Die Begrenzung der strafrechtlich relevanten Einwilligungsbefugnis der GmbH-Gesellschafter durch die Kapitalerhaltungsvorschrift des § 30 Abs. 1 GmbHG sowie die von der Rechtsprechung entwickelten Grundsätze zum Existenzgefährdungsverbot.[414]

Es lässt sich somit festhalten, dass das gesetzliche Ausschüttungsverbot des § 30 Abs. 1 GmbHG eine relevante Grenze der Befugnis der Gesellschafter darstellt, für die GmbH als Insolvenzschuldnerin eine Einwilligung im Sinne des § 283d Abs. 1 Var. 1 StGB zu formulieren.

III. Zwischenergebnis und Auswirkungen auf die Funktionsfähigkeit des Tatbestandes der Schuldnerbegünstigung (§ 283d Abs. 1 Var. 1 StGB)

Die bisherigen Erkenntnisse hinsichtlich der Voraussetzungen einer wirksamen Einwilligung im Sinne des § 283d Abs. 1 Var. 1 StGB beim Vorliegen einer GmbH als Insolvenzschuldnerin lassen sich wie folgt zusammenfassen:

Die Gesamtheit der Gesellschafter ist als oberstes Willensbildungsorgan der GmbH grundsätzlich allein zur Entscheidung über die Formulierung einer solchen Einwilligung in die Beeinträchtigung des Gesellschaftsvermögens berufen. Diese im Rahmen der Gesellschafterversammlung getroffene Entscheidung muss jedoch auch gesellschaftsrechtlich wirksam sein, um der GmbH als deren eigener Wille zugerechnet werden zu können.[415]

---

[413] Siehe dazu bereits eingehend oben Kap. 3 B. IV. 2. b).
[414] *Brand/Sperling*, ZStW 121 (2009), 281, 298 f., 302.
[415] Vgl. oben Kap. 3 B. IV. 4.

Dies ist insbesondere dann nicht der Fall, wenn die Entscheidung gegen gesetzliche Kapitalerhaltungsvorschriften – namentlich § 30 Abs. 1 GmbHG – verstößt oder die GmbH konkret in ihrer wirtschaftlichen Existenz bedroht.[416] Ein unter Missachtung dieser Grenzen gefasster Beschluss der Gesellschafterversammlung ist wegen des Verstoßes gegen gläubigerschützende Vorschriften analog § 241 Nr. 3 AktG nichtig und entfaltet somit keinerlei Rechtswirkungen;[417] er vermag mithin auch keine wirksame, der GmbH als Insolvenzschuldnerin zurechenbare Einwilligung im Sinne des § 283d Abs. 1 Var. 1 StGB darzustellen.[418]

Basierend auf diesem Ergebnis stellt sich nunmehr die Frage, wie sich diese Erkenntnisse auf die Funktionsfähigkeit des Tatbestandes der Schuldnerbegünstigung nach § 283d StGB auswirken und ob dieser auch beim Vorliegen einer GmbH in der Rolle der Insolvenzschuldners noch einen effektiven Rechtsgutsschutz zu gewährleisten vermag.

Eine nähere Betrachtung fördert hier rasch ein geradezu paradoxes Resultat zu Tage, welches an der Eignung des Tatbestandes erhebliche Zweifel weckt, sobald mit der GmbH eine juristische Person auftritt:
Während die Einwilligung der organschaftlich zuständigen Gesellschafterversammlung etwa im Rahmen des Untreuetatbestandes gemäß § 266 StGB strafbarkeitsbefreiend wirkt, stellt sie bei der Schuldnerbegünstigung nach § 283d Abs. 1 Var. 1 ein Merkmal des objektiven Tatbestandes dar und hat somit – umgekehrt – gerade strafbarkeitsbegründende Wirkung.[419] Dies führt dazu, dass eine Strafbarkeit des deliktisch handelnden Dritten im Sinne des § 283d StGB nur noch für solche Schädigungshandlungen in Betracht käme, die weder das Stammkapital der GmbH angreifen noch deren wirtschaftliche Existenz gefährden; andernfalls wäre

---

[416] Siehe unter Kap. 4 A. II. 1. und 2. Zum – neben § 30 Abs. 1 GmbHG bestehenden – Verbot existenzgefährdender Eingriffe sogleich näher im Rahmen der UG (haftungsbeschränkt) unter Kap. 4 B. III. 2. c).
[417] Vgl. dazu Kap. 4 A. II. 2. b).
[418] Die von *Corsten*, Einwilligung, S. 96 im Kontext des Untreuetatbestandes gemäß § 266 StGB geäußerten Bedenken, die aus einem analog § 241 Nr. 3 AktG nichtigen Beschluss folgende strafrechtliche Unbeachtlichkeit einer Einwilligung mittelbar strafbarkeitsbegründend wirken und somit eine aufgrund von Art. 103 Abs. 2 GG unzulässige Analogie zu Lasten des Täters darstellen könnte, erweisen sich im Rahmen des Tatbestandes der Schuldnerbegünstigung nach § 283d StGB als von vornherein unbegründet, da hier – genau umgekehrt – gerade eine wirksame Einwilligung zur tatbestandlichen Deliktsverwirklichung erforderlich ist.
[419] Vgl. hierzu *Radtke*, in: MünchKomm-StGB, § 283d Rn. 10 sowie bereits oben unter Kap. 3 B. II.

die entsprechend erteilte Einwilligung – wie gesehen – analog § 241 Nr. 3 AktG wegen eines Verstoßes gegen Gläubigerschutzvorschriften unwirksam.[420]

Es ergibt sich damit das einigermaßen groteske Ergebnis, dass der strafrechtliche Schutz der Befriedigungsinteressen der Gläubigergesamtheit ausgerechnet in derjenigen Situation entfällt, in welcher der GmbH eine Beeinträchtigung ihres Stammkapitals und somit gleichzeitig die größtmögliche Gefahr für das tatbestandlich geschützte Rechtsgut der Gläubigerinteressen droht.[421]

Für den Fall einer GmbH als Insolvenzschuldnerin im Rahmen der Schuldnerbegünstigung ergibt sich folglich der bedenkliche Befund, dass der Tatbestand der Schuldnerbegünstigung gemäß § 283d StGB seine rechtsgutsorientierte Funktionsfähigkeit größtenteils einbüßt und eine Erfassung entsprechender strafwürdiger Verhaltensweisen somit nicht sichergestellt erscheint.

B. Haftungsbeschränkte Unternehmergesellschaft (UG [haftungsbeschränkt])

Mit der haftungsbeschränkten Unternehmergesellschaft – kurz: UG (haftungsbeschränkt) – als weiterer Form der Kapitalgesellschaft nach deutschem Recht steht im Folgenden nun eine vergleichsweise junge[422] und insbesondere strafrechtlich bisher noch annähernd unbeleuchtete Rechtsform im Mittelpunkt des Interesses.

Hierzu wird erneut anhand der rechtsformspezifischen Charakteristika herausgearbeitet, welche Auswirkungen das Vorliegen einer UG (haftungsbeschränkt) in der Rolle der Insolvenzschuldners auf die Funktionsfähigkeit des Tatbestandes gemäß § 283d StGB hat.

Vorab soll der Blick in der gebotenen Kürze auf die Entstehungsgeschichte dieser neuartigen Rechtsform gerichtet werden, welche letztlich auch das Verständnis sowie die Einordnung der mit ihr verbundenen gesetzlichen Sonderregelungen erleichtert:

---

[420] Siehe dazu Kap. 4 A. II. 2. b).
[421] Zu diesem Ergebnis gelangen auch *Brand/Sperling*, ZStW 121 (2009), 281, 299 f.
[422] Eingeführt wurde die Rechtsform der UG (haftungsbeschränkt) im Zuge des Gesetzes zur Modernisierung des GmbH-Rechts und zur Bekämpfung von Missbräuchen (MoMiG, BGBl. I 2008, S. 2026 ff.), welches am 1. November 2008 in Kraft trat.

Nachdem im Anschluss an die Rechtsprechung des EuGH zur Niederlassungsfreiheit[423] insbesondere die englische Rechtsform der *Private Limited Company by Shares* (Limited bzw. kurz: Ltd.) bei den Neugründungen in Deutschland mehr und mehr in Mode gekommen war,[424] wollte der Reformgesetzgeber des MoMiG die UG (haftungsbeschränkt) bewusst als Reaktion darauf im internationalen Wettbewerb der Gesellschaftsformen positionieren.[425] Ziel war es, vor allem jungen Existenzgründern auf der Suche nach einem unkomplizierten und kostengünstigen Organisationsrahmen für den Start ins Wirtschaftsleben eine Gesellschaftsform bieten zu können, welche gewissermaßen die praktischen Vorzüge der englischen Limited mit der soliden Reputation einer deutschen Rechtsform kombiniert. Heraus kam dabei die oftmals auch als „kleine Schwester der GmbH"[426], „Ein-Euro-GmbH"[427] oder „GmbH light"[428] betitelte UG (haftungsbeschränkt), welche zwischenzeitlich gut angenommen wurde und der Limited jedenfalls hinsichtlich der Neugründungen bereits weitestgehend den Rang abgelaufen hat.[429]

---

[423] Wegweisend waren insoweit insbesondere die Entscheidungen des EuGH in den Rechtssachen „Centros" (Slg. 1999 I-1459 = NJW 1999, 2027), „Überseering" (Slg. 2002 I-9919 = NJW 2002, 3640) sowie „Inspire Art" (Slg. 2003 I-10155 = NJW 2003, 3331). Eine Übersicht zur entsprechenden Rechtsprechungsentwicklung findet sich bei *Gräfe*, Limited, S. 40 ff.

[424] Vgl. *Happ/Holler*, DStR 2004, 730, die in diesem Zusammenhang von einem „Limited-Boom" sprechen. Zu den damit verbundenen strafrechtlichen Fragen – insbesondere einer Haftung der Direktoren der Limited – grundlegend *Rönnau*, ZGR 2005, 832 ff. m. zahlr. Nachw.

[425] Die Gesetzesbegründung zum MoMiG (BT-Drs. 16/6140, S. 31) erkennt in der neuen Rechtsform der UG (haftungsbeschränkt) „bisher unbekanntes Maß an Flexibilität, Schnelligkeit, Einfachheit und Kostengünstigkeit"; *Miras*, Unternehmergesellschaft, S. 25 Rn. 89; *Raiser/Veil*, Kapitalgesellschaften, § 42 Rn. 1; *Wachter*, NJW 2011, 2620, 2621; *ders.*, in: Goette/Habersack, MoMiG, Kap. 1 Rn. 1.85; *Westermann*, in: FS Schneider, S. 1437, 1438 f.; *ders.*, in: Scholz, GmbHG, § 5a Rn. 2.

[426] Siehe *Priester*, in: FS Roth, S. 573.

[427] *Noack/Grunewald*, GmbHR 2005, 189.

[428] Vgl. *Freitag/Riemenschneider*, ZIP 2007, 1485; *Joost*, ZIP 2007, 2242; *Priester*, ZIP 2005, 921; *Ulmer*, ZIP 2008, 45, 46.

[429] Vgl. *Berninger*, GmbHR 2011, 953; *Kornblum*, GmbHR 2010, 739, 748; *Miras*, DB 2010, 2488; *Priester*, in: FS Roth, S. 573; *Schäfer*, ZIP 2011, 53; So waren nach Angaben des „Forschungsprojekts Unternehmergesellschaft" der Universität Jena zum Stichtag des 28. Februars 2011 bereits 47.605 haftungsbeschränkte Unternehmergesellschaften im Handelsregister eingetragen, siehe http://www.rewi.uni-jena.de/Forschungsprojekt+Unternehmergesellschaft_p_15113-path-11558.html (abgerufen am 26.9.2012). Zahlreiche weitere empirische Daten finden sich außerdem bei *Niemeier*, in: FS Roth, S. 533 ff.

I. Die UG als Rechtsformvariante der GmbH und Anwendbarkeit der Regelungen des GmbHG

Der Reformgesetzgeber des MoMiG hat die neu eingeführte haftungsbeschränkte Unternehmergesellschaft nicht als eigenständige Rechtsform, sondern vielmehr als eine Unterform der GmbH konzipiert.[430] Ausschlaggebend hierfür waren vor allem der Vorteil des vergleichsweise deutlich geringeren legislativen Regelungsaufwandes[431] sowie der Vermeidung einer befürchteten Phase anfänglicher Rechtsunsicherheit, welche die Einführung einer gänzlich neuen Rechtsform hätte zur Folge haben können.[432]

Dieser Konzeption entsprechend wurde die haftungsbeschränkte Unternehmergesellschaft in Gestalt der ergänzenden Vorschrift des § 5a GmbHG in das bestehende Regelwerk für die GmbH eingefügt, sodass – bis auf die in § 5a GmbHG ausdrücklich vorgesehenen Besonderheiten – die Vorschriften des GmbHG vollumfänglich auf die UG (haftungsbeschränkt) Anwendung finden.[433] Mit Blick auf die innergesellschaftliche Kompetenzverteilungsstruktur hat dies zur Folge, dass sich diese für die haftungsbeschränkte Unternehmergesellschaft vollständig deckungsgleich mit jener der bereits vorgestellten GmbH darstellt, sodass insoweit auf diese verwiesen werden kann.[434] Ferner gilt damit auch das Kapitalerhaltungsregime der §§ 30 ff. GmbHG ohne Einschränkungen,[435] was im weiteren Verlauf noch von besonderer Bedeutung sein wird.

---

[430] Siehe dazu die Gesetzesbegründung zum MoMiG, BT-Drs. 16/6140, wo diesbezüglich explizit von einer „GmbH-Variante" (S. 25, 74) bzw. einer „Rechtsformvariante" (S. 31) die Rede ist. Anderslautende Empfehlungen (vgl. etwa *Gehb/Drange/Heckelmann*, NZG 2006, 88 ff.) im Zuge des Gesetzgebungsverfahrens konnten sich damit nicht durchsetzen. Vgl. zum Ganzen auch *Westermann*, in: Scholz, GmbHG, § 5a Rn. 7.
[431] So deutlich BT-Drs. 16/6140, S. 1 unter „Alternativen".
[432] Vgl. hierzu *Seibert*, GmbHR 2007, 673, 674.
[433] *Fastrich*, in: Baumbach/Hueck, GmbHG, § 5a Rn. 3; *Lutter*, in: Lutter/Hommelhoff, GmbHG, § 5a Rn. 4; *Miras*, Unternehmergesellschaft, S. 3 Rn. 6; *Pfisterer*, in: Saenger/Inhester, GmbHG, § 5a Rn. 2; *Priester*, in: FS Roth, S. 573, 574; *Rieder*, in: MünchKomm-GmbHG, § 5a Rn. 1; *Roth*, in: Altmeppen/Roth, GmbHG, § 5a Rn. 3; *Schäfer*, in: Bork/Schäfer, GmbHG, § 5a Rn. 7.
[434] Siehe unter Kap. 4 A. II.
[435] Vgl. *Holzner*, Unternehmergesellschaft, S. 251; *Joost*, in: FS Hüffer, S. 405, 414 f.; *Westermann*, in: Scholz, GmbHG, § 5a Rn. 23 – jew. m. w. N.

II. Spezifische Sonderregelungen gemäß § 5a GmbHG

§ 5a GmbHG sieht für die UG (haftungsbeschränkt) einige gesetzliche Besonderheiten vor, welche von der für die GmbH geltenden Rechtslage abweichen. Zwar sind diese nicht eben groß an Zahl,[436] dafür aber umso bedeutsamer für das Wesen der haftungsbeschränkten Unternehmergesellschaft als solcher sowie insbesondere für die hier interessierende Frage nach der strafrechtlich relevanten Reichweite der Einwilligungsbefugnis der Anteilseigner.

Die folgende Darstellung konzentriert sich daher auf diejenigen spezifischen Regelungen für die UG (haftungsbeschränkt), welche sich auf die Kapitalbindung der Gesellschaft auswirken.

1. Reduziertes Mindeststammkapital

Eckpfeiler der Sonderregelungen für die UG (haftungsbeschränkt) und zur Erleichterung von Unternehmensgründungen von zentraler Bedeutung ist der weitgehende Verzicht auf ein gesetzliches Mindeststammkapital in § 5a Abs. 1 GmbHG, welches im Fall einer klassischen GmbH gemäß § 5 Abs. 1 GmbHG in Höhe von 25.000 Euro aufzubringen wäre; die haftungsbeschränkte Unternehmergesellschaft kann folglich mit nur einem Euro gegründet und betrieben werden.[437]

Es versteht sich von selbst, dass insbesondere dieses Spezifikum der UG (haftungsbeschränkt) bereits im Rahmen des Gesetzgebungsverfahrens Gegenstand lebhafter Kontroversen war und es auch weiterhin ist.[438] Dennoch gehört nunmehr eine Kapitalgesellschaft mit eigener Rechtspersönlichkeit, aber ohne gesetzliches Mindestkapital, zur Rechtswirklichkeit des deutschen Gesellschaftsrechts.

---

[436] Ein Überblick über die entsprechenden Sonderregelungen findet sich bei *Veil*, ZGR 2009, 623 ff.
[437] Vgl. *Miras*, Unternehmergesellschaft, S. 41 Rn. 148; *Veil*, ZGR 2009, 623, 625; *Wachter*, NJW 2011, 2620, 2621. Dass eine Gründung der UG (haftungsbeschränkt) mit weniger als einem Euro hingegen nicht in Betracht kommt, ergibt sich nicht aus der Regelung des § 5a Abs. 1 GmbHG, sondern daraus, dass die Nennbeträge der Geschäftsanteile der Gesellschafter gemäß – dem auch für die Unternehmergesellschaft geltenden – § 5 Abs. 2 S. 1 GmbHG auf „volle Euro" lauten müssen, siehe *Wachter*, in: Goette/Habersack, MoMiG, Kap. 1 Rn. 1.91.
[438] Siehe dazu nur *Priester*, in: FS Roth, S. 573, 574: „Haftungsbeschränkung – realiter – zum Nulltarif"; ebenfalls kritisch *Gude*, ZInsO 2010, 2385, 2387: „praktisch mindestkapitalfreie Rechtsform".

2. Thesaurierungsgebot gemäß § 5a Abs. 3 S. 1 GmbHG

Der Gesetzgeber hat die Einschränkungen im Bereich der Stammkapitalanforderungen an die UG (haftungsbeschränkt) dabei jedoch freilich nicht bedingungslos vorgenommen:

Wichtigstes[439] Korrelat zur beschränkten Haftung gegenüber den Gesellschaftsgläubigern stellt die Pflicht der Unternehmergesellschaft dar, auf Basis des jeweiligen Jahresabschlusses eine Rücklage zu bilden, in die ein Viertel des um einen etwaigen Verlustvortrag geminderten Jahresüberschusses einzustellen ist (vgl. § 5a Abs. 3 S. 1 GmbHG).[440] Der erwirtschaftete Bilanzgewinn darf insoweit nicht ausgeschüttet, sondern muss für Zwecke der Gesellschaft selbst einbehalten, also thesauriert[441] werden. Ziel dieser Pflicht zur Rücklagenbildung ist es, dass die UG (haftungsbeschränkt) auf diese Weise Stammkapital „anspart", um sich der Stammkapitalziffer einer regulären GmbH in Höhe von 25.000 Euro (vgl. § 5 Abs. 1 GmbHG) anzunähern.[442] Ist diese erreicht, so haben die Gesellschafter die Möglichkeit, die haftungsbeschränkte Unternehmergesellschaft in eine klassische GmbH zu überführen,[443] was durch eine formelle Kapitalerhöhung sowie entsprechende Eintragung im Handelsregister zu erfolgen hat.[444] Um dem vom Gesetzgeber vorgesehenen Charakter der UG (haftungsbeschränkt) als bloße Übergangsform[445] zur regulären GmbH Nachdruck zu verleihen, endet die Thesau-

---

[439] Daneben hat der Gesetzgeber zum Schutz des Rechtsverkehrs außerdem vorgesehen, dass sich die Unterschreitung des gesetzlichen Mindestkapitals im Vergleich zur GmbH bereits im Namen der Gesellschaft niederzuschlagen hat: Die Gesellschaft muss – entgegen § 4 GmbHG – in ihrer Firma zwingend den Zusatz „(haftungsbeschränkt)" führen, vgl. *Lutter*, in: Lutter/Hommelhoff, GmbHG, § 5a Rn. 26; *Miras*, Unternehmergesellschaft, S. 4 Rn. 10 f.; *Pfisterer*, in: Saenger/Inhester, GmbHG, § 5a Rn. 8; *Roth*, in: Altmeppen/Roth, GmbHG, § 5a Rn. 7 ff.; *Schäfer*, in: Bork/Schäfer, GmbHG, § 5a Rn. 15 f.

[440] Siehe *Priester*, in: FS Roth, S. 573, 581; *Veil*, ZGR 2009, 623, 633; *Westermann*, in: Scholz, GmbHG, § 5a Rn. 23 ff.

[441] Der anteilige Bilanzgewinn ist somit im wahrsten Sinne des altgriechischen Wortursprungs (θησαυρός, *thesaurós*) in die „Vorrats-" bzw. „Schatzkammer" der Gesellschaft zu verbringen.

[442] *Miras*, Unternehmergesellschaft, S. 57 Rn. 213; *Pfisterer*, in: Saenger/Inhester, GmbHG, § 5a Rn. 19; *Westermann*, in: FS Schneider, S. 1437, 1445 f.

[443] Hierbei handelt es sich jedoch nach allgemeiner Auffassung nicht um eine Umwandlung im Sinne des Umwandlungsgesetzes, vgl. nur *Freitag/Riemenschneider*, ZIP 2007, 1485, 1490 f.; *Wicke*, GmbHG, § 5a Rn. 14.

[444] *Lutter*, in: Lutter/Hommelhoff, GmbHG § 5a Rn. 23; *Miras*, in: Michalski, GmbHG, § 5a Rn. 108 f., 115; *Pfisterer*, in: Saenger/Inhester, GmbHG, § 5a Rn. 25; *Westermann*, in: Scholz, GmbHG, § 5a Rn. 28.

[445] *Schäfer*, in: Bork/Schäfer, GmbHG, § 5a Rn. 6 und *Veil*, ZGR 2009, 623, 625 beschreiben den Charakter der Unternehmergesellschaft daher treffend als „transitorisch"; ähnlich auch *Hennrichs*, NZG 2009, 921, 924 f.: „nur temporär". Siehe ferner *Jordan*, Gläubigerschutz, S. 106 m. w. N.

rierungspflicht nach § 5a Abs. 3 S. 1 GmbHG – auch nach Erreichen der Stammkapitalziffer von 25.000 Euro – solange nicht, bis der Übergang zur GmbH ordnungsgemäß vollzogen ist.[446]

a) Thesaurierungsgebot als Dotierungspflicht einer gesetzliche Rücklage

Rechtstechnisch ist das Thesaurierungsgebot nach § 5a Abs. 3 S. 1 GmbHG als zwingende Dotierungspflicht[447] einer gesetzlichen Rücklage ausgestaltet,[448] die strukturell der Vorschrift des § 150 AktG über die gesetzlichen Rücklagen bei der Aktiengesellschaft entspricht.[449]

Fällt – nach Abzug eines etwaigen Verlustvortrages – ein Bilanzgewinn an, so ist dieser in Höhe der gesetzlichen Pflichtrücklage von 25% nicht verteilungsfähig (vgl. § 158 Abs. 1 Nrn. 4, 5 AktG analog);[450] damit stellt die Thesaurierungspflicht zugleich eine unmittelbare Beschränkung der Kompetenz der Gesellschaftergesamtheit gemäß § 46 Nr. 1 GmbHG dar, über die Verwendung des Jahresüberschusses frei zu entscheiden.[451] Ist eine ordnungsgemäße Dotierung der Rücklage erfolgt, kann diese (nur) zu den in § 5a Abs. 3 S. 2 Nrn. 1 bis 3 GmbHG abschließend genannten Zwecken aufgelöst werden.[452] Eine unter Verstoß gegen die Rücklagepflicht aus § 5a Abs. 3 S. 1 GmbHG ergangene Entscheidung der Gesellschafterversammlung führt zur Nichtigkeit sowohl des Beschlusses über die Fest-

---

[446] Vgl. *Lutter*, in: Lutter/Hommelhoff, GmbHG, § 5a Rn. 23; *Schäfer*, ZIP 2011, 53, 58; *Westermann*, in: Scholz, GmbHG, § 5a Rn. 24.
[447] Als Dotierung wird die bilanztechnische Zuweisung eines Kapitalpostens zu einem bestimmten Zweck (insbesondere zur Rücklagenbildung) bezeichnet, vgl. nur *Schaffhauser-Linzatti*, Rechnungswesen, S. 57 m. Fn. 17.
[448] Statt aller *Pfisterer*, in: Saenger/Inhester, GmbHG, § 5a Rn. 19.
[449] *Holzner*, Unternehmergesellschaft, S. 252; *Lutter*, in: Lutter/Hommelhoff, GmbHG, § 5a Rn. 16; *Priester*, in: FS Roth, S. 573, 581.
[450] Vgl. *Lutter*, in: Lutter/Hommelhoff, GmbHG, § 5a Rn. 15.
[451] Siehe *Miras*, in: Michalski, GmbHG, § 5a Rn. 68.
[452] Gesetzlich intendierter Normalfall ist die Kapitalerhöhung (§ 57c GmbHG) durch Umwandlung von Rücklagen in Stammkapital gemäß § 5a Abs. 3 S. 2 Nr. 1 GmbHG. Die Auflösungsmöglichkeiten zum Ausgleich eines etwaigen Jahresfehlbetrages (Nr. 2) oder Verlustvortrages aus dem Vorjahr (Nr. 3) sind im Wesentlichen bilanzoptischer Natur, da ein solcher der Kapitalerhöhung aus Gesellschaftsmitteln ohnehin nach § 57d Abs. 2 GmbHG entgegenstünde, vgl. dazu *Priester*, in: FS Roth, S. 573, 582; *Schäfer*, ZIP 2011, 53, 58; *Westermann*, in: Scholz, GmbHG, § 5a Rn. 27.

stellung des Jahresabschlusses (§ 256 Abs. 1 Nr. 1 AktG analog) als auch eines hierauf basierenden Gewinnverwendungsbeschlusses (§ 253 AktG analog).[453]

In der Bilanz der Unternehmergesellschaft ist die entsprechend gebildete Rücklage schließlich gemäß §§ 266 Abs. 3, 272 Abs. 3 S. 2 HGB als Eigenkapital zu passivieren.[454]

b) Umgehung der Stammkapitalanwachsung durch Vermeidung thesaurierungspflichtiger Bilanzgewinne

Im Rahmen des Gesetzgebungsverfahrens wurden bereits frühzeitig Stimmen laut, die vor zahlreichen Gestaltungsmöglichkeiten warnten, wie der Ausweis eines thesaurierungspflichtigen Bilanzgewinns und somit zugleich auch die Mehrung des Stammkapitals im Sinne des § 5a GmbHG umgangen werden könne.[455]

Exemplarisch sei an dieser Stelle nur eine entsprechend (hoch) festgesetzte Vergütung des Gesellschafter-Geschäftsführers genannt, die den zu thesaurierenden Unternehmensgewinn unmittelbar mindert.[456] Ferner ist – abseits von gezielten, auch als „Aschenputtel-Konstruktionen"[457] bezeichneten Vermeidungsstrategien – an den Fall zu denken, dass die UG (haftungsbeschränkt) nach ihrer Gründung schlicht eine Zeit lang betriebswirtschaftlich noch keinen operativen Gewinn erzielt.[458] Freilich ist es ein äußerst schmaler Grat, so zu wirtschaften, dass einerseits

---

[453] Vgl. *Fastrich*, in: Baumbach/Hueck, GmbHG, § 5a Rn. 26; *Hennrichs*, NZG 2009, 921, 924; *Holzner*, Unternehmergesellschaft, S. 259; *Wachter*, in: Goette/Habersack, MoMiG, Kap. 1 Rn. 1.101.

[454] *Fastrich*, in: Baumbach/Hueck, GmbHG, § 5a Rn. 21; *Holzner*, Unternehmergesellschaft, S. 254 f.; *Miras*, Unternehmergesellschaft, S. 57 Rn. 214; *Rieder*, in: MünchKomm-GmbHG, § 5a Rn. 26.

[455] So etwa die Stellungnahme von *Goette* zum Regierungsentwurf MoMiG, S. 11: „Die Beteiligten haben es in der Hand, (...) dafür zu sorgen, dass ein Jahresüberschuss (...) gar nicht entsteht.". Kritisch auch *Rieder*, in: MünchKomm-GmbHG, § 5a Rn. 57 f., der die haftungsbeschränkte Unternehmergesellschaft aufgrund von Missbrauchsgefahr und mangelndem Gläubigerschutz aus rechtspolitischer Sicht als „Fehlentwicklung" bezeichnet.

[456] Vgl. *Freitag/Riemenschneider*, ZIP 2007, 1485, 1488; *Holzner*, Unternehmergesellschaft S. 264 f.; *Westermann*, in: Scholz, GmbHG, § 5a Rn. 25; *Wicke*, GmbHG, § 5a Rn. 11.

[457] So prägnant *Fastrich*, in: Baumbach/Hueck, GmbHG, § 5a Rn. 24; siehe hierzu umfassend auch *Hennrichs*, in: FS Schneider, S. 489 ff. Einigkeit herrscht im Übrigen auch darüber, dass aus dem Thesaurierungsgebot in § 5a Abs. 3 S. 1 GmbHG jedenfalls keine Pflicht zur Gewinnerzielung abgeleitet werden kann, vgl. nur *Miras*, in: Ziemons/Jaeger, GmbHG, § 5a Rn. 95.

[458] Dies deutet auch die Beschlussempfehlung der Ausschüsse an den Bundesrat zum Entwurf des MoMiG an, vgl. BR-Drs. 354/1/07, S. 11 an. Ebenso *Veil*, GmbHR 2007, 1080, 1083. In der gesellschaftsrechtlichen Literatur werden daher bereits Instrumente für diesen Fall eines ausbleibenden thesaurierungspflichtigen Gewinns diskutiert, wie etwa eine Haftung wegen Unterkapitalisierung (siehe *Veil*, ZGR 2009, 623, 638 ff.) oder auch eine ratierliche Differenzeinzahlungspflicht – mit anderen Worten also eine ersatzweise Einlagepflicht – der Gesellschafter (vgl. *Hennrichs*, NZG 2009, 921, 925).

dauerhaft kein thesaurierungspflichtiger Gewinn anfällt, andererseits aber auch kein strafbewehrter Insolvenzeröffnungsgrund im Sinne des § 15a InsO eintritt; ausgeschlossen erscheint dies aber keineswegs.

Dass diese Bedenken nicht gänzlich von der Hand zu weisen sind, verdeutlicht schließlich ein Blick auf die empirischen Daten über die bisher erfolgten Übergänge von der haftungsbeschränkten Unternehmergesellschaft zur regulären GmbH: Der weit überwiegende Anteil dieser so genannten „*Upgrades*" erfolgte durch externe Bareinlagen und somit gerade nicht im vom Gesetz vorgesehenen Wege einer entsprechenden Auflösung thesaurierter Eigenmittel.[459] Es bleibt folglich abzuwarten, ob die Rechtswirklichkeit die vom Gesetzgeber als Normalfall intendierte Entwicklung der UG (haftungsbeschränkt) hin zu einer klassischen GmbH durch regelmäßige Gewinnthesaurierung möglicherweise doch als zu optimistisch widerlegen wird.

3. Sonstige Sonderregelungen

Die sonstigen Regelungen, welche § 5a GmbHG speziell für die UG (haftungsbeschränkt) vorsieht, sind vor dem hier interessierenden Hintergrund einer möglichen Relevanz für die Reichweite der Einwilligungsbefugnis ihrer Anteilseigner von untergeordneter Bedeutung. Der Vollständigkeit halber sollen sie an dieser Stelle aber zumindest überblicksartig Erwähnung finden:

§ 5a Abs. 2 GmbHG sieht – abweichend von § 7 Abs. 2 GmbHG – vor, dass das Stammkapital sofort durch Bareinlagen aufgebracht werden muss (sog. Volleinzahlungsgebot); Sacheinlagen sind hierbei ausgeschlossen.[460] Ferner ist die Gesellschafterversammlung gemäß § 5a Abs. 4 GmbHG in Abweichung von § 49 Abs. 3 GmbHG angesichts der gesetzlich ermöglichten minimalen Stammkapitalausstattung nicht bereits bei Verlust des hälftigen Stammkapitals, sondern erst bei einer drohenden Zahlungsunfähigkeit (vgl. § 18 Abs. 2 InsO) zwingend und unverzüglich einzuberufen.[461]

---

[459] Siehe *Lieder/Hoffmann*, GmbHR 2011, 561, 562 f. m. zahlr. Nachw.
[460] Vgl. *Fastrich*, in: Baumbach/Hueck, GmbHG, § 5a Rn. 11 f.; *Hennrichs*, NZG 2009, 921, 923; *Raiser/Veil*, Kapitalgesellschaften, § 42 Rn. 6; *Rieder*, in: MünchKomm-GmbHG, § 5a Rn. 18 ff.; *Roth*, in: Roth/Altmeppen, GmbHG, § 5a Rn. 14 f., 18; *Westermann*, in: Scholz, GmbHG, § 5a Rn. 16, 18.
[461] *Fastrich*, in: Baumbach/Hueck, GmbHG, § 5a Rn. 27 f.; *Lutter*, in: Lutter/Hommelhoff, GmbHG, § 5a Rn. 28 ff.; *Pfisterer*, in: Saenger/Inhester, GmbHG, § 5a Rn. 23; *Rieder*, in: MünchKomm-GmbHG, § 5a Rn. 35 f.; *Roth*, in: Roth/Altmeppen, GmbHG, § 5a Rn. 31;

Alle genannten Sondervorschriften des § 5a GmbHG sind dabei letztlich vor dem Hintergrund der Entscheidung des Gesetzgebers zu betrachten, im Falle der UG (haftungsbeschränkt) erstmals im System des deutschen Kapitalgesellschaftsrechts trotz auf das Gesellschaftsvermögen beschränkter Außenhaftung zumindest anfänglich *de facto* vollständig auf ein gesetzliches Mindestgarantiekapital zu verzichten. Das Gesetz wollte durch sie mithin Vorsorge treffen, um dem gegenüber einer regulären GmbH erhöhten Risiko für die Gesellschaftsgläubiger im Rechtsverkehr zu begegnen.

III. Kapitalerhaltung bei der UG (haftungsbeschränkt) – die gesetzliche Pflichtrücklage als stammkapitalgleicher Schutzgegenstand der §§ 30 ff. GmbHG

Wie sich bereits im Rahmen der Untersuchung der GmbH gezeigt hat, sind die Kapitalerhaltungsregelungen für eine gesellschaftsrechtsakzessorische Bestimmung von Umfang und Grenzen der Einwilligungskompetenz der Gesellschafter von entscheidender Bedeutung.[462] Sie sollen daher im Folgenden auch für den Fall der haftungsbeschränkten Unternehmergesellschaft näher betrachtet werden.

1. Gesetzliche Pflichtrücklage als „schwebendes Stammkapital"

Den normativen Dreh- und Angelpunkt des gesetzlichen Gläubigerschutzes stellt grundsätzlich auch im Fall der haftungsbeschränkten Unternehmergesellschaft das Kapitalerhaltungsregime der §§ 30 ff. GmbHG dar, welches *de lege lata* mangels abweichender Regelung in § 5a GmbHG uneingeschränkt Anwendung findet.[463]

Während sich dies mit Blick auf durch eine Bareinlage bei der Gesellschaftsgründung eingebrachtes[464] oder im Wege der Umwandlung gemäß § 57c GmbHG generiertes[465] Stammkapital – insoweit vollständig deckungsgleich mit der entsprechenden Situation bei der klassischen GmbH[466] – auch gänzlich unproble-

---

Schäfer, in: Bork/Schäfer, GmbHG, § 5a Rn. 30 ff.; *Westermann*, in: Scholz, GmbHG, § 5a Rn. 34; *Wicke*, GmbHG, § 5a Rn. 13.
[462] Siehe unter Kap. 4 A. II. 2. c).
[463] Vgl. *Joost*, in: FS Hüffer, S. 405, 414 f.; *Jordan*, Gläubigerschutz, S. 110 f.; *Lutter*, in: Lutter/Hommelhoff, GmbHG, § 5a Rn. 2; *Miras*, in: Michalski, GmbHG, § 5a Rn. 81. Außerdem hierzu bereits unter Kap. 4 B. I.
[464] So oben Kap. 4 B. II. 1.
[465] Siehe Kap. 4 B. II. 2.
[466] Vgl. oben unter Kap. 4 A. II.

matisch gestaltet, erweist sich die Behandlung der gesetzlichen Konzeption der Pflichtrücklage nach § 5a Abs. 3 S. 1 GmbHG diesbezüglich als weitaus weniger eindeutig: Der Wortlaut des gesetzlichen Ausschüttungsverbots nach § 30 Abs. 1 GmbHG spricht *expressis verbis* lediglich von „Stammkapital". Legt man an dieser Stelle ein rein formales Verständnis der Kapitalerhaltungsvorschrift zugrunde, so ließe sich der Standpunkt einnehmen, dass die aufgrund des Thesaurierungsgebotes gemäß § 5a Abs. 3 S. 1 GmbHG gebildeten Rücklagen eben gerade (noch) kein derartiges Stammkapital darstellen und somit auch nicht dem Regelungsbereich der §§ 30 ff. GmbHG unterfallen.[467]

Ein solches Verständnis erweist sich indes bei genauerer Betrachtung als zu formalistisch: Wie bereits die entsprechenden Ausführungen der Gesetzesbegründung erkennen lassen, betrachtet der Gesetzgeber das im Wege der verpflichtenden Rücklagenbildung gemäß § 5a Abs. 3 S. 1 GmbHG thesaurierte Kapital als dem „echten" Stammkapital weitestgehend angenähert.[468] Dementsprechend sieht § 5a Abs. 3 S. 2 GmbHG als vorrangigen – und hinsichtlich einer Kapitalerhöhung einzig relevanten[469] – Verwendungszweck gerade die Auflösung dieser gesetzlichen Rücklagen zur Umwandlung in Stammkapital nach § 57c GmbHG vor.[470]

Ferner gebieten Sinn und Zweck der Regelung des § 5a Abs. 3 S. 1 GmbHG, diesen ausdrücklich als „Ansammelrücklage"[471] ausgestalteten Mechanismus der Stammkapitalanwachsung demselben gesetzlichen Schutz zu unterstellen, wie das anvisierte Ziel einer § 5 Abs. 1 GmbHG entsprechenden Stammkapitalziffer[472] selbst – stellt diese doch letzten Endes nichts anderes dar als die bloße Akkumulation der entsprechenden gesetzlich hierfür vorgeschriebenen „Raten".

Schließlich sprechen auch gesetzessystematische Gründe für eine Erstreckung der Kapitalerhaltungsvorschriften der §§ 30 ff. GmbHG auf die gesetzliche Pflichtrücklage gemäß § 5a Abs. 3 S. 1 GmbHG: Die positiv formulierte Regelung des § 30 GmbHG gestattet ausdrücklich (nur) Leistungen, die zu Lasten von freien Rücklagen gehen;[473] *e contrario* § 30 Abs. 2 GmbHG ergibt sich daraus, dass eine

---

[467] So etwa *Noack*, DB 2007, 1395, 1396; *Pfisterer*, in: Saenger/Inhester, GmbHG, § 5a Rn. 21; *Rieder*, in: MünchKomm-GmbHG, § 5a Rn. 30.
[468] Vgl. BT-Drs. 16/6140, S. 32 bzw. BR-Drs. 354/07, S. 72: „gegebenenfalls kann man auch ausdrücklich auf die Kapitalerhaltung nach §§ 30, 31 verweisen".
[469] Hierzu bereits oben unter Fn. 452.
[470] *Fastrich*, in: Baumbach/Hueck, GmbHG, § 5a Rn. 25; *Holzner*, Unternehmergesellschaft, S. 257 f.; *Miras*, in: Michalski, GmbHG, § 5a Rn. 81; *Rieder*, in: MünchKomm-GmbHG, § 5a Rn. 27; *Roth*, in: Roth/Altmeppen, GmbHG, § 5a Rn. 27 f.; *Westermann*, in: Scholz, GmbHG, § 5a Rn. 28 f.
[471] Siehe *Hennrichs*, NZG 2009, 921, 924.
[472] Vgl. *Schäfer*, in: Bork/Schäfer, GmbHG, § 5a Rn. 29.
[473] Siehe *Roth*, in: Roth/Altmeppen, GmbHG, § 5a Rn. 29.

gesetzliche Pflichtrücklage – wie sie die Thesaurierungspflicht nach § 5a Abs. 3 S. 1 GmbHG zum Ziel hat – gerade nicht ohne Weiteres auszahlungsfähig im Sinne von § 30 GmbHG ist.[474]

Im Ergebnis bleibt festzuhalten, dass die besseren Argumente für eine materielle Betrachtungsweise sprechen, welche auch die im Rahmen des § 5a Abs. 3 S. 1 GmbHG bereits thesaurierten und noch zu thesaurierenden Beträge als gleichsam „schwebendes Stammkapital"[475] umfassend in den Schutzbereich des Kapitalerhaltungsregimes der §§ 30 ff. GmbHG – gegebenenfalls im Wege einer Analogie – einbezieht.[476]

2. Mögliche Szenarien des Stammkapitalschutzes beim Vorliegen einer UG (haftungsbeschränkt)

Aufgrund dieser bisherigen Feststellungen ergeben sich mithin drei denkbare Konstellationen, denen sich der gesetzliche Stammkapitalschutz gemäß den §§ 30 ff. GmbHG im Falle der haftungsbeschränkten Unternehmergesellschaft gegenübersehen kann. Diese lassen sich wie folgt zusammenfassen:

a) Szenario 1: Durch Bareinlage eingebrachtes oder durch Umwandlung generiertes Stammkapital

Die erste und hinsichtlich des Kapitalschutzes einfachste Situation stellt das Vorhandensein von „echtem" Stammkapital dar, welches zum einen direkt bei Gründung der Gesellschaft durch Bareinlage eingebracht,[477] oder zum anderen durch eine bereits erfolgte Umwandlung gemäß § 57c GmbHG von im Rahmen des Thesaurierungsgebots nach § 5a Abs. 3 S. 1 GmbHG dotierten Rücklagen generiert wurde.[478] Das entsprechende Stammkapital unterfällt dann unproblematisch dem Kapitalerhaltungsregime der §§ 30 ff. GmbHG.

---

[474] *Joost*, ZIP 2007, 2242, 2247; *Schäfer*, in: Bork/Schäfer, GmbHG, § 5a Rn. 29.
[475] So treffend *Miras*, in: Ziemons/Jaeger, GmbHG, § 5a Rn. 80.
[476] Ebenso *Fastrich*, in: Baumbach/Hueck, GmbHG, § 5a Rn. 26; *Freitag/Riemenschneider*, ZIP 2007, 1485, 1488, 1492; *Gehrlein*, Der Konzern 2007, 771, 780; *Heckschen*, in: Heckschen/Heidinger, Die GmbH, § 5 Rn. 58; *Jordan*, Gläubigerschutz, S. 110 f.; *Joost*, ZIP 2007, 2242, 2247; *Miras*, Unternehmergesellschaft, Rn. 246 f.; *Roth*, in: Roth/Altmeppen, GmbHG, § 5a Rn. 29; *Schäfer*, in: Bork/Schäfer, GmbHG, § 5a Rn. 29; *Wicke*, GmbHG, § 5a Rn. 12. Kritisch diesbezüglich *Noack*, DB 2007, 1395, 1396; *Westermann*, in: Scholz, GmbHG, § 5a Rn. 27.
[477] Siehe unter Kap. 4 B. II. 1.
[478] Vgl. oben Kap. 4 B. II. 2.

b) Szenario 2: Anfallen thesaurierungspflichtiger Bilanzgewinne

Ferner besteht die Möglichkeit, dass bei Gründung der UG (haftungsbeschränkt) kein nennenswertes Stammkapital durch eine Bareinlage eingebracht wird (sog. „Ein-Euro-Gründung"), sodann aber während des operativen Betriebes des Unternehmens thesaurierungspflichtige Bilanzgewinne im Sinne des § 5a Abs. 3 S. 1 GmbHG erwirtschaftet werden.[479]

Wie im Zuge der vorangegangenen Ausführungen gezeigt wurde, sind diese Erträge richtigerweise als „schwebendes Stammkapital" ebenfalls in den Regelungsbereich der §§ 30 ff. GmbHG einzubeziehen und somit im Ergebnis hinsichtlich der entsprechenden Schutzintensität wie bereits gebildetes Stammkapital zu behandeln.[480]

c) Szenario 3: Betrieb einer „gewinnlosen" Gesellschaft

Das dritte mögliche Szenario des Stammkapitalschutzes bei der haftungsbeschränkten Unternehmergesellschaft kann schließlich darin bestehen, dass weder bei Gründung der Gesellschaft nennenswertes Stammkapital durch eine Bareinlage eingebracht wird noch im Laufe des operativen Betriebs des Unternehmens Gewinne anfallen, die dem Thesaurierungsgebot des § 5a Abs. 3 S. 1 GmbHG unterfallen (sog. „Aschenputtel-Konstruktionen"[481] oder „gewinnlose"[482] Unternehmergesellschaften).[483]

Mithin fehlt es insoweit gänzlich an einem entsprechenden Anknüpfungspunkt für das gesetzliche Kapitalerhaltungssystem der §§ 30 ff. GmbHG, sodass dieses in derartigen Konstellationen keinen Schutz zu vermitteln vermag.

Möglicherweise könnte an dieser Stelle jedoch das durch die Judikatur des BGH entwickelte und im Wege ständiger Rechtsprechung verfestigte Institut der Existenzvernichtungshaftung[484] eingreifen, welches dogmatisch nunmehr als Fallgruppe

---

[479] Siehe zu den Voraussetzungen der Thesaurierungspflicht detailliert unter Kap. 4 B. II. 2.
[480] Hierzu Kap. 4 B. III. 1.
[481] *Fastrich*, in: Baumbach/Hueck, GmbHG, § 5a Rn. 24.
[482] *Lutter*, in: Lutter/Hommelhoff, GmbHG, § 5a Rn. 18.
[483] Siehe unter Kap 4 B. II. 2. b).
[484] Vor allem in der strafrechtlichen Rechtsprechung und Literatur ist diesbezüglich seit den Entscheidungen des BGH in der Rechtssache „Bremer Vulkan" (BGHZ 149, 10, 17 = NJW 2001, 3622, 3623 sowie BGHSt 49, 147, 158 = NJW 2004, 2248, 2252 f.) synonym vom Verbot existenzgefährdender Eingriffe die Rede, vgl. *Radtke/Hoffmann*, GA 2008, 535, 538 f.; *Tiedemann*, JZ 2005, 45, 46.

der verbotenen sittenwidrigen Schädigung gemäß § 826 BGB eingeordnet wird.[485] Diese Figur bildet gewissermaßen den Oberbegriff für eine Reihe von Verhaltensweisen, welche geeignet sind, die wirtschaftliche Existenz einer Gesellschaft konkret zu gefährden.[486] Die Beeinträchtigung des Stammkapitals im Sinne der §§ 30 ff. GmbHG stellt dabei nur eine mögliche Variante eines solchen Verhaltens dar;[487] daneben kommen insbesondere auch eine Gefährdung der Liquidität oder die Entziehung der Produktionsgrundlagen der Gesellschaft in Betracht.[488]

Zweifel an einer Anwendbarkeit der Rechtsprechung zur Existenzgefährdung könnten sich indes mit Blick auf die spezifischen Charakteristika der haftungsbeschränkten Unternehmergesellschaft ergeben. Diese kann – wie gesehen[489] – im Gegensatz zu den übrigen Formen der Kapitalgesellschaft nach deutschem Recht gerade ohne vorgeschriebene Mindestkapitalausstattung gegründet und betrieben werden, wodurch sich die entsprechende gesetzliche Konzeption des Kapitalschutzes bei GmbH und UG (haftungsbeschränkt) nicht unerheblich voneinander unterscheiden.[490]

Auf den zweiten Blick erscheint diese Sichtweise jedoch keineswegs zwingend: Die UG (haftungsbeschränkt) hat mit allen übrigen Kapitalgesellschaftsformen gemein, dass die Haftung gegenüber Gläubigern als notwendige Konsequenz ihrer rechtlichen Verselbständigung auf das Vermögen der juristischen Person als solcher beschränkt und als Korrelat hierfür eine Unterwerfung unter das gesetzliche Kapitalerhaltungsregime – als „Preis der beschränkten Haftung"[491] – vorgesehen

---

[485] So die nunmehr ständige Rspr. seit BGHZ 173, 245 ff. = NJW 2007, 2689 ff. – „Trihotel"; bestätigt in BGHZ 176, 204 ff. = NJW 2008, 2437 ff. – „Gamma". Vgl. hierzu ferner *Habersack*, ZGR 2008, 533 ff.; *Hennrichs*, in: FS Schneider, S. 489, 501 ff.; *Strohn*, ZInsO 2008, 706, 708 f.; *Veil*, NJW 2008, 3264 ff. Eine umfassende Darstellung der Rechtsprechungsentwicklung findet sich bei *Röck*, Existenzvernichtungshaftung, S. 6 ff. m. zahlr. Nachw.
[486] Ob eine derartige Existenzgefährdung vorliegt, wird im Wege der Erstellung eines Vermögensstatus der Gesellschaft auf Grundlage einer nach Zerschlagungs- bzw. Liquidationswerten (*Mönning*, in: Nerlich/Römermann, InsO, § 19 Rn. 27) aufgestellten Bilanz ermittelt, vgl. *Fischer*, StGB, § 266 Rn. 96a; *Große Vorholt*, Wirtschaftsstrafrecht, S. 106 Rn. 419 ff. m. zahlr. Nachw.
[487] Dass der Verstoß gegen das Kapitalerhaltungsregime des § 30 Abs. 1 GmbHG nach Auffassung der höchstrichterlichen Strafrechtsprechung insoweit einen Unterfall der wirtschaftlichen Existenzgefährdung der Gesellschaft darstellt, wurde jüngst in BGH, Beschl. v. 30. August 2011, 3 StR 228/11, Rn. 13 = NZG 2011, 1238, 1239 wieder besonders deutlich.
[488] Vgl. nur die Entscheidungen BGHSt 3, 32, 40; 9, 203, 216; 35, 333; 49, 149.
[489] Siehe oben Kap. 4 B. II. 1.
[490] In diese Richtung etwa *Radtke/Hoffmann*, GA 2008, 535, 549 f. für das Beispiel der englischen Limited vor Einführung der UG (haftungsbeschränkt) nach deutschem Recht.
[491] Formuliert in Anlehnung an die insoweit gleichnamige Monographie von *Birkholz*, Untreuestrafbarkeit als strafrechtlicher Preis der beschränkten Haftung, aus dem Jahr 1998.

ist; dies wird bereits durch die uneingeschränkte Anwendbarkeit der §§ 13 Abs. 1 und 2, 30 ff. GmbHG deutlich.[492]
Ferner ist im Wege der gesetzlichen Pflichtrücklage nach § 5a Abs. 3 S. 1 GmbHG zu thesaurierender Bilanzgewinn „echtem" Stammkapital durch seine strenge Zweckbindung zur Kapitalanwachsung (vgl. § 5a Abs. 3 S. 2 Nr. 1 GmbHG) bereits so stark angenähert, dass auch die entsprechende Ebenbürtigkeit hinsichtlich des gesetzlichen Schutzniveaus geboten ist.[493]
Schließlich spricht für dieses Ergebnis, dass auf diese Weise ein grundsätzlicher Gleichlauf des Kapitalschutzes zwischen den verschiedenen Kapitalgesellschaftsformen nach deutschem Recht erreicht und somit zugleich unnötige Friktionen innerhalb des Gesellschaftsrechts vermieden werden können.

Auch für die haftungsbeschränkte Unternehmergesellschaft stellt folglich das Verbot existenzgefährdender Eingriffe – neben dem gesetzlichen Ausschüttungsverbot des § 30 Abs. 1 GmbHG – eine beachtliche Schranke als äußerste Grenze des Handelns der Anteilseigner dar,[494] welche insbesondere dann Bedeutung erlangt, solange die Unternehmergesellschaft „gewinnlos" betrieben und damit kein zu schützendes Stammkapital im Sinne von §§ 30 ff. GmbHG erwirtschaftet wird.

IV. Auswirkungen auf Umfang und Grenzen der strafrechtlichen Einwilligungskompetenz der Gesellschafter

Damit sind nun auch für die UG (haftungsbeschränkt) die nötigen Vorarbeiten geleistet, um erneut nach den Auswirkungen ihrer spezifischen gesellschaftsrechtlichen Regelungen für die Reichweite der Einwilligungsbefugnis der Gesellschafter und somit zugleich nach dem Einfluss derselben auf den Tatbestand der Schuldnerbegünstigung nach § 283d Abs. 1 Var. 1 StGB fragen zu können.

---

[492] Dies stellen so auch *Radtke/Hoffmann*, GA 2008, 535, 545 fest.
[493] Siehe oben unter Kap. 4 B. III. 1.
[494] Vgl. *Füller*, in: Ensthaler/Füller/Schmidt, GmbHG, § 5a Rn. 15; *Rieder*, in: MünchKomm-GmbHG, § 5a Rn. 47; *Westermann*, in: Scholz, GmbHG, § 5a Rn. 32. Die dogmatische Anbindung an § 826 BGB bietet darüber hinaus nunmehr die – angesichts der minimalen Kapitalausstattung der haftungsbeschränkten Unternehmergesellschaft dringend gebotene – Möglichkeit, Fälle wirklicher Existenzgefährdung durch den zusätzlichen Filter des insoweit erforderlichen (und inzident zu prüfenden) subjektiven Haftungstatbestandes (hierzu *Radtke/Hoffmann*, GA 2008, 535, 549 m. Fn. 110 sowie vertiefend *Röck*, Existenzvernichtungshaftung, S. 125 f.) zu identifizieren.

Wie gesehen, präsentiert sich die Kompetenzstruktur der haftungsbeschränkten Unternehmergesellschaft vollständig deckungsgleich mit derjenigen der klassischen GmbH, die bereits Gegenstand der vorangegangenen Ausführungen war.[495] Auf diese kann folglich an dieser Stelle verwiesen werden, sodass sich aus der innergesellschaftlichen Zuständigkeitsordnung der UG (haftungsbeschränkt) keine Erkenntnisse für die Reichweite der Einwilligungsbefugnis der Anteilseigner ableiten lassen.

Einer individuellen Bewertung bedürfen im Fall der UG (haftungsbeschränkt) hingegen die Auswirkungen der – wie gesehen von der regulären GmbH abweichenden[496] – möglichen Kapitalerhaltungsszenarien auf die strafrechtlich relevante Einwilligungskompetenz der Gesellschafter, welche ihrerseits wiederum für die Schuldnerbegünstigung gemäß § 283d Abs. 1 Var. 1 StGB von entscheidender Bedeutung ist.

Eine wichtige Erkenntnis in diesem Zusammenhang war, dass die UG (haftungsbeschränkt) als neuartige Form der Kapitalgesellschaft nunmehr nicht nur eine *de facto* stammkapitalfreie Gründung, sondern im Extremfall auch einen – unter Umständen jahrelangen – stammkapitallosen operativen Betrieb einer haftungsbeschränkten Gesellschaft im Rechtsverkehr ermöglicht.[497] Nachdem jedoch gerade der Verstoß gegen einschlägige Kapitalerhaltungsvorschriften als maßgebliche Determinante einer möglichen gesellschaftsrechtlichen Unwirksamkeit und damit zugleich – aufgrund der insoweit akzessorischen Bestimmung – einer strafrechtlichen Unbeachtlichkeit einer entsprechenden Einwilligung der Gesellschafter im Rahmen des § 283d Abs. 1 Var. 1 StGB erkannt wurde,[498] gilt es die spezifischen Szenarien, welche sich im Falle der UG (haftungsbeschränkt) ergeben können,[499] nun vor ebendiesem Hintergrund zu bewerten.

1. Unwirksamkeit der Einwilligung wegen Verstoßes gegen §§ 30 ff. GmbHG

Ein unter Missachtung der zwingenden gesetzlichen Kapitalerhaltungsvorschriften nach §§ 30 ff. GmbHG getroffener Beschluss der Gesellschafterversammlung ist

---

[495] Dazu unter Kap. 4 A. I.
[496] Siehe oben Kap. 4 B. III. 2.
[497] Vgl. dazu *Erle/Berberich*, in: Beck GmbH-Handbuch, § 1 Rn. 151 f.; *Fastrich*, in: Baumbach/Hueck, GmbHG, § 5a Rn. 22; *Miras*, in: Michalski, GmbHG, § 5a Rn. 96; *Lutter*, in: Lutter/Hommelhoff, GmbHG, § 5a Rn. 18; *Rieder*, in: MünchKomm-GmbHG, § 5a Rn. 31 ff.; *Roth*, in: Altmeppen/Roth, GmbHG, § 5a Rn. 19; *Westermann*, in: Scholz, GmbHG, § 5a Rn. 25; *Wicke*, GmbHG, § 5a Rn. 5.
[498] Dazu unter Kap. 3 B. IV. 4. c) aa).
[499] Siehe oben Kap. 4 B. III. 2.

analog § 241 Nr. 3 AktG nichtig, eine hierauf basierende Einwilligung der Gesellschaft als Vermögensinhaberin nicht zurechenbar und somit auch strafrechtlich im Rahmen des § 283d Abs. 1 Var. 1 StGB unbeachtlich.[500]

Dies gilt ebenso im Falle der UG (haftungsbeschränkt), sofern – in Gestalt von durch eine Bareinlage eingebrachtem, durch Umwandlung von Rücklagen generiertem oder durch angefallene thesaurierungspflichtige Gewinne „schwebendem" Stammkapital – schutzfähiges Kapital im Sinne der §§ 30 ff. GmbHG vorliegt.

2. Unwirksamkeit der Einwilligung wegen Verstoßes gegen das Existenzgefährdungsverbot im Übrigen

Liegt hingegen die Konstellation einer „gewinnlosen" UG (haftungsbeschränkt) – also das Ausbleiben von thesaurierungspflichtigen Erträgen im Sinne von § 5a Abs. 3 S. 1 GmbHG trotz eines operativen Betriebs des Unternehmens – vor, so kommt ein Verstoß gegen die Kapitalerhaltungsregelungen der §§ 30 ff. GmbHG als möglicher Unwirksamkeitsgrund der schuldnerischen Einwilligung nach § 283d Abs. 1 Var. 1 StGB mangels schutzfähigen Stammkapitals nicht in Betracht.

Zugleich muss sich das Strafrecht damit jedoch an dieser Stelle konsequenterweise die Frage gefallen lassen, wie weit es in dieser spezifischen Konstellation dann überhaupt noch mit dem durch die Delikte der §§ 283 ff. StGB geschützten Rechtsgut der Gläubigerinteressen her ist: Der durch die §§ 30 ff. GmbHG originär zu Gunsten der Gläubiger geschützte Haftungsfonds „Stammkapital" ist hier – durch das Gesetz (§ 5a Abs. 1 GmbHG) ausdrücklich ermöglicht – gerade nicht existent.

Eine Antwort auf diese Frage gibt das – sich nicht in Stammkapitalbeeinträchtigungen im Sinne der §§ 30 ff. GmbHG erschöpfende[501] – Verbot existenzgefährdender Eingriffe[502], dessen Verletzung die Unwirksamkeit der Entscheidung der Anteilseigner,[503] die Nichtigkeit des entsprechenden Beschlusses der Gesell-

---

[500] Vgl. Kap. 4 A. II. 2. b) und c).
[501] Das Existenzgefährdungsverbot erlangt in der Praxis insbesondere dann Bedeutung, wenn keine stammkapitalrelevante Auszahlung im Sinne des § 30 Abs. 1 GmbHG vorliegt, vgl. ausführlich *Veil*, in: VGR 2005, S. 103, 106 m. zahlr. Nachw.
[502] Siehe oben unter Kap. 4 B. III. 2. c).
[503] Vgl. BGHSt 35, 333, 336 f. = NJW 1989, 112, 113; BGH, NJW 2003, 2996, 2998; BGH, NJW 1997, 66, 68 f.; *Kindhäuser*, in: NK-StGB, § 266 Rn. 71; *Radtke/Hoffmann*, GA 2008, 535, 538 f.

schafterversammlung analog § 241 Nr. 3 AktG sowie damit die Unbeachtlichkeit der Einwilligung im Rahmen des § 283d Abs. 1 Var. 1 StGB zur Folge hat.

V. Zwischenergebnis und Auswirkungen auf die Funktionsfähigkeit des Tatbestandes der Schuldnerbegünstigung (§ 283d Abs. 1 Var. 1 StGB)

Die Untersuchung der haftungsbeschränkten Unternehmergesellschaft hat gezeigt, dass insbesondere die Aspekte des Kapitalschutzes aufgrund der abweichenden gesetzlichen Gestaltung im Vergleich zur GmbH individueller Bewertung bedürfen, welche präzise zwischen dem Vorliegen von (potentiellem) Stammkapital einerseits und dem Betrieb einer dauerhaft „gewinnlosen" Gesellschaft andererseits differenziert.

Zugleich kann aber auch festgehalten werden, dass sich diese Unterschiede bereits auf gesellschaftsrechtlicher Ebene durch eine materielle Betrachtungsweise wieder weitgehend einebnen und sich in strafrechtlicher Hinsicht somit bei der Frage der Wirksamkeit einer schuldnerischen Einwilligung nach § 283d Abs. 1 Var. 1 StGB im Ergebnis kein von der GmbH verschiedenes Ergebnis mehr ergibt: Eine Entscheidung der Gesellschafter, die gegen die Kapitalerhaltungsvorschrift des § 30 Abs. 1 GmbHG – welche hier auch nach § 5a Abs. 3 S. 1 GmbHG generiertes „schwebendes Stammkapital" umfasst – oder gegen das Verbot existenzgefährdender Eingriffe verstößt, ist unwirksam und kann der UG (haftungsbeschränkt) daher nicht als strafrechtlich beachtliche Einwilligung im Sinne des § 283d Abs. 1 Var. 1 StGB zugerechnet werden.

Auch im Falle der haftungsbeschränkten Unternehmergesellschaft versagt der Tatbestand der Schuldnerbegünstigung nach § 283d Abs. 1 Var. 1 StGB damit erneut dort seinen Schutz, wo die Gefahr für die Interessen der Gesellschaftsgläubiger angesichts einer Stammkapitalbeeinträchtigung oder gar konkreten Existenzgefährdung der Gesellschaft am größten ist.

C. Aktiengesellschaft (AG)

Als weitere Form der Kapitalgesellschaft nach deutschem Recht soll nunmehr die Aktiengesellschaft (AG) näher beleuchtet werden, welcher in der Praxis neben der GmbH die größte Bedeutung zukommt.[504]

Die Analyse wird erneut mit einer detaillierten Untersuchung der vorgelagerten gesellschaftsrechtlichen Spezifika der AG beginnen, um sodann deren Einfluss auf die im Rahmen des § 283d Abs. 1 Var. 1 StGB relevante Einwilligung der Gesellschaft als Insolvenzschuldnerin zu evaluieren.

I. Aktienrechtliche Kompetenzstruktur

Das Gesetz sieht für die AG im Vergleich zur GmbH bzw. der UG (haftungsbeschränkt) eine in verschiedener Hinsicht abweichende Kompetenzordnung (sog. *Corporate Governance*) vor.[505] Ein erster bedeutender Unterschied besteht darin, dass die AG zwingend über mindestens drei Organe verfügen muss: den Vorstand, den Aufsichtsrat sowie die Hauptversammlung der Aktionäre.[506]

1. Vorstand

Der Vorstand ist das eigentliche Führungsorgan der Gesellschaft und leitet diese in eigener Verantwortung (§§ 78 Abs. 1, 76 Abs. 1 AktG).[507] Hierbei ist er – im Gegensatz zum Geschäftsführer einer GmbH oder UG (haftungsbeschränkt)[508] – grundsätzlich weder dem Aufsichtsrat noch der Hauptversammlung gegenüber weisungsgebunden.[509] Das Gesetz weist ihm die Kompetenz sowohl hinsichtlich

---

[504] Zu den mit der Aktiengesellschaft verbundenen wirtschaftlichen Funktionen sowie der Verbreitung der Rechtsform im Wirtschaftsleben vgl. *Habersack*, in: MünchKomm-AktG, Einleitung Rn. 5 ff.; *K. Schmidt*, in: Schmidt/Lutter, AktG, Einleitung Rn. 2; *Schüppen*, in: Schüppen/Schaub, Aktienrecht, § 1 Rn. 4 f., 11 f. m. zahlr. Nachw.

[505] Vgl. *Schüppen*, in: Schüppen/Schaub, Aktienrecht, § 2 Rn. 16 ff.; ferner hierzu jüngst *Saliger*, in: FS Roxin, S. 1053, 1066 f.

[506] Siehe – *pars pro toto* – *Raiser/Veil*, Kapitalgesellschaften, § 13 Rn. 7 ff.

[507] Vgl. *Bürgers/Israel*, in: Bürgers/Körber, AktG, § 76 Rn. 6; *Fleischer*, in: Spindler/Stilz, AktG, § 76 Rn. 4, 56 ff.; *Frodermann/Schäfer*, in: Henn/Frodermann/Jannott, Aktienrecht, Kap. 7 Rn. 2; *Hüffer*, in: Aktienrecht im Wandel, Kap. 7 Rn. 40 f.; *K. Schmidt*, Gesellschaftsrecht, § 28 II 1 a; *Liebscher*, in: Beck AG-Handbuch, § 6 Rn. 2; *Oltmanns*, in: Heidel, AktG, § 76 Rn. 1, 7 ff.; *Seibt*, in: Schmidt/Lutter, AktG, § 76 Rn. 8, 10; *Weber*, in: Hölters, AktG, § 76 Rn. 1 ff.

[508] Vgl. oben Kap. 4 A. I. bzw. Kap. 4 B. I.

[509] Statt aller *Spindler*, in: MünchKomm-AktG, § 76 Rn. 22.

der Geschäftsführung als auch der Leitung der AG zu (vgl. §§ 77 Abs. 1, 76 Abs. 1 AktG).[510] Während unter erstgenannter jede rechtliche oder tatsächliche Tätigkeit für die Gesellschaft zu verstehen ist, bezeichnet letztgenannte als „herausgehobener Teilbereich der Gesamtgeschäftsführung" die eigentliche Führungsfunktion Vorstands, also insbesondere etwa Fragen unternehmenspolitischer Richtlinien.[511]

2. Aufsichtsrat

Demgegenüber obliegt dem Aufsichtsrat die Kontrolle und Überwachung der Geschäftsführung durch den Vorstand.[512] Er leitet sein Mandat dabei von der Hauptversammlung ab, sodass man den Aufsichtsrat insoweit auch als „Repräsentativorgan der Aktionäre" bezeichnen kann.[513]

Um die Unabhängigkeit dieser Überwachung zu sichern, untersagt es § 111 Abs. 4 AktG grundsätzlich, dem Aufsichtsrat Geschäftsführungsmaßnahmen jedweder Art zu übertragen.[514] Um sicherzustellen, dass es zu keinen Interessenskonflikten zwischen Geschäftsführungs- und Überwachungsfunktionen kommt, sieht das Gesetz in § 105 Abs. 1 AktG eine strenge Inkompatibilität zwischen einer Mitgliedschaft im Vorstand und im Aufsichtsrat vor; diese schließen sich gegenseitig aus.[515]

Ferner fällt auch etwa die Geltendmachung von Schadensersatzansprüchen der Gesellschaft gegen den Vorstand in den Aufgabenbereich des Überwachungsorgans.[516] Schließlich hat der Aufsichtsrat mit der Befugnis zur Bestellung und Abberufung der Vorstandsmitglieder gemäß § 84 Abs. 1 S. 1, Abs. 3 S. 1 AktG die

---

[510] *Heinz*, in: Schüppen/Schaub, Aktienrecht, § 22 Rn. 17 ff.; *Wiesner*, in: MünchHandb-GesR, § 19 Rn. 12 ff.
[511] *Raiser/Veil*, Kapitalgesellschaften, § 13 Rn. 1; ferner erfolgt die Differenzierung anhand einer typologischen Betrachtung der Handlungsinhalte, vgl. dazu *Hüffer*, AktG, § 76 Rn. 7 ff.; *Seibt*, in: Schmidt/Lutter, AktG, § 76 Rn. 9.
[512] *Hirte*, Kapitalgesellschaftsrecht, § 3 Rn. 3.194; *Leipold*, in: FS Mehle, S. 347 ff.; *Nehls/ Schüppen/Unsöld*, in: Schüppen/Schaub, Aktienrecht, § 23 Rn. 2.
[513] Siehe *Schiedermair/Kolb*, in: Beck AG-Handbuch, § 7 Rn. 2.
[514] Vgl. *Drygala*, in: Schmidt/Lutter, AktG, § 111 Rn. 47; *Hüffer*, AktG, § 111 Rn 16; *Jäger*, AG und KGaA, § 22 Rn. 34.
[515] *Raiser/Veil*, Kapitalgesellschaften, § 13 Rn. 11. Anders stellt sich in der Praxis freilich regelmäßig insbesondere der Wechsel vom Vorstand in den Aufsichtsrat dar, welcher lediglich im Wege der freiwilligen Selbstverpflichtung durch den *Deutschen Corporate Governance Kodex* (vgl. Ziffer 5.4.4 DCGK) reguliert ist. Vgl. hierzu ausführlich *Hoffmann-Becking*, in: FS Hüffer, S. 337, 350 f. m. zahlr. Nachw.
[516] Grundlegend hierzu BGHZ 135, 244 ff. = NJW 1997, 1926 ff. – „ARAG/Garmenbeck"; ferner *Habersack*, in: MünchKomm-AktG, § 111 Rn. 34 ff.; *Hüffer*, AktG, § 111 Rn. 4a.

sog. Personalkompetenz inne,[517] welcher in der Praxis eine herausragende Bedeutung zukommt.

3. Hauptversammlung

Das letzte verbleibende Pflichtorgan in der AG stellt die Hauptversammlung dar. Als „Sitz der Aktionärsdemokratie"[518] dient diese zuvörderst den Anteilseignern zur Wahrnehmung ihrer mitgliedschaftlichen Rechte und ist damit zugleich Plattform für die Willensbildung der Aktionäre (vgl. § 118 Abs. 1 S. 1 AktG).[519]

Gleichwohl ist die Hauptversammlung nicht etwa mit der Gesellschafterversammlung einer GmbH bzw. UG (haftungsbeschränkt) vergleichbar: Zwar stellt das entsprechende Organ in beiden Fällen den institutionalisierten Rahmen für die Gesamtheit der Anteilseigner dar;[520] die Zuständigkeit der Hauptversammlung ist jedoch gesetzlich oder qua Satzung dergestalt eingeschränkt, dass ihr die Mitwirkung an der Führung der laufenden Geschäfte nahezu völlig verwehrt ist.[521] Im Vergleich zur weisungsbefugten Gesellschafterversammlung bei der GmbH bzw. haftungsbeschränkten Unternehmergesellschaft nimmt die Hauptversammlung bei der AG demnach – insbesondere aufgrund der grundsätzlich fehlenden Einflussmöglichkeit auf die Geschäftsführung – eine erheblich schwächere Stellung ein.[522]

Eine bedeutende Modifikation erfuhr dieser Grundsatz jedoch im Laufe der Zeit durch die höchstrichterliche Rechtsprechung: In Gestalt der so genannten *Holzmüller-Gelatine-Doktrin*[523] erkannte der BGH – freilich in engen Grenzen – ungeschriebene Kompetenzen und somit auch einen direkten Einfluss der Hauptversam-

---

[517] Siehe *Schüppen/Unsöld*, in: Schüppen/Schaub, Aktienrecht, § 23 Rn. 19; *Wiesner*, in: Münch Handb-GesR, § 20 Rn. 18 ff., 39 ff.
[518] So *K. Schmidt*, Gesellschaftsrecht, § 28 IV 1; aufgegriffen durch BVerfG, Beschl. v. 20. September 1999, 1 BvR 636/95 = NJW 2000, 349, 351.
[519] *Hirte*, Kapitalgesellschaftsrecht, § 3 Rn. 3.218; *Kübler*, Gesellschaftsrecht, § 15 V 1; *Reichert*, in: Beck AG-Handbuch, § 5 Rn. 1; *Spindler*, in: Schmidt/Lutter, AktG, § 118 Rn. 12.
[520] Die Aktionäre stellen damit – wie die Gesellschafter einer GmbH – bei wirtschaftlicher Betrachtung die Eigentümer des von der Gesellschaft betriebenen Unternehmens dar. Oder um es plastisch zu formulieren: „ihnen ‚gehört der Laden'" (so *Priester*, in: FS Hüffer, S. 777, 784) bzw. „die Aktiengesellschaft ist eine wirtschaftliche Veranstaltung ihrer Gründer und Aktionäre" (so *Röhricht*, in: Großkomm-AktG, § 23 Rn. 84).
[521] Deutlich wird dies bereits aus dem Wortlaut des § 119 Abs. 2 AktG („nur"). Vgl. ferner *Kübler*, Gesellschaftsrecht, § 15 V 1; *K. Schmidt*, Gesellschaftsrecht, § 28 IV 1; *Pluta*, in: Heidel, AktG, § 119 Rn. 14 f.
[522] Vgl. nur *Hirte*, Kapitalgesellschaftsrecht, § 3 Rn. 3.220; *Schüppen*, in: Schüppen/Schaub, Aktienrecht, § 2 Rn. 21.
[523] Die entsprechende Grundsatz-Rechtsprechung des BGH setzt sich zusammen aus den Urteilen BGHZ 83, 122 ff. = NJW 1982, 1703 ff. – „Holzmüller", BGHZ 159, 30 ff. = NJW 2004, 1860 ff. – „Gelatine I" sowie BGH, NZG 2004, 575 ff. – „Gelatine II".

mlung auf wichtige Vorstandsentscheidungen an.[524] Danach bedürfen Geschäftsführungsmaßnahmen des Vorstandes dann der Zustimmung der Hauptversammlung, wenn sie (i) in quantitativer Hinsicht einen erheblichen Unternehmensteil im Verhältnis zum Gesamtunternehmen betreffen[525] und (ii) in qualitativer Hinsicht entweder die mitgliedschaftlichen Rechte der Anteilseigner faktisch verkürzen (sog. Mediatisierungseffekt[526]) oder der Sache nach einer notwendigen Satzungsänderung gleichkommen.[527]

Zusammenfassend stellt sich die Kompetenzordnung in der AG daher als ein in sich verschränktes „System der Gewaltenteilung"[528] dar, welches eine „Machtbalance zwischen Vorstand, Aufsichtsrat und Hauptversammlung"[529] herzustellen sucht;[530] die nicht-hierarchische Zuständigkeitsverteilung kann somit durchaus als Charakteristikum der AG bezeichnet werden.[531]

Um die Einhaltung dieser Kompetenzordnung zwischen den Organen sicherzustellen, unterliegt auch diese dem übergreifenden aktienrechtlichen Prinzip der sog. Satzungsstrenge gemäß § 23 Abs. 5 AktG, wonach – etwa im Gegensatz zu den in weitem Umfang dispositiven Regelungen des GmbHG[532] – das Aktienrecht grundsätzlich zwingendes Recht darstellt.[533]

---

[524] Zum Ganzen siehe *Binge/Thölke*, in: Schüppen/Schaub, Aktienrecht, § 25 Rn. 56 ff.; *Fleischer*, in: Aktienrecht im Wandel, Kap. 9 Rn. 19 ff.; *Liebscher*, ZGR 2005, 1 ff.; *Lieder/Hoffmann*, AG 2011, 135 ff.; *Spindler*, in: Schmidt/Lutter, AktG, § 119 Rn. 26 ff.
[525] In der gesellschaftsrechtlichen Literatur hat sich hierbei im Anschluss an BGHZ 159, 30 ff. mittlerweile eine entsprechende Aufgreifschwelle von 75 % verfestigt, welche durch die in Rede stehende Maßnahme überschritten werden muss, damit die *Holzmüller-Gelatine*-Doktrin eingreift, vgl. dazu *Arnold*, ZIP 2005, 1573, 1575; *Hüffer*, in: FS Ulmer, S. 279, 295 f. m. w. N.
[526] Angesprochen ist damit die *de facto* Verwässerung bzw. Entwertung mitgliedschaftlicher Rechte des einzelnen Aktionärs gleichsam „durch die Hintertür", vgl. hierzu *Hofmeister*, NZG 2008, 47, 48 f.; *Hüffer*, in: FS Ulmer, S. 279, 294 f.; *Schmiegel*, Strukturmaßnahmen, S. 174 f.; *Staake*, Hauptversammlungskompetenzen, S. 64.
[527] Vgl. zu beiden Kriterien ausführlich *Becker/Horn*, JuS 2005, 1067, 1069 f.; *Spindler*, in: Schmidt/Lutter, AktG, § 119 Rn. 30 f.
[528] So *K. Schmidt*, Gesellschaftsrecht, § 26 IV 2 a.
[529] Siehe *Hüffer*, AktG, § 118 Rn. 4.
[530] *Hoffmann-Becking*, in: MünchHandb-GesR, § 29 Rn. 15 spricht in diesem Zusammenhang treffend von einem System der „*checks and balances*".
[531] So *Lutter*, ZHR 151 (1987), 444, 452.
[532] *Hirte*, Kapitalgesellschaftsrecht, § 3 Rn. 3.1.
[533] Vgl. *Braunfels*, in: Heidel, AktG, § 23 Rn. 40 f.; *Hüffer*, in: AktG, § 23 Rn. 35 f.; *Limmer*, in: Spindler/Stilz, AktG, § 23 Rn. 28a; *Pentz*, in: MünchKomm-AktG, § 23 Rn. 6; *Seibt*, in: Schmidt/Lutter, AktG, § 23 Rn. 53 ff.; *Solveen*, in: Hölters, AktG, § 23 Rn. 29.

II. Aktienrechtliche Kapitalbindung

Des Weiteren verdient auch bei der AG vor allem die gesetzliche Ausgestaltung der Kapitalbindung besondere Aufmerksamkeit.

Entsprechend dem Regelungsregime der §§ 30 ff. GmbHG kodifiziert das Aktienrecht insbesondere in § 57 AktG den Grundsatz der Kapitalaufbringung und -erhaltung als Korrelat für das korporationsrechtliche Privileg der beschränkten Gesellschafterhaftung.[534]

Die aktienrechtliche Vermögensbindung gemäß § 57 AktG reicht dabei jedoch noch erheblich weiter als diejenige des § 30 GmbHG:[535] Während die gesetzliche Auszahlungssperre im GmbH-Recht lediglich das zur Erhaltung des Stammkapitals erforderliche Vermögen umfasst, verbietet § 57 AktG jegliche Ausschüttung von Gesellschaftsvermögen an die Aktionäre, die nicht lediglich den formell festgestellten Bilanzgewinn betrifft (vgl. §§ 57 Abs. 1 und 3, 58 Abs. 4 AktG).[536]

Die ganze Reichweite der Kapitalbindung in der AG wird deutlich, wenn man sich vor Augen führt, dass insbesondere gesetzliche und freie Rücklagen als Abzugsposten des Jahresüberschusses bei der Berechnung des Bilanzgewinnes bereits mindernd Berücksichtigung gefunden haben; bei der GmbH hingegen ist allein relevant, dass das Reinvermögen der Gesellschaft nicht den auf der Passivseite eingestellten Stammkapitalposten unterschreitet.[537]

Da diese aktienrechtlichen Regelungen weit über das hinausgehen, was regelmäßig als „Kapitalerhaltung" bezeichnet wird, ist stattdessen insoweit häufig auch vom „Prinzip einer umfassenden Vermögensbindung der Aktiengesellschaft"[538] die Rede.[539]

Zugleich eröffnet diese umfangreichere Kapitalbindung jedoch – im Gegensatz zum GmbH-Recht, wo § 30 GmbHG gerade nur das Stammkapital umfasst – auch

---

[534] *Bayer*, in: Aktienrecht im Wandel, Kap. 17 Rn. 1 ff.; *ders.*, in: MünchKomm-AktG, § 57 Rn. 1; *Fleck*, ZGR 1990, 31, 33; *Fleischer*, in: Schmidt/Lutter, AktG, § 57 Rn. 1; *Solveen*, in: Hölters, AktG, § 57 Rn. 2.
[535] *Drygala*, in: KölnKomm-AktG, § 57 Rn. 18; *Müller*, in: Beck AG-Handbuch, § 8 Rn. 2; *Westermann*, in: Bürgers/Körber, AktG, § 57 Rn. 3.
[536] Vgl. statt aller *Wilhelm*, Kapitalgesellschaftsrecht, Rn. 416.
[537] *Hirte*, Kapitalgesellschaftsrecht, § 5 Rn. 5.77 f.; *K. Schmidt*, Gesellschaftsrecht, § 29 II 2 a; *Raiser/Veil*, Kapitalgesellschaften, § 19 Rn. 1.
[538] So treffend *Bayer*, in: MünchKomm-AktG, § 57 Rn. 10.
[539] *Brand*, AG 2007, 681, 684; *Cahn/v. Spannenberg*, in: Spindler/Stilz, AktG, § 57 Rn. 1; *Drygala*, in: KölnKomm-AktG, § 57 Rn. 17; *Hüffer*, AktG, § 57 Rn. 1; *Schwintowski*, in: Henn/Frodermann/Jannott, Aktienrecht, Kap. 6 Rn. 146.

die Möglichkeit einer Betrachtung der aktienrechtlichen Vermögensbindung nach § 57 AktG, die zwischen den einzelnen hierdurch erfassten Kapitalarten differenziert.[540]

Es wird sich zeigen, dass sich das Kapitalbindungsregime des AktG insoweit deutlich facettenreicher präsentiert als sein GmbH-rechtliches Pendant:
Während die Ausschüttungssperre des § 30 GmbHG eindimensional ausschließlich dem Schutz der Gesellschaftsgläubiger dient, kann das gesetzliche Auszahlungsverbot nach § 57 AktG – je nach entsprechend geschützter Kapitalart – die Einhaltung unterschiedlicher Interessen bezwecken, namentlich den „Schutz der Gläubiger", die „Gleichbehandlung der Aktionäre", die „Zuständigkeit der Gesellschaftsorgane" sowie den „vollen Gewinnausweis".[541] Betrachtet man nun die drei aktienrechtlich besonders relevanten Kapitalarten des *Grundkapitals*[542], der *gesetzlichen Rücklagen*[543] sowie der *freien Rücklagen*[544] vor dem Hintergrund dieses insoweit mehrdimensionalen Schutzgehalts der aktienrechtlichen Kapitalbindung nach § 57 AktG, wird sich dies mit Blick auf die anschließende strafrechtliche Würdigung noch als wertvolle Erkenntnis erweisen: Möglicherweise gestaltet sich nämlich auch die strafrechtlich relevante Einwilligungsbefugnis des zuständigen

---

[540] Vgl. dazu *Brand*, AG 2007, 681, 687 ff.
[541] Diese Differenzierung geht zurück auf *Ballerstedt*, Kapital, Gewinn und Ausschüttung bei Kapitalgesellschaften, 1949, S. 132 ff., der erstmals die vier genannten Schutzrichtungen der aktienrechtlichen Vermögensbindung (§§ 52, 54 AktG a. F. [1937]) identifizierte. Aufgegriffen und weiterentwickelt wurde der Ansatz in jüngerer Zeit von *Schön*, in: FS Röhricht, S. 559, 560 ff. Ähnlich – wenn auch nicht gleichermaßen stark differenzierend – außerdem bereits *Wilhelm*, in: FS Flume, S. 337, 348 f. sowie *Fabritius*, ZHR 144 (1980), 628 ff. – jew. m. vertiefenden Nachw.
[542] Unter dem Grundkapital der AG versteht man „das in einer Geldsumme ausgedrückte verfassungsmäßige Garantiekapital der Gesellschaft" (*K. Schmidt*, Gesellschaftsrecht, § 26 IV 1 a, welches in Aktien zerlegt sein (§ 1 Abs. 2 AktG) und dessen Nennwert mindestens 50.000 Euro (§ 7 AktG) betragen muss (vgl. *Zätzsch/Maul*, in: Beck AG-Handbuch, § 2 Rn. 159). Es ist auf der Passivseite der Bilanz als Eigenkapital auszuweisen. Das Grundkapital der AG entspricht somit dem Stammkapital bei der GmbH.
[543] Gesetzliche Rücklagen im Sinne des § 150 AktG sind durch die AG von Gesetzes wegen zwingend zu dotierende Rücklagen, die – zusammen mit dem Kapitalrücklagen – als Reservefonds eine Art „Auffangpolster zu dem Grundkapital" fungieren (*Claussen*, in: KölnKomm-AktG, § 150 Rn. 7; *Drinhausen*, in: Heidel, AktG, § 58 Rn. 8; *Euler/Wirth*, in: Spindler/Stilz, AktG, § 150 Rn. 1 f.). Bilanziell stellen diese eine Unterform der Gewinnrücklage dar und sind daher als Eigenkapital auf der Passivseite auszuweisen (vgl. § 266 Abs. 3 HGB, dort unter A. III. 1.).
[544] Freie Rücklagen sind ebenfalls eine Unterform der Gewinnrücklage und werden ohne gesetzliche Verpflichtung aus erwirtschafteten Gewinnen gebildet (*Erle/Helm/Berberich*, in: Beck AG-Handbuch, § 10 Rn. 46). Sie sind ebenfalls auf der Passivseite der Bilanz als Eigenkapital einzustellen.

Organs im Kontext der AG ebendiesen Kapitalarten entsprechend unterschiedlich.[545]

III. Auswirkungen auf Inhaberschaft, Umfang und Grenzen der strafrechtlichen Einwilligungskompetenz

Basierend auf dieser aktienrechtlichen Ausgangslage hinsichtlich der gesetzlichen Kompetenzordnung und Kapitalbindung in der AG stellt sich damit einmal mehr die Frage nach den Auswirkungen dieser Vorgaben auf die Befugnis des zuständigen Gesellschaftsorgans, eine strafrechtlich beachtliche Einwilligung im Sinne von § 283d Abs. 1 Var. 1 StGB für die AG als Insolvenzschuldnerin zu erklären.[546]

Es wird demnach in einem ersten Schritt um die Inhaberschaft der Einwilligungskompetenz (unter 1.) und sodann um deren konkrete Reichweite gehen (unter 2.).

1. Aktienrechtliche Kompetenzverteilung – die Hauptversammlung als einwilligungsbefugtes Gesellschaftsorgan

Zunächst gilt es anhand der analysierten aktienrechtlichen Regelungen über das Kompetenzgefüge zu bestimmen, welchem Organ innerhalb der AG im Grundsatz überhaupt die Befugnis zukommen soll, eine derartige Einwilligung für die Gesellschaft zu erteilen.

Bereits hinsichtlich dieser grundlegenden Frage herrscht jedoch keineswegs Einigkeit. Als allgemein anerkannt kann hierbei lediglich gelten, dass jedenfalls der Aufsichtsrat, dessen Tätigkeit schon nach dem gesetzlichen Leitbild weit überwiegend überwachender Natur ist (vgl. § 111 Abs. 1 AktG),[547] nicht das insoweit dispositionsbefugte Gesellschaftsorgan sein kann.[548] Hinzu kommt ferner, dass eine Befassung des Aufsichtsrats mit Aufgaben der Willensbildung für die Gesellschaft ge-

---

[545] Hierzu sogleich ausführlich unter Kap. 4 C. III. 2.
[546] Angedeutet wird diese allgemeine Problematik der Einwilligungskompetenz bei der AG dabei bereits durch *Rönnau*, in: FS Tiedemann, S. 713, 717 m. Fn. 19.
[547] Vgl. nur *Drygala*, in: Schmidt/Lutter, AktG, § 111 Rn. 1 ff.; *Schiedermair/Kolb*, in: Beck AG-Handbuch, § 7 Rn. 3.
[548] Siehe – pars pro toto – *Rönnau*, in: FS Amelung, S. 247, 259 m. Fn. 67. A. A. insoweit wohl *Zech*, Untreue, S. 89.

setzlich grundsätzlich gar nicht vorgesehen ist[549] und sich seine Zustimmung zu einer gesellschaftsschädigenden Verfügung des Vorstands – wie sie im hiesigen Zusammenhang in Form der vermögensbeeinträchtigenden Maßnahme vorläge – ohnehin regelmäßig als unzulässiges organschaftliches Fehlverhalten darstellen würde.[550]

Demnach verbleiben – sofern man die Möglichkeit einer entsprechenden Einwilligungskompetenz nicht bereits im Grundsatz in Frage stellt[551] – noch der Vorstand sowie die in Gestalt der Hauptversammlung verkörperte Gesamtheit der Aktionäre als mögliche einwilligungsbefugte Organe innerhalb der AG.

Wie sich im Rahmen der vorangegangenen Darstellung gezeigt hat, stellt sich das Kräfteverhältnis zwischen Vorstand und Hauptversammlung bei der AG deutlich anders dar, als etwa das Verhältnis von Geschäftsführer und Gesellschafterversammlung bei der GmbH bzw. haftungsbeschränkten Unternehmergesellschaft.[552] Für die AG gilt, dass Maßnahmen der laufenden Geschäftsführung in den genuinen Zuständigkeitsbereich des weisungsunabhängigen Vorstandes fallen, während die Gesamtheit der Aktionäre im Rahmen der Hauptversammlung nur über die mit dem rechtlichen und wirtschaftlichen Aufbau der Gesellschaft zusammenhängenden Angelegenheiten befindet.[553]

Insofern stellt sich die Frage, welcher Entscheidungskategorie die hier interessierende Einwilligung in eine vermögensbeeinträchtigende Handlung zuzuordnen ist: Unter den ausdrücklichen Kompetenzzuweisungen der Hauptversammlung

---

[549] Vgl. *Busch*, Konzernuntreue, S. 154; *Hoffmann*, Untreue, S. 74. Hingewiesen sei in diesem Zusammenhang insbesondere nochmals auf die Regelung des § 111 Abs. 4 AktG, welche jedwede Übertragung von Geschäftsführungsmaßnahmen auf den Aufsichtsrat untersagt. Unberührt hiervon bleiben freilich die ihm gesetzlich ausdrücklich zugewiesenen Aufgaben, wie beispielsweise die Vertretung der Gesellschaft gegenüber den Vorstandsmitgliedern (§ 112 AktG) oder die Festlegung der Vorstandsbezüge (§§ 87 Abs. 1, 112 AktG), vgl. hierzu auch *Krause*, NStZ 2011, 57, 61 f.

[550] Siehe *Seier*, in: Achenbach/Ransiek, Teil 5 Kap. 2 Rn. 236.

[551] So für die AG aber eine im Vordringen befindliche Auffassung in der neueren Literatur, vgl. grundlegend *Rönnau*, in: FS Amelung, S. 247, 253 ff., 266; zust. *Fischer*, StGB, § 266 Rn. 102; ferner auch *Brammsen/Apel*, WM 2010, 781, 786; *Waßmer*, in: Graf/Jäger/Wittig, § 266 StGB Rn. 157. Zwar kann diese Ansicht durchaus gewichtige Argumente aus der besonderen aktienrechtlichen Zuständigkeitsordnung herleiten (vgl. *Rönnau*, in: FS Amelung, S. 247, 257 ff., 261 ff.); gegen sie spricht indes, dass hierdurch letztlich eine Art „Einwilligungsvakuum" geschaffen wird, in dem das Gesellschaftsvermögen der AG jeglicher Disposition entzogen ist. Ein solcher dispositionsfreier Bereich ist dem Strafrecht jedoch grundsätzlich fremd (kritisch hierzu auch *Seier*, in: Achenbach/Ransiek, Teil 5 Kap. 2 Rn. 233). Ausdrücklich offen gelassen wurde die Frage in jüngerer Zeit durch BGHSt 55, 266, 280 f. = NJW 2010, 3458, 3461.

[552] Hierzu ausführlich unter Kap. 4 A. I. bzw. Kap. 4 B. I.

[553] Vgl. *Hoffmann*, Untreue, S. 74 f.

nach § 119 Abs. 1 Nrn. 1 bis 8 AktG findet sich keine derartige oder ähnliche Regelung, sodass sich diese insoweit zunächst als unergiebig erweisen.[554] Fruchtbar machen lassen könnte sich hier jedoch möglicherweise das Zusammenspiel zwischen dem grundsätzlichen Rahmen der Geschäftsführungstätigkeit des Vorstandes auf der einen, sowie dem Grundgedanken ungeschriebener Kompetenzen der Hauptversammlung bei strukturrelevanten Entscheidungen im Sinne der *Holzmüller-Gelatine-Doktrin*[555] auf der anderen Seite: Die Aktionäre legen als Anteilseigner in der Satzung immerhin nicht weniger als den Unternehmensgegenstand der Gesellschaft fest (vgl. § 23 Abs. 3 Nr. 2 AktG),[556] welcher damit zugleich einen immanenten Rahmen für die Geschäftsführungsbefugnis des Vorstandes statuiert (§ 82 Abs. 2 AktG);[557] der von den Aktionären in der Satzung niedergelegte Unternehmensgegenstand begrenzt insoweit also unmittelbar die Leitungsautonomie des Vorstandes nach § 76 Abs. 1 AktG.[558] Angesichts des Eingriffs in die Vermögenssubstanz der Gesellschaft – und als nichts anderes würde sich die konsentierte Schmälerung des Bestandes des Gesellschaftsvermögens durch einen Dritten im Rahmen des § 283d Abs. 1 Var. 1 StGB darstellen – erscheint es äußerst zweifelhaft, ob bei einer solchen Einwilligungserteilung überhaupt noch von einer gewöhnlichen Geschäftsführungsmaßnahme des Vorstandes gesprochen werden kann.[559] An dieser Stelle erlangen dann auch die grundlegenden Kernaussagen der durch die höchstrichterliche Rechtsprechung aufgestellten *Holzmüller-Gelatine-Doktrin*[560] Bedeutung: Zwar liegt bei der in Rede stehenden Einwilligung in eine vermögensbeeinträchtigende Handlung des Dritten im Sinne des § 283d Abs. 1 Var. 1 StGB keine Strukturentscheidung im eigentlichen Sinne vor, wie sie etwa in Form einer umfangreichen Beteiligungsveräußerung Gegenstand der *Holzmüller-*

---

[554] A. A. insoweit wohl *Schramm*, Untreue und Konsens, S. 143 ff., der bereits hieraus eine Kompetenz zur Einverständniserteilung durch die Hauptversammlung herleiten will.
[555] Dazu bereits oben Kap. 4 C. I. 3.
[556] Vgl. hierzu ausführlich *Voß*, in: Schüppen/Schaub, Aktienrecht, § 7 Rn. 18, § 8 Rn. 40 ff. m. zahlr. Nachw.
[557] Diesen Zusammenhang betont auch ausdrücklich der BGH in seiner *Holzmüller*-Entscheidung (BGHZ 83, 122, 131 = NJW 1982, 1703, 1705); vgl. hierzu außerdem *Arnold*, in: KölnKomm-AktG, § 23 Rn. 72 f.; *Brand*, Untreue und Bankrott, S. 270; *Braunfels*, in: Heidel, AktG, § 23 Rn. 22; *Bürgers/Israel*, in: Bürgers/Körber, AktG, § 82 Rn. 10; *Fleischer*, in: Spindler/Stilz, AktG, § 82 Rn. 28; *Hirte*, in: FS Hüffer, S. 329, 330; *Hüffer*, AktG, § 23 Rn. 21; *Pentz*, in: MünchKomm-AktG, § 23 Rn. 78; *Priester*, in: FS Hüffer, S. 777, 781, 782 ff.; *Seibt*, in: Schmidt/Lutter, AktG, § 23 Rn. 32; *Solveen*, in: Hölters, AktG, § 23 Rn. 22. Unberührt hiervon bleibt freilich die Vertretungsbefugnis des Vorstandes nach außen (§ 82 Abs. 1 AktG).
[558] Siehe *Priester*, in: FS Hüffer, S. 777, 782.
[559] Vgl. hierzu *Busch*, Konzernuntreue, S. 155; *Hoffmann*, Untreue, S. 75.
[560] Dazu bereits oben Kap. 4 C. I. 3.

Entscheidung[561] war. Ferner hat die Rechtsprechung der Pflicht des Vorstandes zur Einholung einer verbindlichen Entscheidung der Hauptversammlung in seinen *Gelatine*-Urteilen[562] enge Grenzen gesetzt. Entscheidend muss hier dennoch die zentrale Kernaussage dieser Rechtsprechung sein: Die durch die Hauptversammlung vertretene Gesamtheit der Aktionäre ist immer dann zwingend zu befassen, wenn die entsprechende Entscheidung des Vorstandes „tief in die Mitgliedschaftsrechte der Aktionäre und deren im Anteilseigentum verkörpertes Vermögensinteresse"[563] eingreift.[564] Einem solchen Eingriff kommt eine kompensationslose Vermögensbeeinträchtigung zum Nachteil der AG, in die hier eingewilligt werden soll, qualitativ gerade gleich: Durch die beeinträchtigende Verfügung des Vorstandes wird nicht nur der bloße Wert der Aktie als verbriefter Anteil am Gesellschaftsvermögen, sondern zugleich das mitgliedschaftliche Einflusspotential des einzelnen Aktionärs dadurch vermindert, dass im Rahmen der Hauptversammlung ein entsprechender Verwendungs- und Verteilungsbeschluss (vgl. §§ 119 Abs. 1 Nr. 2, 174 Abs. 1 S. 2 AktG) nur noch hinsichtlich eines – dann notwenig geringeren – Bilanzgewinns gefasst werden könnte.[565]

Die Bildung eines Willens zur konsentierten Beeinträchtigung des Gesellschaftsvermögens stellt folglich keine Maßnahme der durch die nach §§ 23 Abs. 3 Nr. 2, 82 Abs. 2 AktG vom satzungsmäßigen Unternehmensgegenstand determinierten Geschäftsführungsbefugnis des Vorstandes mehr dar, sodass zur Entscheidung hierüber grundsätzlich die Gesamtheit der Anteilseigner – verkörpert durch die Hauptversammlung – berufen ist.[566] Auch die damit einhergehende Ablehnung

---

[561] BGHZ 83, 122 ff. = NJW 1982, 1703 ff. – „Holzmüller".
[562] BGHZ 159, 30 ff. = NJW 2004, 1860 ff. – „Gelatine I"; BGH, NZG 2004, 575 ff. – „Gelatine II".
[563] So BGHZ 83, 122, 131 = NJW 1982, 1703, 1705 – „Holzmüller".
[564] Das dogmatische Fundament dieser ungeschriebenen Hauptversammlungskompetenz ist seit jeher umstritten: Während der BGH zur Begründung der entsprechenden Vorlagepflicht in seiner „Holzmüller"-Entscheidung einer Anwendung des § 119 Abs. 2 AktG verbunden mit einer Ermessensreduzierung auf Null zuneigte, bevorzugt das Schrifttum überwiegend eine Einzel- oder Gesamtanalogie zu aktien- und umwandlungsrechtlichen Zuständigkeitsregelungen der Aktionärsversammlung (insbesondere den §§ 179, 179a, 293 Abs. 2, 319 Abs. 1 und 2 AktG, 65 Abs. 1 UmwG), vgl. hierzu ausführlich *Habersack*, AG 2005, 137, 142 f.; *Liebscher*, ZGR 2005, 1, 5 ff.; *Lutter*, ZHR 151 (1987), 444, 452 f.; *Schmiegel*, Strukturmaßnahmen, S. 36 ff. – jew. m. zahlr. Nachw.
[565] Ebenso *Busch*, Konzernuntreue, S. 155. *Lutter*, in: FS Stimpel, S. 825, 834 sieht insoweit „sowohl die vermögensmäßige Wertminderung der Mitgliedschaft wie auch die Rechtsminderung, also die Wegnahme von Einfluss- und Mitwirkungspotential bei der Gestaltung des künftigen Geschehens in der Gesellschaft" als relevant an.
[566] So auch BGHSt 50, 331, 342 = NJW 2006, 522, 525 – „Mannesmann"; ferner *Brand*, AG 2007, 681, 688 f.; *Busch*, Konzernuntreue, S. 151 ff., 155; *Corsten*, Einwilligung, S. 153 f.; *Dittrich*,

einer entsprechenden Einwilligungsbefugnis des Vorstandes stellt sich schließlich als kohärentes Ergebnis dar, da eine Anerkennung derselben der widersinnigen Möglichkeit gleichkäme, in die eigenen pflichtwidrigen Verhaltensweisen einwilligen zu können.[567]

Die Untersuchung des aktienrechtlichen Kompetenzgefüges hat somit zum Ergebnis geführt, dass die durch die Hauptversammlung verkörperte Gesamtheit der Aktionäre das grundsätzlich für die Erteilung einer vermögensbeeinträchtigenden Einwilligung zuständige Organ ist; über Umfang und die Grenzen dieser Befugnis ist damit indes noch keine Klarheit gewonnen – möglicherweise erweisen sich diesbezüglich aber die nachfolgend zu untersuchenden Regelungen zur aktienrechtlichen Kapitalbindung als hilfreich.[568]

2. Aktienrechtliche Kapitalbindung als Grenze der Einwilligungskompetenz

Nachdem nun die Frage, welchem Organ innerhalb der AG die Befugnis zur Erteilung einer entsprechenden Einwilligung zukommt, zu Gunsten der Hauptversammlung beantwortet wurde, ist im Folgenden anhand des bereits dargestellten aktienrechtlichen Kapitalbindungsregimes die Reichweite dieser Einwilligungskompetenz zu bestimmen.

Das Ergebnis dieser Analyse wird daraufhin erneut hinsichtlich seiner Auswirkungen auf die Einwilligungsvariante des Tatbestandes der Schuldnerbegünstigung nach § 283d Abs. 1 Var. 1 StGB bewertet.

Untreuestrafbarkeit, S. 228 f.; *Hoffmann*, Untreue, S. 73 ff., 76; *Perron*, in: Schönke/Schröder, StGB, § 266 Rn. 21c; *Ransiek*, NJW 2006, 814, 815; *Thalhofer*, Kick-backs, S. 205; *Tiedemann*, in: FS Weber, S. 319, 321; *Weise*, Finanzielle Beeinflussungen, S. 185 (für die Mitgliederversammlung beim Verein); *Wittig*, in: von Heintschel-Heinegg, StGB, § 266 Rn. 22.2; wohl auch *Saliger*, in: Satzger/Schmitt/Widmaier, StGB, § 266 Rn. 87; *ders./Gaede*, HRRS 2008, 57, 69. Die Gegenauffassung lehnt hingegen eine entsprechende Dispositionsbefugnis der Hauptversammlung vor allem aufgrund des besonderen aktienrechtlichen Kompetenzgefüges ab, siehe *Rönnau*, in: FS Amelung, S. 247, 253 ff., 266; zust. *Fischer*, StGB, § 266 Rn. 102; auch *Brammsen/Apel*, WM 2010, 781, 786; *Kaufmann*, Organuntreue, S. 151 f. Etwaige praktische Hürden – insbesondere etwa beim Vorliegen einer großen Publikums-AG –, die sich aus der hier vertretenen Auffassung ergeben mögen, sollen an dieser Stelle freilich nicht in Abrede gestellt werden; sie können jedoch umgekehrt jedenfalls auch nicht als dogmatisch valides Argument für die Gegenansicht streiten.
[567] So auch *Rönnau*, in: FS Amelung, S. 247, 259 m. Fn. 67: „fernliegend".
[568] In diesem Sinne auch *Brand*, AG 2007, 681, 684, wenn er zwar die grundsätzliche Zuständigkeit der Aktionärsgesamtheit anerkennt, zugleich aber feststellt, dass die Kompetenzverteilung zur Frage der Wirksamkeit einer entsprechenden Einwilligung – und somit zugleich zur Bestimmung deren Grenzen – nichts beizutragen vermag.

Die Kapitalbindung ist im Falle der AG – wie gesehen – im Vergleich zu den Kapitalerhaltungsvorschriften bei der GmbH bzw. UG (haftungsbeschränkt) besonders umfassend und streng ausgestaltet.[569] Hinsichtlich der Frage, inwiefern dieses gesetzliche Regelungsregime auch die Befugnis zur Erteilung einer strafrechtlich relevanten Einwilligung begrenzt, gehen die Meinungen erneut weit auseinander. Im Wesentlichen stehen sich hierbei drei Positionen gegenüber:

Eine Auffassung stellt bereits die grundsätzliche Tauglichkeit von Vorschriften über die gesellschaftsrechtliche Kapitalbindung zur Bestimmung der Reichweite der entsprechenden Einwilligungskompetenz in Frage. Begründet wird dies insbesondere damit, dass diese nur Aufschluss über die gesellschaftsrechtliche Pflichtwidrigkeit einer Verfügung geben könnten, nicht jedoch über die Grenzen der Befugnis zur Erteilung einer strafrechtlich relevanten Einwilligung, die sich stets auf gesellschaftsrechtlich pflichtwidrige Verfügungen beziehe.[570] Im Rahmen des Untreuetatbestandes nach § 266 StGB kommt diesem Argument auch durchaus Gewicht zu: Ginge man von einer Maßgeblichkeit der in allererster Linie gläubigerschützenden Kapitalbindungsregelungen aus, würde nämlich erneut eine nicht hinzunehmende Rechtsgutsvertauschung[571] drohen, indem die Untreue – deren eigentlich geschütztes Rechtsgut in Gestalt des Geschäftsherren-Vermögens aufgrund dessen Einwilligung gar nicht verletzt wird – auf diese Weise zu einem Delikt zum Schutz der Gesellschaftsgläubiger verkehrt wird.[572] Für den im hiesigen Kontext interessierenden Tatbestand der Schuldnerbegünstigung nach § 283d Abs. 1 Var. 1 StGB stellt sich die Situation jedoch etwas anders dar, was erneut auf dessen besondere Normstruktur[573] zurückzuführen ist: Eine entsprechende Verfälschung der deliktischen Schutzrichtung ist hier bei Berücksichtigung der Vorschriften zur Kapitalbindung gerade nicht zu befürchten, da das Gesellschaftsvermögen im Rahmen des § 283d Abs. 1 Var. 1 StGB lediglich Bezugsobjekt der Einwilligung ist, tatbestandlich geschütztes Rechtgut jedoch die Befriedigungsinteressen der Gläubigergesamtheit sind. Aufgrund der damit gegebenen Kongruenz von geschütztem Rechtsgut und gläubigerschützenden Vorschriften zur Kapitalbindung als Schranken der Einwilligungsbefugnis geraten diese also zu keinem Zeitpunkt in rechtsgutsrelevanten Konflikt zueinander, sodass die aktienrechtlichen Regelungen zur

---

[569] Dazu oben unter Kap. 4 C. II.
[570] Siehe etwa *Rönnau*, in: FS Amelung, S. 247, 256; ähnlich auch *Kubiciel*, NStZ 2005, 353, 359.
[571] Vgl. dazu allgemein *Rönnau*, ZStW 119 (2008), 887, 924 sowie bereits oben unter Kap. 3 B. IV. 2 a).
[572] Hierzu *Kubiciel*, NStZ 2005, 353, 359 mit anschaulichem Beispiel.
[573] Siehe dazu ausführlich unter Kap. 3 A. I. und II.

Vermögensbindung als taugliche Determinanten der strafrechtlich relevanten Einwilligungskompetenz grundsätzlich in Betracht kommen.

Einer anderen Ansicht zufolge sollen die Vorschriften über die aktienrechtliche Kapitalbindung deshalb unbeachtlich und eine durch die Gesamtheit der Aktionäre erteilte Einwilligung stets wirksam sein, weil die Anteilseigner zum einen der eigentliche Vermögensträger seien, sowie die entsprechenden Vermögensbindungsvorschriften zum anderen ohnehin allein dem Gläubigerschutz dienten.[574] Der Sache nach entspricht diese Argumentation damit der bereits zur grundlegenden Frage der gesellschaftsrechtsakzessorischen Bestimmung der Einwilligung behandelten Betrachtungsweise der Gesellschafter als „wirtschaftliche Eigentümer" der juristischen Person, welche aus den dort genannten Gründen auch an dieser Stelle abzulehnen ist.[575]

Die dritte in diesem Zusammenhang vertretene Meinung bestimmt die Reichweite der strafrechtlich relevanten Einwilligungskompetenz – im Einzelnen variierend – grundsätzlich in Anknüpfung an die Vorschriften der aktienrechtlichen Kapitalbindung. Die einfachste Möglichkeit wäre zweifelsohne, ausnahmslos jede Einwilligung als unbeachtlich einzustufen, die – insoweit vollständig parallel zur Situation bei der GmbH bzw. UG (haftungsbeschränkt) – wegen Verstoßes gegen die aktienrechtliche Kapitalbindung gemäß den §§ 57 Abs. 1 und 3, 58 Abs. 4 AktG unwirksam ist.[576] Ein solches Vorgehen wird in seiner Pauschalität jedoch nicht dem differenzierten Kapitalbindungssystem des AktG gerecht: Wie sich bereits im Rahmen der vorangegangenen Untersuchung gezeigt hat, verfolgt die besonders weitreichende gesetzliche Kapitalbindung bei der AG (vgl. insbesondere die §§ 57 Abs. 1 und 3, 58 Abs. 4 AktG) den Schutz verschiedener Interessen.[577] Von besonderer Bedeutung sind dabei die beiden Ausprägungen des (mittelbaren) Schutzes der Gläubigerinteressen auf der einen sowie der innergesellschaftlichen Organisationsverfassung auf der anderen Seite,[578] mit Hilfe derer sich auch die wesentlichen von der aktienrechtlichen Vermögensbindung erfassten Kapitalarten kategorisieren lassen:

Das *Grundkapital* (§ 7 AktG) und die *gesetzlichen Rücklagen* (§ 150 AktG) stellen das notwendige Pendant zur Beschränkung der Haftung auf das Gesell-

---

[574] Vgl. *Dittrich*, Untreuestrafbarkeit, S. 228 ff.; *Nelles*, Untreue, S. 551 ff.; *Perron*, in: Schönke/Schröder, StGB, § 266 Rn. 21c; *Schramm*, Untreue und Konsens, S. 143 f.
[575] Siehe dazu oben unter Kap. 3 B. IV. 2 b).
[576] So etwa *Flum*, Der strafrechtliche Schutz, S. 40 ff.; *Hoffmann-Becking*, NZG 2006, 127, 130; *Kaufmann*, Organuntreue, S. 148 ff.; *Loeck*, Strafbarkeit, S. 104 f.; angedeutet auch bei *Tiedemann*, in: FS Mehle, S. 625, 634 sowie *Ulmer*, in: FS Pfeiffer, S. 853, 863.
[577] Siehe unter Kap. 4 C. III. 2.
[578] Vgl. hierzu ausführlich *Schön*, in: FS Röhricht, S. 559, 562 ff.

schaftsvermögen der AG gemäß § 1 Abs. 1 S. 2 AktG dar und sind sowohl jeglichen Maßnahmen der laufenden Geschäftsführung als auch einer Einstellung in den Jahresabschluss entzogen.[579] Die Vorschriften dienen dem Bestandsschutz der Gesellschaft und somit zumindest mittelbar dem Schutz der Gesellschaftsgläubiger. Viel entscheidender ist jedoch die Feststellung, dass durch die Beeinträchtigung dieses Kapitaltyps zugleich in ein Interesse eingegriffen wird, welches – im Gegensatz zur bloßen Absicherung der Organisationsverfassung in der AG, dazu sogleich – eine echte vermögenswerte Position der Gesellschaft verkörpert.[580] Verfügungen, welche das Grundkapital oder gesetzliche Rücklagen betreffen, sind folglich auch den Aktionären generell verwehrt; eine dennoch erteilte Einwilligung verstößt gegen § 57 Abs. 1 AktG, sodass der entsprechende Beschluss wegen Verletzung von Vorschriften des Gläubigerschutzes gemäß § 241 Nr. 3 AktG nichtig ist[581] und daher auch strafrechtlich unbeachtlich bleiben muss.[582]

Anders stellt sich die Lage indes hinsichtlich des *Bilanzgewinns* sowie der *freien*[583] *Rücklagen* dar: Diese können – unter Einhaltung des entsprechenden Verfahrens[584] – jederzeit an die Aktionäre ausgeschüttet bzw. aufgelöst und in den Jahresabschluss als ausschüttungsfähiger Gewinn eingestellt werden.[585] Was sie anbelangt, dient die aktienrechtliche Kapitalbindung des § 57 AktG gerade nicht dem Aspekt des Vermögensschutzes der Gesellschaft, sondern bezweckt vielmehr sanktionsbewehrt die Einhaltung der Organisationsverfassung in der konkreten Gestalt der organschaftlichen Zuständigkeitsverteilung innerhalb der AG. Die etwaige Beeinträchtigung betrifft in diesem Fall also eine Schutzrichtung der Kapitalbindungs-

---

[579] Dies ergibt sich unmittelbar aus dem Wortlaut des § 57 Abs. 3 AktG. Vgl. außerdem *Fleischer*, in: Schmidt/Lutter, AktG, § 57 Rn. 72; *Müller*, in: Beck AG-Handbuch, § 8 Rn. 9; *Raiser/Veil*, Kapitalgesellschaften, § 19 Rn. 1.
[580] Siehe *Brand*, AG 2007, 681, 689.
[581] Die Kapitalerhaltungsregelung des § 57 AktG stellt unstreitig eine gläubigerschützende Vorschrift im Sinne von § 241 Nr. 3 AktG dar, vgl. vgl. *Englisch*, in: Hölters, AktG, § 241 Rn. 60 f.; *Hüffer*, AktG, § 241 Rn. 17; *K. Schmidt*, in: Großkomm-AktG, § 241 Rn. 60; *Schwab*, in: Schmidt/Lutter, AktG, § 241 Rn. 21; *Würthwein*, in: Spindler/Stilz, AktG, § 241 Rn. 210 f.
[582] *Brand*, AG 2007, 681, 687; zust. insoweit *Hoffmann*, Untreue, S. 115 ff.
[583] Der Klarheit halber sei darauf hingewiesen, dass mit *freien Rücklagen* in diesem Zusammenhang „andere" Rücklagen im Sinne von § 266 Abs. 3 HGB (Position A. III.) angesprochen sind, welche aus dem Ergebnis der AG ohne entsprechende gesetzliche oder satzungsmäßige Verpflichtung gebildet werden (vgl. § 272 Abs. 3 S. 1 HGB).
[584] Hinsichtlich notwendiger Feststellungs-, Auflösungs- und Ausschüttungsbeschlüsse über den Bilanzgewinn sowie die freien Rücklagen sind insbesondere die Regelungen nach § 174 Abs. 1 S. 1, Abs. 2 Nr. 2 AktG zu beachten.
[585] Vgl. *Fragner/Tichy*, in: MünchKomm-AktG, § 58 Rn. 141; *Veil*, in: Spindler/Stilz, AktG, § 301 Rn. 17.

vorschrift des § 57 AktG, die gerade nicht den Schutz einer echte vermögenswerten Position der Körperschaft bezweckt. Eine diesbezüglich dennoch erteilte Einwilligung kann zwar ebenfalls gegen § 57 AktG – nämlich in dessen verfahrensbezogener Dimension zur Absicherung der innergesellschaftlichen Zuständigkeitsordnung – verstoßen, ist in strafrechtlicher Hinsicht aber trotzdem beachtlich.[586]

IV. Zwischenergebnis und Auswirkungen auf die Funktionsfähigkeit des Tatbestandes der Schuldnerbegünstigung (§ 283d Abs. 1 Var. 1 StGB)

Zusammenfassend lässt sich folglich festhalten, dass sich die Reichweite der strafrechtlich relevanten Einwilligungskompetenz der durch die Hauptversammlung verkörperten Aktionärsgesamtheit im Ausgangspunkt nach den Vorschriften über die aktienrechtliche Kapitalbindung (§§ 57 Abs. 1 und 3, 58 Abs. 4 AktG) bestimmt. Aufgrund der unterschiedlichen Schutzdimensionen dieses Kapitalbindungsregimes ist in diesem Zusammenhang bei der Frage nach der strafrechtlichen Beachtlichkeit einer Einwilligung jedoch präzise zwischen den beiden Kapitalgruppen des Grundkapitals und der gesetzlichen Rücklagen auf der einen sowie dem Bilanzgewinn und der freien Rücklagen auf der anderen Seite zu differenzieren: Hinsichtlich der erstgenannten Kapitalart besteht keinerlei Dispositionsbefugnis, eine dennoch erteilte Einwilligung ist unbeachtlich. Letztgenannte Kapitalart steht – bei Einhaltung der entsprechenden Verfahrensvorschriften – zur Disposition der Aktionärsgesamtheit und eröffnet somit auch eine korrespondierende strafrechtlich relevante Einwilligungskompetenz.

Mit Blick auf die Funktionsfähigkeit des Tatbestandes der Schuldnerbegünstigung nach § 283d Abs. 1 Var. 1 StGB bedeutet dieser Befund, dass erneut ein weitgehender Verlust des Rechtsgüterschutzes zu beklagen ist:
Würde die in Rede stehende Einwilligung seitens der Aktionärsgesamtheit das *Grundkapital* oder *gesetzliche Rücklagen* tangieren, wäre diese gesellschaftsrechtlich unwirksam und der AG somit auch nicht als strafrechtlich relevanter Wille zurechenbar.[587] Da die Einwilligung jedoch strafbegründendes Merkmal des objektiven Tatbestandes ist,[588] scheidet die Verwirklichung des § 283d Abs. 1 Var. 1

---

[586] Ebenso *Brand*, AG 2007, 681, 688 f.; *ders.*, Untreue und Bankrott, S. 277.
[587] Vgl. dazu schon oben unter Kap. 4 A. III. (für die GmbH) sowie unter Kap. 4 B. V. (für die haftungsbeschränkte Unternehmergesellschaft).
[588] Siehe oben Kap. 3 B. II.

StGB insoweit aus, womit auch im Kontext der AG eine erhebliche Schutzlücke zu Tage tritt. Betrifft die Einwilligung hingegen nur den *Bilanzgewinn* oder *freie Rücklagen*, wäre sie gesellschaftsrechtlich wirksam und strafrechtlich beachtlich, womit eine Verwirklichung des § 283d Abs. 1 Var. 1 StGB grundsätzlich in Betracht käme. Aus praktischer Sicht gilt es an dieser Stelle zu bedenken, dass zur Verwirklichung des Tatbestandes in jedem Fall auch eine der objektiven Strafbarkeitsbedingungen nach § 283d Abs. 4 StGB (Zahlungseinstellung oder Eröffnung des Insolvenzverfahrens) gegeben sein muss[589] – dies wird angesichts der finanziellen Lage der AG aber regelmäßig gerade nicht der Fall sein, solange verwendbarer Bilanzgewinn und freie Rücklagen zur Verfügung stehen. Eine Verwirklichung des Tatbestandes ist daher in dieser Konstellation nur rein theoretischer Natur, sodass die Schuldnerbegünstigung nach § 283d Abs. 1 Var. 1 StGB letztlich auch für die AG ihren Schutz weitestgehend versagt, wenn die Gefahr für das Rechtsgut der Gläubigerinteressen – angesichts der in Rede stehenden Beeinträchtigung von Grundkapital oder gesetzlichen Rücklagen – besonders groß ist.

D. Societas Europaea (SE)

Mit Erlass der *Verordnung (EG) des Rates Nr. 2157/2001 über das Statut der Europäischen Gesellschaft (SE)*[590] vom 8. Oktober 2001 fiel auf europäischer Ebene der Startschuss für die neuartige Gesellschaftsform der Societas Europaea (kurz: SE).[591] Der europäische Verordnungsgeber überließ hierbei die konkrete Umsetzung der darin enthaltenen Vorgaben in weiten Teilen den nationalen Gesetzgebern, sodass nicht von einer unionsweit einheitlichen SE gesprochen werden kann, sondern vielmehr lediglich von einer gemeinsamen Rahmengesetzgebung, die von einer Vielzahl an Verweisungen auf mitgliedstaatliche Rechtsvorschriften geprägt ist.[592]

---

[589] Hierzu oben unter Kap. 2 D.
[590] ABl. EG Nr. L 294 v. 10.11.2001, 1. Im Folgenden abgekürzt als SE-VO.
[591] Die gleichzeitig verabschiedete *Richtlinie 2001/86 EG des Rates zur Ergänzung des Statuts der Europäischen Gesellschaft hinsichtlich der Beteiligung der Arbeitnehmer* (ABl. EG Nr. L 294 v. 10.11.2001, 22), welche durch das *Gesetz über die Beteiligung der Arbeitnehmer in einer Europäischen Gesellschaft* (SE-Beteiligungsgesetz, BGBl. I 2004, S. 3686 ff.) als Bestandteil des *Gesetzes zur Einführung der Europäischen Gesellschaft* (SE-Einführungsgesetz, BGBl. I 2004, S. 3675 ff.) umgesetzt wurde, kann hier mangels Relevanz ausgeklammert bleiben.
[592] Vgl. nur *Casper*, in: Spindler/Stilz, AktG, Vor Art. 1 SE-VO Rn. 2; *Oechsler*, in: Münch-Komm-AktG, Vor Art. 1 SE-VO Rn. 11; *Schröder*, in: Manz/Mayer/Schröder, SE,

In deutsches Recht wurde diese sodann durch das *Gesetz über die Ausführung der EG-Verordnung über das Statut der Europäischen Gesellschaft* (SE-Ausführungsgesetz, kurz: SE-AG) transformiert, welches seinerseits Teil des umfassenden *Gesetzes zur Einführung der Europäischen Gesellschaft*[593] (SE-Einführungsgesetz, kurz: SE-EG) vom 22. Dezember 2004 war.[594] Seit diesem Zeitpunkt ist die Europäische Aktiengesellschaft – wie die SE häufig auch genannt wird – nun vollgültige Rechtsform des deutschen Kapitalgesellschaftsrechts.

Wesensmäßige Besonderheiten der SE sind insbesondere die Möglichkeit der grenzüberschreitenden Verschmelzung (Art. 2 Abs. 1 SE-VO)[595], die Möglichkeit der (identitätswahrenden) grenzüberschreitenden Sitzverlegung (Art. 8 SE-VO),[596] das Wahlrecht hinsichtlich der Organisationsverfassung zwischen dualistischem und monistischem System (Art. 38 lit. b SE-VO), die sog. Verhandlungslösung[597] für die Arbeitnehmermitbestimmung sowie nicht zuletzt die Möglichkeit, die SE als erste genuin unionsrechtliche Gesellschaftsform gezielt als europäische Ausrichtung des Unternehmens im Rahmen von *corporate identity* und *branding* zu positionieren.[598]

Die Möglichkeit, der SE sowohl eine – der AG nach deutschem Recht vergleichbare – dualistische als auch eine – dem angelsächsischen *board system* nachem-

---

Vorbemerkungen Rn. 19. Kritisch hierzu *Leupold*, Europäische Aktiengesellschaft, S. 20, nach dem es damit „keine einheitliche Europäische Aktiengesellschaft, sondern so viele verschiedene SEs wie Mitgliedsstaaten" gebe.

[593] BGBl. I 2004, S. 3675 ff., in Kraft getreten am 29. Dezember 2004.
[594] Zur Gesetzgebungshistorie siehe ausführlich *Binder/Jünemann/Merz/Sinewe*, SE, § 1 Rn. 7 ff.; *Kalss/Greda*, in: Kalss/Hügel, SE, S. 120 Rn. 1 ff.; *Lutter*, in: Lutter/Hommelhoff, SE, Einl. SE-VO Rn. 7 ff.; *ders.*, BB 2002, 1, 2 f.; *Neye*, Europäische Aktiengesellschaft, S. 1 ff.; *Oechsler*, in: MünchKomm-AktG, Vor Art. 1 SE-VO Rn. 1 ff.; *Schindler*, Europäische Aktiengesellschaft, S. 6 f.; *Schmidt*, SE, S. 8 ff.; *Taschner*, in: Jannott/Frodermann, SE-Handbuch, Kap. 1 Rn. 1 ff.
[595] Seit der EuGH in seiner Entscheidung C-411/03 – „Sevic" vom 13. Dezember 2005 die Möglichkeit einer grenzüberschreitenden Verschmelzung auch für andere Gesellschaftsformen eröffnete, ist dieser Aspekt als besondere Motivation für die SE freilich weitgehend gegenstandslos geworden.
[596] Vgl. dazu etwa *Binder/Jünemann/Merz/Sinewe*, SE, § 1 Rn. 6 m. w. N.
[597] Hierunter versteht man die Festlegung der Arbeitnehmermitbestimmung im Wege freier Verhandlungen, im Rahmen derer die Arbeitnehmerseite ihrerseits durch ein besonderes Verhandlungsgremium vertreten wird; erst wenn diese Verhandlungen scheitern, greifen subsidiär gesetzliche Auffanglösungen, vgl. ausführlich zum Ganzen *Köklü*, in: van Hulle/Maul/Drinhausen, SE-Handbuch, Abschn. 6 Rn. 2 ff.; *Köstler*, in: Theisen/Wenz, SE, S. 337 ff.
[598] Vgl. *Jannott/Frodermann*, in: Jannott/Frodermann, SE-Handbuch, Einl. Rn. 2 ff.; *Lutter*, in: Lutter/Hommelhoff, SE, Einl. SE-VO Rn. 33; *Maul*, in: van Hulle/Maul/Drinhausen, SE-Handbuch, Abschn. 2 Rn. 1 ff.

pfundene – monistische Organisationsverfassung zu geben, stellt das Charakteristikum der Europäischen Aktiengesellschaft und zugleich ein Novum für das deutsche Kapitalgesellschaftsrecht dar.[599]

Die nachfolgenden Ausführungen werden diesem Unternehmenswahlrecht Rechnung tragen und soweit erforderlich zwischen der dualistisch und der monistisch verfassten SE unterscheiden.

I. Kapitalbindung

Zunächst soll das Augenmerk auf die Aspekte der Kapitalbindung bei der Europäischen Aktiengesellschaft nach deutschem Recht gelegt werden, welche sich für beide Organisationsverfassungsalternativen der SE einheitlich präsentiert: Art. 4 Abs. 2 SE-VO sieht vor, dass das gezeichnete Kapital einer SE mindestens 120.000 Euro zu betragen hat,[600] wobei das gezeichnete Kapital im Sinne des Verordnungswortlauts insoweit gleichbedeutend mit dem Mindestnennbetrag des Grundkapitals gemäß § 7 AktG ist.[601] Was den Erhalt des Kapitals anbelangt, so richtet sich dieser gemäß Art. 5 SE-VO nach den für eine Aktiengesellschaft mit Sitz im entsprechenden Mitgliedstaat geltenden Vorschriften, in Deutschland mithin nach den einschlägigen Regelungen des AktG.[602] Durch die Scharniernorm des – aufgrund der Verweisungshierachie in Art. 9 Abs. 1 SE-VO[603] vorrangigen – Art. 5 SE-VO gelangt somit das umfassende aktienrechtliche Kapitalbindungsregime der §§ 57 ff. AktG uneingeschränkt zur Anwendung,[604] wodurch sich insoweit kein gegenüber der (deutschen) Aktiengesellschaft verschiedenes Bild ergibt: Auch bei der SE

---

[599] So bezeichnet etwa *Fleischer*, AcP 204 (2004), 502, 521 ebendiese Wahlfreiheit als die „größte Innovationsleistung" des SE-Statuts.

[600] An dieser Stelle nochmals zum Vergleich: Das in Aktien zerlegte Grundkapital einer AG muss lediglich mindestens 50.000 Euro betragen (§ 7 AktG), dazu auch schon Kap. 4 C. II.

[601] Vgl. *Koke*, Finanzverfassung, S. 27 f. Allgemein zum gesetzlichen Mindestkapital der SE ferner *Jaeger*, Europäische Aktiengesellschaft, S. 27; *Fleischer*, in: Lutter/Hommelhoff, SE, Art. 4 SE-VO Rn. 1 ff.; *Maraslis*, Europäische Aktiengesellschaft, S. 20 ff.; *Martens*, in: Lutter, Stellungnahme, S. 165, 167 ff.; *Schindler*, Europäische Aktiengesellschaft, S. 55 f.

[602] Siehe *Fleischer*, in: Lutter/Hommelhoff, Europäische Gesellschaft, S. 170 ff.; *ders.*, in: Lutter/Hommelhoff, SE, Art. 5 SE-VO Rn. 1 f., 6; *Hirte*, NZG 2002, 1, 9; *Mayer*, in: Manz/Mayer/Schröder, SE, Art. 5 SE-VO Rn. 15 ff.; *Raiser/Veil*, Kapitalgesellschaften, § 60 Rn. 9; *Schwintowski*, in: Jannott/Frodermann, SE-Handbuch, Kap. 8 Rn. 1.

[603] *Casper*, in: Spindler/Stilz, AktG, Art. 9 SE-VO Rn. 1 ff.; *Lutter*, in: Lutter/Hommelhoff, SE, Einl. SE-VO Rn. 29 ff.; *Scherer*, System, S. 18.

[604] Siehe *Veil*, in: Jannott/Frodermann, SE-Handbuch, Kap. 11 Rn. 15.

steht grundsätzlich nur der Bilanzgewinn für Ausschüttungen zur Verfügung (vgl.
§§ 57 Abs. 3, 58 Abs. 4 AktG).[605]
Im Übrigen kann vollumfänglich auf die vorangegangenen Ausführungen zur
Kapitalbindung bei der AG verwiesen werden.[606]

II. Kompetenzordnung

Die Zuständigkeitsverteilung innerhalb der SE variiert im Einzelnen je nachdem,
ob das durch Art. 38 lit. b SE-VO gewährte Wahlrecht zu Gunsten einer dualistischen (dazu unter 2.) oder einer monistischen (dazu unter 3.) Organisationsverfassung ausgeübt wurde.[607]

Für beide möglichen Verwaltungsstrukturen der SE sieht das Gesetz indes unterschiedslos vor, dass diese jedenfalls zwingend über eine Hauptversammlung der
Aktionäre als notwendiges Organ verfügen müssen (Art. 38 lit. a SE-VO);[608] auf
diese soll dementsprechend noch vor der Differenzierung nach Art der Organisationsverfassung der SE eingegangen werden (dazu unter 1.).

1. Hauptversammlung

Die Zuständigkeit des Pflichtorgans Hauptversammlung in der SE richten sich der
Verweisungshierarchie des Art. 9 SE-VO entsprechend zunächst nach den ausdrücklichen diesbezüglichen Regelungen der Verordnung (Art. 9 Abs. 1 lit. a SE-VO), sodann hilfsweise nach den Vorschriften des AktG über die Hauptversammlung (Art. 9 Abs. 1 lit. c SE-VO);[609] ferner gibt es vereinzelt – beispielsweise
in den Art. 54 Abs. 1, 57 und 59 Abs. 1 SE-VO – ausdrückliche Subsidiaritätsregelungen, in denen die Verordnung selbst punktuell nationales Recht für anwendbar erklärt.[610] Die geschriebenen Kompetenzen der Hauptversammlung in der SE

---

[605] *Bartone/Klapdor*, Europäische Aktiengesellschaft, S. 63 f.
[606] Hierzu ausführlich unter Kap. 4 C. II.
[607] Zum Wahlrecht hinsichtlich der Organisationsverfassung *Eberspächer*, in: Spindler/Stilz, AktG, Art. 38 SE-VO Rn. 5 f.; *Raiser/Veil*, Kapitalgesellschaften, § 60 Rn. 18; *Teichmann*, in: Lutter/Hommelhoff, SE, Art. 38 SE-VO Rn. 14 ff.; ferner *Maraslis*, Europäische Aktiengesellschaft, S. 50 f.; *Scherer*, System, S. 19 f.
[608] Vgl. dazu *Brandt*, Hauptversammlung, S. 65; *Maul*, in: van Hulle/Maul/Drinhausen, SE-Handbuch, Abschn. 5 § 4 Rn. 1; *Scherer*, System, S. 19. Ferner *Lutter*, BB 2002, 1, 4, der die Hauptversammlung in diesem Zusammenhang als das „Grundorgan" der Gesellschaft bezeichnet.
[609] Siehe *Baatz/Weydner*, in: Jannott/Frodermann, SE-Handbuch, Kap. 6 Rn. 1.
[610] *Baatz/Weydner*, in: Jannott/Frodermann, SE-Handbuch, Kap. 6 Rn. 8.

ergeben sich somit aus den Art. 52 bis 59 SE-VO sowie – über die Verweisung des Art. 52 Unterabs. 2 SE-VO – den §§ 118 ff. AktG und unterscheiden sich daher im Ergebnis nicht wesentlich von jenen der Hauptversammlung einer AG[611].[612]

Anders stellt sich die Situation jedoch hinsichtlich möglicher ungeschriebener Zuständigkeiten der Hauptversammlung in der SE dar:
Während solche Kompetenzen für die Hauptversammlung der AG im Zuge der *Holzmüller-Gelatine-Doktrin* unter bestimmten Voraussetzungen mittlerweile gewohnheitsrechtlich durch gefestigte höchstrichterliche Rechtsprechung anerkannt sind,[613] wird angezweifelt, ob selbiges auch für die SE Geltung beanspruchen kann. Anlass für die entsprechenden Bedenken ist die besondere Verweisungstechnik der SE-VO: Die Formulierung „Rechtsvorschriften" in Art. 52 Unterabs. 2 SE-VO kann dergestalt interpretiert werden, dass diese eine Beschränkung der Verweisung auf geschriebenes Recht nahelegt und nationales Richterrecht – wie die *Holzmüller-Gelatine-Doktrin* – nicht vom entsprechenden Anwendungsbefehl umfasst ist.[614] Nach der überwiegenden und vorzugswürdigen Gegenauffassung soll sich die Verweisung hingegen auf das einschlägige nationale Recht insgesamt erstrecken und insbesondere auch nichtkodifiziertes Richterrecht einschließen, womit die ungeschriebenen Kompetenzen nach der *Holzmüller-Gelatine-Doktrin* auch auf die Hauptversammlungszuständigkeit in der SE Anwendung fänden;[615] hierfür spricht bereits eine Heranziehung der englischen („*law*") und französischen („*loi*")

---

[611] Hierzu oben Kap. 4 C. I. 3.
[612] Vgl. ausführlich *Brandt*, Hauptversammlung, S. 120 ff., 157. Umstritten ist insoweit jedoch etwa die Anwendbarkeit des Entlastungsbeschlusses nach § 120 AktG sowie der Ersetzung des Aufsichtsratsvetos gemäß § 111 Abs. 4 S. 3 AktG durch die Hauptversammlung der SE, dazu *Baatz/Weydner*, in: Jannott/Frodermann, SE-Handbuch, Kap. 6 Rn. 24 f. m. w. N.
[613] Siehe *Staake*, Hauptversammlungskompetenzen, S. 61 f.
[614] So etwa *Brandt*, Hauptversammlung, S. 129 ff.; 132 f.; *Kubis*, in: MünchKomm-AktG, Art. 52 SE-VO Rn. 22; *Marsch-Barner*, in: FS Happ, S. 165, 171; *Sonnenberger*, in: Lutter, Stellungnahme, S. 73, 74 f. (zum insoweit gleichlautenden Art. 83 SE-VOV 1975); ähnlich auch *Spindler*, in: Lutter/Hommelhoff, Europäische Gesellschaft, S. 223, 230 f.; *ders.*, in: Lutter/Hommelhoff, SE, Art. 52 SE-VO Rn. 46 f., der lediglich eine gemeinschaftsrechtlich begründete ungeschriebene Zuständigkeit der Hauptversammlung anerkennen will.
[615] So *Baatz/Weydner*, in: Jannott/Frodermann, SE-Handbuch, Kap. 6 Rn. 34 ff.; *Casper*, in: FS Ulmer, S. 51, 69; *Eberspächer*, in: Spindler/Stilz, AktG, Art. 52 SE-VO Rn. 12; *Gutsche*, Eignung, S. 105; *Habersack*, ZGR 2003, 724, 741; *Hommelhoff*, AG 1990, 422, 428; *Kiem*, in: KölnKomm-AktG, Art. 52 SE-VO Rn. 36; *Mauch*, Das monistische Leitungssystem, S. 72; *Maul*, in: van Hulle/Maul/Drinhausen, SE-Handbuch, Abschn. 5 § 4 Rn. 37; *Mayer*, in: Manz/Mayer/Schröder, SE, Art. 52 SE-VO Rn. 10, 17 f.; *Schmiegel*, Strukturmaßnahmen, S. 136 ff., 145; *Schwarz*, SE, Art. 52 SE-VO Rn. 35; *Thümmel*, Europäische Aktiengesellschaft, C. IV. 4. Rn. 258; *Teichmann*, ZGR 2002, 383, 398; *Veil*, in: Jannott/Frodermann, SE-Handbuch, Kap. 10 Rn. 62; *Zollner*, in: Kalss/Hügel, SE, § 62 SEG Rn. 21.

Sprachfassungen der SE-Verordnung, welche – im Gegensatz zur deutschen Version („Rechtsvorschriften") – durch ihre wesentlich umfassendere Formulierung erkennbar jeweils auch ungeschriebenes Recht umfassen und das Wortlautargument der Kritiker einer entsprechenden Erstreckung der Verweisung weitgehend entkräften.[616]

Es lässt sich folglich festhalten, dass sich die Kompetenzen der Hauptversammlung in der SE – unabhängig von deren gewählter Organisationsverfassung[617] – deckungsgleich mit denjenigen im Kontext der AG präsentieren: Sie ist gleichberechtigter Akteur im nicht-hierarchischen Verhältnis der SE-Organe zueinander, dem jedoch insbesondere dann gesteigerte Bedeutung zukommen kann, wenn weitreichende Entscheidungen im Sinne der *Holzmüller-Gelatine-Doktrin* in Rede stehen.

2. Dualistisch verfasste SE

Wurde das Wahlrecht nach Art. 38 lit. b SE-VO zu Gunsten einer dualistischen Organisationsverfassung ausgeübt, verfügt die SE neben der bereits behandelten Hauptversammlung über zwei weitere notwendige Organe: ein Leitungsorgan (entspricht dem Vorstand im Sinne des AktG) sowie ein Aufsichtsorgan (entspricht dem Aufsichtsrat im Sinne des AktG).[618]

Das *Leitungsorgan* führt die Geschäfte der SE gemäß Art. 39 Abs. 1 S. 1 SE-VO in eigener Verantwortung. Somit ist das Leitungsorgan der SE – entsprechend der Stellung des Vorstandes bei der AG (vgl. § 76 Abs. 1 AktG) – zur Wahrnehmung sämtlicher Aufgaben der Geschäftsführung und Vertretung der SE berufen.[619] Ebenfalls parallel zum deutschen Aktienrecht (vgl. § 105 AktG) sieht Art. 39 Abs. 3 SE-VO eine strenge Inkompatibilität zwischen einer Mitgliedschaft im Leitungs- und Aufsichtsorgan der SE vor.[620]

Die Hauptaufgabe des *Aufsichtsorgans* der SE stellt – gleich dem Aufsichtsrat einer AG – die Überwachung der Geschäftsführung durch das Leitungsorgan dar (Art. 40

---

[616] Siehe *Mayer*, in: Manz/Mayer/Schröder, SE, Art. 52 SE-VO Rn. 10.
[617] Die Auffassung, die der Hauptversammlung in der monistisch verfassten SE unmittelbare Einflussnahmemöglichkeiten auf die Geschäftsführung zuweisen will (so *Kalss/Greda*, in: Kalss/Hügel, SE, S. 467 Rn. 37), ist vereinzelt geblieben.
[618] Vgl. *Raiser/Veil*, Kapitalgesellschaften, § 60 Rn. 20.
[619] *Manz*, in: Manz/Mayer/Schröder, SE, Art. 39 SE-VO Rn. 4, 17 f.
[620] *Seibt*, in: Lutter/Hommelhoff, SE, Art. 39 SE-VO Rn. 32 f.

Abs. 1 S. 1 SE-VO).[621] Entsprechend der Regelung des § 111 Abs. 4 S. 1 AktG ist eine Übertragung von Aufgaben der laufenden Geschäftsführung auf das Aufsichtsorgan gemäß Art. 40 Abs. 1 S. 2 SE-VO ausdrücklich untersagt.[622]

Aufgrund der Regelungen der Art. 39 Abs. 1 S. 2, 40 Abs. 1 SE-VO, die auf nationales Aktienrecht verweisen bzw. diesem entsprechen,[623] bewegt sich die dualistisch verfasste SE hinsichtlich ihrer Verwaltungsstruktur somit im Ergebnis weitestgehend in den bereits von der AG bekannten Pfaden.[624]

3. Monistische verfasste SE

Als Alternative zum dualistischen System sieht Art. 38 lit. b SE-VO die Möglichkeit vor, der SE eine monistische Organisationsverfassung zu geben. Da diese Verwaltungsstruktur dem deutschen Kapitalgesellschaftsrecht fremd ist, hat der deutsche Gesetzgeber von der Ermächtigung des Art. 43 Abs. 4 SE-VO Gebrauch gemacht und in den §§ 20 bis 49 SE-AG eigenständige Regelungen geschaffen, welche die Vorschriften der §§ 76 bis 116 AktG verdrängen.[625] Neben der Hauptversammlung verfügt die monistisch verfasste SE damit über den *Verwaltungsrat* sowie den bzw. die *geschäftsführenden Direktor(en)* als Gesellschaftsorgane.[626] Der *Verwaltungsrat* der monistischen SE stellt eine Neuheit im deutschen Kapitalgesellschaftsrecht dar, da in diesem Zuge erstmals Leitungs- und Überwachungszuständigkeiten in einem Organ zusammengeführt wurden: Gemäß Art. 43 Abs. 1 S. 1 SE-VO obliegt ihm zunächst die Führung der Geschäfte; seinen konkreten Zuschnitt erfährt das Aufgabenspektrum des Verwaltungsrates jedoch erst durch die Regelung des § 22 Abs. 1 SE-AG, welche ihm die umfassende Aufgabe zuweist, die Gesellschaft zu leiten, die Grundlinien ihrer Tätigkeit zu bestimmen

---

[621] Siehe *Drinhausen*, in: van Hulle/Maul/Drinhausen, SE-Handbuch, Abschn. 5 § 2 Rn. 19; *Frodermann*, in: Jannott/Frodermann, SE-Handbuch, Kap. 5 Rn. 84, 107 ff.; *Thümmel*, Europäische Aktiengesellschaft, C. II. 3. Rn. 179.
[622] Vgl. *Drygala*, in: Lutter/Hommelhoff, SE, Art. 40 SE-VO Rn. 5.
[623] Siehe nur *Manz*, in: Manz/Mayer/Schröder, SE, Art. 39 SE-VO Rn. 57 ff., Art. 40 SE-VO Rn. 20 ff.
[624] Zu dieser oben Kap. 4 C. I.
[625] Siehe *Drinhausen*, in: van Hulle/Maul/Drinhausen, SE-Handbuch, Abschn. 5 § 3 Rn. 1; *Frodermann*, in: Jannott/Frodermann, SE-Handbuch, Kap. 5 Rn. 131; *Teichmann*, in: Lutter/Hommelhoff, SE, Art. 43 SE-VO Rn. 58 f.
[626] Vgl. *Raiser/Veil*, Kapitalgesellschaften, § 60 Rn. 21, 23. Die Frage, ob Letztgenannten selbst Organqualität zukommt oder ob diese nur ausführender Teil im Rahmen des Verwaltungsrats als Organ sind, wird nicht einheitlich beantwortet (vgl. dazu ausführlich *Bauer*, Organstellung, S. 49 ff.; *Teichmann*, in: Lutter/Hommelhoff, SE, Anh. Art. 43 SE-VO Rn. 10); dieses Spezialproblem soll hier jedoch ausgeklammert bleiben.

und deren Umsetzung zu überwachen. Leitungs- und Aufsichtskompetenzen, die im dualistischen System strikter Trennung unterliegen,[627] fallen somit bei der monistischen SE in einem zentralen Organ – dem Verwaltungsrat – zusammen,[628] ein eigenes unternehmensinternes Kontrollorgan fehlt.[629]

Die – aufgrund der Ermächtigung in Art. 43 Abs. 1 S. 2, Abs. 4 SE-VO geschaffene – Regelung des § 40 Abs. 1 S. 1, Abs. 2 S. 1 SE-AG sieht vor, dass der bzw. die *geschäftsführende(n) Direktor(en)* die Geschäfte der Gesellschaft führen. Ein Widerspruch zu den Kompetenzen des Verwaltungsrates, den man hinsichtlich der Aufgabe der Führung der Geschäfte *prima facie* vermuten könnte, besteht dadurch nicht:[630]

Zwar bestimmt Art. 43 Abs. 1 S. 1 SE-VO, dass „der Verwaltungsrat [...] die Geschäfte der SE [führt]"; wie jedoch bereits die ebenfalls den Aufgabenbereich des Verwaltungsrates betreffende und insoweit konkretisierende Regelung des § 22 Abs. 1 S. 1 SE-AG („Der Verwaltungsrat leitet die Gesellschaft") zum Ausdruck bringt, sind hierunter vielmehr Leitungsaufgaben im Sinne einer „Oberleitung"[631] der Gesellschaft zu verstehen.[632] Somit ist die laufende Geschäftsführungstätigkeit – also insbesondere das unternehmerische „Tagesgeschäft"[633] – den geschäftsführenden Direktoren zugewiesen.[634] Ferner sind die geschäftsführenden Direktoren bei ihrer Tätigkeit – neben etwaigen satzungsmäßigen Beschränkungen[635] –

---

[627] Es fehlt daher konsequenterweise auch gänzlich an Vorschriften zur unzulässigen Aufgabenübertragung und Inkompatibilität nach Art der §§ 105, 111 Abs. 4 AktG, wie sie für eine dualistische Verwaltungsstruktur charakteristisch sind.
[628] *Boettcher*, Kompetenzen, S. 75 ff.; *Eberspächer*, in: Spindler/Stilz, AktG, Art. 43 SE-VO Rn. 1; *Kalss/Greda*, in: Kalss/Hügel, SE, § 38 SEG Rn. 6; *Mauch*, Das monistische Leitungssystem, S. 43 ff.; *Metz*, Organhaftung, S. 44 ff.; *Scherer*, System, S. 28 ff.; *Schwarz*, SE-VO, Art. 43 SE-VO Rn. 10, 12; *Thümmel*, Europäische Aktiengesellschaft, C. III. 1. Rn. 183.
[629] Vgl. *Frodermann*, in: Jannott/Frodermann, SE-Handbuch, Kap. 5 Rn. 132; *Teichmann*, in: Lutter/Hommelhoff, SE, Art. 43 SE-VO Rn. 63.
[630] Zur Abgrenzung der Kompetenzbereiche von Verwaltungsrat und geschäftsführenden Direktoren vgl. *Teichmann*, in: Lutter/Hommelhoff, SE, Anh. Art. 43 SE-VO Rn. 31 ff.; ferner *Scherer*, System, S. 32 ff.
[631] So *Neye/Teichmann*, AG 2003, 169, 177; *Teichmann*, in: Lutter/Hommelhoff, Europäische Gesellschaft, S. 195, 206.
[632] *Boettcher*, Kompetenzen, S. 86; *Kalss/Greda*, in: Kalss/Hügel, SE, § 39 SEG Rn. 1; *Mauch*, Das monistische Leitungssystem, S. 57 ff.; *Metz*, Organhaftung, S. 46 f.; *Teichmann*, in: Lutter/Hommelhoff, SE, Anh. Art. 43 SE-VO Rn. 8; *Thümmel*, Europäische Aktiengesellschaft, C. III. 3. Rn. 212.
[633] Siehe *Raiser/Veil*, Kapitalgesellschaften, § 60 Rn. 23.
[634] *Bartone/Klapdor*, Europäische Aktiengesellschaft, S. 74; *Kepper*, Monistische SE, S. 110; *Neye/Teichmann*, AG 2003, 169, 178; *Teichmann*, in: Lutter/Hommelhoff, SE, Anh. Art. 43 SE-VO Rn. 29.
[635] Vgl. dazu *Manz*, in: Manz/Mayer/Schröder, SE, Art. 43 SE-VO Rn. 165.

gegenüber dem Verwaltungsrat weisungsabhängig (§ 44 Abs. 2 SE-AG),[636] womit sie in ihrer Stellung insoweit einem GmbH-Geschäftsführer vergleichbar sind.[637] Daneben sind die geschäftsführenden Direktoren nach dem Wortlaut des § 44 Abs. 2 SE-AG auch den „Anweisungen und Beschränkungen der Hauptversammlung" unterworfen. Die genaue Reichweite dieses Rechts ist noch nicht abschließend geklärt;[638] jedenfalls ist die Hauptversammlung zur Beschlussfassung über eine Geschäftsführungsmaßnahme berufen, wenn ihr diese – gegebenenfalls zwingend bei Sachverhalten im Sinne der *Holzmüller-Gelatine-Doktrin* – entsprechend vorgelegt wird.[639] Bei der Bestellung geschäftsführender Direktoren kann hierbei schließlich entweder auf Außenstehende (sog. externe geschäftsführende Direktoren) oder aber auf die Reihen der Verwaltungsräte (sog. interne geschäftsführende Direktoren) zurückgegriffen werden.[640] Letzteres ist zwar nur möglich, solange die Mehrheit des Verwaltungsrates weiterhin aus nicht-geschäftsführenden Mitgliedern besteht (§ 40 Abs. 1 S. 2 SE-AG);[641] die geschäftsführenden Verwaltungsratsmitglieder bekleiden dann jedoch in Personalunion zwei Ämter, was zu einer nicht unbedenklichen Machtbündelung führen kann.[642]

Die für das deutsche Kapitalgesellschaftsrecht neuartige Konstruktion der monistisch verfassten SE ist folglich durch eine bisher ungekannte Akkumulation von Leitungs- und Überwachungskompetenzen beim Organ des Verwaltungsrates gekennzeichnet; der bzw. die geschäftsführende(n) Direktor(en) sind – ähnlich dem Geschäftsführer einer GmbH – für Aufgaben der laufenden Geschäftsführung zuständig und dabei insbesondere den Weisungen des Verwaltungsrates unterworfen.

---

[636] Ausführlich *Mauch*, Das monistische Leitungssystem, S. 63 ff. Ferner *Schwarz*, SE-VO, Art. 43 Rn. 58.
[637] Siehe *Eberspächer*, in: Spindler/Stilz, AktG, Art. 43 SE-VO Rn. 15; *Frodermann*, in: Jannott/Frodermann, SE-Handbuch, Kap. 5 Rn. 139, 228; *Lutter*, in: Lutter/Hommelhoff, SE, Einl. SE-VO Rn. 34; *Neye/Teichmann*, AG 2003, 169, 179.
[638] Vgl. dazu den Überblick bei *Kepper*, Monistische SE, S. 119 ff. m. zahlr. Nachw.
[639] *Drinhausen*, in: van Hulle/Maul/Drinhausen, SE-Handbuch, Abschn. 5 § 3 Rn. 27 ff.; *Ihrig*, ZGR 2008, 809, 818 f.; *Teichmann*, in: Lutter/Hommelhoff, SE, Anh. Art. 43 SE-VO Rn. 6.
[640] Siehe *Manz*, in: Manz/Mayer/Schröder, SE, Art. 43 SE-VO Rn. 128; *Teichmann*, in: Lutter/Hommelhoff, SE, Anh. Art. 43 SE-VO Rn. 8.
[641] *Mauch*, Das monistische Leitungssystem, S. 123 f.; *Metz*, Organhaftung, S. 46 f.
[642] Vgl. *Kalss/Greda*, in: Kalss/Hügel, SE, Vor § 34 SEG Rn. 10; *Thümmel*, Europäische Gesellschaft, C. III. 4. Rn. 228 m. w. N.

III. Auswirkungen auf Umfang und Grenzen der strafrechtlichen Einwilligungskompetenz

Ausgehend von dieser Bestandsaufnahme hinsichtlich der Kapitalbindung und Zuständigkeitsverteilung in der SE ist nun erneut in einem zweiten Schritt zu fragen, wie sich ebendiese Vorgaben auf die im Rahmen des § 283d Abs. 1 Var. 1 StGB bedeutsame Einwilligungskompetenz auswirken.

Die Kompetenzordnung in der SE variiert – wie gesehen – je nachdem, ob selbige eine dualistisch oder monistisch strukturierte Organisationsverfassung aufweist; in jedem Fall muss sie zwingend über das Organ der Hauptversammlung verfügen.[643] Während die Verteilung der organschaftlichen Zuständigkeiten in der dualistischen SE im Übrigen derjenigen bei der AG entspricht, erscheint im Fall der monistisch verfassten SE die ungewöhnliche Rolle der weisungsabhängigen geschäftsführenden Direktoren sowie ein möglicher Einfluss dieser Stellung im Kompetenzgefüge auf die Frage nach dem zur Erteilung einer strafrechtlich relevanten Einwilligung in vermögensbeeinträchtigende Maßnahmen zuständigen Organ innerhalb der SE interessant:

Nach dem Wortlaut des § 44 Abs. 2 SE-AG kommt neben dem Verwaltungsrat auch der Hauptversammlung ein unmittelbares Weisungsrecht gegenüber den geschäftsführenden Direktoren zu;[644] dies würde die hier bereits im Kontext der AG[645] vertretene Position, dass die in Gestalt der Hauptversammlung verkörperte Gesamtheit der Anteilseigner dispositionsbefugtes Organ ist, noch zusätzlich stützen. Da die Annahme eines echten Weisungsrechts jedoch zu weit ginge und auch der Grundkonzeption der monistischen Verwaltungsstruktur zu widersprechen drohte,[646] bleibt es für beide Organisationsformen der SE bei dem bereits zur AG festgestellten Befund: Die Einwilligung in derartige vermögensbeeinträchtigende Maßnahmen, wie sie im Rahmen des § 283d Abs. 1 Var. 1 StGB in Rede stehen,

---

[643] Siehe oben Kap. 4 D. II. 1.
[644] In diese Richtung auch deutlich *Kalss/Greda*, in: Kalss/Hügel, SE, § 39 SEG Rn. 37, 46; zur herrschenden Gegenauffassung siehe *Drinhausen*, in: van Hulle/Maul/Drinhausen, SE-Handbuch, Abschn. 5 § 3 Rn. 27 ff.
[645] Dazu ausführlich unter Kap. 4 C. III. 1.
[646] Angesprochen ist hiermit namentlich ein drohender Konflikt mit der von der SE-VO zwingend vorgegebenen Kompetenzverteilung zwischen Verwaltungsrat und Hauptversammlung: Wenn die Hauptversammlung dem Verwaltungsrat gegenüber schon keine Weisungen erteilen kann, muss dies erst recht auch für die geschäftsführenden Direktoren gelten, welche ihre Kompetenzen gerade aus einer Delegation durch den Verwaltungsrat ableiten, siehe dazu *Manz*, in: Manz/Mayer/Schröder, SE, Art. 43 SE-VO Rn. 165; ebenso *Ihrig*, ZGR 2008, 809, 818 m. w. N.

kommt regelmäßig in qualitativer Hinsicht eine Bedeutung zu, die nach dem Grundgedanken der – auch im Kontext der SE anwendbaren[647] – *Holzmüller-Gelatine-Doktrin* eine Vorlagepflicht des zuständigen Exekutivorgans der SE auslöst und eine verbindliche Letztentscheidung durch die Hauptversammlung erforderlich macht. Auch innerhalb der SE ist folglich die Hauptversammlung das grundsätzlich zur Erteilung einer strafrechtlich relevanten Einwilligung im Sinne des § 283d Abs. 1 Var. 1 StGB berufene Gesellschaftsorgan.

Die Kapitalbindung bei der SE präsentiert sich deckungsgleich mit der derjenigen der AG:[648] Über die Verweisungsnorm des Art. 5 SE-VO gelangen sämtliche Vorschriften über die aktienrechtliche Kapitalbindung (also insbesondere die §§ 57 Abs. 1 und 3, 58 Abs. 4 AktG) auch für die SE zur Anwendung, sodass deren Gesellschaftsvermögen einer umfassenden Bindung unterliegt, welche nur eine Ausschüttung von Bilanzgewinn bzw. (ordnungsgemäß zu Bilanzgewinn aufgelösten) freien Rücklagen gestattet.[649]

Dies markiert zugleich auch die Grenze für die Reichweite der strafrechtlich relevanten Einwilligungsbefugnis: Die in Gestalt der Hauptversammlung verkörperte Gesamtheit der Aktionäre kann nur solange ihre Zustimmung zu einer vermögensbeeinträchtigenden Handlung des zuständigen Organs der SE erteilen, bis durch die entsprechende Verfügung das Garantiekapital der Gesellschaft (vgl. Art. 4 SE-VO; dies entspricht dem Grundkapital bei der AG) oder gesetzliche Rücklagen tangiert sind – diese Positionen sind der Disposition der Anteilseigner ausnahmslos entzogen. Eine unter Verletzung dieser Grenzen erteilte Zustimmung ist gesellschaftsrechtlich unwirksam und der Gesellschaft (als Vermögensinhaberin und Schuldnerin im Sinne des Tatbestandes nach § 283d Abs. 1 Var. 1 StGB) daher auch nicht als strafrechtlich beachtliche Einwilligung zurechenbar.

IV. Zwischenergebnis und Auswirkungen auf die Funktionsfähigkeit des Tatbestandes der Schuldnerbegünstigung (§ 283d Abs. 1 Var. 1 StGB)

Die Betrachtung der SE hat ergeben, dass sich die Situation – trotz der bestehenden Unterschiede hinsichtlich der Kompetenzordnung im Falle einer monistischen

---

[647] Zur Anwendbarkeit der *Holzmüller-Gelatine-Doktrin* im Kontext der SE ausführlich unter Kap. 4 D. II. 1.
[648] Hierzu Kap. 4 C. II.
[649] Siehe oben Kap. 4 C. III. 2.

Organisationsverfassung – weitestgehend parallel zu derjenigen der AG darstellt: Die Hauptversammlung als institutionalisierte Plattform der Aktionärsgesamtheit ist zur Entscheidung über die Erteilung der strafrechtlich relevanten Einwilligung in eine vermögensbeeinträchtigende Maßnahme des zuständigen Exekutivorgans berufen. Äußerste Grenze dieser Einwilligungsbefugnis stellen abermals die Positionen des Garantiekapitals der Gesellschaft sowie der gesetzlichen Rücklagen dar, welche einer Disposition ausnahmslos entzogen sind.

Für die Schuldnerbegünstigung nach § 283d Abs. 1 Var. 1 StGB bedeutet dies jedoch erneut, dass es an einer wirksamen und somit im Rahmen des Straftatbestandes beachtlichen Einwilligung der SE als Vermögensinhaberin und Insolvenzschuldnerin immer dann fehlt, wenn die tatbestandlich geschützten Gläubigerinteressen angesichts eines Angriffs auf das Garantiekapital der Gesellschaft oder deren gesetzliche Rücklagen besonders gefährdet sind. Dies hat zur Folge, dass mit der strafbarkeitsbegründenden Einwilligung ein Merkmal des objektiven Tatbestandes nicht vorliegt und der durch die Schuldnerbegünstigung nach § 283d Abs. 1 Var. 1 StGB intendierte strafrechtliche Schutz einmal mehr versagt.

E. Kommanditgesellschaft auf Aktien (KGaA)

Als letzte noch verbleibende Form der Kapitalgesellschaft nach deutschem Recht soll im Folgenden die Kommanditgesellschaft auf Aktien (kurz: KGaA) einer näheren Betrachtung unterzogen werden.

Die historischen Wurzeln der KGaA reichen bis ins 18. Jahrhundert zurück, womit sie zweifelsohne zu den traditionsreichsten Formen des deutschen Kapitalgesellschaftsrechts zählt.[650]
Ihre rechtstatsächliche Bedeutung hingegen ist – insbesondere im Vergleich zu den anderen Formen der Kapitalgesellschaft – eher gering;[651] teilweise ist gar von

---

[650] Vgl. *K. Schmidt*, Gesellschaftsrecht, § 32 I 2; *Herfs*, in: MünchHandb-GesR, § 75 Rn. 1 f.; *Joens*, Persönlich haftende Gesellschafter, S. 11 ff.; *Sethe*, Die personalistische Kapitalgesellschaft, S. 11 ff. m. w. N.
[651] *K. Schmidt*, in: Aktienrecht im Wandel, Kap. 26 Rn. 1; *ders.*, Gesellschaftsrecht, § 32 I 3; *Raiser/Veil*, Kapitalgesellschaften, § 23 Rn. 4; *Fett*, in: Schütz/Bürgers/Riotte, KGaA-Handbuch, § 1 Rn. 11; *Herfs*, in: MünchHandb-GesR, § 75 Rn. 3 ff.; *Kölling*, Kapitalistische KGaA,

der KGaA als einer bloßen „gesellschaftsrechtlichen Randerscheinung"[652] die Rede. Insbesondere durch die Entscheidung BGHZ 134, 392 ff. vom 24. Februar 1997[653], in welcher der BGH erstmals eine juristische Person als einzigen Komplementär der KGaA höchstrichterlich anerkannte, erfuhr die Rechtsform in der Wirtschaftsrealität jedoch einen erheblichen Bedeutungsschub.[654] Mittlerweile gilt die KGaA vor allem als „Rechtsformalternative für familienkontrollierte, mittelständische Unternehmen, die Zugang zum Kapitalmarkt suchen"[655]. Wie nicht zuletzt die Beispiele von *Fresenius*[656], *Henkel*[657] und *Merck*[658] zeigen, sind heute durchaus namhafte Großunternehmen als KGaA – wenn auch mittlerweile überwiegend mit einer juristischen Person als Komplementär[659] – organisiert.

Aus unternehmerischer Perspektive liegen die praktischen Vorzüge der Rechtsform KGaA dabei auf der Hand:[660] Sie ermöglicht den Zugang zur Börsenkapitalisierung, unterwirft den Verwender dabei aber nicht pauschal dem engen Korsett der in weiten Teilen zwingenden aktienrechtlichen Regelungen; auf diese Weise wird es möglich, die Eigenkapitalbasis im Wege eines Börsenganges zu stärken, ohne im Gegenzug die Kommanditaktionäre als Kapitalgeber unmittelbar an der Unternehmensführung beteiligen zu müssen.[661] Hinzu kommen steuerrechtliche Aspekte[662] sowie eine besondere Eignung der KGaA als Rechtsform für (auch

---

S. 24 ff.; *Philbert*, Kommanditgesellschaft auf Aktien, S. 22 ff.; *Mertens/Cahn*, in: KölnKomm-AktG, Vor § 278 Rn. 6.

[652] *Sethe*, Die personalistische Kapitalgesellschaft, S. 1 m. w. N.
[653] BGHZ 134, 392 ff. = NJW 1997, 1932 ff.
[654] Vgl. hierzu *Assmann/Sethe*, in: Großkomm-AktG, Vor § 278 Rn. 43; *K. Schmidt*, in: Schmidt/Lutter, AktG, § 278 Rn. 1; *Schaumburg/Schulte*, KGaA, I Rn. 2; *Wilhelm*, Kapitalgesellschaftsrecht, Rn. 1329.
[655] *Herfs*, in: MünchHandb-GesR, § 75 Rn. 5.
[656] Fresenius SE & Co. KGaA, Bad Homburg.
[657] Henkel AG & Co. KGaA, Düsseldorf.
[658] Merck KGaA, Darmstadt.
[659] Wenn im Folgenden im Zusammenhang mit dem Komplementär der Singular verwandt wird, so dient dies lediglich der sprachlichen Vereinfachung und lässt sich die Möglichkeit einer Mehrheit von persönlich haftenden Gesellschaftern bei der KGaA selbstverständlich unberührt.
[660] Eine Übersicht über Vor- und Nachteile der KGaA aus unternehmerischer Sicht findet sich bei *Mertens/Cahn*, in: KölnKomm-AktG, Vor § 278 Rn. 7 f. m. zahlr. Nachw.
[661] Siehe *Schaumburg/Schulte*, KGaA, I Rn. 2 m. w. N.
[662] Zu nennen ist diesbezüglich etwa die getrennte steuerrechtliche Behandlung von Kommanditaktionären und Komplementären, wodurch ein Teil der Gesellschafter die Vorteile des Halbeinkünfteverfahrens oder eine Steuerfreistellung nach § 8b KStG, der andere Teil hingegen ein mitunternehmerisches Besteuerungsmodell nutzen kann, vgl. *Engel*, in: Schütz/Bürgers/Riotte, KGaA-Handbuch, § 2 Rn. 17 ff.; *Herfs*, in: MünchHandb-GesR, § 75 Rn. 6; *Hoffmann-Becking/Herfs*, in: FS Sigle, S. 273, 280 f.; *Jäger*, AG und KGaA, § 1 Rn. 36; *Otte*, AG & Co. KGaA, S. 38 ff.; *Sethe*, Die personalistische Kapitalgesellschaft, S. 189 ff.

mittelständische) Familienunternehmen aufgrund der weitgehend übernahmeresistenten Stellung[663] der Komplementäre.[664]

Wohl markantestes Kennzeichen der KGaA ist ihr hybrider Rechtsformcharakter, welcher regelungssystematisch sowohl durch kapital- als auch durch personengesellschaftsrechtliche Einflüsse geprägt ist.[665]

Gleich einem gesetzlichen Scharnier verweist § 278 AktG – je nach beteiligter Personengruppe sowie den sich daraus ergebenden Rechtsverhältnissen – entweder auf das Recht der Kommanditgesellschaft (§ 278 Abs. 2 AktG) oder auf das Recht der Aktiengesellschaft (§ 278 Abs. 3 AktG):[666] Während auf die Fragen der Unternehmensführung der KGaA die Regelungen des HGB Anwendung finden, richtet sich die Kapitalbindung nach den Vorschriften des AktG.[667] Im Folgenden soll dementsprechend erneut die Reichweite und Ausgestaltung der Kapitalbindung bei der KGaA beleuchtet werden, bevor auf deren Besonderheiten hinsichtlich der Organisationsverfassung eingegangen wird; in einem zweiten Schritt werden die so gewonnenen Erkenntnisse dann wiederum für die Frage nach Inhaberschaft und Reichweite der Einwilligungskompetenz in der KGaA fruchtbar gemacht.

---

[663] Die KGaA bietet die Möglichkeit, dass Familienmitglieder als Komplementäre bzw. Mehrheitsgesellschafter einer etwaigen Komplementärgesellschaft – je nach Ausgestaltung der Satzung – auch dann noch die Kontrolle über die Gesellschaft behalten können, wenn über 50 % des Anteilsbesitzes über die Börse an Externe veräußert wurde. Vgl. dazu auch *Hennerkes/Lorz*, DB 1997, 1388, 1393; *Hoffmann-Becking/Herfs*, in: FS Sigle, S. 273, 276 f.; *Priester*, ZHR 160 (1996), 250, 253; *Schüppen*, in: Seibert/Kiem/Schüppen, AG-Handbuch, Teil 6 Rn. 6.18.

[664] *Jäger*, AG und KGaA, § 1 Rn. 39; *Müller-Michaels*, in: Hölters, AktG, § 278 Rn. 5; *Schaumburg/Schulte*, KGaA, I 1 Rn. 2, II 6 Rn. 44; *Schüppen*, in: Seibert/Kiem/Schüppen, AG-Handbuch, Teil 6 Rn. 6.1.

[665] Siehe nur *Bachmann*, in: Spindler/Stilz, AktG, § 278 Rn. 1; *Förl/Fett*, in: Bürgers/Körber, AktG, § 278 Rn. 4 ff.; *Hüffer*, AktG, § 278 Rn. 3; *Jäger*, AG und KGaA, § 1 Rn. 33; *Müller-Michaels*, in: Hölters, AktG, § 278 Rn. 1; *Perlitt*, in: MünchKomm-AktG, § 278 Rn. 3; *Wichert*, in: Heidel, AktG, § 278 Rn. 1.

[666] Vgl. hierzu *Fett*, in: Schütz/Bürgers/Riotte, KGaA-Handbuch, § 1 Rn. 11; *Herfs*, in: Münch-Handb-GesR, § 75 Rn. 9; *Jäger*, AG und KGaA, § 1 Rn. 33; *K. Schmidt*, in: Schmidt/Lutter, AktG, § 278 Rn. 1; *Schüppen*, in: Seibert/Kiem/Schüppen, AG-Handbuch, Teil 6 Rn. 6.3.

[667] *Bachmann*, in: Spindler/Stilz, AktG, § 278 Rn. 26; *Perlitt*, in: MünchKomm-AktG, Vor § 278 Rn. 29; *Pfeiffer*, Kommanditgesellschaft auf Aktien, S. 15 ff.; *Schaumburg/Schulte*, KGaA, II 1 Rn. 3.

I. Kapitalbindung

Um die Grundsätze der Kapitalbindung in der KGaA sinnvoll darstellen zu können, muss zunächst zwischen zwei verschiedenen Kapitalgruppen im Rahmen des regelmäßig als „Gesamtkapital" bezeichneten Eigenkapitalpostens unterschieden werden,[668] die in dieser Kombination so nur bei der KGaA anzutreffen sind: Eine mögliche *Vermögenseinlage* des Komplementärs auf der einen (dazu unter 1.) sowie das von den Kommanditaktionären aufzubringende *Grundkapital* der Gesellschaft auf der anderen Seite (dazu unter 2.).[669]

1. Vermögenseinlage eines Komplementärs

Der Komplementär einer KGaA ist von Gesetzes wegen zu keinerlei Erbringung von Beiträgen verpflichtet.[670] § 281 Abs. 2 AktG räumt dem persönlich haftenden Gesellschafter jedoch die Möglichkeit ein, eine *Vermögenseinlage* außerhalb des Grundkapitals zu leisten, welche nach Art und Höhe in der Satzung festzulegen ist.[671]

Die Motivation für eine solche, selbstverständlich gänzlich von der unbeschränkten persönlichen Haftung der Komplementäre unabhängige[672] zusätzliche finanzielle Beteiligung besteht vor allem in der weiteren Verfestigung des Einflusses des persönlich haftenden Gesellschafters durch den Erwerb einer echten mitgliedschaftlichen Rechtsposition.[673] Daneben erfährt die Vermögenseinlage steuerlich eine weitaus günstigere Behandlung als etwa Kommanditaktien, welche der Komplementär ebenfalls halten könnte.[674] Mit ihrer Erbringung geht die Vermögenseinlage in das Gesellschaftsvermögen der KGaA über.[675] Sie ist dann Teil

---

[668] Siehe *Philbert*, Kommanditgesellschaft auf Aktien, S. 73.
[669] Nach diesen Kapitalarten differenzieren auch *Assmann/Sethe*, in Großkomm-AktG, Vor § 278 Rn. 68 ff.; *Fett*, in: Schütz/Bürgers/Riotte, KGaA-Handbuch, § 7 Rn. 1; *Jäger*, AG und KGaA, § 32 Rn. 1; *K. Schmidt*, in: Schmidt/Lutter, AktG, § 278 Rn. 5; *Wichert*, Finanzen, S. 79, 87 f.
[670] *Herfs*, in: MünchHandb-GesR, § 76 Rn. 20; *K. Schmidt*, Gesellschaftsrecht, § 32 III 1; *Mertens/Cahn*, in: KölnKomm-AktG, § 281 Rn. 8; *Philbert*, Kommanditgesellschaft auf Aktien, S. 73; *Schaumburg/Schulte*, KGaA, II 4 b Rn. 22.
[671] Vgl. *Bachmann*, in: Spindler/Stilz, AktG, § 281 Rn. 7; *Herfs*, in: MünchHandb-GesR, § 76 Rn. 21; *Jäger*, AG und KGaA, § 32 Rn. 4; *K. Schmidt*, in: Schmidt/Lutter, AktG, § 281 Rn. 7; *Müller*, in: Beck AG-Handbuch, § 8 Rn. 14; *Wichert*, Finanzen, S. 89.
[672] Vgl. – *pars pro toto* – *Müller-Michaels*, in: Hölters, AktG, § 281 Rn. 3.
[673] Siehe *Jäger*, AG und KGaA, § 32 Rn. 4.
[674] Vgl. *Sethe*, Die personalistische Kapitalgesellschaft, S. 186, 189 ff.; *Wichert*, Finanzen, S. 84 ff. – jew. m. w. N.
[675] *Assmann/Sethe*, in: Großkomm-AktG, § 281 Rn. 20; *Elschenbroich*, Kommanditgesellschaft auf Aktien, S. 169 ff.; *Joens*, Persönlich haftende Gesellschafter, S. 33; *Mertens/Cahn*, in:

des Eigenkapitals, nicht aber des Grundkapitals der Gesellschaft;[676] dementsprechend erfolgt im Rahmen der Gesellschaftsbilanz ein separater Ausweis selbiger als „gezeichnetes Kapital" im Sinne des § 266 Abs. 3 HGB.[677]

Was die Frage der Kapitalbindung anbelangt, so unterliegt die Vermögenseinlage eines persönlich haftenden Gesellschafters der KGaA nicht aktienrechtlichen Vorschriften, sondern gemäß § 278 Abs. 1 AktG dem personengesellschaftsrechtlichen Regelungsregime der §§ 161 Abs. 2, 105 Abs. 3 HGB, 705 ff. BGB.[678]

Namentlich durch die spezielle Vorschrift des § 288 AktG, welche insoweit die allgemeine Entnahmesperre des § 122 Abs. 1 HGB erweitert,[679] erfolgt jedoch eine Beschränkung der Zugriffsmöglichkeiten auf einmal eingebrachte Vermögenseinlagen dergestalt, dass die grundsätzliche Dispositionsfreiheit des freiwillig einlegenden Komplementärs über sein zur Verfügung gestelltes Kapital zu Gunsten eines Schutzes übergeordneter (Gesellschafts-)Interessen limitiert wird.[680] Dies kann einer Kapitalbindung, wie sie das Aktienrecht etwa hinsichtlich des Grundkapitals vorsieht, im Einzelfall durchaus nahe kommen.[681]

2. Durch die Kommanditaktionäre aufzubringendes Grundkapital

Anders stellt sich die Situation hinsichtlich des durch die Kommanditaktionäre aufzubringenden Grundkapitals der KGaA dar:

Aufgrund der Verweisungsnorm des § 278 Abs. 3 AktG unterliegt dieses vollständig den Regelungen des Aktienrechts,[682] sodass das Grundkapital der KGaA –

KölnKomm-AktG, § 281 Rn. 8; *Perlitt*, in: MünchKomm-AktG, § 281 Rn. 17; *Schlitt*, Kommanditgesellschaft auf Aktien, S. 123; *Wichert*, Finanzen, S. 88.
[676] Siehe *Otte*, AG & Co. KGaA, S. 200; *Schaumburg/Schulte*, KGaA, II 4 b Rn. 23. Zu den verschiedenen Kapitalarten im Rahmen des kapitalgesellschaftsrechtlichen Gläubigerschutzregimes instruktiv *Niggemann*, Gläubigerschutzsystem, S. 42 ff.
[677] Die Vermögenseinlagen stellen bilanziell Kapital im Sinne von § 266 Abs. 3 HGB (dort unter Ziffer A. I.) dar.
[678] Siehe *Herfs*, in: MünchHandb-GesR, § 76 Rn. 21; *Sethe*, Die personalistische Kapitalgesellschaft, S. 186; *Wilhelm*, Kapitalgesellschaftsrecht, Rn. 1349.
[679] Vgl. nur *Assmann/Sethe*, in: Großkomm-AktG, § 288 Rn. 48; *Perlitt*, in: MünchKomm-AktG, § 281 Rn. 34; *Wichert*, in: Heidel, AktG, § 288 Rn. 11.
[680] *Mertens/Cahn*, in: KölnKomm-AktG, § 288 Rn. 25 ff.; *Perlitt*, in: MünchKomm-AktG, § 288 Rn. 30, 45 ff.
[681] Vgl. hierzu *Mertens/Cahn*, in: KölnKomm-AktG, § 281 Rn. 23; *Schütz/Reger*, in: Schütz/Bürgers/Riotte, KGaA-Handbuch, § 5 Rn. 256 ff.; *Wichert*, in: Heidel, AktG, § 281 Rn. 4. Daneben sind ferner Beschränkungen im Wege der autonomen Satzungsgestaltung denkbar.
[682] Siehe *Raiser/Veil*, Kapitalgesellschaften, § 23 Rn. 58.

ebenso wie bei der AG – mindestens 50.000 Euro zu betragen hat (§ 7 AktG). Auch mit Blick auf die Reichweite der gesetzlichen Kapitalbindung ist das Grundkapital der KGaA wie dasjenige der AG zu behandeln: Es unterliegt gemäß den §§ 57 Abs. 1 und 3, 58 Abs. 4 AktG einer umfassenden Bindung,[683] welche lediglich die Ausschüttung von Bilanzgewinnen (in Form von Dividenden an die Kommanditaktionäre bzw. eines Gewinnanteils an die Komplementäre) zulässt.[684] Bemerkenswert ist in diesem Zusammenhang, dass der BGH das „*durch die aktien-rechtlichen Kapitalaufbringungs- und Erhaltungsvorschriften geschützte Grundkapital [als] die eigentliche Haftungsgrundlage für die Gesellschaftsgläubiger*" betrachtet;[685] dies verdeutlicht nochmals den zentralen Stellenwert des Grundkapitals als Haftungsfonds, auch wenn neben der KGaA als solcher – im Außenverhältnis für die Gesellschaftsgläubiger gesamtschuldnerisch[686] – freilich noch die unbeschränkte persönliche Haftung des Komplementärs nach § 278 Abs. 2 AktG i. V. m. §§ 161 Abs. 2, 128 HGB besteht.[687]

Im Fall der KGaA sind folglich – parallel zur Situation bei der AG – das von den Kommanditaktionären aufgebrachte Grundkapital sowie gesetzliche Rücklagen einer umfassenden Vermögensbindung unterworfen, die allein eine Ausschüttung des ordnungsgemäß festegestellten Bilanzgewinns zulässt.[688]

II. Kompetenzordnung

Die Zuständigkeitsverteilung zwischen den einzelnen Gesellschaftsorganen präsentiert sich deutlich vom bipolaren Charakter der KGaA als Rechtsform zwischen Personen- und Aktiengesellschaft geprägt:

Während die organschaftliche Grundstruktur der KGaA mit ihren drei zwingenden Bestandteilen des persönlich haftenden Gesellschafters, der Hauptversam-

---

[683] *Bachmann*, in: Spindler/Stilz, AktG, § 278 Rn. 33; *Jäger*, AG und KGaA, § 32 Rn. 2; *Philbert*, Kommanditgesellschaft auf Aktien, S. 77 f.
[684] Vgl. *Schüppen*, in: Seibert/Kiem/Schüppen, AG-Handbuch, Teil 7 Rn. 7.5. Von der Gewinnermittlung ist insoweit die Verteilung des festgestellten Gewinns zwischen Komplementären und Kommanditaktionären, die sich nach Personengesellschaftsrecht richtet, als nachgelagerte Frage zu unterscheiden, vgl. *Hoffmann-Becking/Herfs*, in: FS Sigle, S. 273, 290; *Jäger*, AG und KGaA, § 32 Rn. 11 f.; *Sethe*, Die personalistische Kapitalgesellschaft, S. 187.
[685] BGHZ 134, 392, 397 = NJW 1997, 1923, 1925.
[686] *Herfs*, in: MünchHandb-GesR, § 77 Rn. 19; *Grafmüller*, Kommanditgesellschaft auf Aktien, S. 165. Teilweise wird insbesondere die Vorschrift des § 426 BGB insoweit für unanwendbar gehalten, vgl. dazu *Mertens/Cahn*, in: KölnKomm-AktG, § 278 Rn. 40.
[687] Siehe *K. Schmidt*, ZHR 160 (1996), 265, 277 f.; *Schaumburg/Schulte*, KGaA, II 5 Rn. 33.
[688] Vgl. *Raiser/Veil*, Kapitalgesellschaften, § 23 Rn. 58.

mlung sowie des Aufsichtsrates weitestgehend mit derjenigen bei der AG vergleichbar ist, weicht die Kompetenzverteilung zwischen diesen Organen im Einzelnen erheblich von der Situation in der AG ab.[689] Gesetzliches Leitbild der KGaA ist dabei die von einem Unternehmer geführte Gesellschaft, für welche die Aktionäre das entsprechende Eigenkapital bereitstellen.[690] Hinzu kommt ferner, dass die KGaA – in deutlichem Gegensatz zur AG – eine Modifikation der inneren Struktur der Organe zueinander im Wege der Satzungsgestaltung gestattet;[691] diese muss sich ihrerseits jedoch im Rahmen der durch die gemäß § 278 Abs. 3 AktG subsidiär anwendbaren Vorschriften der §§ 278 ff. AktG sowie zwingenden personengesellschaftsrechtlichen Vorgaben (insbesondere des Grundsatzes der Selbstorganschaft[692]) gezogenen Grenzen bewegen.

1. Komplementär

Dem persönlich haftenden Gesellschafter kommt unstreitig die zentrale Machtposition im Kompetenzgefüge der KGaA zu. § 283 AktG erklärt insoweit zunächst bestimmte für den Vorstand der AG geltende Vorschriften für sinngemäß anwendbar.[693]

Ein bedeutender Unterschied zur AG, in welcher der Aufsichtsrat auf Zeit einen Vorstand für die Gesellschaft bestellt, besteht jedoch darin, dass der Komplementär kraft Gesetzes und ohne zeitliche Begrenzung das zur Leitung des Unternehmens berufene Geschäftsführungs- und Vertretungsorgan der KGaA (vgl. § 278 Abs. 2 AktG i. V. m. §§ 114 ff., 164 Abs. 2 HGB) ist;[694] dies folgt bereits aus dem personengesellschaftsrechtlichen Grundsatz der Selbstorganschaft, der eine vollständige Übertragung der Geschäftsführungs- und Vertretungsbefugnis auf gesellschaftsfremde Dritte grundsätzlich von vornherein ausschließt und verlangt, dass

---

[689] *Kölling*, Kapitalistische KGaA, S. 34 ff.; *Perlitt*, in: MünchKomm-AktG, Vor § 278 Rn. 46; *Schütz/Reger*, in: Schütz/Bürgers/Riotte, KGaA-Handbuch, § 5 Rn. 1 f.
[690] Siehe *Herfs*, in: MünchHandb-GesR, § 78 Rn. 1.
[691] Vgl. hierzu *K. Schmidt*, in: Schmidt/Lutter, AktG, § 278 Rn. 7; *Sethe*, Die personalistische Kapitalgesellschaft, S. 108 ff.
[692] Daneben stellen ferner der Grundsatz der Verbandssouveränität, das Abspaltungsverbot, die Kernbereichslehre, der (personengesellschaftsrechtliche) Bestimmtheitsgrundsatz sowie die gesellschafterliche Treuepflicht beachtliche Schranken der Satzungsautonomie dar, siehe dazu *Schütz/Reger*, in: Schütz/Bürgers/Riotte, KGaA-Handbuch, § 5 Rn. 7 ff. m. zahlr. Nachw.
[693] Vgl. *Bachmann*, in: Spindler/Stilz, AktG, § 283 Rn. 1 ff.; *Hüffer*, AktG, § 283 Rn. 1; *Müller-Michaels*, in: Hölters, AktG, § 283 Rn. 1.
[694] Siehe *Jäger*, AG und KGaA, § 26 Rn. 2; *K. Schmidt*, in: Schmidt/Lutter, AktG, § 278 Rn. 36 ff.; *Schaumburg/Schulte*, KGaA, II 3 a Rn. 12.

stets zumindest ein Komplementär diese Kompetenzen innehat.[695] Der persönlich haftende Gesellschafter ist daher echtes „geborenes" Mitglied des Geschäftsführungs- und Vertretungsorgans der KGaA.[696] Diese besonders starke Stellung des Komplementärs in der KGaA stellt gewissermaßen die „Gegenleistung" für den hohen Preis seiner unmittelbaren, unbeschränkten und unbeschränkbaren persönlichen Haftung gegenüber den Gesellschaftsgläubigern (§ 278 Abs. 2 AktG i. V. m. §§ 161 Abs. 2, 128 HGB) dar.[697]

2. Hauptversammlung

Als weiteres Organ der KGaA sieht das Gesetz die Hauptversammlung vor, im Rahmen derer die Kommanditaktionäre ihre Rechte wahrnehmen.[698] Komplementäre, die zugleich Aktien der KGaA halten, sind ebenfalls teilnahmeberechtigt;[699] für sie gelten allerdings bestimmte Stimmrechtsbeschränkungen (vgl. § 285 Abs. 1 S. 2 AktG).[700]

Was die Zuständigkeiten der Hauptversammlung anbelangt, kommen dieser gemäß der Verweisungsnorm des § 278 Abs. 3 AktG im Wesentlichen zunächst die bereits von der AG bekannten Kompetenzen nach den §§ 118 ff. AktG zu.[701] Daneben sieht das Gesetz zu Gunsten der Hauptversammlung in der KGaA zusätzlich – erneut als Ausdruck ihrer personengesellschaftsrechtlich geprägten Führungsstruktur – in Gestalt von § 278 Abs. 2 AktG i. V. m. § 164 S. 1 Hs. 2 HGB ein kodifiziertes Mitwirkungsrecht der Kommanditaktionäre vor, welches – anders als der Gesetzeswortlaut zunächst vermuten lässt[702] – kein bloßes Widerspruchsrecht, sondern vielmehr ein Zustimmungserfordernis der Hauptversammlung bei sog.

---

[695] *Herfs*, in: MünchHandb-GesR, § 78 Rn. 3; *Nicolas*, in: Henn/Frodermann/Jannott, Aktienrecht, Kap. 17 Rn. 115; *Schütz/Reger*, in: Schütz/Bürgers/Riotte, KGaA-Handbuch, § 5 Rn. 10.
[696] Siehe nur BGHZ 134, 392, 393 = NJW 1997, 1923, 1924; *Herfs*, in: MünchHandb-GesR, § 78 Rn. 2. Beim Vorstand einer AG handelt es sich hingegen lediglich um ein „gekorenes" Organmitglied, vgl. zu dieser Unterscheidung umfassend *K. Schmidt*, Gesellschaftsrecht, § 14 III 1 f. m. w. N.
[697] So auch *Sethe*, Die personalistische Kapitalgesellschaft, S. 212.
[698] Siehe – *pars pro toto* – *Raiser/Veil*, Kapitalgesellschaften, § 23 Rn. 38.
[699] Vgl. *Assmann/Sethe*, in: Großkomm-AktG, § 285 Rn. 7 ff.; *Bachmann*, in: Spindler/Stilz, AktG, § 285 Rn. 4 f.; *K. Schmidt*, in: Schmidt/Lutter, AktG, § 285 Rn. 7; *Mertens/Cahn*, in: KölnKomm-AktG, § 285 Rn. 3; *Perlitt*, in: MünchKomm-AktG, § 285 Rn. 5; *Schütz/Reger*, in: Schütz/Bürgers/Riotte, KGaA-Handbuch, § 5 Rn. 409.
[700] *Herfs*, in: MünchHandb-GesR, § 78 Rn. 31; *K. Schmidt*, in: Schmidt/Lutter, AktG, § 285 Rn. 11 ff.; *Otte*, AG & Co. KGaA, S. 166 f.
[701] *Schaumburg/Schulte*, KGaA, II 3 b Rn. 16; *Schütz/Reger*, in: Schütz/Bürgers/Riotte, KGaA-Handbuch, § 5 Rn. 357.
[702] Siehe *Herfs*, in: MünchHandb-GesR, § 78 Rn. 13a.

außergewöhnlichen Geschäften statuiert.⁷⁰³ Wann ein solch außergewöhnliches Geschäft vorliegt, richtet sich nach den zur entsprechenden Abgrenzung im Rahmen des § 116 HGB entwickelten Kriterien,⁷⁰⁴ sodass dieses sich insbesondere dadurch auszeichnet, dass die in Rede stehende Maßnahme nach Inhalt und Umfang erkennbar über den üblichen laufenden Geschäftsbetrieb hinausreicht oder ihr durch ihre Bedeutung und den mit ihr verbundenen Risiken für die Gesellschaft Ausnahmecharakter zukommt.⁷⁰⁵ Ob im Hinblick auf die Hauptversammlung der KGaA hingegen entsprechend der *Holzmüller-Gelatine-Doktrin* im Aktienrecht⁷⁰⁶ zusätzlich ungeschriebene Zuständigkeiten in Betracht kommen, ist im gesellschaftsrechtlichen Schrifttum stark umstritten;⁷⁰⁷ § 119 Abs. 2 AktG, auf den der BGH die entsprechende Vorlagepflicht bekanntlich in seiner *Holzmüller*-Entscheidung stützte,⁷⁰⁸ findet auf die KGaA jedenfalls keine unmittelbare Anwendung.⁷⁰⁹ Praktische Bedeutung erlangt diese Streitfrage insbesondere immer dann, wenn das Zustimmungserfordernis nach § 278 Abs. 2 AktG i.V.m. § 164 S. 1 Hs. 2 HGB durch entsprechende Satzungsgestaltung abbedungen wurde.⁷¹⁰ Ist dies der Fall, so ist der Einflussverlust der Hauptversammlung jedenfalls anderweitig – etwa durch

---

⁷⁰³ Hierzu *Hüffer*, AktG, § 278 Rn. 13; *Ihrig/Schlitt*, in: ZHR-Beiheft 1998, S. 33, 64; *K. Schmidt*, in: Schmidt/Lutter, AktG, § 278 Rn. 38; *Perlitt*, in: MünchKomm-AktG, § 278 Rn. 199 – jew. m. w. N.

⁷⁰⁴ Vgl. nur *Bachmann*, in: Spindler/Stilz, AktG, § 278 Rn. 60 ff. m. w. N.

⁷⁰⁵ Siehe nur RGZ 158, 302, 308; BGHZ 76, 160, 162 = NJW 1980, 1463, 1464; ferner *Bachmann*, in: Spindler/Stilz, AktG, § 278 Rn. 61; *Herfs*, in: MünchHandb-GesR, § 78 Rn. 14; *Kölling*, Kapitalistische KGaA, S. 211 ff.; *Perlitt*, in: MünchKomm-AktG, § 278 Rn. 198 ff.; *Schmiegel*, Strukturmaßnahmen, S. 160; *Sethe*, Die personalistische Kapitalgesellschaft, S. 148.

⁷⁰⁶ Dazu bereits oben unter Kap. 4 C. I. 3.

⁷⁰⁷ Der Streit wird mittlerweile insbesondere auch im Anschluss an ein Urteil des OLG Stuttgart (NZG 2003, 778 ff.) geführt, welches diese Thematik erstmals in der Rechtsprechung aufgriff. Zum entsprechenden Streitstand vgl. *Bachmann*, in: Spindler/Stilz, AktG, § 278 Rn. 61 ff.; *Habersack*, AG 2005, 137 ff.; *Heermann*, ZGR 2000, 61, 76 ff.; *Hoffmann-Becking/Herfs*, in: FS Sigle, S. 273, 284 ff.; *Ihrig/Schlitt*, in: ZHR-Beiheft 1998, S. 33, 64 ff.; *K. Schmidt*, in: Schmidt/Lutter, AktG, § 285 Rn. 28; *Koch*, DB 2002, 1701 ff.; *Philbert*, Kommanditgesellschaft auf Aktien, S. 183 ff.; *Raiser/Veil*, Kapitalgesellschaften, § 23 Rn. 50; *Schmiegel*, Strukturmaßnahmen, S. 153 ff.; *Schüppen*, in: Seibert/Kiem/Schüppen, AG-Handbuch, Teil 6 Rn. 6.11.

⁷⁰⁸ Siehe oben in Fn. 564.

⁷⁰⁹ *Heermann*, ZGR 2000, 61, 70; *Hoffmann-Becking/Herfs*, in: FS Sigle, S. 273, 286 f.; *Koch*, DB 2002, 1701, 1703; *Mertens/Cahn*, in: KölnKomm-AktG, § 278 Rn. 63; *Sethe*, Die personalistische Kapitalgesellschaft, S. 151.

⁷¹⁰ Vgl. *Heermann*, ZGR 2000, 61, 68 ff.; *Hoffmann-Becking/Herfs*, in: FS Sigle, S. 273, 286; *Kölling*, Kapitalistische KGaA, S. 47, 214 ff.; *Mertens*, in: KölnKomm-AktG, § 278 Rn. 46; *Nicolas*, in: Henn/Frodermann/Jannott, Aktienrecht, Kap. 17 Rn. 37; *Perlitt*, in: MünchKomm-AktG, § 278 Rn. 230.

satzungsmäßige Zuweisung von Entscheidungs-, Kontroll- und Überwachungsrechten an andere Organe der KGaA – zu kompensieren.[711]

3. Aufsichtsrat

Drittes zwingendes Gesellschaftsorgan der KGaA stellt der Aufsichtsrat dar.[712] Gemäß § 278 Abs. 3 AktG unterliegt dieser den aktienrechtlichen Vorschriften, sodass ein weitgehender Gleichlauf mit der Situation bei der AG besteht und insoweit grundsätzlich auf die dortigen Ausführungen verwiesen werden kann.[713]

Gleichwohl präsentiert sich der Aufsichtsrat bei der KGaA insbesondere hinsichtlich seiner Befugnisse in der Gesamtschau deutlich schwächer als derjenige bei der AG: Er besitzt keine Kompetenz zur Bestellung und Abberufung der Geschäftsführungsorgane (sog. Personalkompetenz[714]), da der persönlich haftende Gesellschafter bereits aufgrund seiner Stellung „geborener" Inhaber der Geschäftsführungsbefugnis ist.[715]

Ferner obliegt dem Aufsichtsrat zwar auch in der KGaA nach den §§ 278 Abs. 3, 111 Abs. 1 AktG die Überwachung der Geschäftsführung durch den Komplementär;[716] aufgrund des spezifischen Spannungsfeldes zwischen personengesellschaftsrechtlich determinierter Kompetenzverteilung hinsichtlich der Geschäftsführung und aktienrechtlich geprägter Kontrolle derselben,[717] beschränken sich die Kontrollbefugnisse des Aufsichtsrates in der KGaA *de facto* auf die Wahrnehmung seiner Informationsrechte.[718] Um die Aufgaben der Geschäftsführung und Kontrolle personell zu trennen, aber auch um Interessenkonflikten zwischen den verschiedenen Gesellschaftergruppen innerhalb der KGaA zu vermeiden, sieht § 287 Abs. 3 AktG in Gestalt einer spezifischen Inkompatibilitätsregelung zwingend vor,

---

[711] Hierzu ausführlich *Ihrig/Schlitt*, in: ZHR-Beiheft 1998, S. 33, 64 ff.; *Koch*, DB 2002, 1701, 1702 ff. Wie dieser Ausgleich im Einzelnen zu erfolgen hat, ist freilich wiederum umstritten, vgl. dazu *Herfs*, in: MünchHandb-GesR, § 78 Rn. 17 m. w. N.
[712] Statt aller *K. Schmidt*, in: Schmidt/Lutter, AktG, § 278 Rn. 8.
[713] Siehe oben unter Kap. 4 C. I. 2.
[714] Dazu *Assmann/Sethe*, in: Großkomm-AktG, § 287 Rn. 30; *Herfs*, in: MünchHandb-GesR, § 78 Rn. 51; *Kallmeyer*, ZGR 1983, 57, 66 f.; *Mertens/Cahn*, in: KölnKomm-AktG, § 287 Rn. 12.
[715] Vgl. *Bürgers*, in: Schütz/Bürgers/Riotte, KGaA-Handbuch, § 5 Rn. 478.
[716] Statt aller *Raiser/Veil*, Kapitalgesellschaften, § 23 Rn. 33.
[717] Vgl. dazu ausführlich *Kallmeyer*, ZGR 1983, 57 ff. m. zahlr. Nachw.
[718] Siehe *Bürgers*, in: Schütz/Bürgers/Riotte, KGaA-Handbuch, § 5 Rn. 483 ff.; *Kallmeyer*, ZGR 1983, 57, 69 ff.

dass ein persönlich haftender Gesellschafter nicht zugleich Mitglied des Aufsichtsrates sein kann.[719]

Zusammenfassend lässt sich daher feststellen, dass dem Aufsichtsrat in der KGaA ein kompetenziell noch geringeres Gewicht zukommt, als dies in der AG der Fall ist.[720] Diese untergeordnetere Rolle des Aufsichtsrates im System der strukturellen Machtbalance der KGaA erscheint jedoch durchaus sachgerecht: Der Hauptversammlung der Kommanditaktionäre ist – anders als bei der hinsichtlich der Geschäftsführungskompetenz gänzlich entmachteten Hauptversammlung der AG[721] – bereits von Gesetzes wegen in Gestalt des Zustimmungserfordernisses bei außergewöhnlichen Geschäften ein erheblich größerer Einfluss zugedacht.[722]

III. Auswirkungen auf Umfang und Grenzen der strafrechtlichen Einwilligungskompetenz

Die im Rahmen der vorangegangenen Ausführungen gewonnenen Erkenntnisse über die Kapitalbindungs- und Kompetenzverteilungsstruktur gilt es nun auch im Kontext der KGaA für die Bestimmung der strafrechtlich beachtlichen Einwilligungsbefugnis fruchtbar zu machen, welche für die tatbestandliche Verwirklichung des § 283d Abs. 1 Var. 1 StGB bekanntermaßen eine entscheidende Rolle spielt.

1. Dispositionsbefugtes Gesellschaftsorgan

Es wurde deutlich, dass die Kompetenzordnung in der KGaA maßgeblich durch das gesetzliche Spannungsfeld zwischen Personengesellschafts- und Aktienrecht geprägt ist. Wichtige Konsequenz dieses hybriden Rechtsformcharakters der KGaA ist insbesondere die – bereits aufgrund des insoweit geltenden personengesellschaftsrechtlichen Grundsatzes der Selbstorganschaft – machtvolle Position des

---

[719] Vgl. *Bürgers*, in: Schütz/Bürgers/Riotte, KGaA-Handbuch, § 5 Rn. 447 f.; *Jäger*, AG und KGaA, § 26 Rn. 34; *Mertens/Cahn*, in: KölnKomm-AktG, § 287 Rn. 8; *Wichert*, in: Heidel, AktG, § 287 Rn. 7.
[720] *Assmann/Sethe*, in: Großkomm-AktG, § 287 Rn. 1, 25 ff.; *Herfs*, in: MünchHandb-GesR, § 78 Rn. 51 f.; *Kölling*, Kapitalistische KGaA, S. 49 f.; *Mertens/Cahn*, in: KölnKomm-AktG, § 287 Rn. 12; *Otte*, AG & Co. KGaA, S. 131 ff.
[721] Vgl. *Kallmeyer*, ZGR 1983, 57, 60.
[722] *Herfs*, in: MünchHandb-GesR, § 78 Rn. 44; hierzu auch *Mertens/Cahn*, in: KölnKomm-AktG, § 287 Rn. 2.

persönlich haftenden Gesellschafters.[723] Gleichzeitig hat der Gesetzgeber aber auch durch eine gestärkte Stellung der Hauptversammlung der Kommanditaktionäre sichergestellt, dass die Interessen derjenigen, die von Gesetzes wegen das Eigenkapital der Gesellschaft aufzubringen und somit das maßgebliche wirtschaftliche Risiko zu tragen haben,[724] angemessen gewahrt bleiben und ein einseitiges Ungleichgewicht vermieden wird.[725]

Bei der Betrachtung der Einwilligungskompetenz in der KGaA muss – noch unabhängig von deren konkreter Reichweite – schon auf Ebene der Inhaberschaft der grundsätzlichen Dispositionsbefugnis zwischen zwei unterschiedlichen Kapitalgruppen differenziert werden:

Auf der einen Seite das Grundkapital, die freien bzw. gesetzlichen Rücklagen und der Bilanzgewinn (unter a)), auf der anderen Seite etwaige Vermögenseinlagen eines Komplementärs (unter b)). Sollten die entsprechenden Kapitalarten jeweils der spezifischen Dispositionssphäre eines bestimmten Gesellschaftsorgans zuzuordnen sein, so würden diese Spezifika im Rahmen der Finanzverfassung der KGaA zugleich den Weg zur Antwort auf die Frage nach dem grundsätzlich einwilligungsbefugten Organ der Körperschaft vorzeichnen.

a) Grundkapital, Rücklagen und Bilanzgewinn: Dispositionssphäre der Hauptversammlung

Trotz der überaus starken Position des Komplementärs im Machtgefüge der KGaA stellt sich die in Rede stehende Einwilligung in eine vermögensbeeinträchtigende Maßnahme parallel zur Situation bei der AG sowie der SE regelmäßig als außergewöhnliches Geschäft dar, welches sich nicht mehr im Rahmen der Befugnis zur Führung der üblichen Geschäfte durch das Unternehmensleitungsorgan – hier also den persönlich haftenden Gesellschafter – bewegt.[726]

Als solches unterliegt die entsprechende Einwilligung im Falle der KGaA dann jedoch – völlig unabhängig von etwaigen ungeschriebenen Kompetenzen nach der *Holzmüller-Gelatine-Doktrin*[727] – schon alleine aufgrund des Zustimmungserfordernisses aus § 278 Abs. 2 AktG i.V.m. § 164 HGB dem Zuständigkeits-

---

[723] Dazu oben Kap. 4 E. II. 1.
[724] Vgl. *Koch*, DB 2002, 1701, 1704.
[725] Oben Kap. 4 E. II. 2. und 3.
[726] Vgl. dazu bereits ausführlich unter Kap. 4 C. III. 1. im Kontext der AG.
[727] Siehe Kap. 4 C. I. 3.

bereich der Kommanditaktionäre in der Hauptversammlung.[728] Etwas anderes ergibt sich insbesondere auch nicht aus der unmittelbaren, unbeschränkten und unbeschränkbaren persönlichen Haftung der Komplementäre nach § 278 Abs. 2 AktG i. V. m. §§ 161 Abs. 2, 128 HGB, da diese gegenüber Gläubiger gesamtschuldnerisch[729] und somit vollständig neben derjenigen der KGaA besteht, nicht anstelle selbiger.[730] Ein Anspruch des persönlich haftenden Gesellschafters auf einen etwaigen größeren Einfluss hinsichtlich der Frage nach der in Rede stehenden Einwilligungskompetenz lässt sich demnach hieraus jedenfalls nicht ableiten.

Was die Kapitalgruppe des Grundkapitals, der freien bzw. gesetzlichen Rücklagen sowie des Bilanzgewinn anbelangt, ist folglich auch im Rahmen der KGaA die durch die Hauptversammlung verkörperte Gesamtheit der Kommanditaktionäre das für die Erteilung einer Einwilligung im Sinne des § 283d Abs. 1 Var. 1 StGB zuständige Gesellschaftsorgan.

b) Vermögenseinlagen: Dispositionssphäre des persönlich haftenden Gesellschafters oder der Hauptversammlung?

Anders stellt sich die Situation möglicherweise mit Blick auf das als Vermögenseinlage durch einen persönlich haftenden Gesellschafter eingebrachte Kapital dar: Sieht die Gesellschaftssatzung die Möglichkeit der Erbringung einer solchen, nicht auf das Grundkapital anzurechnenden Sondereinlage durch einen Komplementär gemäß § 281 Abs. 2 AktG vor,[731] geht die entsprechende, durch den persönlich haftenden Gesellschafter geleistete Einlage in das Gesellschaftsvermögen der KGaA über,[732] wird dieser mithin übereignet.[733]

---

[728] Hierzu schon Kap. 4 E. II. 2.
[729] Vgl. *Assmann/Sethe*, in: Großkomm-AktG, § 278 Rn. 67; *Herfs*, in: MünchHandb-GesR, § 77 Rn. 19; *Jäger*, AG und KGaA, § 34 Rn. 2.
[730] Dazu unter Kap. 4 E. I. 2.
[731] Vgl. oben unter Kap. 4 E. I. 1. Es wird an dieser Stelle davon ausgegangen, dass die Einlage in Form einer Geldleistung erfolgt; freilich sind hier grundsätzlich auch andere Einlagegegenstände denkbar, vgl. *Nicolas*, in: Henn/Frodermann/Jannott, Aktienrecht, Kap. 17 Rn. 75. Erfolgt die entsprechende Einlage des Komplementärs hingegen auf das Grundkapital der Gesellschaft, übernimmt dieser mit den Aktien der KGaA und erlangt neben seiner Stellung als persönlich haftender Gesellschafter diejenige eines Kommanditaktionärs, siehe *Assmann/Sethe*, in: Groß-komm-AktG, § 281 Rn. 14; *Förl/Fett*, in: Bürgers/Körber, AktG, § 278 Rn. 25; *K. Schmidt*, in: Schmidt/Lutter, AktG, § 281 Rn. 7; *Mertens/Cahn*, in: KölnKomm-AktG, § 281 Rn. 8.
[732] *Assmann/Sethe*, in: Großkomm-AktG, § 281 Rn. 20; *Elschenbroich*, Kommanditgesellschaft auf Aktien, S. 169 ff.; *Mertens/Cahn*, in: KölnKomm-AktG, § 281 Rn. 8; *Perlitt*, in: MünchKomm-AktG, § 281 Rn. 17; *Schlitt*, Kommanditgesellschaft auf Aktien, S. 123; *Wichert*, Finanzen, S. 88.

Eine auf diese Weise erbrachte Vermögenseinlage unterliegt dann jedoch nicht dem aktienrechtlichen Regelungsregime, sondern personengesellschaftsrechtlichen Vorschriften (vgl. § 278 Abs. 2 AktG i. V. m. §§ 161 Abs. 2, 155, 105 Abs. 3 HGB, 730 ff. BGB).[734] Ferner ist sie gemäß § 286 Abs. 2 AktG in der Bilanz der KGaA unter dem Posten „gezeichnetes Kapital" (vgl. § 268 Abs. 3 HGB, dort unter Ziffer A. I.) im Rahmen des Eigenkapitals der Gesellschaft gesondert auszuweisen.[735] Die Vermögenseinlage stellt damit Eigenkapital der KGaA dar, ohne je-doch Teil ihres Grundkapitals zu sein.[736]

Es gilt an dieser Stelle daher zu untersuchen, wie die Frage nach dem grundsätzlich dispositionsbefugten Gesellschaftsorgan in der KGaA zu beantworten ist, soweit nicht das Grundkapital, Rücklagen oder der Bilanzgewinn der Gesellschaft, sondern die spezifische Kapitalart „Vermögenseinlage" betroffen ist. Denkbar erscheint insoweit eine Dispositionsbefugnis des persönlich haftenden Gesellschafters (dazu unter aa)) oder wiederum der Hauptversammlung der Kommanditaktionäre (dazu unter bb)).

aa) Dispositionssphäre des persönlich haftenden Gesellschafters

Für eine Dispositionsbefugnis des Komplementärs hinsichtlich einer eingebrachten Vermögenseinlage spricht zunächst die Unterwerfung derselben unter das personengesellschaftsrechtliche Regelungsregime.[737] Die Vermögenseinlage eines persönlich haftenden Gesellschafters stellt eine in Wahrnehmung einer autonomen Satzungsgestaltung freiwillig erbrachte Sonderleistung dar, welche die Eigenkapitalbasis der KGaA stärken und im Gegenzug eine Gewinnbeteiligung des einlegenden Komplementärs begründen soll. Wie nicht zuletzt auch der getrennte Aus-

---

[733] Siehe *Joens*, Persönlich haftende Gesellschafter, S. 33; *Mertens/Cahn*, in: KölnKomm-AktG, § 281 Rn. 8; *Nicolas*, in: Henn/Frodermann/Jannott, Aktienrecht, Kap. 17 Rn. 78; *Perlitt*, in: MünchKomm-AktG, § 281 Rn. 17.

[734] *Bachmann*, in: Spindler/Stilz, AktG, § 281 Rn. 7; *Hüffer*, AktG, § 281 Rn. 1; *Müller-Michaels*, in: Hölters, AktG, § 281 Rn. 3.

[735] Vgl. *Assmann/Sethe*, in: Großkomm-AktG, § 281 Rn. 27; *Mertens/Cahn*, in: KölnKomm-AktG, § 281 Rn. 20; *Schaumburg/Schulte*, KGaA, II 4 b Rn. 23.

[736] Siehe *Otte*, AG & Co. KGaA, S. 200. Es besteht jedoch die Möglichkeit, eine Vermögenseinlage durch Umwandlung in Kommanditaktien in das Grundkapital der KGaA zu überführen, vgl. *Hoffmann-Becking/Herfs*, in: FS Sigle, S. 273, 294 ff.; *Mertens/Cahn*, in: KölnKomm-AktG, § 281 Rn. 26; *Otte*, AG & Co. KGaA, S. 205 ff. Dieses unterliegt dann wiederum – wie oben unter Kap. 4 E. I. 2. ausgeführt – ohne Weiteres den aktienrechtlichen Kapitalbindungsvorschriften; der personengesellschaftsrechtliche Einfluss ist insoweit sodann gleichsam aufgehoben.

[737] Dazu oben unter Kap. 4 E. I. 1.

weis im Rahmen der Gesellschaftsbilanz belegt, wird die Einlage nicht Bestandteil des Grundkapitals der KGaA und unterliegt daher grundsätzlich auch nicht der im Übrigen anwendbaren aktienrechtlichen Kapitalbindung.[738] Die Vermögenseinlage eines Komplementärs stellt somit im Grundsatz eine personengesellschaftsrechtliche Ausprägung des Gebildes „KGaA" dar; dies könnte es geboten erscheinen lassen, nur ihn als dispositionsbefugtes Gesellschaftsorgan zu betrachten, soweit die entsprechende Einlage von der in Rede stehenden Maßnahme betragsmäßig betroffen ist.

bb) Dispositionssphäre der Hauptversammlung

Anderseits könnte die grundsätzliche Dispositionsbefugnis hinsichtlich einer Vermögenseinlage auch bei der Hauptversammlung der Kommanditaktionäre liegen. Hierfür spricht der Umstand, dass das auf diese Weise durch einen persönlich haftenden Gesellschafter eingebrachte Kapital – zwar nicht als Grund-, wohl aber als Eigenkapital – mit seiner Erbringung unstreitig in das Gesellschaftsvermögen der KGaA übergeht.[739] Ein Zugriff auf dieses bedarf jedoch der Zustimmung durch die Hauptversammlung der Kommanditaktionäre, da sich die entsprechende Maßnahme – wie bereits im Rahmen der vorangegangenen Ausführungen gesehen[740] – regelmäßig als ein außergewöhnliches Geschäft abseits der üblichen Geschäftsführung darstellt. Folglich wäre die Vermögenseinlage eines Komplementärs – sobald sie einmal erbracht ist – gleich zu behandeln wie die übrigen Kapitalarten, namentlich wie das Grundkapital, die Rücklagen sowie der Bilanzgewinn der KGaA; grundsätzlich dispositionsbefugtes Gesellschaftsorgan wäre auch insoweit die die Gesamtheit der Kommanditaktionäre verkörpernde Hauptversammlung.

cc) Stellungnahme

Nachdem beide Alternativen hinsichtlich der Inhaberschaft der Dispositionsbefugnis über etwaige Vermögenseinlagen eines persönlich haftenden Gesellschafters im Sinne des § 281 Abs. 2 AktG dargelegt wurden, gilt es die Positionen und deren jeweilige Konsequenzen einander argumentativ gegenüberzustellen.

---

[738] Vgl. *Bachmann*, in: Spindler/Stilz, AktG, § 281 Rn. 7; *K. Schmidt*, in: Großkomm-AktG, § 281 Rn. 21; *Mertens/Cahn*, in: KölnKomm-AktG, § 281 Rn. 23; *Müller-Michaels*, in: Hölters, AktG, § 281 Rn. 3.

[739] *Joens*, Persönlich haftende Gesellschafter, S. 33; *Nicolas*, in: Henn/Frodermann/Jannott, Aktienrecht, Kap. 17 Rn. 78; *Maul*, in: Beck AG-Handbuch, § 4 Rn. 184; *Mertens/Cahn*, in: KölnKomm-AktG, § 281 Rn. 8; *Perlitt*, in: MünchKomm-AktG, § 281 Rn. 17; *Wichert*, in: Heidel, AktG, § 281 Rn. 5 ff.

[740] Siehe unter Kap. 4 E. III. 1. b) cc).

Die Ausgestaltung der Vermögenseinlage als spezifisch personengesellschaftsrechtlicher Kapitaltypus im System der Finanzverfassung der KGaA ist im Ausgangspunkt ein starkes Argument dafür, dass sich diese gesetzliche Konzeption auch im Rahmen der entsprechenden Dispositionsbefugnis widerzuspiegeln hat. Ferner erscheint es auf den ersten Blick nur schwer einzusehen, dass einem Komplementär, der – neben seiner zwingenden persönlichen Haftung – aus freien Stücken einen zusätzlichen Beitrag zur Stärkung der Eigenkapitalbasis der KGaA erbringt, nach Einbringung seiner Sonderleistung die Kontrolle über selbige weit-gehend entzogen werden soll.

Gleichwohl gilt es zu bedenken, dass die Vermögenseinlage – wie der einlegende Komplementär weiß – mit ihrer Erbringung gerade in das verselbstständigte Gesellschaftsvermögen der KGaA übergeht und sich damit zugleich ein Stück weit aus dem direkten Einwirkungsbereich des Einlegenden in die Sphäre der Körperschaft „KGaA" entfernt. Auch das auf den ersten Blick starke Argument der diesbezüglichen spezifisch personengesellschaftsrechtlichen Prägung relativiert sich bei genauerer Betrachtung: Es trifft zwar zu, dass auf die Vermögenseinlage eines Komplementärs gemäß § 278 Abs. 2 das Recht der Kommanditgesellschaft, also insbesondere die Vorschriften der §§ 161 Abs. 2, 122, 155, 105 Abs. 3 HGB, 730 ff. BGB Anwendung finden. Namentlich die Entnahmesperre des § 288 Abs. 1 AktG stellt jedoch eine spezielle Regelung des Umgangs mit der Vermögenseinlage eines persönlich haftenden Gesellschafters dar, die als zwingendes Recht die Handlungsmöglichkeiten des einlegenden Komplementärs – wie insbesondere § 288 Abs. 1 S. 2 AktG deutlich zeigt nicht zuletzt aus Gründen des Schutzes der Grundkapitalbasis der KGaA – einschränkt.[741] Die Entnahmesperre präsentiert sich somit als ein System des individuellen, aber auch des kollektiven Kapitalschutzes.[742]

Da die Vorschrift des § 288 Abs. 1 AktG insoweit über das Bindeglied des individuellen Kapitalkontos des Komplementärs das Schicksal der Vermögenseinlage mit dem bilanziellen Geschäftsergebnis der KGaA verknüpft,[743] wird deutlich, dass die Sondereinlage mit ihrer Erbringung in das Gesellschaftsvermögen keineswegs

---

[741] *K. Schmidt*, in: Schmidt/Lutter, AktG, § 288 Rn. 12; *Mertens/Cahn*, in: KölnKomm-AktG, § 288 Rn. 25 ff.; *Müller*, in: Beck AG-Handbuch, § 8 Rn. 15; *Perlitt*, in: MünchKomm-AktG, § 288 Rn. 45 ff.
[742] So treffend *K. Schmidt*, in: Schmidt/Lutter, AktG, § 288 Rn. 10.
[743] *Assmann/Sethe*, in: Großkomm-AktG, § 288 Rn. 48 ff.; *K. Schmidt*, in: Schmidt/Lutter, AktG, § 288 Rn. 13 f.; *Mertens/Cahn*, in: KölnKomm-AktG, § 288 Rn. 29 ff.; *Wichert*, in: Heidel, AktG, § 288 Rn. 9 ff.

mehr nur ein reine Privatangelegenheit des einlegenden Komplementärs darstellt. Mit Blick auf die Vermögenseinlage eines persönlich haftenden Gesellschafters ist der Allgemeinverweis des § 278 Abs. 2 AktG ins Personengesellschaftsrecht daher stets mit der speziellen Vorschrift des § 288 Abs. 1 AktG zusammen zu lesen, sodass der Gesetzgeber diese Sonderleistung eines Komplementärs angesichts ihrer besonderen Implikationen im Finanzsystem einer KGaA offenbar gerade doch nicht uneingeschränkt dem personengesellschaftsrechtlichen Regelungsregime unterwerfen wollte. Leistet ein persönlich haftender Gesellschafter folglich eine – von der entsprechenden Satzung vorgesehene – freiwillige Vermögenseinlage im Sinne des § 281 Abs. 2 AktG, wird diese mit ihrer Erbringung integraler Bestandteil des verselbstständigten Gesellschaftseigentums der KGaA. Er kann dann nicht mehr ohne Weiteres, sondern nur noch unter Beachtung der satzungsmäßigen bzw. gesetzlichen Einschränkungen auf diese zugreifen. Als Gegenleistung dafür, dass der einlegende Komplementär der KGaA zusätzliches Eigenkapital zur Verfügung stellt, erhält dieser die daraus resultierende Gewinnbeteiligung,[744] mit der es jedoch auch sein Bewenden hat. Entscheidet sich ein persönlich haftender Gesellschafter also im Lichte dieser Exspektanz einer Gewinnbeteiligung bewusst zu diesem Schritt, so muss er die teilweise Bindung seines auf diese Weise eingebrachten Kapitals hinnehmen.

Nach alledem sprechen die besseren Argumente dafür, auch die Vermögenseinlage eines Komplementärs im System der Finanzverfassung der KGaA – parallel zur bereits zuvor erörterten Kapitalgruppe des Grundkapitals, der Rücklagen sowie des Bilanzgewinns – der grundsätzlichen Dispositionssphäre der Hauptversammlung der Kommanditaktionäre zuzuordnen.

2. Reichweite der Einwilligungskompetenz

Was die äußersten Grenzen dieser Einwilligungskompetenz der Hauptversammlung der Kommanditaktionäre anbelangt, so werden sie wiederum durch die gemäß § 278 Abs. 3 AktG auf die KGaA anwendbaren aktienrechtlichen Vorschriften zur umfassenden Kapitalbindung markiert: Im Gleichlauf mit der Lage bei AG und SE stellen der Bilanzgewinn bzw. ordnungsgemäß aufgelöste freie Rücklagen ein-

---

[744] Dazu ausführlich *Otte*, AG & Co. KGaA, S. 200, 210 ff.; *Perlitt*, in: MünchKomm-AktG, § 281 Rn. 30.

willigungsfähige Positionen dar, während das Grundkapital der KGaA sowie gesetzliche Pflichtrücklagen der Disposition generell entzogen sind.[745]

Etwaige Vermögenseinlagen eines persönlich haftenden Gesellschafters gehen – wie gesehen – mit ihrer Erbringung in das Eigentum der KGaA über, unterliegen jedoch personengesellschaftsrechtlichen Vorschriften (§ 278 Abs. 2 AktG i.V.m. §§ 161 Abs. 2, 155, 105 Abs. 3 HGB, 730 ff. BGB) sowie speziell den besonderen Beschränkungen des § 288 AktG.[746] Da Letztgenannte den Zugriff auf Sondereinlagen insbesondere dann einschränken, wenn dadurch die Kapitalgrundlagen der KGaA gefährdet würden – was regelmäßig der Fall ist, sobald alle Eigenkapitalpositionen außer dem Grundkapital der Gesellschaft aufgezehrt sind –,[747] ergibt sich auch diesbezüglich ein weitgehender Gleichlauf mit den übrigen Kapitalarten im System der Finanzverfassung der KGaA, sodass sich die Ergebnisse in aller Regel decken werden.

IV. Zwischenergebnis und Auswirkungen auf die Funktionsfähigkeit des Tatbestandes der Schuldnerbegünstigung (§ 283d Abs. 1 Var. 1 StGB)

Für die KGaA präsentiert sich nach alledem ein Bild, welches erkennbar vom gleichzeitigen Einfluss von Personengesellschafts- und Aktienrecht, letztlich also von einem bipolaren Rechtsformcharakter der Gesellschaftsform geprägt ist.

Die Hauptversammlung der Kommanditaktionäre ist – parallel zur Situation bei AG und SE – das zur Einwilligung in vermögensbeeinträchtigende Maßnahmen grundsätzlich berufenen Gesellschaftsorgan; dies gilt für sämtliche Kapitalarten innerhalb der Finanzverfassung der KGaA, einschließlich etwaiger erbrachter Vermögenseinlagen der Komplementäre im Sinne von § 281 Abs. 2 AktG.[748] Auch mit Blick auf Umfang und Grenzen dieser Einwilligungsbefugnis ergibt sich ein weitgehender Gleichlauf mit AG und SE: Eine Disposition über Bilanzgewinn und freie Rücklagen ist eröffnet, während das Grundkapital der KGaA sowie gesetz-

---

[745] Vgl. dazu oben unter Kap. 4 C. III. 2. für die AG sowie unter Kap. 4 D. III. für die SE.
[746] Hierzu unter Kap. 4 E. III. 1. b).
[747] Siehe *Assmann/Sethe*, in: Großkomm-AktG, § 288 Rn. 51; *Bachmann*, in: Spindler/Stilz, AktG, § 288 Rn. 6; *Hüffer*, AktG, § 288 Rn. 4; *K. Schmidt*, in: Schmidt/Lutter, AktG, § 288 Rn. 10; *Mertens/Cahn*, in: KölnKomm-AktG, § 288 Rn. 31; *Müller-Michaels*, in: Hölters, AktG, § 288 Rn. 3; *Perlitt*, in: MünchKomm-AktG, § 288 Rn. 45 f., 51; *Wichert*, in: Heidel, AktG, § 288 Rn. 11.
[748] Dazu oben unter Kap. 4 E. III. 1. und 2.

liche Pflichtrücklagen selbiger entzogen sind.[749] Über einmal eingebrachte Vermögenseinlagen kann im Rahmen der satzungsmäßigen und gesetzlichen Grenzen verfügt werden.[750]

Überträgt man diese Erkenntnisse nun auf die Frage der wirksamen und damit der KGaA zurechenbaren Einwilligung im Rahmen des § 283d Abs. 1 Var. 1 StGB, ergibt sich hinsichtlich der Einwilligungsbefugnisse der Hauptversammlung der Kommanditaktionäre ein ähnlicher Befund wie bei der AG und SE:[751] Während eine wirksame Einwilligung in vermögensbeeinträchtigende Maßnahmen des handelnden Exekutivorgans in Bezug auf den Bilanzgewinn und die freien Rücklagen möglich ist, scheidet eine solche aus, sobald das Grundkapital der Gesellschaft oder gesetzliche Rücklagen angegriffen werden. Da im letztgenannten Fall die Gefahr für das durch die Schuldnerbegünstigung geschützte Rechtsgut der Gläubigerinteressen erneut gerade besonders groß ist, muss auch hier ein umfassendes Versagen der tatbestandlichen Schutzfunktion des § 283d StGB konstatiert werden.

Dieser Befund ändert sich schließlich auch mit Blick auf den besonderen Kapitaltypus der durch einen persönlich haftenden Gesellschafter geleisteten Vermögenseinlage nicht wesentlich: Die spezielle Regelung des § 288 Abs. 1 AktG untersagt vor allem dann jegliche Entnahmehandlung, wenn ein auf den entsprechenden Komplementär entfallender Verlustanteil dessen positiven Kapitalanteil übersteigen (§ 288 Abs. 1 S. 1 AktG) oder die durch die Entnahme die Eigenkapitalbasis der Gesellschaft angegriffen würde (§ 288 Abs. 1 S. 2 AktG). Da hierdurch eine Verknüpfung von individuellem Kapitalkonto des Komplementärs und dem Unternehmensergebnis der Gesellschaft stattfindet, werden beide Alternativen der Entnahmesperre wiederum insbesondere dann relevant, wenn ein ausschüttungsfähiger Bilanzgewinn der KGaA ausbleibt, respektive ein bilanzieller Fehlbetrag aufläuft.

Somit ist im Lichte dieser Einschränkungen der in das Gesellschaftsvermögen der KGaA übergegangenen Vermögenseinlagen der Komplementäre im Ergebnis die gleiche Schutzversagung im Rahmen des § 283d Abs. 1 Var. 1 StGB zu beklagen, wie sie sich bereits bei den zuvor erörterten Kapitalarten offenbart hat.

---

[749] Vgl. hierzu für die AG oben in Kap. 4 C. III. 2. sowie für die SE in Kap. 4 D. III.
[750] Siehe oben unter Kap. 4 E. I.
[751] Vgl. Kap. 4 C. IV. für die AG sowie Kap. 4 D. IV. für die SE.

F. Zwischenergebnis für die verschiedenen Kapitalgesellschaftsformen

Die vorangegangene Untersuchung der unterschiedlichen Varianten der Kapitalgesellschaft nach deutschem Recht hat ein facettenreiches Bild gesellschaftsrechtlicher Spezifika zu Tage gefördert, welches verdeutlicht, dass eine die individuellen Besonderheiten einer jeden Gesellschaftsform berücksichtigende Analyse das notwendige Fundament für die darauf aufbauende Bewertung aus strafrechtlicher Perspektive bildet. Dies gilt in besonderem Maße für den durch sein Einwilligungsmerkmal gesellschaftsrechtsakzessorisch ausgestalteten Tatbestand der Schuldnerbegünstigung nach § 283d StGB.

Mit Blick auf die *GmbH*[752] hat sich gezeigt, dass die Gesellschafterversammlung das für eine Einwilligung im Sinne des § 283d Abs. 1 Var. 1 StGB zuständige Organ ist.

Begrenzt wird diese Einwilligungskompetenz jedoch durch das Kapitalerhaltungsgebot des § 30 Abs. 1 GmbHG sowie die von der Rechtsprechung entwickelten Grundsätze zum Verbot der Existenzgefährdung. Ein unter Verletzung dieser Grenzen gebildeter Wille ist unwirksam, der entsprechend gefasste Beschluss der Gesellschafterversammlung analog § 241 Nr. 3 AktG nichtig und die Einwilligung der juristischen Person „GmbH" als Insolvenzschuldnerin damit nicht zurechenbar, sodass es im Ergebnis an einer beachtlichen Einwilligung – welcher im Rahmen des § 283d Abs. 1 Var. 1 StGB als objektivem Tatbestandsmerkmal strafbarkeitsbegründende Wirkung zukommt – fehlt.

Da diese Einschränkungen der Einwilligungsbefugnis aber gerade in derjenigen Phase unternehmerischer Tätigkeit eingreifen, in der die Gefährdung des durch § 283d StGB geschützten Rechtsguts der Befriedigungsinteressen der Gläubigerschaft am größten ist, versagt der Tatbestand letztlich dort seinen Schutz, wo er am dringendsten benötigt wird.

Im Wesentlich parallel zur GmbH stellt sich die Situation bei der *UG (haftungsbeschränkt)*[753] dar: Aufgrund des kompetenziellen Gleichlaufs durch die anwendbaren Regelungen des GmbHG ist auch hier die Gesellschafterversammlung das grundsätzlich zur Einwilligung nach § 283d Abs. 1 Var. 1 StGB berufene Organ.

---

[752] Oben unter Kap. 4 A.
[753] Siehe Kap. 4 B.

Was die Grenzen dieser Einwilligungskompetenz anbelangt, so gilt es die Thesaurierungspflicht in Gestalt einer gesetzlichen Zwangsrücklage als spezifische Besonderheit dieser Rechtsform im Kontext ihrer Finanzverfassung zu berücksichtigen: Angesichts der weitreichenden gesetzlichen Bindung dieses „schwebenden Stammkapitals" ist hinsichtlich des anzulegenden Schutzniveaus eine Gleichbehandlung mit echtem Stammkapital im Sinne der §§ 5 Abs. 1, 30 Abs. 1 GmbHG angezeigt. Fallen keine thesaurierungspflichtigen Erträge an, rückt insbesondere das – bereits von der GmbH bekannte – Existenzgefährdungsverbot als Schranke der Einwilligungsbefugnis in den Vordergrund.

Eine gegen diese Grenzen verstoßende Einwilligung der Gesellschaftergesamtheit ereilt dasselbe Schicksal wie im Falle der GmbH, sodass insoweit ebenfalls keine im Rahmen des § 283d Abs. 1 Var. 1 StGB beachtliche Einwilligung gegeben ist und der tatbestandliche Schutz der Sanktionsnorm versagt.

Im Kontext der *AG*[754] hat die eingehende Betrachtung des innergesellschaftlichen Kompetenzgefüges ergeben, dass es zweifelhaft erscheint, ob sich die in Rede stehende Einwilligung in eine Beeinträchtigung der Vermögenssubstanz im Sinne des § 283d Abs. 1 Var. 1 StGB nicht regelmäßig bereits außerhalb des durch die Gesamtheit der Aktionäre nach § 23 Abs. 3 Nr. 2 AktG festgelegten Unternehmensgegenstandes bewegt, welcher die Leitungsmacht des Vorstandes unmittelbar begrenzt (§ 82 Abs. 2 AktG).

Jedenfalls im Zusammenspiel mit der Kernaussage der durch die Rechtsprechung entwickelten *Holzmüller-Gelatine-Doktrin* hätte die entsprechende Einwilligung eine Beeinträchtigung der mitgliedschaftlichen Rechte der Aktionäre zur Folge, da sodann durch die Hauptversammlung nur noch ein Gewinnfeststellung- und Verwendungsbeschluss in entsprechend geringerer Höhe gefasst werden könnte. Unter Berücksichtigung dieser Gesichtspunkte fällt die Erteilung einer Einwilligung im Sinne des § 283d Abs. 1 Var. 1 StGB in den Zuständigkeitsbereich der Hauptversammlung der Aktionäre. Das umfassende aktienrechtliche Kapitalbindungsregime der §§ 57 Abs. 1 und 3, 58 Abs. 4 AktG markiert dabei die Grenzen dieser Einwilligungskompetenz: Während über den Bilanzgewinn sowie etwaige freie Rücklagen verfügt werden kann, sind das Grundkapital der Gesellschaft sowie gesetzliche Rücklagen der Disposition entzogen.

Sobald in Gestalt der Betroffenheit letztgenannter Kapitalarten der Höhepunkt der Gefährdung von Gläubigerinteressen erreicht ist, ist auch hier keine wirksame – und im Rahmen des § 283d Abs. 1 Var. 1 StGB strafbarkeitsbegründende – Ein-

---

[754] Dazu Kap. 4 C.

willigung mehr möglich; als Ergebnis ist somit ebenfalls eine Schutzlücke des § 283d StGB zu konstatieren.

Der Befund hinsichtlich der *SE*[755] deckt sich weitestgehend mit demjenigen bei der AG. Während sich auf Ebene der gesellschaftsrechtlichen Zuständigkeitsordnung im Einzelnen je nachdem, ob eine dualistische oder monistische Organisationsverfassung der Gesellschaft vorliegt, Unterschiede ergeben, hat sich gezeigt, dass sich diese auf die Frage des für die Einwilligung im Sinne des § 283d Abs. 1 Var. 1 StGB zuständigen Gesellschaftsorgans letztlich nicht auswirken: Zur entsprechenden Entscheidung ist in beiden Fällen – wie bei der AG – die Hauptversammlung der Aktionäre berufen. Grenzen setzt dieser Einwilligungsbefugnis erneut die – auf die SE in vollem Umfang anwendbare – aktienrechtliche Vermögensbindung der §§ 57 Abs. 1 und 3, 58 Abs. 4 AktG, sodass Bilanzgewinn und freie Rücklagen einwilligungsfähige Positionen darstellen, das Grundkapital der Gesellschaft sowie die gesetzlichen Rücklagen einer Disposition hingegen ausnahmslos entzogen sind.

In der Konsequenz scheidet also auch im Kontext der SE die Möglichkeit zur Erteilung der im Rahmen des § 283d Abs. 1 Var. 1 StGB konstitutiven Einwilligung ausgerechnet dann aus, wenn dem durch die Schuldnerbegünstigung geschützten Rechtsgut angesichts des in Rede stehenden Angriffs auf das Grundkapital der Gesellschaft oder die gesetzlichen Rücklagen die größte Gefahr droht.

Die *KGaA*[756] präsentierte sich schließlich als durch das Personengesellschafts- und Aktienrecht gleichermaßen geprägte Gesellschaftsform.

Insbesondere die personengesellschaftsrechtlichen Charakterzüge der machtvollen Position des Komplementärs in kompetenzieller Hinsicht sowie des spezifischen Kapitaltypus der Vermögenseinlage im Rahmen der Finanzverfassung erforderten eine differenzierende Betrachtung. Im Ergebnis hat sich jedoch gezeigt, dass die Einwilligungserteilung im Sinne des § 283d Abs. 1 Var. 1 StGB auch bei der KGaA in den Zuständigkeitsbereich der Hauptversammlung der Kommanditaktionäre fällt. Schranken dieser Einwilligungskompetenz stellen hierbei wiederum die anwendbaren aktienrechtlichen Regelungen zur Kapitalbindung (§ 278 Abs. 3 AktG i. V. m. §§ 57 Abs. 1 und 3, 58 Abs. 4 AktG) sowie die besonderen Zugriffsbeschränkungen nach § 288 AktG dar.

Da aber auch diese Grenzen jeweils diejenigen Situationen adressieren, in denen angesichts einer akuten Bedrohung der Kapitalbasis der Gesellschaft die Gläubiger-

---

[755] Oben unter Kap. 4 D.
[756] Siehe Kap. 4 E.

interessen in höchstem Maße gefährdet sind, stellt sich die Problematik der tatbestandlichen Schutzversagung des § 283d Abs. 1 Var. 1 StGB folglich auch im Kontext der KGaA.

Es hat sich somit – trotz aller gesellschaftsrechtlichen Unterschiede im Detail – für sämtliche Formen der Kapitalgesellschaft nach deutschem Recht gezeigt, dass der Tatbestand der Schuldnerbegünstigung gemäß § 283d Abs. 1 Var. 1 StGB gravierende Schutzdefizite offenbart, sobald eine juristische statt einer natürlichen Person die tatbestandliche Rolle des Insolvenzschuldners einnimmt.

Als Ergebnis ergibt sich der ernüchternde Befund, dass die Schuldnerbegünstigung damit gerade dort ihren Schutz versagt, wo die Gefahr für das tatbestandliche Rechtsgut der Befriedigungsinteressen der Gesellschaftsgläubiger angesichts eines in Rede stehenden Angriffs auf die gesetzlich explizit geschützten Kapitalarten am größten ist. Das rechtsformübergreifende Auftreten dieser Schutzlücke bei sämtlichen Formen der Kapitalgesellschaft macht hierbei deutlich, dass es sich um ein strukturelles Defizit des Tatbestandes der Schuldnerbegünstigung gemäß § 283d StGB handelt.

5. Kapitel: Zusammenfassung, Schlussfolgerungen und Ausblick

Im letzten Teil der Abhandlung soll zunächst eine Zusammenfassung der wichtigsten Ergebnisse erfolgen (unter A.), bevor – insbesondere auch im Lichte aktueller Entwicklungen in Rechtsprechung und Gesetzgebung – ein Ausblick auf die künftige Rolle der §§ 283 ff. StGB im Allgemeinen sowie § 283d StGB im Konkreten gegeben wird (unter B.). Im Anschluss hieran wird in Gestalt eines Reformvorschlages ein möglicher Ansatz zur Lösung der festgestellten Funktionsdefizite aufgezeigt (unter C.). Ein Schlusswort markiert sodann das Ende der Abhandlung (unter D.).

A. Die Schuldnerbegünstigung nach § 283d StGB als Beispiel einer eingeschränkten Funktionsfähigkeit der §§ 283 ff. StGB

Die vorangegangene Untersuchung der Funktionsfähigkeit des Tatbestandes der Schuldnerbegünstigung nach § 283d StGB beim Vorliegen einer Kapitalgesellschaft in der Rolle des Insolvenzschuldners hat den bedenklichen Befund zu Tage gefördert, dass dieser seinem rechtsgutsorientierten Schutzauftrag in weiten Teilen nicht mehr gerecht werden kann.

Aufgrund ihrer auf natürliche Personen zugeschnittenen Normgestaltung zeigt sich die Schuldnerbegünstigung nach § 283d StGB gänzlich überfordert, sobald eine Kapitalgesellschaft im tatbestandlichen Geschehensablauf auftritt. Dieses Ergebnis wurde im Rahmen der vorangegangenen Ausführungen unter Bezugnahme auf die konkreten Spezifika der jeweils betroffenen Gesellschaftsformen festgestellt.[757] Ableiten lässt sich hieraus der Schluss, dass die geltende Fassung des Tatbestandes der Schuldnerbegünstigung gemäß § 283d StGB sich als antiquiert und schlechterdings untauglich dazu erwiesen hat, die vom Gesetzgeber für strafwürdig erachteten Verhaltensweisen zu erfassen.

Der Grund für diesen weitgehenden Verlust seiner Funktionsfähigkeit beim Vorliegen einer Kapitalgesellschaft als Schuldnerin liegt letztlich darin, dass der Tatbe-

---

[757] Siehe oben unter Kap. 4 A. bis E.

stand der Schuldnerbegünstigung nach § 283d StGB in seiner jetzigen Fassung nicht in der Lage ist, die aufgrund der rechtlichen Verselbstständigung der Kapitalgesellschaft als juristische Person erforderlichen Bedingungszusammenhänge adäquat abzubilden: Als Kunstschöpfung der Rechtsordnung kann selbige nicht gleichermaßen unkonditioniert handeln, wie dies etwa eine natürliche Person als Einzelkaufmann kann, welche ihr Unternehmen unmittelbar in eigener Person repräsentiert. Der maßgebliche und wesensmäßige Unterschied liegt somit im Auseinanderfallen von verselbstständigter Körperschaft und handelndem personalen Substrat im Falle der juristischen Person.

Dieses strukturelle Defizit der §§ 283 ff. StGB tritt dabei gleich in zweierlei Hinsicht zu Tage: Zum einen durch die offensichtliche Zugrundelegung eines Leitbildes der natürlichen Person bei Gestaltung der Tathandlungen und Bezeichnung der Normadressaten. Zum anderen – und dies ruft letztlich die eigentlichen Friktionen beim Vorliegen einer Kapitalgesellschaft als Regelungssubjekt hervor – durch die besondere tatbestandliche Struktur des § 283d StGB, welche angesichts eines Auseinanderfallens von geschütztem Rechtsgut einerseits und dem Bezugsobjekt der durch den Insolvenzschuldner zu erteilenden Einwilligung andererseits Willensbildungsmechanismen voraussetzen, die sich bei natürlichen Personen als Unternehmern gänzlich unproblematisch darstellen, beim Vorliegen einer Kapitalgesellschaft jedoch aufgrund der damit einhergehenden gesellschaftsrechtlichen Rahmenbedingungen erheblichen Einschränkungen unterworfen sind.

Gerade diese notwendige Differenzierung vermag der Tatbestand der Schuldnerbegünstigung gemäß § 283d StGB in seiner jetzigen Fassung jedoch nicht zu leisten – das Korsett seiner normativen Tatbestandsarchitektur gibt dies schlicht nicht her.

Die mit dieser Konditionierung einhergehende Beschränkung des Aktionsradius von Organen juristischer Personen auf gesellschaftsrechtlich wirksame Maßnahmen spiegelt sich im dadurch erforderlichen Zurechnungsschritt wider, welcher einen durch das zuständige Organ gebildeten Willen erst zum eigenen Willen der Gesellschaft werden lässt. Verstößt der organschaftlich gebildete Wille indes gegen einschlägiges Gesellschaftsrecht, so hat dies Auswirkungen auf den Bestand des entsprechend gefassten Beschlusses: Insbesondere im Fall von verletzten Gläubigerschutzvorschriften ist der Beschluss *ipso iure* gemäß § 241 Nr. 3 AktG (ggf. analog) nichtig und damit gegenstandslos.

Eine wirksame Zurechnung dieses Willens zur juristischen Person scheidet folglich aus, sodass es auch an einer strafrechtlich beachtlichen Einwilligung im Sinne des § 283d Abs. 1 Var. 1 StGB – die ja gerade eine Einwilligung der Kapitalgesellschaft als Insolvenzschuldnerin selbst sein muss – fehlt. Die Voraussetzungen des objektiven Tatbestandes der Schuldnerbegünstigung nach § 283d Abs. 1 Var. 1 StGB liegen somit nicht vollständig vor, was – abgesehen vom denkbaren, aber wohl eher theoretischen Fall einer Versuchsstrafbarkeit gemäß § 283d Abs. 1 Var. 1, Abs. 2 StGB – regelmäßig die Straflosigkeit des handelnden Dritten zur Folge hat.

Der aufgezeigte weitgehende Verlust der Funktionsfähigkeit des Tatbestandes der Schuldnerbegünstigung nach § 283d StGB beim Vorliegen einer Kapitalgesellschaft als Insolvenzschuldnerin belegt exemplarisch, dass sich die Normen des geltenden Insolvenztrafrechts nach §§ 283 ff. StGB aufgrund ihrer strukturellen Ausrichtung auf natürliche Personen mit der Erfassung von Verhaltensweisen im Kontext von normativ konditionierten Gesellschaftsformen offensichtlich überfordert zeigen.

Das ausdifferenzierte Sanktionsregime der Bankrottdelikte stößt folglich gerade dort an seine Grenzen, wo ihre rechtsgutsbezogene Schutzfunktion mit Blick auf die Befriedigungsinteressen der Gläubigerschaft angesichts einer immer größeren Bedeutung der Kapitalgesellschaft in der Wirtschaftsrealität bereits heute besonders gefragt ist und in Zukunft noch deutlich stärker gefragt sein wird. Sind die entsprechenden Delikte also einschlägig, wird es mehr und mehr zum Regelfall werden, dass sie mit einer Kapitalgesellschaft als Regelungssubjekt konfrontiert sein werden.

Der im Zuge dieser Abhandlung festgestellte Befund einer erheblich eingeschränkten Funktionsfähigkeit des Tatbestandes der Schuldnerbegünstigung nach § 283d StGB ist damit gewissermaßen zugleich symptomatisches Beispiel für ein übergreifendes Strukturproblem der insoweit antiquierten Insolvenzdelikte nach den §§ 283 ff. StGB, welches eine adäquate Erfassung von durch den Gesetzgeber für sanktionswürdig erachteten Verhaltensweisen in der Rechtsanwendung weitgehend vereitelt und die Bankrottstraftaten in weiten Teilen ihres praktischen Anwendungsbereichs beraubt.

B. Zu erwartende Steigerung der rechtstatsächlichen Bedeutung der §§ 283 ff. StGB im Lichte aktueller Entwicklungen

Verschärfend kommt hinzu, dass aktuelle Entwicklungen in Rechtsprechung und Gesetzgebung eine in absehbarer Zeit markant steigende rechtstatsächliche Bedeutung der Insolvenzdelikte gemäß den §§ 283 ff. StGB erwarten lassen:

Zum einen ist in diesem Zusammenhang das Abrücken der höchstrichterlichen Strafrechtsprechung von ihrer im Rahmen der Bankrottdelikte in ständiger Judikatur vertretenen so genannten *Interessentheorie* zu nennen, welche eine Bestrafung nach den §§ 283 ff. StGB bislang nur in denjenigen Fällen zuließ, in denen der Täter zumindest auch im wirtschaftlichen Interesse des vertretenen Unternehmens handelte.[758] Konsequenz dieser Rechtsprechung war – insbesondere aufgrund der damit einhergehenden Nachweisprobleme – ein erheblich eingeschränkter Anwendungsbereich der Bankrottdelikte, was sich in der Folge auch spürbar auf die rechtstatsächliche Bedeutung der Insolvenzstraftaten gemäß den §§ 283 ff. StGB auswirkte.[759] Im Gegenzug wurde der Anwendungsbereich des Untreuetatbestandes gemäß § 266 StGB kontinuierlich ausgeweitet und zunehmend dazu instrumentalisiert, die teils eklatanten Schutzlücken zu schließen, welche durch die selbst geschaffenen Restriktionen der Interessentheorie erst entstanden waren.[760]

Die diesbezüglich von Anfang an vorgetragene scharfe Kritik aus dem strafrechtlichen Schrifttum teilt nunmehr offenbar auch der 3. Strafsenat des BGH, der seine Rechtsprechung nach der Interessentheorie explizit aufgab und im Wege eines Anfragebeschlusses gemäß § 132 Abs. 3 GVG die anderen Strafsenate um eine Stellungnahme dahingehend ersuchte, ob eine Abkehr von der Interessentheorie konsensfähig wäre;[761] mittlerweile wurde die Anfrage von sämtlichen

---

[758] Dazu ausführlich *Beukelmann*, in: von Heintschel-Heinegg, StGB, § 283 Rn. 99; *Böttger*, in: Münchener Anwaltshandbuch, § 18 Rn. 134; *Kraatz*, ZStW 123 (2011), 447, 476 f.; *Radtke*, JR 2010, 233, 236 f.; *Reichelt*, Untreue und Bankrott, S. 112 ff.; *Verjans*, in: Böttger, Wirtschaftsstrafrecht, Kap. 4 Rn. 58 ff. m. w. N.

[759] Vgl. *Arloth*, NStZ 1990, 570, 571 f.; *Bieneck*, in: Müller-Gugenberger/Bieneck, § 77 Rn. 30; *Bosch*, in: Satzger/Schmitt/Widmaier, StGB, Vor §§ 283 ff. Rn. 6; *Brand*, Untreue und Bankrott, S. 218; *Dannecker/Hagemeier*, in: Dannecker/Knierim/Hagemeier, Insolvenzstrafrecht, Kap. 3 Rn. 1022 ff.; *Reichelt*, Untreue und Bankrott, S. 154; *Tiedemann*, in: LK-StGB, Vor §§ 283 bis 283d Rn. 45 ff.; *Valerius*, NZWiSt 2012, 65, 66.

[760] Vgl. *Brand*, Untreue und Bankrott, S. 218; *Leipold/Beukelmann*, NJW-Spezial 2011, 729; *Perron*, in: Schönke/Schröder, StGB, § 266 Rn. 21b.

[761] BGH, Beschl. v. 15. September 2011, 3 StR 118/11 = NStZ 2012 89 ff. Vgl. hierzu die kritische Anmerkung von *Brand*, NZWiSt 2012, 64 f.; ferner *ders./Kanzler*, ZWH 2012, 1, 4 ff.; *Radtke*, GmbHR 2012, 28 ff.

Strafsenaten positiv beantwortet und die entgegenstehende Rechtsprechung aufgegeben.[762] Angesichts dieser wegweisenden Änderung der höchstrichterlichen Rechtsprechung darf ein signifikanter Anstieg der rechtstatsächlichen Bedeutung der §§ 283 ff. StGB erwartet werden.[763]

Bereits aus diesem Grund ist davon auszugehen, dass sich die Insolvenzdelikte der §§ 283 ff. StGB in absehbarer Zeit deutlich häufiger der bisweilen ernüchternden Realität der Strafverfolgungspraxis stellen müssen; die bequeme und durch die Rechtsprechung oft genutzte Möglichkeit einer „Flucht" in die Optionen der Untreuestrafbarkeit der § 266 StGB oder der Straflosigkeit eines – aufgrund der insoweit selbst auferlegten Hürden[764] – vermeintlich nicht unter die Bankrottdelikte subsumierbaren Verhaltens dürfte fortan jedenfalls weitgehend versperrt sein. Auch die Rechtsprechung wird daher nun bei den Insolvenzstraftaten der §§ 283 ff. StGB notwendigerweise Farbe bekennen müssen. Nachdem der 3. BGH-Strafsenat in seinem Anfragebeschluss bereits angedeutet hat, dass nach Aufgabe der Interessentheorie *„häufiger als bisher eine Verurteilung wegen Bankrotts in Tateinheit mit Untreue"*[765] in Betracht komme, bleibt überdies abzuwarten, inwieweit die Rechtsprechung ihre Praxis einer stetigen Strafbarkeitsausweitung im Bereich des Untreuetatbestandes nun tatsächlich wieder schrittweise zurücknimmt.

Zum anderen könnte die rechtstatsächliche Bedeutung der §§ 283 ff. StGB zusätzlich noch durch eine jüngst verabschiedete Gesetzesänderung beeinflusst werden: Mit dem *Gesetz zur weiteren Erleichterung der Sanierung von Unternehmen*[766] (ESUG) verfolgte der Gesetzgeber insbesondere das Ziel, die Eröffnung eines Insolvenzverfahrens und dessen bekanntermaßen nicht unerheblich stigmatisierende Außenwirkung durch eine Stärkung von Sanierungsmaßnahmen noch in der Phase der Unternehmenskrise abzuwenden.[767] Einen zentralen Bestandteil der Gesetzesänderung stellt dabei das so genannte „Schutzschirmverfahren" nach § 270b InsO n. F. dar, im Rahmen dessen das Insolvenzgericht auf Antrag des Unternehmers

---

[762] Siehe BGH, Beschl. v. 29. November 2011, 1 ARs 19/11 (1. Strafsenat) = GmbHR 2012, 91 ff.; BGH, Beschl. v. 22. Dezember 2011, 2 ARs 403/11 (2. Strafsenat); BGH, Beschl. v. 10. Januar 2012, 4 ARs 17/11 (4. Strafsenat); BGH, Beschl. v. 7. Februar 2012, 5 ARs 64/11 (5. Strafsenat).
[763] Angedeutet jeweils auch bei *Bittmann*, wistra 2010, 8, 10; *Dehne-Niemann*, wistra 2009, 417, 419; *Helmrich*, ZInsO 2009, 1475, 1478; *Leipold/Schaefer*, NZG 2009, 937, 938 f.; *Schwarz*, HRRS 2009, 341, 345 f.; *Wegner*, GWR 2011, 520, 521.
[764] Vgl. dazu *Brand*, Untreue und Bankrott, S. 217 ff.; *Hoyer*, in: SK-StGB, § 283 Rn. 103; *Tiedemann*, in: LK-StGB, Vor §§ 283 bis 283d Rn. 80 ff.
[765] Siehe BGH, NStZ 2012, 89, 91.
[766] BGBl. I 2011, S. 2582 ff. Das Gesetz ist am 1. März 2012 in Kraft getreten.
[767] Vgl. dazu die Gesetzesbegründung, BT-Drs. 17/5712, S. 17 f.

unter anderem eine Anordnung zur Untersagung der Zwangsvollstreckung in das schuldnerische Vermögen zu erlassen hat (§ 270b Abs. 2 S. 3 InsO n. F. i. V. m. § 21 Abs. 2 Nr. 3 InsO);[768] für einen Zeitraum von bis zu drei Monaten (vgl. § 270b Abs. 1 S. 2 InsO n. F.) ist es Gläubigern dann nicht möglich, auf dessen Vermögen im Wege der Zwangsvollstreckung zuzugreifen.[769] Damit erfordert es aber zugleich auch nicht mehr allzu viel Phantasie sich vorzustellen, dass ein derartiger gesetzlicher Anspruch auf eine von jeglichem Gläubigerzugriff befreite Schonfrist bei dem ein oder anderen Schuldner zumindest potentiell kriminelle Energie – etwa in Gestalt eines planvollen Beiseiteschaffens von Vermögenswerten – freizusetzen vermag; besagte drei Monate böten hierfür jedenfalls einen ausreichenden Zeitraum und gegebenenfalls eine besondere Motivation. Unter diesem Aspekt könnte von bestimmten Neuerungen des ESUG daher ein vom Gesetzgeber unbeabsichtigter Negativanreiz ausgehen, welcher sich mit Blick auf die Insolvenzdelikte der §§ 283 ff. StGB durchaus in Form eines Anstiegs der Fallzahlen bemerkbar machen könnte.

Zusammenfassend lässt sich daher konstatieren, dass aktuelle Entwicklungen in Rechtsprechung sowie Legislative mit hoher Wahrscheinlichkeit in absehbarer Zeit eine spürbare Aufwertung der Insolvenzstraftaten gemäß den §§ 283 ff. StGB in rechtstatsächlicher Hinsicht erwarten lassen.

C. Möglicher Lösungsansatz zur Wiederherstellung der Funktionsfähigkeit des § 283d StGB

Am Tatbestand der Schuldnerbegünstigung nach § 283d StGB wurde erkennbar, dass angesichts der bedenklichen Situation einer erheblich eingeschränkten Funktionsfähigkeit auf der einen sowie einer zu erwartenden deutlich steigenden rechtstatsächlichen Bedeutung auf der anderen Seite die insoweit denkbar ungünstigste Kombination einzutreten droht. Es stellt sich daher die Frage, auf welche Weise

---

[768] Es handelt sich hierbei um eine gebundene Entscheidung ohne Ermessensspielraum, sodass das Insolvenzgericht dem Begehren des Antragstellers insoweit entsprechen muss. Vgl. dazu ausführlich *Dahl*, NJW-Spezial 2012, 21, 22; *Desch*, BB 2011, 841 ff.; *Fridgen*, GWR 2011, 535 ff.; *Hirte*, ZInsO 2011, 401 ff.; *K. Schmidt*, BB 2011, 1603 ff.; *Obermüller*, ZInsO 2011, 1809 ff. – jew. m. zahlr. Nachw.
[769] Siehe nur *Desch*, BB 2011, 841, 843.

den aufgezeigten Defiziten begegnet und ein effektiver Rechtsgüterschutz sichergestellt werden kann.

Fest steht, dass die Aufrechterhaltung des gesetzlichen *status quo* jedenfalls keine Handlungsalternative darstellen kann, da der Tatbestand der Schuldnerbegünstigung hierdurch – wie gesehen – aufgrund seiner strukturellen Unzulänglichkeiten beim Vorliegen einer Kapitalgesellschaft als Regelungssubjekt in weiten Teilen nahezu vollständig leerläuft.[770]

I. *Vorschlag zur Einfügung eines auf Kapitalgesellschaften zugeschnittenen § 283d Abs. 2 StGB n. F.*

Aus diesem Grund ist der Gesetzgeber dazu aufgerufen, durch eine Reform des Sanktionsregimes der Insolvenzstraftaten nach den §§ 283 ff. StGB sicherzustellen, dass dieses zukünftig in der Lage sein wird, strafwürdige Verhaltensweisen adäquat zu erfassen.[771]

Einen ersten Vorschlag zur Neufassung des Tatbestandes der Schuldnerbegünstigung gemäß § 283d StGB haben *Brand/Sperling* unterbreitet, indem sie die Einfügung eines speziell auf die Konstellation der GmbH als Insolvenzschuldnerin zugeschnittenen Absatzes 2 fordern: Wegen Schuldnerbegünstigung soll sich danach auch strafbar machen, *„wer in Kenntnis der einer GmbH drohenden Zahlungsunfähigkeit oder nach Zahlungsein-stellung, in einem Insolvenzverfahren oder in einem Verfahren zur Herbeiführung der Entscheidung über die Eröffnung des Insolvenzverfahrens einer GmbH Be-standteile des GmbH-Vermögens, die im Falle der Eröffnung des Insolvenzver-fahrens zur Insolvenzmasse gehören, mit Einwilligung der Gesellschafter oder zu deren Gunsten beiseite schafft, verheimlicht oder in einer den Anforderungen einer ordnungsgemäßen Wirtschaft widersprechenden Weise zerstört, beschädigt bzw. unbrauchbar macht."*[772]

---

[770] Vorausgesetzt wird an dieser Stelle freilich, dass der Gesetzgeber die § 283d StGB unterfallenden Verhaltensweisen auch weiterhin für strafwürdig erachtet und der Tatbestand daher nicht grundsätzlich obsolet wird.

[771] Eine Parallele ergibt sich insoweit zur ebenfalls problematischen Integration der Verbraucherinsolvenz in das Sanktionsregime der §§ 283 ff. StGB; vgl. zu den diesbezüglich vorgeschlagenen Gesetzesänderungen *Dohmen*, Verbraucherinsolvenz und Strafrecht, S. 197 ff. sowie *Röhm*, Abhängigkeit des Insolvenzstrafrechts, S. 287 ff. Zusammenfassend zur Thematik jüngst *Radtke*, in: FS Achenbach, S. 341 ff. m. zahlr. Nachw.

[772] Siehe *Brand/Sperling*, ZStW 121 (2009), 281, 319 f.

Dieser Vorschlag weist zweifelsohne in die richtige Richtung, da er erstmals die Besonderheiten korporativ organisierter Regelungssubjekte im Rahmen des Tatbestandes berücksichtigt. Der Vorschlag zur Neufassung des § 283d StGB von *Brand/Sperling* beschränkt sich indes – entsprechend dem eingegrenzten Untersuchungsgegenstand der damaligen Abhandlung konsequent – auf die spezifische Gesellschaftsform der GmbH.

Um auch die übrigen Formen der Kapitalgesellschaft erfassen zu können und um insbesondere nicht bei jeder Einführung einer neuen Kapitalgesellschaftsart stets auch eine entsprechende Änderung des § 283d StGB erforderlich werden zu lassen,[773] erscheint jedoch die Schaffung einer neuen Tatbestandsalternative vorzugswürdig, die sämtliche Formen der Kapitalgesellschaft adressiert.

Diese könnte als § 283d Abs. 2 n. F. in den bestehenden Tatbestand der Schuldnerbegünstigung eingefügt werden und – in Erweiterung des Vorschlags von *Brand/ Sperling* – wie folgt lauten:[774]

> (2) Mit Freiheitsstrafe bis zu fünf Jahren oder mit Geldstrafe wird bestraft, wer
> 1. in Kenntnis der einer Kapitalgesellschaft drohenden Zahlungsunfähigkeit oder
> 2. nach Zahlungseinstellung, in einem Insolvenzverfahren oder in einem Verfahren zur Herbeiführung der Entscheidung über die Eröffnung des Insolvenzverfahrens einer Kapitalgesellschaft
>
> Bestandteile des Gesellschaftsvermögens, die im Falle der Eröffnung des Insolvenzverfahrens zur Insolvenzmasse gehören, mit Einwilligung der Gesellschafter oder zu deren Gunsten beiseite schafft, verheimlicht oder in einer den Anforderungen einer ordnungsgemäßen Wirtschaft widersprechenden Weise zerstört, beschädigt bzw. unbrauchbar macht.

Darüber hinaus würde es sich in diesem Zusammenhang anbieten, zugleich innerhalb des StGB klarzustellen, welche Gesellschaftsformen unter dem Begriff der „Kapitalgesellschaft" zu verstehen sind. Kleinster gemeinsamer Nenner aller im Rahmen der Abhandlung betrachteten Gesellschaftstypen ist deren eigene Rechts-

---

[773] Man denke hier nur an die im Rahmen der vorangegangenen Untersuchung dargestellten Kapitalgesellschaftsformen der haftungsbeschränkten Unternehmergesellschaft sowie der Societas Europaea.
[774] Die nachfolgenden Absätze des § 283d StGB verschieben sich entsprechend nach hinten.

persönlichkeit als juristische Person sowie die Existenz zwingender Vorschriften hinsichtlich ihrer Mindestkapitalausstattung im jeweils einschlägigen Gesetz.[775]

Es wäre folglich eine entsprechende Definition in Erweiterung des Katalogs in § 11 Abs. 1 StGB denkbar, sodass § 11 Abs. 1 Nr. 10 n. F. lauten könnte:

> 10. Kapitalgesellschaft:
> jede Gesellschaftsform mit eigener Rechtspersönlichkeit, für die das einschlägige Gesetz zwingende Mindestvoraussetzungen an die Kapitalausstattung vorsieht.

Die Schaffung einer solchen Tatbestandsvariante der Schuldnerbegünstigung für Kapitalgesellschaften in der Rolle des Insolvenzschuldners (§ 283d Abs. 2 n. F.) sowie einer entsprechend flankierenden Definition (§ 11 Abs. 1 Nr. 10 n. F.) würde den aufgezeigten strukturellen Defiziten der Tatbestandsarchitektur effizient begegnen und könnte dem Tatbestand so zumindest ein Stück weit helfen, aus seinem rechtstatsächlichen Schattendasein hervorzutreten und damit einen substantiellen Beitrag zur überfälligen Modernisierung der Insolvenzdelikte gemäß den §§ 283 ff. StGB leisten.[776]

II. Die Strafvorschriften des englischen Insolvency Act als Vorbild

Unabhängig von diesem konkreten Regelungsvorschlag mag im Grundsatz insoweit auch der englische *Insolvency Act 1986*[777] als Vorbild oder jedenfalls Orientierungshilfe dienen. Dieser hält bereits seit langem Strafvorschriften bereit, die in

---

[775] Zu diesen Parametern als wesensmäßige Kennzeichen einer Kapitalgesellschaft vgl. *Wiedemann*, Gesellschaftsrecht I, S. 101; außerdem *Hüffer/Koch*, Gesellschaftsrecht, § 2 Rn. 4; *Kübler/Assmann*, Gesellschaftsrecht, § 3 III 1.

[776] In diese Richtung geht auch die an den Gesetzgeber gerichtete Forderung von *Hager*, Bankrott, S. 217, der sich insoweit für eine „besondere tatbestandliche Regelung für die Organe von Kapitalgesellschaften" ausspricht. *Tiedemann*, Wirtschaftsstrafrecht BT, § 9 Rn. 430 schlägt eine Differenzierung „zwischen Unternehmer- und Verbraucherinsolvenzstrafrecht" *de lege ferenda* vor.

[777] Die amtliche Fassung des *Insolvency Act 1986* ist abrufbar unter http://www.legislation.gov.uk/ukpga/1986/45/pdfs/ukpga_19860045_en.pdf (zuletzt abgerufen am 26.9.2012). Der *Insolvency Act 2000* diente lediglich als Ergänzung des *Insolvency Act 1986*; die in Rede stehenden Strafvorschriften erfuhren hierdurch indes keine Änderungen, sodass sie nach wie vor vollumfänglich Geltung beanspruchen.

ihrer Struktur auf die spezifischen rechtlichen Rahmenbedingungen juristischer Personen zugeschnitten sind.[778]

Neben dem gemeinhin bekannten Sanktionsregime des *fraudulent (sec. 213)* bzw. *wrongful trading (sec. 214)*[779] sieht insbesondere die Vorschrift des *fraud in anticipation of winding up* gemäß *sec. 206* eine Regelung vor, die in ihrem Regelungsbereich demjenigen des deutschen Bankrotttatbestandes bereits sehr nahe kommt. Durch den passgenauen Zuschnitt ihres Wortlauts auf juristische Personen sowie deren Organe („*company*", „*officer of the company*") ermöglicht die Sanktionsnorm eine unproblematische Erfassung strafwürdiger Handlungen auch im Falle des Vorliegens einer durch die einschlägige Rechtsordnung besonderen Bedingungen unterworfenen Kapitalgesellschaft. Der englische Gesetzgeber erklärt die entsprechenden Strafgesetze hierbei in *sec. 73* des *Insolvency Act 1986* auf alle Unternehmen anwendbar, welche registrierungspflichtig im Sinne des *Companies Act 2006*[780] sind – was gemäß dessen *sec. 3 subsec. 2* somit insbesondere bei der Kapitalgesellschaft („*limited company by shares*") der Fall ist.

Ein rechtsvergleichender Blick nach Großbritannien könnte sich demnach bei der wünschenswerten Renovierung des deutschen Insolvenzstrafrechts der §§ 283 ff. StGB als durchaus hilfreich erweisen.

D. Schlusswort

Abschließend soll das insgesamt kritische Fazit, welches infolge der hiesigen Bestandsaufnahme zum gegenwärtigen Zustand der klassischen Insolvenzdelikte nach den §§ 283 ff. StGB im Laufe der Abhandlung zu ziehen war, noch mit einem Appell verbunden werden:

Die maßgebliche Herausforderung, welcher sich der Gesetzgeber nunmehr gegenübersieht, besteht darin, sicherzustellen, dass das deutsche Strafrecht auch in Zu-

---

[778] Eine Übersicht zu den Strafvorschriften des englischen Insolvenzrechts findet sich bei *Tiedemann*, in: LK-StGB, Vor 283 Rn. 213 ff. m. zahlr. Nachw. In Gestalt einer Fachbegriffs-Konkordanz bieten *Kindler/Nachmann*, Insolvenzrecht in Europa, unter der jeweiligen Bezeichnung eine hilfreiche Synopse der den deutschen Insolvenzdelikten entsprechenden Sanktionsnormen.
[779] Siehe hierzu ausführlich *Steffek*, Gläubigerschutz, S. 312 ff. m. zahlr. Nachw.
[780] Die amtliche Fassung des *Companies Act 2006* ist abrufbar unter http://www.legislation.gov.uk/ukpga/2006/46/pdfs/ukpga_20060046_en.pdf (zuletzt abgerufen am 26.9.2012).

kunft auf dem gesamtwirtschaftlich bedeutsamen Feld der Delinquenz im Zusammenhang mit krisenbefangenen Unternehmen das Heft des Handelns nicht aus der Hand gibt. Eine kritische Revision des in den §§ 283 ff. StGB normierten Kernbestandes der Insolvenzstraftaten unter besonderer Beachtung der hier aufgezeigten strukturellen Unzulänglichkeiten der Tatbestände durch den Gesetzgeber erscheint zu diesem Zweck unumgänglich und angesichts der dargestellten aktuellsten Entwicklungen in der Realität der Rechtsanwendung auch gebotener denn je.

Oder um mit den Worten *Hefendehls* zu schließen: „*Gesetzgeber und Strafrechtsdogmatik [müssen sich] die Mühe machen, jede Veränderung in Wirtschaft und der ihr nächsten normativen Materie, dem Wirtschaftsrecht, kritisch daraufhin zu überprüfen, ob sich auch das Strafrecht bewegen sollte.*"[781]

---

[781] So prägnant *Hefendehl*, ZIP 2011, 601, 607.

Literaturverzeichnis

Achenbach, Hans	Zivilrechtsakzessorietät der insolvenzstrafrechtlichen Krisenmerkmale?, in: *Duttge, Gunnar / Geilen, Gerd / Meyer-Goßner, Lutz / Warda, Günter* (Hrsg.), Gedächtnisschrift für Ellen Schlüchter, Köln 2002, S. 257-273 [zit.: *Achenbach*, in: GS Schlüchter].
Adick, Markus	Organuntreue (§ 266 StGB) und Business Judgement Rule – die strafrechtliche Bewertung unternehmerischen Handelns unter Berücksichtigung von Verfahrensregeln, zugl. Diss. Univ. Osnabrück, Frankfurt a. M. [u. a.] 2010 [zit.: *Adick*, Organuntreue].
Achenbach, Hans / Ransiek, Andreas (Hrsg.)	Handbuch Wirtschaftsstrafrecht, 3. Auflage, Heidelberg 2012 [zit.: *Bearbeiter*, in: Achenbach/Ransiek].
Appel, Ivo	Rechtsgüterschutz durch Strafrecht? Anmerkungen aus verfassungsrechtlicher Sicht, KritV 1999, 278-311.
Ders.	Verfassung und Strafe – Zu den verfassungsrechtlichen Grenzen staatlichen Strafens, zugl. Diss. Univ. Freiburg i. Br., Berlin 1998 [zit.: *Appel*, Verfassung und Strafe].
Arloth, Frank	Zur Abgrenzung von Untreue und Bankrott bei der GmbH, NStZ 1990, 570-575.
Arnold, Michael	Mitwirkungsbefugnisse der Aktionäre nach Gelatine und Macrotron, ZIP 2005, 1573-1579.
Arnold, Stefan	Untreue im GmbH- und Aktienkonzern, zugl. Diss. Univ. Bayreuth, Herbolzheim 2006 [zit.: *Arnold*, Untreue].
Arzt, Gunther / Weber, Ulrich / Heinrich, Bernd / Hilgendorf, Eric (Hrsg.)	Strafrecht Besonderer Teil, Lehrbuch, 2. Auflage, Bielefeld 2009 [zit.: *Bearbeiter*, in: Arzt/Weber/Heinrich/Hilgendorf, Strafrecht BT].

Auer, Martin	Gläubigerschutz durch § 266 StGB bei der einverständlichen Schädigung einer Gesellschaft mit beschränkter Haftung, zugl. Diss. Freie Univ. Berlin, Selbstverlag, 1991 [zit.: *Auer*, Gläubigerschutz].
Ballerstedt, Kurt	Kapital, Gewinn und Ausschüttung bei Kapitalgesellschaften, Tübingen 1949 [zit.: *Ballerstedt*, Kapital].
Bartone, Roberto / Klapdor, Ralf	Die Europäische Aktiengesellschaft, 2. Auflage, Berlin 2007 [zit.: *Bartone/Klapdor*, SE].
Bauer, Brigitte	Untreue durch Cash-Pooling im Konzern, zugl. Diss. Univ. München, Frankfurt a. M. [u. a.] 2008 [zit.: *Bauer*, Cash-Pooling].
Bauer, Martin	Organstellung und Organvergütung in der monistisch verfassten Europäischen Aktiengesellschaft (SE), zugl. Diss. Univ. München, Frankfurt a. M. [u. a.] 2008 [zit.: *Bauer*, Organstellung].
Baumann, Jürgen / Weber, Ulrich / Mitsch, Wolfgang	Strafrecht, Allgemeiner Teil, 11. Auflage, Bielefeld 2003 [zit.: *Baumann/Weber/Mitsch*, Strafrecht AT].
Bayer, Walter / Habersack, Mathias (Hrsg.)	Aktienrecht im Wandel, Band II, Grundsatzfragen des Aktienrechts, Tübingen 2007 [zit.: *Bearbeiter*, in: Aktienrecht im Wandel].
Bayer, Walter / Hommelhoff, Peter / Kleindiek, Detlef / Lutter, Marcus (Hrsg.)	Kommentar zum GmbH-Gesetz, 17. Auflage, Köln 2009 [zit.: *Bearbeiter*, in: Lutter/Hommelhoff, GmbHG].
Beck, Siegfried / Depré, Peter (Hrsg.)	Praxis der Insolvenz, 2. Auflage, München 2010 [zit.: *Bearbeiter*, in: Beck/Depré, Insolvenz].
Becker, Christoph	Insolvenzrecht, 3. Auflage, Köln 2010 [zit.: *Becker*, Insolvenzrecht].

Bemmann, Günter	Zur Frage der objektiven Bedingungen der Strafbarkeit, Göttingen 1957 [zit.: *Bemmann*, Objektive Bedingungen].
Berg, Hans-Georg	Rechtsdogmatische Fragen zu § 30 I GmbHG, zugl. Diss. Univ. Würzburg, Berlin 1995 [zit.: *Berg*, Rechtsdogmatische Fragen].
Berninger, Axel	Aufstieg der UG (haftungsbeschränkt) zur vollwertigen GmbH, GmbHR 2011, 953-962.
Beulke, Werner	Wirtschaftslenkung im Zeichen des Untreuetatbestands, in: *Müller, Henning Ernst / Sander, Günther M. / Válková, Helena* (Hrsg.), Festschrift für Ulrich Eisenberg zum 70. Geburtstag, München 2009, S. 245-269 [zit.: *Beulke*, in: FS Eisenberg].
Binder, Ulrike / Jünemann, Michael / Merz, Friedrich / Sinewe, Patrick	Die Europäische Aktiengesellschaft (SE), Wiesbaden 2007 [zit.: *Binder/Jünemann/Merz/Sinewe*, SE].
Binz, Karlheinz	Nochmals: Vertreterhaftung bei Bankrotthandlungen einer GmbH, NJW 1978, 802-803.
Birkholz, Matthias	Untreuestrafbarkeit als strafrechtlicher „Preis" der beschränkten Haftung, zugl. Diss. Univ. Rostock, Berlin 1998 [zit.: *Birkholz*, Untreuestrafbarkeit].
Bittmann, Folker	Das Ende der Interessentheorie – Folgen auch für § 266 StGB?, wistra 2010, 8-10.
Ders.	Insolvenzstrafrecht, Handbuch für die Praxis, Berlin 2004 [zit.: *Bittmann*, Insolvenzstrafrecht].
Böttger, Marcus (Hrsg.)	Wirtschaftsstrafrecht in der Praxis, Münster 2011 [zit.: *Bearbeiter*, in: Böttger, Wirtschaftsstrafrecht].
Boettcher, Friederike	Die Kompetenzen von Verwaltungsrat und geschäftsführenden Direktoren in der monistischen SE in Deutschland, zugl. Diss. Univ. Münster, Baden-Baden 2009 [zit.: *Boettcher*, Kompetenzen].

Bork, Reinhard (Hrsg.)	Handbuch des Insolvenzanfechtungsrechts, Köln 2006 [zit.: *Bearbeiter*, in: Bork, Insolvenzanfechtung].
Ders. / Schäfer, Carsten (Hrsg.)	Kommentar zum GmbH-Gesetz, Köln 2010 [zit.: *Bearbeiter*, in: Bork/Schäfer, GmbHG].
Bräunig, Alexander	Untreue in der Wirtschaft, Eine funktionale Interpretation des Untreuestrafrechts, zugl. Diss. Bucerius Law School Hamburg, Berlin 2011 [zit.: *Bräunig*, Untreue].
Brammsen, Joerg	Vorstandsuntreue – Aktienrechtliche Unternehmensführung auf dem Prüfstand des § 266 StGB, wistra 2009, 85-91.
Ders.	Strafbare Untreue des Geschäftsführers bei einverständlicher Schmälerung des GmbH-Vermögens?, DB 1989, 1609-1615.
Ders. / Apel, Simon	„Schwarze Kassen" in Privatunternehmen sind strafbare Untreue (§ 266 StGB), WM 2010, 781-787.
Brand, Christian	Legitimität des Insolvenzstrafrechts – Zur Strafwürdigkeit der Insolvenzdelikte angesichts der Finanzkrise, KTS 2012, 195-214.
Ders.	Anmerkung zu BGH, Beschluss vom 15.9.2011, 3 StR 118/11, NZWiSt 2012, 64-65.
Ders.	Anmerkung zu BGH, Beschluss vom 13.9.2010, 1 StR 220/09, JR 2011, 400-404.
Ders.	Untreue und Bankrott in der KG und GmbH & Co KG, Zugleich ein Beitrag zum Gesamthandsprinzip, zugl. Diss. Univ. Konstanz, Berlin 2010 [zit.: *Brand*, Untreue und Bankrott].
Ders.	Anmerkung zu BGH, Urteil vom 27.8.2010, 2 StR 111/09, NJW 2010, 3463-3464.
Ders.	Die Strafbarkeit des Vorstandes gem. § 266 StGB trotz Zustimmung aller Aktionäre, AG 2007, 681-689.
Ders. / Kanzler, Oliver	Neues zu Untreue und Bankrott in der GmbH, ZWH 2012, 1-6.

Ders. / *Sperling, Christian*	Legalitätsverstöße in der Aktiengesellschaft als untreuerelevante Pflichtverletzung?, AG 2011, 233-244.
Dies.	Untreue zum Nachteil von Idealvereinen, Überlegungen aus Anlass des „Kolping"-Urteils (BGHZ 175, 12), JR 2010, 473-480.
Dies.	Die Bedeutung des § 283d StGB im GmbH-Strafrecht, ZStW 121 (2009), 281-320.
Brandt, Ulrich	Die Hauptversammlung der Europäischen Aktiengesellschaft (SE), zugl. Diss. Univ. Würzburg, Frankfurt a. M. [u. a.] 2004 [zit.: *Brandt*, Hauptversammlung].
Braun, Eberhard (Hrsg.)	Kommentar zur Insolvenzordnung, 4. Auflage, München 2010 [zit.: *Bearbeiter*, in: Braun, InsO].
Breuer, Wolfgang	Insolvenzrecht, 3. Auflage, München 2011 [zit.: *Breuer*, Insolvenzrecht].
Bruns, Hans-Jürgen	Die Befreiung des Strafrechts vom zivilistischen Denken – Beiträge zu einer selbständigen, spezifisch strafrechtlichen Auslegungs- und Begriffsbildungsmethodik, zugl. Habil. Univ. Breslau, Berlin 1938 [zit.: *Bruns*, Befreiung des Strafrechts].
Bürgers, Tobias / Körber, Torsten (Hrsg.)	Kommentar zum Aktiengesetz, 2. Auflage, Heidelberg 2011 [zit.: *Bearbeiter*, in: Bürgers/Körber, AktG].
Busch, Dirk	Konzernuntreue, Eine Untersuchung spezifischer Untreuestrafbarkeit innerhalb von Konzernverbindungen mit Aktiengesellschaften und Gesellschaften mit beschränkter Haftung, zugl. Diss. Univ. Marburg, Frankfurt a. M. [u. a.] 2004 [zit.: *Busch*, Konzernuntreue].
Casper, Matthias	Der Lückenschluss im Statut der Europäischen Aktiengesellschaft, in: *Habersack, Mathias / Hüffer, Uwe / Hommelhoff, Peter / Schmidt, Karsten* (Hrsg.), Festschrift für Peter Ulmer zum 70. Geburtstag, Berlin 2003, S. 51-72 [zit.: *Casper*, in: FS Ulmer].

Corsten, Johannes	Einwilligung in die Untreue sowie in die Bestechlichkeit und Bestechung, zugl. Diss. Univ. Bonn, Baden-Baden 2011 [zit.: *Corsten*, Einwilligung].
Däubler, Wolfgang	Sinn und Unsinn der Insolvenzdelikte – zugleich ein Beitrag zur Reform des Vermögensstrafrechts, in: *Baumann, Jürgen / Dähn, Gerd* (Hrsg.), Studien zum Wirtschaftsstrafrecht, Tübingen 1972, S. 1-16 [zit.: *Däubler*, in: Studien zum Wirtschaftsstrafrecht].
Dahl, Michael	Die Neuregelungen des ESUG – ein Überblick, NJW-Spezial 2012, 21-22.
Dannecker, Gerhard / Knierim, Thomas / Hagemeier, Andrea	Insolvenzstrafrecht, 2. Auflage, Heidelberg 2012 [zit.: *Bearbeiter*, in: Dannecker/Knierim/Hagemeier, Insolvenzstrafrecht].
Dehne-Niemann, Jan	Ein Abgesang auf die Interessentheorie bei der Abgrenzung von Untreue und Bankrott, wistra 2009, 417-424.
Desch, Wolfram	Schutzschirmverfahren nach dem RegE-ESUG in der Praxis, BB 2011, 841-846.
Dittrich, Elisabeth	Die Untreuestrafbarkeit von Aufsichtsratsmitgliedern bei der Festsetzung überhöhter Vorstandsvergütungen, zugl. Diss. Univ. Tübingen, Berlin 2007 [zit.: *Dittrich*, Untreuestrafbarkeit].
Dohmen, Anja	Verbraucherinsolvenz und Strafrecht, zugl. Diss. Univ. Gießen, Baden-Baden 2007 [zit.: *Dohmen*, Verbraucherinsolvenz und Strafrecht].
Dies. / Sinn, Arndt	Das Rechtsgut der Insolvenzdelikte (§§ 283 ff. StGB) im Kontext von Straf- und Zivilrecht, KTS 2003, 205-218.
Eisenhardt, Ulrich	Gesellschaftsrecht, 14. Auflage, München 2009 [zit.: *Eisenhardt*, Gesellschaftsrecht].
Elschenbroich, Manfred	Die Kommanditgesellschaft auf Aktien, Wiesbaden 1959 [zit.: *Elschenbroich*, Kommanditgesellschaft auf Aktien].

Engisch, Karl	Die Einheit der Rechtsordnung, Nachdruck des 1935 erschienenen Erstwerks (damals: Heidelberg), Darmstadt 1987 [zit.: *Engisch*, Einheit der Rechtsordnung].
Ensthaler, Jürgen / *Füller, Jens Thomas /* *Schmidt, Burkhard* *(Hrsg.)*	Kommentar zum GmbH-Gesetz, 2. Auflage, Köln 2009 [zit.: *Bearbeiter*, in: Ensthaler/Füller/Schmidt, GmbHG].
Erdmann, Sven	Die Krisenbegriffe der Insolvenzstraftatbestände (§§ 283 ff. StGB), zugl. Diss. Univ. Bonn, Berlin 2007 [zit.: *Erdmann*, Krisenbegriffe].
Fabritius, Andreas	Vermögensbindung in AG und GmbH – tiefgreifender Unterschied oder grundsätzliche Identität?, ZHR 144 (1980), 628-641.
Felix, Dagmar	Einheit der Rechtsordnung, zugl. Habil. Univ. Passau, Tübingen 1998 [zit.: *Felix*, Einheit der Rechtsordnung].
Fischer, Thomas	Kommentar, Strafgesetzbuch und Nebengesetze, 59. Auflage, München 2012 [zit.: *Fischer*, StGB].
Fleck, Hans-Joachim	Der Grundsatz der Kapitalerhaltung – seine Ausweitung und seine Grenzen, in: *Lutter, Marcus / Ulmer, Peter / Zöllner, Wolfgang* (Hrsg.), Festschrift 100 Jahre GmbH-Gesetz, Köln 1992, S. 391-419 [zit.: *Fleck*, in: FS 100 Jahre GmbHG].
Ders.	Missbrauch der Vertretungsmacht oder Treubruch des mit Einverständnis aller Gesellschafter handelnden GmbH-Geschäftsführers aus zivilrechtlicher Sicht, ZGR 1990, 31-49.
Fleischer, Holger / *Goette, Wulf* *(Hrsg.)*	Münchener Kommentar zum GmbHG, Band 1 (§§ 1-34), München 2010 [zit.: *Bearbeiter*, in: MünchKomm-GmbHG].
Fleischer, Holger	Der Einfluss der Societas Europaea auf die Dogmatik des deutschen Gesellschaftsrechts, AcP 204 (2004), 502-543.

Fleischer, Wolfgang	Vertreterhaftung bei Bankrotthandlungen einer GmbH, NJW 1978, 96-97.
Flum, Joachim	Der strafrechtliche Schutz der GmbH gegen Schädigungen mit Zustimmung der Gesellschafter, zugl. Diss. Univ. Konstanz, Konstanz 1990 [zit.: *Flum*, Der strafrechtliche Schutz].
Freitag, Robert / Riemenschneider, Markus	Die Unternehmergesellschaft – „GmbH light" als Konkurrenz für die Limited?, ZIP 2007, 1485-1492.
Fridgen, Alexander	Das ESUG – Abschluss der ersten Stufe der Insolvenzrechtsreform, GWR 2011, 535-538.
Fründt, Steffen	Teldafax-Kunden sehen vor 2017 wohl keinen Cent, in: Die Welt vom 8. November 2011, abrufbar unter: http://www.welt.de/wirtschaft/article13705427/Teldafax-Kunden-sehen-vor-2017-wohl-keinen-Cent.html (zuletzt abgerufen am 26.9.2012).
Fuhst, Christian	Das neue Insolvenzrecht – Ein Überblick, DStR 2012, 418-423.
Gallandi, Volker	Straftaten im Bankrott – Normprogramm und komplexe Vorgänge, wistra 1992, 10-13.
Geerds, Friedrich	Einwilligung und Einverständnis des Verletzten, zugl. Diss. Univ. Kiel, Selbstverlag, 1953 [zit.: *Geerds*, Einwilligung].
Gehb, Jürgen / Drange, Günter / Heckelmann, Martin	Gesellschaftsrechtlicher Typenzwang als Zwang zu neuem Gesellschaftstyp – Gemeinschaftsrecht fordert deutsche UGG, NZG 2006, 88-96.
Gehrlein, Markus	Der aktuelle Stand des neuen GmbH-Rechts, Der Konzern 2007, 771-796.
Gierke, Otto von	Das Wesen der menschlichen Verbände, Berlin 1902.

Goette, Wulf / *Habersack, Mathias* *(Hrsg.)*	Münchener Kommentar zum Aktiengesetz, Band 1 (§§ 1-75), 3. Auflage, München 2008, Band 2 (§§ 76-117, MitbestG, DrittelbG), 3. Auflage, München 2008, Band 4 (§§ 179-277), 3. Auflage, München 2011, Band 5 (§§ 278-328, SpruchG), 3. Auflage, München 2010, Band 7 (Europäisches Aktienrecht), 3. Auflage, München 2012 [zit.: *Bearbeiter*, in: MünchKomm-AktG].
Dies. *(Hrsg.)*	Das MoMiG in Wissenschaft und Praxis, Köln 2009 [zit.: *Bearbeiter*, in: Goette/Habersack, MoMiG].
Gold, Sven Helge	Die strafrechtliche Verantwortung des vorläufigen Insolvenzverwalters, zugl. Diss. Univ. Kiel, Göttingen 2004 [zit.: *Gold*, Strafrechtliche Verantwortung].
Gottwald, Peter *(Hrsg.)*	Insolvenzrechts-Handbuch, 4. Auflage, München 2010 [zit.: *Bearbeiter*, in: Gottwald, Insolvenzrechts-Handbuch].
Gräfe, Gerald	Gläubigerschutz bei der englischen Limited mit Verwaltungssitz in Deutschland, zugl. Diss. Univ. Konstanz, Frankfurt a. M. [u. a] 2010 [zit.: *Gräfe*, Limited].
Graf, Jürgen Peter / *Jäger, Markus /* *Wittig, Petra* *(Hrsg.)*	Kommentar zum Wirtschafts- und Steuerstrafrecht, München 2011 [zit.: *Bearbeiter*, in: Graf/Jäger/Wittig].
Grafmüller, Frank	Die Kommanditgesellschaft auf Aktien als geeignete Rechtsform für börsenwillige Familienunternehmen, zugl. Diss. Univ. Stuttgart, Frankfurt a. M. [u. a.] 1994 [zit.: *Grafmüller*, Kommanditgesellschaft auf Aktien].
Gribbohm, Günter	Untreue zum Nachteil der GmbH – Zur Harmonisierung zivil- und strafrechtlicher Pflichten des GmbH-Geschäftsführers und -Gesellschafters, ZGR 1990, 1-30.
Große Vorholt, André	Wirtschaftsstrafrecht, Risiken – Verteidigung – Prävention, 2. Auflage, Köln 2007 [zit.: *Große Vorholt*, Wirtschaftsstrafrecht].

Grunewald, Barbara / Noack, Ulrich	Die Zukunft des Kapitalsystems der GmbH – Die Ein-Euro-GmbH in Deutschland, GmbHR 2005, 189-195.
Günther, Hans-Ludwig	Strafrechtswidrigkeit und Strafunrechtsausschluß – Studien zur Rechtswidrigkeit als Straftatmerkmal und zur Funktion der Rechtfertigungsgründe im Strafrecht, zugl. Habil. Univ. Trier, Köln 1983.
Gude, Hardy	Erfolgsmodell Unternehmergesellschaft? Eine Risiko-Analyse zum 2. Geburtstag der Unternehmergesellschaft, ZInsO 2010, 2385-2388.
Gutsche, Robert	Die Eignung der Europäischen Aktiengesellschaft für kleine und mittlere Unternehmen in Deutschland, zugl. Diss. Univ. Heidelberg, Baden-Baden 1994 [zit.: *Gutsche*, Eignung].
Häsemeyer, Ludwig	Insolvenzrecht, 4. Auflage, Köln 2007 [zit.: *Häsemeyer*, Insolvenzrecht].
Haarmeyer, Hans	Hoheitliche Beschlagnahme und Insolvenzbeschlag, Herne [u. a.] 2000 [zit.: *Haarmeyer*, Insolvenzbeschlag].
Habersack, Mathias	Trihotel – Das Ende der Debatte? Überlegungen zur Haftung für schädigende Einflussnahme im Aktien- und GmbH-Recht, ZGR 2008, 533-559.
Ders.	Mitwirkungsrechte der Aktionäre nach Macrotron und Gelatine, AG 2005, 137-149.
Ders.	Das Konzernrecht der „deutschen" SE, ZGR 2003, 724-759.
Hager, Paul Sebastian	Der Bankrott durch Organe juristischer Personen, zugl. Diss. Univ. Bochum, Holzkirchen 2007 [zit.: *Hager*, Bankrott].
Hammerl, Horst	Die Bankrottdelikte, Zur strafrechtlichen und kriminologischen Problematik des einfachen und schweren Bankrotts (§§ 239, 240 KO), zugl. Diss. Univ. Frankfurt a. M., Selbstverlag, 1970 [zit.: *Hammerl*, Bankrottdelikte].

Hanft, Christian	Strafrechtliche Probleme im Zusammenhang mit der Einmann-GmbH, zugl. Diss. Univ. Augsburg, Baden-Baden 2006 [zit.: *Hanft*, Strafrechtliche Probleme].
Happ, Wilhelm / Holler, Lorenz	„Limited" statt GmbH? Risiken und Kosten werden gern verschwiegen, DStR 2004, 730-736.
Hartwig, Sven	Der strafrechtlich Gläubigerbegriff in § 283c StGB, in: *Schulz, Joachim / Vormbaum, Thomas* (Hrsg.), Festschrift für Günter Bemmann zum 70. Geburtstag, Baden-Baden 1997, S. 311-338 [zit.: *Hartwig*, in: FS Bemmann].
Hassemer, Winfried	Die Basis des Wirtschaftsstrafrechts, wistra 2009, 169-174.
Ders.	Theorie und Soziologie des Verbrechens, Frankfurt a. M. 1973 [zit.: *Hassemer*, Theorie und Soziologie].
Heckschen, Heribert / Heidinger, Andreas (Hrsg.)	Die GmbH in der Gestaltungs- und Beratungspraxis, 3. Auflage, Köln 2011 [zit.: *Bearbeiter*, in: Heckschen/Heidinger, Die GmbH].
Heermann, Peter W.	Unentziehbare Mitwirkungsrechte der Minderheitsaktionäre bei außergewöhnlichen Geschäften in der GmbH & Co. KGaA, ZGR 2000, 61-85.
Hefendehl, Roland	Der Straftatbestand der Insolvenzverschleppung und die unstete Wirtschaft: Ausländische Gesellschaftsformen – faktische Organe – Führungslosigkeit, ZIP 2011, 601-607.
Ders.	Der fragmentarische Charakter des Strafrechts, JA 2011, 401-406.
Ders.	Kollektive Rechtsgüter im Strafrecht, zugl. Habil. Univ. München, München 2002 [zit.: *Hefendehl*, Kollektive Rechtsgüter].
Heidel, Thomas (Hrsg.)	Kommentar zum Aktienrecht und Kapitalmarktrecht, 3. Auflage, Baden-Baden 2011 [zit.: *Bearbeiter*, in: Heidel, AktG].
Heintschel-Heinegg, Bernd von (Hrsg.)	Kommentar zum Strafgesetzbuch, München 2010 [zit.: *Bearbeiter*, in: von Heintschel-Heinegg, StGB].

Heinz, Wolfgang	Die Bekämpfung der Wirtschaftskriminalität mit strafrechtlichen Mitteln – unter besonderer Berücksichtigung des 1. WiKG, GA 1977, 193-221.
Helmrich, Jan	Zur Abkehr von der Interessentheorie bei Insolvenzstraftaten, ZInsO 2009, 1475-1478.
Ders. / Eidam, Lutz	Untreue durch Verzicht auf Schadensersatzforderungen gegen (ehemalige) Führungskräfte einer Aktiengesellschaft?, ZIP 2011, 257-262.
Henn, Günter / Frodermann, Jürgen / Jannott, Dirk	Handbuch des Aktienrechts, 8. Auflage, Heidelberg 2009 [zit.: *Bearbeiter*, in: Henn/Frodermann/Jannott, Aktienrecht].
Hennerkes, Brun-Hagen / Lorz, Rainer	Roma locuta causa finita: Die GmbH & Co. KGaA ist zulässig, DB 1997, 1388-1394.
Hennrichs, Joachim	Zur Kapitalaufbringung und Existenzvernichtungshaftung in sog. Aschenputtel-Konstellationen, in: *Burgard, Ulrich / Hadding, Walther / Mülbert, Peter O. / Nietsch, Michael / Welter, Reinhard* (Hrsg.), Festschrift für Uwe H. Schneider zum 70. Geburtstag, Köln 2011, S. 489-505 [zit.: *Hennrichs*, in: FS Schneider].
Ders.	Kapitalschutz bei der GmbH, UG (haftungsbeschränkt) und SPE, NZG 2009, 921-928.
Herzog, Roman / Herdegen, Matthias / Klein, Hans H. / Scholz, Rupert (Hrsg.)	Grundgesetz, Kommentar, Loseblattsammlung, Band 6 (Art. 86-106b), 48. Ergänzungslieferung (Stand: November 2006), München [zit.: *Bearbeiter*, in: Maunz/Dürig, GG].
Hess, Harald	Sanierungshandbuch, 5. Auflage, Köln 2011 [zit.: *Hess*, Sanierungshandbuch].
Heybrock, Hasso (Hrsg.)	Praxiskommentar zum GmbH-Recht, 2. Auflage, Münster 2010 [zit.: *Bearbeiter*, in: Heybrock, GmbH-Recht].
Hilgendorf, Eric	Gibt es ein „Strafrecht der Risikogesellschaft"?, NStZ 1993, 10-16.

Hirte, Heribert	Anmerkungen zum von § 270b RefE-InsO ESUG vorgeschlagenen „Schutzschirm", ZInsO 2011, 401-405.
Ders.	Der Unternehmensgegenstand und die Abschaffung seiner registergerichtlichen Kontrolle durch das Gesetz zur Modernisierung des GmbH-Rechts und zur Bekämpfung von Missbräuchen (MoMiG), in: *Kindler, Peter / Koch, Jens / Ulmer, Peter / Winter, Martin* (Hrsg.), Festschrift für Uwe Hüffer zum 70. Geburtstag, München 2010, S. 329-336 [zit.: *Hirte*, in: FS Hüffer].
Ders.	Kapitalgesellschaftsrecht, 6. Auflage, Köln 2009 [zit.: *Hirte*, Kapitalgesellschaftsrecht].
Ders.	Die Europäische Aktiengesellschaft, NZG 2002, 1-10.
Höf, Julia	Untreue im Konzern, zugl. Diss. Univ. Bayreuth, Herbolzheim 2006 [zit.: *Höf*, Untreue].
Höfner, Klaus-Dieter	Die Überschuldung als Krisenmerkmal des Konkursstrafrechts, zugl. Diss. Univ. Augsburg, Frankfurt a. M. 1981 [zit.: *Höfner*, Überschuldung].
Hölters, Wolfgang (Hrsg.)	Kommentar zum Aktiengesetz, München 2011 [zit.: *Bearbeiter*, in: Hölters, AktG].
Hoffmann, Günther	Berücksichtigung von Rückstellungen bei Prüfung der Überschuldung im Sinne des Bankrottstrafrechts, MDR 1979, 93-97.
Hoffmann, Maike	Untreue und Unternehmensinteresse, zugl. Diss. Univ. Hannover, Baden-Baden 2010 [zit.: *Hoffmann*, Untreue].
Hoffmann-Becking, Michael	Deutscher Corporate Governance Kodex – Anmerkungen zu Zulässigkeit, Inhalt und Verfahren, in: *Kindler, Peter / Koch, Jens / Ulmer, Peter / Winter, Martin* (Hrsg.), Festschrift für Uwe Hüffer zum 70. Geburtstag, München 2010, S. 337-353 [zit.: *Hoffmann-Becking*, in: FS Hüffer].

Ders. (*Hrsg.*)	Münchener Handbuch des Gesellschaftsrechts, Band 4: Aktiengesellschaft, 3. Auflage, München 2007 [zit.: *Bearbeiter*, in: MünchHandb-GesR].
Ders.	Vorstandsvergütung nach Mannesmann, NZG 2006, 127-131.
Ders. / Herfs, Achim	Struktur und Satzung der Familien-KGaA, in: Hommelhoff, Peter / Schmidt-Diemitz, Rolf / Sigle, Axel (Hrsg.), Festschrift für Walter Sigle zum 70. Geburtstag, Köln 2000, S. 273-300 [zit.: *Hoffmann-Becking/Herfs*, in: FS Sigle].
Hoffmann-Holland, Klaus	Der Modellgedanke im Strafrecht, zugl. Habil. Univ. Gießen, Tübingen 2007.
Hofmeister, Holger	Veräußerung und Erwerb von Beteiligungen bei der Aktiengesellschaft: Denkbare Anwendungsfälle der Gelatine-Rechtsprechung?, NZG 2008, 47-52.
Hohendorf, Andreas	Das Individualwucherstrafrecht nach dem ersten Gesetz zur Bekämpfung der Wirtschaftskriminalität von 1976, zugl. Diss. Univ. Göttingen, Berlin 1982 [zit.: *Hohendorf*, Individualwucherstrafrecht].
Hohn, Kristian	Eigenkapitalregeln, Kompetenzverteilungsordnung und Zustimmungen zu Vermögensschädigungen bei Kapitalgesellschaften, in: *Joecks, Wolfgang / Ostendorf, Heribert / Rönnau, Thomas / Rotsch, Thomas / Schmitz, Roland* (Hrsg.), Festschrift für Erich Samson zum 70. Geburtstag, Heidelberg 2010, S. 315-337 [zit.: *Hohn*, in: FS Samson].
Holzner, Stefan	Die Unternehmergesellschaft (haftungsbeschränkt) im Wettbewerb der Gesellschaftsrechtsformen, zugl. Diss. Univ. Darmstadt, Hamburg 2011 [zit.: *Holzner*, Unternehmergesellschaft].
Hommelhoff, Peter	Gesellschaftsrechtliche Fragen im Entwurf eines SE-Statuts, AG 1990, 422-435.

Hopt, Klaus J. / *Wiedemann, Herbert (Hrsg.)*	Großkommentar zum Aktiengesetz, Band 1 (Einleitung, §§ 1-53), 4. Auflage, Berlin 2004, Band 7 (§§ 241-255), 4. Auflage, Berlin 1996, Band 8 (§§ 278-290), 4. Auflage, Berlin 2001 [zit.: *Bearbeiter*, in: Großkomm-AktG].
Hüffer, Uwe	Zur Holzmüller-Problematik: Reduktion des Vorstandsermessens oder Grundlagenkompetenz der Hauptversammlung?, in: *Habersack, Mathias / Hüffer, Uwe / Hommelhoff, Peter / Schmidt, Karsten* (Hrsg.), Festschrift für Peter Ulmer zum 70. Geburtstag, Berlin 2003, S. 279-304 [zit.: *Hüffer*, in: FS Ulmer].
Ders. / Koch, Jens	Gesellschaftsrecht, 8. Auflage, München 2011 [zit.: *Hüffer/Koch*, Gesellschaftsrecht].
Hunkemöller, Manfred / Tymann, Alexandra	Stolperfalle Überschuldung: Warum § 19 InsO den Sanierungsgedanken konterkariert, ZInsO 2011, 712-718.
Ihrig, Hans-Christoph	Die geschäftsführenden Direktoren in der monistischen SE: Stellung, Aufgaben und Haftung, ZGR 2008, 809-834.
Ders. / Schlitt, Michael	Die KGaA nach dem Beschluss des BGH vom 24.2.1997, in: *Ulmer, Peter* (Hrsg.), Die GmbH & Co. KGaA nach dem Beschluss BGHZ 134, 392, Beiheft der Zeitschrift für das gesamte Handelsrecht und Wirtschaftsrecht (ZHR), Heidelberg 1998, S. 33-84 [zit.: *Ihrig/Schlitt*, in: ZHR-Beiheft 1998].
Jäger, Axel	Die Aktiengesellschaft unter besonderer Berücksichtigung der KGaA, München 2004 [zit.: *Jäger*, AG und KGaA].
Jaeger, Carsten	Die Europäische Aktiengesellschaft – europäischen oder nationalen Rechts, zugl. Diss. Univ. Bonn, Baden-Baden 1994 [zit. *Jaeger*, Europäische Aktiengesellschaft].
Jakobs, Günther	Strafrecht Allgemeiner Teil, Die Grundlagen und die Zurechnungslehre, 2. Auflage, Berlin 1991 [zit.: *Jakobs*, Strafrecht AT].

Jannott, Dirk / *Frodermann, Jürgen (Hrsg.)*	Handbuch der Europäischen Aktiengesellschaft – Societas Europaea, Heidelberg 2005 [zit.: *Bearbeiter*, in: Jannott/Frodermann, SE-Handbuch].
Jescheck, Hans-Heinrich / *Weigend, Thomas*	Lehrbuch des Strafrecht, Allgemeiner Teil, 5. Auflage, Berlin 1996 [zit.: *Jescheck/Weigend*, Strafrecht AT].
Joecks, Wolfgang / *Miebach, Klaus (Hrsg.)*	Münchener Kommentar zum Strafgesetzbuch, Band 1 (§§ 1-51), München 2003, Band 4 (§§ 263-358 StGB, §§ 1-8, 105, 106 JGG), München 2006 [zit.: *Bearbeiter*, in: MünchKomm-StGB].
Joens, Axel F.	Die persönlich haftenden Gesellschafter der Kommanditgesellschaft auf Aktien, zugl. Diss. Univ. Hamburg, 1962. [zit.: *Joens*, Persönlich haftende Gesellschafter].
Joost, Detlev	Systematische Betrachtungen zur Neuregelung von Kapitalaufbringung und Kapitalerhaltung im Recht der GmbH, in: *Kindler, Peter / Koch, Jens / Ulmer, Peter / Winter, Martin* (Hrsg.), Festschrift für Uwe Hüffer zum 70. Geburtstag, München 2010, S. 405-416 [zit.: *Joost*, in: FS Hüffer].
Ders.	Unternehmergesellschaft, Unterbilanz und Verlustanzeige, ZIP 2007, 2242-2248.
Jordan, Adolf-Dietrich	Eine günstige Gelegenheit, Jura 1999, 304-312.
Jordan, Elmar	Gläubigerschutz in der kapitallosen Gesellschaft, zugl. Diss. Univ. Bonn, Mönchengladbach 2010 [zit.: *Jordan*, Gläubigerschutz].
Kallmeyer, Harald	Rechte und Pflichten des Aufsichtsrats in der Kommanditgesellschaft auf Aktien, ZGR 1983, 57-75.
Kalss, Susanne / *Hügel, Hanns F. (Hrsg.)*	Europäische Aktiengesellschaft (SE), Kommentar, Wien 2004 [zit.: *Bearbeiter*, in: Kalss/Hügel, SE].
Kasiske, Peter	Strafbare Existenzgefährdung der GmbH und Gläubigerschutz, JR 2011, 235-241.

Ders.	Existenzgefährdende Eingriffe in das GmbH-Vermögen mit Zustimmung der Gesellschafter als Untreue, wistra 2005, 81-86.
Kaufmann, Arthur	Subsidiaritätsprinzip und Strafrecht, in: *Roxin, Claus / Bruns, Hans-Jürgen / Jäger, Herbert* (Hrsg.), Festschrift für Heinrich Henkel zum 70. Geburtstag, Berlin 1974, S. 89-108 [zit.: *Kaufmann*, in: FS Henkel].
Kaufmann, Jochen	Organuntreue zum Nachteil von Kapitalgesellschaften, zugl. Diss. Univ. Greifswald, Frankfurt a. M. [u. a.] 1999 [zit.: *Kaufmann*, Organuntreue].
Kawan, Ulrike	Die strafrechtliche Organ- und Vertreterhaftung (§ 14 StGB) in ihrem normlogischen Begründungszusammenhang, zugl. Diss. Univ. Hamburg, Selbstverlag, 1992 [zit.: *Kawan*, Strafrechtliche Organ- und Vertreterhaftung].
Kellner, Oskar	Die Gläubiger- und Schuldnerbegünstigung (§§ 241, 242 KO), zugl. Diss. Univ. Würzburg, Breslau 1928 [zit.: *Kellner*, Gläubiger- und Schuldnerbegünstigung].
Kepper, Katrin	Die mitbestimmte monistische SE deutschen Rechts, zugl. Diss. Univ. Göttingen, Frankfurt a. M. [u. a.] 2010 [zit.: *Kepper*, Monistische SE].
Kientzy, Dieter	Der Mangel am Straftatbestand infolge Einwilligung des Rechtsgutsträgers, zugl. Diss. Univ. Tübingen, Tübingen 1970 [zit.: *Kientzy*, Einwilligung].
Kiethe, Kurt	Die zivil- und strafrechtliche Haftung von Aufsichtsräten für Geschäftsrisiken, WM 2005, 2122-2130.
Kilger, Joachim	Die Reorganisation insolventer Gesellschaften, ZRP 1984, 46-52.
Kindhäuser, Urs	Strafrecht, Besonderer Teil II, Straftaten gegen Vermögensrechte, 6. Auflage, Baden-Baden 2011 [zit.: *Kindhäuser*, Strafrecht BT II].

Kindhäuser, Urs / *Neumann, Ulfrid /* *Paeffgen, Hans-* *Ullrich* *(Hrsg.)*	Nomos Kommentar zum Strafgesetzbuch, Band 1 (§§ 1-145d), 3. Auflage, Baden-Baden 2010, Band 2 (§§ 146-358), 3. Auflage, Baden-Baden 2010 [zit.: Bearbeiter, in: NK-StGB].
Kindl, Johann	Gesellschaftsrecht, Baden-Baden 2011 [zit.: *Kindl*, Gesellschaftsrecht].
Kindler, Peter / *Nachmann, Josef*	Handbuch Insolvenzrecht in Europa, München 2010 [zit.: *Kindler/Nachmann*, Insolvenzrecht in Europa].
Kirchhof, Hans-Peter */ Lwowski, Hans-* *Jürgen /* *Stürner, Rolf (Hrsg.)*	Münchener Kommentar zur Insolvenzordnung, München 2008 [zit.: Bearbeiter, in: MünchKomm-InsO].
Klug, Ulrich	Konkursstrafrecht, Sonderausgabe der Kommentierung der §§ 239-244 innerhalb des Großkommentars Jaeger, Konkursordnung 8. Auflage, Berlin 1973 [zit.: *Klug*, Konkursstrafrecht].
Kölling, Lars	Gestaltungsspielräume und Anlegerschutz in der kapitalistischen KGaA, zugl. Diss. Univ. Bielefeld, Frankfurt a. M. [u. a.] 2005 [zit.: *Kölling*, Kapitalistische KGaA].
Koch, Stefan	Mitwirkungsrechte der Kommanditaktionäre bei der GmbH & Co. KGaA: Grenzen satzungsmäßiger Einschränkung, DB 2002, 1701-1704.
Kohlmann, Günter	Untreue zum Nachteil des Vermögens einer GmbH trotz Zustimmung sämtlicher Gesellschafter?, in: *Hadding, Walther / Immenga, Ulrich / Mertens, Hans-Joachim / Pleyer, Klemens / Schneider, Uwe H.* (Hrsg.), Festschrift für Winfried Werner zum 65. Geburtstag, Berlin 1984, S. 387-404 [zit.: *Kohlmann*, in: FS Werner].
Koke, Cornelius	Die Finanzverfassung der Europäischen Aktiengesellschaft (SE) mit Sitz in Deutschland, zugl. Diss. Univ. Würzburg, Frankfurt a. M. [u. a.] 2005 [zit.: *Koke*, Finanzverfassung].

Konzen, Horst	Geschäftsführung, Weisungsrecht und Verantwortlichkeit in der GmbH und GmbH & Co. KG, NJW 1989, 2977-2987.
Kornblum, Udo	Bundesweite Rechtstatsachen zum Unternehmens- und Gesellschaftsrecht (Stand: 1.1.2010), GmbHR 2010, 739-748.
Kraatz, Erik	Zur „limitierten Akzessorietät" der strafbaren Untreue – Überlegungen zur Strafrechtsrelevanz gesellschaftsrechtlicher Pflichtverletzungen im Rahmen des § 266 StGB anhand von Beispielen zur „GmbH-Untreue", ZStW 123 (2011), 447-484.
Krause, Daniel M.	Strafrechtliche Haftung des Aufsichtsrates, NStZ 2011, 57-65.
Ders.	Zur Berücksichtigung „beiseitegeschaffter" Vermögenswerte bei der Feststellung der Zahlungsunfähigkeit im Rahmen des § 283 II StGB, NStZ 1999, 161-165.
Ders.	Ordnungsgemäßes Wirtschaften und Erlaubtes Risiko, Grund- und Einzelfragen des Bankrotts (§ 283 StGB) – zugleich ein Beitrag zur Dogmatik des Konkursstrafrechts, zugl. Diss. Univ. Rostock, Berlin 1995 [zit.: *Krause*, Erlaubtes Risiko].
Krause, Eva Julia	Sonderdelikte im Wirtschaftsstrafrecht, zugl. Diss. Univ. Tübingen, Hamburg 2008 [zit.: *Krause*, Sonderdelikte].
Kreft, Gerhart (Hrsg.)	Kommentar zur Insolvenzordnung, 6. Auflage, Heidelberg 2011 [zit.: *Bearbeiter*, in: Kreft, Insolvenzordnung].
Krekeler, Wilhelm / Werner, Elke	Unternehmer und Strafrecht, München 2006 [zit.: *Krekeler/Werner*, Unternehmer und Strafrecht].
Krey, Volker / Esser, Robert	Deutsches Strafrecht, Allgemeiner Teil, 4. Auflage, Stuttgart 2011 [zit.: *Krey/Esser*, Strafrecht AT].
Krüger, Matthias	Zur Anwendbarkeit des Bankrottdelikts beim Privatkonkurs, wistra 2002, 52-55.

Kübler, Friedrich	Gesellschaftsrecht, 5. Auflage, Heidelberg 1998 [zit.: *Kübler*, Gesellschaftsrecht].
Ders. / Assmann, Heinz-Dieter	Gesellschaftsrecht, 6. Auflage, Heidelberg 2006 [zit.: *Kübler/Assmann*, Gesellschaftsrecht].
Kühl, Kristian	Fragmentarisches und subsidiäres Strafrecht, in: *Sieber, Ulrich / Dannecker, Gerhard / Kindhäuser, Urs / Vogel, Joachim / Walter Tonio* (Hrsg.), Festschrift für Klaus Tiedemann zum 70. Geburtstag, München 2008, S. 29-46 [zit.: *Kühl*, in: FS Tiedemann].
Kubiciel, Michael	Gesellschaftsrechtliche Pflichtwidrigkeit und Untreuestrafbarkeit, NStZ 2005, 353-361.
Labsch, Karl Heinz	Einverständliche Schädigung des Gesellschaftsvermögens und Strafbarkeit des GmbH-Geschäftsführers, JuS 1985, 602-607.
Lackner, Karl / Kühl, Kristian	Kommentar, Strafgesetzbuch, 27. Auflage, München 2011 [zit.: *Lackner/Kühl*, StGB].
Lagodny, Otto	Strafrecht vor den Schranken der Grundrechte – Die Ermächtigung zum strafrechtlichen Vorwurf im Lichte der Grundrechtsdogmatik dargestellt am Beispiel der Vorfeldkriminalisierung, zugl. Habil. Univ. Freiburg i. Br. 1995 [zit.: *Lagodny*, Schranken der Grundrechte].
Laufhütte, Heinrich Wilhelm / Rissing-van Saan, Ruth / Tiedemann, Klaus (Hrsg.)	Leipziger Kommentar zum Strafgesetzbuch, Band 2 (§§ 32-55), 12. Auflage, Berlin 2006, Band 9/1 (§§ 263-266b), 12. Auflage, Berlin 2006, Band 9/2 (§§ 267-283d), 12. Auflage, Berlin 2008 [zit.: *Bearbeiter*, in: LK-StGB].
Leipold, Klaus	Strafrechtlicher Pflichtenkatalog des Aufsichtsrats, in: *Hiebl, Stefan / Kassebohm, Nils / Lilie, Hans* (Hrsg.), Festschrift für Volkmar Mehle zum 65. Geburtstag, Baden-Baden 2009, S. 347-358 [zit.: *Leipold*, in: FS Mehle].
Ders. / Beukelmann, Stephan	Anfragebeschluss zum Festhalten an der Interessentheorie beim Bankrott, NJW-Spezial 2011, 729.

Ders. / Schaefer, Torsten	Vermögensverschiebung des GmbH-Geschäftsführers in der Krise – Bankrott oder Untreue?, NZG 2009, 937-939.
Leipold, Klaus / Tsambikakis, Michael / Zöller, Mark A. (Hrsg.)	AnwaltKommentar, Strafgesetzbuch, Bonn 2011 [zit.: *Bearbeiter*, in: AnwKomm-StGB].
Leupold, Andreas	Die Europäische Aktiengesellschaft unter besonderer Berücksichtigung des deutschen Rechts, zugl. Diss. Univ. Konstanz, Aachen 1993 [zit.: *Leupold*, Europäische Aktiengesellschaft].
Lichtenwimmer, Andrea	Untreueschutz der GmbH gegen den übereinstimmenden Willen der Gesellschafter?, zugl. Diss. Univ. Passau, Frankfurt a. M. [u. a.] 2007 [zit.: *Lichtenwimmer*, Untreueschutz].
Liebscher, Thomas	Ungeschriebene Hauptversammlungszuständigkeiten im Lichte von Holzmüller, Macrotron und Gelatine, ZGR 2005, 1-33.
Lieder, Jan / Hoffmann, Thomas	Upgrades von Unternehmergesellschaften – Der Übergang von der UG zur Voll-GmbH: Rechtstatsachen und Streitfragen, GmbHR 2011, 561-566.
Dies.	Subsidiäre Geschäftsführungskompetenz der Hauptversammlung, AG 2011, R 135-137.
Loeck, Henning	Strafbarkeit des Vorstands der Aktiengesellschaft wegen Untreue, zugl. Diss. Freie Univ. Berlin, Frankfurt a. M. [u. a.] 2006 [zit.: *Loeck*, Untreue].
Lohoff, Erich	Die Schuldnerbegünstigung (§ 242 KO), zugl. Diss. Univ. Würzburg, Selbstverlag, 1922 [zit.: *Lohoff*, Schuldnerbegünstigung].
Lüderssen, Klaus	Gesellschaftsrechtliche Grenzen der strafrechtlichen Haftung des Aufsichtsrats, in: *Dölling, Dieter* (Hrsg.), Festschrift für Ernst-Joachim Lampe zum 70. Geburtstag, Berlin 2003, S. 727-742 [zit.: *Lüderssen*, in: FS Lampe].

Ders.	Die Krise des öffentlichen Strafanspruchs, in: *Hofmann, Hasso / Weber, Ulrich / Wenz, Edgar Michael* (Hrsg.), Würzburger Vorträge zur Rechtsphilosophie, Rechtstheorie und Rechtssoziologie, Heft 10, Frankfurt a. M. 1989 [zit.: *Lüderssen*, Krise des öffentlichen Strafanspruchs].
Lutter, Marcus	Europäische Aktiengesellschaft – Rechtsfigur mit Zukunft?, BB 2002, 1-7.
Ders.	Organzuständigkeit im Konzern, in: *Lutter, Marcus / Mertens, Hans-Joachim / Ulmer, Peter* (Hrsg.), Festschrift für Walter Stimpel zum 68. Geburtstag, Berlin 1985, S. 825-854 [zit.: *Lutter*, in: FS Stimpel].
Ders.	Konzernrecht, ZHR 151 (1987), 444-461.
Ders. (Hrsg.)	Die Europäische Aktiengesellschaft, Eine Stellungnahme zur Vorlage der Kommission an den Ministerrat der Europäischen Gemeinschaften über das Statut für Europäische Aktiengesellschaften, 2. Auflage, Köln 1978 [zit.: *Bearbeiter*, in: Lutter, Stellungnahme].
Ders. / Hommelhoff, Peter (Hrsg.)	SE-Kommentar, Köln 2008 [zit.: *Bearbeiter*, in: Lutter/Hommelhoff, SE].
Dies. (Hrsg.)	Die Europäische Gesellschaft, Köln 2005 [zit.: *Bearbeiter*, in: Lutter/Hommelhoff, Europäische Gesellschaft].
Magata, Osamu	Die Entwicklung der Lehre von der notwendigen Teilnahme – unter besonderer Beachtung der sog. Begegnungsdelikte, Jura 1999, 246-253.
Manz, Gerhard / Mayer, Barbara / Schröder, Albert (Hrsg.)	Europäische Aktiengesellschaft SE, Kommentar, Baden-Baden 2005 [zit.: *Bearbeiter*, in: Manz/Mayer/Schröder].

Maraslis, Apostolos	Die Europäische Aktiengesellschaft (SE), Das Statut der Europäischen Aktiengesellschaft und ihre Vor- und Nachteile im Vergleich zu den nationalen Gesellschaftsformen aus europäischer Perspektive, zugl. Diss. Univ. Frankfurt a. M., Aachen 2007 [zit.: *Maraslis*, Europäische Aktiengesellschaft].
Marsch-Barner, Reinhard	Die Rechtsstellung der Europäischen Gesellschaft (SE) im Umwandlungsrecht, in: *Hoffmann-Becking, Michael / Ludwig, Rüdiger* (Hrsg.), Liber amicorum für Wilhelm Happ zum 70. Geburtstag, Köln 2006, S. 165-177 [zit.: *Marsch-Barner*, in: FS Happ].
Matzen, Klaus	Die Unberechenbarkeit der Zahlungsunfähigkeit – Zahlungsfähigkeit, Zahlungsstockung, drohende Zahlungsunfähigkeit, eingetretene Zahlungsunfähigkeit und Zahlungseinstellung, in: *Joecks, Wolfgang / Ostendorf, Heribert / Rönnau, Thomas / Rotsch, Thomas / Schmitz, Roland* (Hrsg.), Festschrift für Erich Samson zum 70. Geburtstag, Heidelberg 2010, S. 401-422 [zit.: *Matzen*, in: FS Samson].
Mauch, Kathrin	Das monistische Leitungssystem in der Europäischen Aktiengesellschaft, zugl. Diss. Univ. Tübingen, Baden-Baden 2008 [zit.: *Mauch*, Das monistische Leitungssystem].
Maurach, Reinhart / Schroeder, Friedrich-Christian / Maiwald, Manfred	Strafrecht, Besonderer Teil, Teilband 1: Straftaten gegen Persönlichkeits- und Vermögenswerte, 10. Auflage, Heidelberg 2009 [zit.: *Maurach/Schroeder/Maiwald*, Strafrecht BT].
Maurer, Frank / Wolf, Thomas	Zur Strafbarkeit der Rückzahlung von Gesellschafterdarlehen in und außerhalb der insolvenzrechtlichen „Krise" einer GmbH, wistra 2011, 327-334.
Metz, Florian	Die Organhaftung bei der monistisch strukturierten Europäischen Aktiengesellschaft mit Sitz in Deutschland, zugl. Diss. Univ. Heidelberg, Baden-Baden 2009 [zit.: *Metz*, Organhaftung].

Michaelsen, Amir	Abweichungen vom Deutschen Corporate Governance Kodex und von § 161 AktG als Pflichtverletzung im Sinne der Untreue, zugl. Diss. Univ. Göttingen, Göttingen 2011 [zit.: *Michaelsen*, Abweichungen].
Michalski, Lutz (Hrsg.)	Kommentar zum Gesetz betreffend die Gesellschaften mit beschränkter Haftung (GmbH-Gesetz), 2. Auflage, München 2010 [zit.: *Bearbeiter*, in: Michalski, GmbHG].
Miras, Antonio	Die bisherige Rechtsprechung zur Unternehmergesellschaft – Eine kritische Analyse, DB 2010, 2488-2493.
Ders.	Die neue Unternehmergesellschaft – UG (haftungsbeschränkt) und vereinfachte Gründung nach neuem Recht, München 2008 [zit.: *Miras*, Unternehmergesellschaft].
Mohr, Randolf	Bankrottdelikte und übertragende Sanierung, zugl. Diss. Univ. Köln, Köln 1993 [zit.: *Mohr*, Bankrottdelikte].
Moosmayer, Klaus	Einfluss der Insolvenzordnung 1999 auf das Insolvenzstrafrecht, zugl. Diss. Univ. Freiburg i. Br., Pfaffenweiler 1997 [zit.: *Moosmayer*, Einfluss der Insolvenzordnung].
Müller, Welf / Rödder, Thomas (Hrsg.)	Beck'sches Handbuch der AG, 2. Auflage, München 2009 [zit.: *Bearbeiter*, in: Beck AG-Handbuch].
Müller, Welf / Winkeljohann, Norbert (Hrsg.)	Beck'sches Handbuch der GmbH, 4. Auflage, München 2009 [zit.: *Bearbeiter*, in: Beck GmbH-Handbuch].
Müller-Gugenberger, Christian / Bieneck, Klaus (Hrsg.)	Handbuch des Wirtschaftsstraf- und -ordnungswidrigkeitenrechts, 5. Auflage, Köln 2011 [zit.: *Bearbeiter*, in: Müller-Gugenberger/Bieneck].
Nelles, Ursula	Untreue zum Nachteil von Gesellschaften, zugl. Habil. Univ. Münster, Berlin 1991 [zit.: *Nelles*, Untreue].

Nerlich, Jörg /	Kommentar zur Insolvenzordnung, Loseblattsammlung,
Römermann, Volker	21. Ergänzungslieferung (Stand: Januar 2011), München
(Hrsg.)	2011
	[zit.: *Bearbeiter*, in: Nerlich/Römermann, InsO].
Neye, Hans-Werner	Die Europäische Aktiengesellschaft, München 2005
	[zit.: *Neye*, Europäische Aktiengesellschaft].
Ders. /	Der Entwurf für das Ausführungsgesetz zur Europäischen
Teichmann,	Aktiengesellschaft, AG 2003, 169-179.
Christoph	
Niemeier, Wilhelm	„Triumph" und Nachhaltigkeit deutscher Ein-Euro-Gründungen – Rechtstatsachen zur Limited und ein Zwischenbericht zur Unternehmergesellschaft, in: *Altmeppen, Holger / Fitz, Hanns / Honsell, Heinrich* (Hrsg.), Festschrift für Günter H. Roth zum 70. Geburtstag, München 2011, S. 533-551
	[zit.: *Niemeier*, in: FS Roth].
Niggemann, Gerold	Die Reform des Gläubigerschutzsystems der GmbH im Spiegel der Niederlassungsfreiheit, zugl. Diss. Univ. Freiburg i. Br., Berlin 2010
	[zit.: *Niggemann*, Gläubigerschutzsystem].
Noack, Ulrich	Der Regierungsentwurf des MoMiG – Die Reform des GmbH-Rechts geht in die Endrunde, DB 2007, 1395-1400.
Obermüller, Manfred	Das ESUG und seine Auswirkungen auf das Bankgeschäft, ZInsO 2011, 1809-1821.
Ogiermann, Eva Maria /	Insolvenzstrafrecht in Deutschland – status quo und Perspektiven, wistra 2011, 206-213.
Weber, Johannes	
Otte, Daniel	Die AG & Co. KGaA, zugl. Diss. Univ. Bonn, Baden-Baden 2011
	[zit.: *Otte*, AG & Co. KGaA].

Otto, Harro	Der Zusammenhang zwischen Krise, Bankrotthandlung und Bankrott im Konkursstrafrecht, in: *Baltzer, Johannes / Baumgärtel, Gottfried / Peters, Egbert / Pieper, Helmut* (Hrsg.), Gedächtnisschrift für Rudolf Bruns, München 1980, S. 265-283 [zit.: *Otto*, in: GS Bruns].
Pape, Gerhard / Uhlenbruck, Wilhelm / Voigt-Salus, Joachim	Insolvenzrecht, 2. Auflage, München 2010 [zit.: *Pape/Uhlenbruck/Voigt-Salus*, Insolvenzrecht].
Pelz, Christian	Strafrecht in Krise und Insolvenz, 2. Auflage, München 2011 [zit.: *Pelz*, Krise und Insolvenz].
Penzlin, Dietmar	Strafrechtliche Auswirkungen der Insolvenzordnung, zugl. Diss. Univ. Bayreuth, Herbolzheim 2000 [zit.: *Penzlin*, Strafrechtliche Auswirkungen].
Pfaff, Karl	Die Rückkehr zur Fortführungsbewertung im Überschuldungstatbestand, zugl. Diss. Bucerius Law School Hamburg, Köln 2009 [zit.: *Pfaff*, Überschuldungstatbestand].
Pfeiffer, Gero F.	Die Kommanditgesellschaft auf Aktien als Beteiligte eines Beherrschungsvertrags und einer Eingliederung, zugl. Diss. Univ. Bayreuth, Frankfurt a. M. [u. a.] 2005 [zit.: *Pfeiffer*, Kommanditgesellschaft auf Aktien].
Philbert, Stephan	Die Kommanditgesellschaft auf Aktien zwischen Personengesellschaftsrecht und Aktienrecht, zugl. Diss. Univ. Regensburg, Berlin 2005 [zit.: *Philbert*, Kommanditgesellschaft auf Aktien].
Plathner, Jan Markus	Der Einfluss der Insolvenzordnung auf den Bankrottatbestand (§ 283 StGB), zugl. Diss. Univ. Gießen, Hamburg 2002 [zit.: *Plathner*, Einfluss der Insolvenzordnung].

Priester, Hans-Joachim	Kapitalbindung bei der UG (haftungsbeschränkt) – einer GmbH mit ernst zu nehmenden Sonderregeln, in: *Altmeppen, Holger / Fitz, Hanns / Honsell, Heinrich* (Hrsg.), Festschrift für Günter H. Roth zum 70. Geburtstag, München 2011, S. 573-584 [zit.: *Priester*, in: FS Roth].
Ders.	Satzungsvorgaben zum Vorstandshandeln – Satzungsautonomie contra Leitungsautonomie, in: *Kindler, Peter / Koch, Jens / Ulmer, Peter / Winter, Martin* (Hrsg.), Festschrift für Uwe Hüffer zum 70. Geburtstag, München 2010, S. 777-788 [zit.: *Priester*, in: FS Hüffer].
Ders.	„GmbH light" – ein Holzweg!, ZIP 2005, 921-922.
Ders.	Die Kommanditgesellschaft auf Aktien ohne natürlichen Komplementär, ZHR 1996, 250-287.
Ders.	Die eigene GmbH als fremder Dritter – Eigensphäre der Gesellschaft und Verhaltenspflichten ihrer Gesellschafter, ZGR 1993, 512-533.
Püschel, Christof	Boom der Insolvenzdelikte?, in: *Bernsmann, Klaus / Fischer, Thomas* (Hrsg.), Festschrift für Ruth Rissing-van Saan zum 65. Geburtstag, Berlin 2011, S. 471-489 [zit.: *Püschel*, in: FS Rissing-van Saan].
Radtke, Henning	Anmerkung zu BGH, Beschluss vom 15.9.2011, 3 StR 118/11, GmbHR 2012, 28-30.
Ders.	Strafbarer Verbraucherbankrott? Die Anwendbarkeit des Insolvenzstrafrechts auf die Verbraucherinsolvenz, in: *Hellmann, Uwe / Schröder, Christian* (Hrsg.), Festschrift für Hans Achenbach zum 70. Geburtstag, Heidelberg 2011, S. 341-358 [zit.: *Radtke*, in: FS Achenbach].
Ders.	Die strafrechtliche Organ- und Vertreterhaftung (§ 14 StGB) vor der Neuausrichtung?, JR 2010, 233-238.

Ders.	Die Dogmatik der Brandstiftungsdelikte – Zugleich ein Beitrag zur Lehre von den gemeingefährlichen Delikten, zugl. Habil. Univ. Göttingen, Berlin 1998 [zit.: *Radtke*, Dogmatik].
Ders.	Einwilligung und Einverständnis der Gesellschafter bei der sog. GmbH-rechtlichen Untreue (I), GmbHR 1998, 311-317.
Ders.	Einwilligung und Einverständnis der Gesellschafter bei der sog. GmbH-rechtlichen Untreue (II), GmbHR 1998, 361-369.
Raiser, Thomas / Veil, Rüdiger	Recht der Kapitalgesellschaften, 5. Auflage, München 2010 [zit.: *Raiser/Veil*, Kapitalgesellschaften].
Ransiek, Andreas	Anerkennungsprämien und Untreue – Das „Mannesmann"-Urteil des BGH, NJW 2006, 814-816.
Ders.	Untreue zum Nachteil einer abhängigen GmbH – „Bremer Vulkan", wistra 2005, 121-125.
Ders.	Risiko, Pflichtwidrigkeit und Vermögensnachteil bei der Untreue, ZStW 116 (2004), 634-679.
Ders.	Untreue im GmbH-Konzern, in: *Hirsch, Hans-Joachim / Wolter, Jürgen / Brauns, Uwe* (Hrsg.), Festschrift für Günter Kohlmann zum 70. Geburtstag, Köln 2003, S. 207-224 [zit.: *Ransiek*, in: FS Kohlmann].
Ders. / Hüls, Silke	Strafrecht zur Regulierung der Wirtschaft, ZGR 2009, 157-189.
Reichelt, Silvia	Untreue und Bankrott, Zum Problem einer strafrechtlichen „Doppelhaftung" des Geschäftsführers der GmbH in der Insolvenz, zugl. Diss. Univ. Jena, Frankfurt a. M. [u. a.] 2011 [zit.: *Reichelt*, Untreue und Bankrott].
Reiß, Wolfram	Verdeckte Gewinnausschüttungen und verdeckte Entnahmen als strafbare Untreue des Geschäftsführers?, wistra 1989, 81-86.

Richter, Hans	Der Konkurs der GmbH aus der Sicht der Strafrechtspraxis, GmbHR 1984, 137-150.
Röck, Sarah	Die Rechtsfolgen der Existenzvernichtungshaftung, zugl. Diss. Univ. Trier, Tübingen 2011 [zit.: *Röck*, Existenzvernichtungshaftung].
Röhm, Peter M.	Zur Abhängigkeit des Insolvenzstrafrechts von der Insolvenzordnung, zugl. Diss. Univ. Tübingen, Herbolzheim 2002 [zit.: *Röhm*, Abhängigkeit des Insolvenzstrafrechts].
Rönnau, Thomas	Zum Konkurrenzverhältnis von strafprozessualer Vermögens- und insolvenzrechtlicher Massesicherung, in: *Hellmann, Uwe / Schröder, Christian* (Hrsg.), Festschrift für Hans Achenbach, Heidelberg 2011, S. 385-408 [zit.: *Rönnau*, in: FS Achenbach].
Ders.	Grundwissen Strafrecht – Objektive Bedingungen der Strafbarkeit, JuS 2011, 697-699.
Ders.	Untreue zu Lasten juristischer Personen und Einwilligungskompetenz der Gesellschafter, in: *Böse, Martin / Sternberg-Lieben, Detlev* (Hrsg.), Festschrift für Knut Amelung zum 70. Geburtstag, Berlin 2009, S. 247-268 [zit.: *Rönnau*, in: FS Amelung].
Ders.	Grundwissen Strafrecht – Der strafrechtliche Rechtsgutsbegriff, JuS 2009, 209-211.
Ders.	Einrichtung „schwarzer" (Schmiergeld-)Kassen in der Privatwirtschaft – eine strafbare Untreue?, in: *Sieber, Ulrich / Dannecker, Gerhard / Kindhäuser, Urs / Vogel, Joachim / Walter Tonio* (Hrsg.), Festschrift für Klaus Tiedemann zum 70. Geburtstag, München 2008, S. 713-736 [zit.: *Rönnau*, in: FS Tiedemann].
Ders.	Untreue als Wirtschaftsdelikt, ZStW 119 (2008), 887-926.
Ders.	Grundwissen Strafrecht – Einwilligung und Einverständnis, JuS 2007, 18-20.

Ders.	Haftung der Direktoren einer in Deutschland ansässigen englischen Private Company Limited by Shares nach deutschem Strafrecht – eine erste Annäherung, ZGR 2005, 832-858.
Ders.	Rechtsprechungsüberblick zum Insolvenzstrafrecht, NStZ 2003, 525-532.
Ders.	Die Einwilligung als Instrument der Freiheitsbetätigung, Jura 2002, 595-598 sowie 665-675.
Ders.	Willensmängel bei der Einwilligung im Strafrecht, zugl. Habil. Univ. Kiel, Tübingen 1999 [zit.: *Rönnau*, Willensmängel].
Ders. / Hohn, Kristian	Die Festsetzung (zu) hoher Vorstandsvergütungen durch den Aufsichtsrat – ein Fall für den Staatsanwalt?, NStZ 2004, 113-123.
Roth, Günter H. / Altmeppen, Holger (Hrsg.)	Kommentar zum Gesetz betreffend die Gesellschaften mit beschränkter Haftung (GmbHG), 7. Auflage, München 2012 [zit.: *Bearbeiter*, in: Roth/Altmeppen, GmbHG].
Roxin, Claus	Strafrecht Allgemeiner Teil, Band I: Grundlagen – Der Aufbau der Verbrechenslehre, 4. Auflage, München 2006 [zit.: *Roxin*, Strafrecht AT I].
Rudolphi, Hans-Joachim / Horn, Eckhard / Günther, Hans-Ludwig / Samson, Erich (Hrsg.)	Systematischer Kommentar zum Strafgesetzbuch, Loseblattsammlung, Band 4 (§§ 201-266b), 7. Auflage, 123. Ergänzungslieferung (Stand: Juli 2010), München/Unterschleißheim, Band 5 (§§ 267-358), 7. Auflage, 54. Ergänzungslieferung (Stand: März 2002), München/Unterschleißheim [zit.: *Bearbeiter*, in: SK-StGB].
Saenger, Ingo / Inhester, Michael	Handkommentar zum GmbHG, Baden-Baden 2011 [zit.: *Bearbeiter*, in: Saenger/Inhester, GmbHG].

Saliger, Frank	Schutz der GmbH-internen Willensbildung durch Untreuestrafrecht?, in: *Achenbach, Hans / Amelung, Knut / Bottke, Wilfried / Haffke, Bernhard / Heinrich, Manfred / Jäger, Christian / Schünemann, Bernd / Wolter, Jürgen* (Hrsg.), Festschrift für Claus Roxin zum 80. Geburtstag, Band 2, Berlin 2011, S. 1053-1072 [zit.: *Saliger*, in: FS Roxin].
Ders. / Gaede, Karsten	Rückwirkende Ächtung der Auslandskorruption und Untreue als Korruptionsdelikt – Der Fall Siemens als Startschuss in ein entgrenztes internationalisiertes Wirtschaftsstrafrecht?, HRRS 2008, 57-76.
Samson, Erich	Strafrechtliche Rahmenbedingungen für unternehmerische Entscheidungen, in: Gesellschaftsrechtliche Vereinigung (Hrsg.), Gesellschaftsrecht in der Diskussion, Jahrestagung der Gesellschaftsrechtlichen Vereinigung (VGR) 2004, Köln 2005, S. 109-126 [zit.: *Samson*, in: VGR 2004].
Satzger, Helmut / Schmitt, Bertram / Widmaier, Gunter (Hrsg.)	Kommentar zum Strafgesetzbuch, Köln 2009 [zit.: *Bearbeiter*, in: Satzger/Schmitt/Widmaier, StGB].
Savigny, Friedrich Carl von	System des heutigen römischen Rechts, Band II, Berlin 1840.
Schäfer, Carsten	Gesellschaftsrecht, 2. Auflage, München 2011 [zit.: *Schäfer*, Gesellschaftsrecht].
Ders.	Rechtsprobleme bei Gründung und Durchführung einer Unternehmergesellschaft, ZIP 2011, 53-59.
Ders.	Untreue zum Nachteil von GmbH, GmbHR 1992, 509-513.
Schaffhauser-Linzatti, Michaela M.	Grundzüge des Rechnungswesens – Bilanzierung, Bilanzanalyse und Kostenrechnung, 2. Auflage, Wien 2006 [zit.: *Schaffhauser-Linzatti*, Rechnungswesen].
Schaumburg, Harald / Schulte, Christoph	Die KGaA, Köln 2000 [zit.: *Schaumburg/Schulte*, KGaA].

Scherer, Christoph	Die Qual der Wahl: Dualistisches oder monistisches System?, zugl. Diss. Univ. Köln, Frankfurt a. M. [u. a.] 2006 [zit.: *Scherer*, System].
Schindler, Clemens Philipp	Die Europäische Aktiengesellschaft SE, Gesellschafts- und steuerrechtliche Aspekte, Wien 2002 [zit.: *Schindler*, Europäische Aktiengesellschaft].
Schlitt, Michael	Die Satzung der Kommanditgesellschaft auf Aktien, München 1999 [zit.: *Schlitt*, Kommanditgesellschaft auf Aktien].
Schlüchter, Ellen	Die Krise im Sinne des Bankrottstrafrechts, MDR 1978, 265-269.
Dies.	Anmerkung zu BGH, Urteil vom 20.12.1978, 3 StR 408/78 (BGHSt 28, 231 ff.), JR 1979, 513-515.
Schmidt, Karsten	Gesellschaftsrecht und Insolvenzrecht im ESUG-Entwurf, BB 2011, 1603-1609.
Ders.	Gesellschaftsrecht, 4. Auflage, Köln 2002 [zit.: *K. Schmidt*, Gesellschaftsrecht].
Ders.	Deregulierung des Aktienrechts durch Denaturierung der Kommanditgesellschaft auf Aktien, Zum (aufhaltbaren?) Aufstieg der „Kapitalgesellschaft & Co. KGaA", ZHR 160 (1996), 265-287.
Ders.	Das Insolvenzrecht und seine Reform zwischen Prozessrecht und Unternehmensrecht, KTS 1988, 1-18.
Ders.	Möglichkeiten der Sanierung von Unternehmen durch Maßnahmen im Unternehmens-, Arbeits-, Sozial- und Insolvenzrecht, Gutachten D zum 54. Deutschen Juristentag, in: Ständige Deputation des Deutschen Juristentages (Hrsg.), Verhandlungen des vierundfünfzigsten Deutschen Juristentages 1982 in Nürnberg, München 1982 [zit.: *K. Schmidt*, DJT-Gutachten].
Ders. / *Lutter, Marcus (Hrsg.)*	Kommentar zum Aktiengesetz, Band I (§§ 1-149), Köln 2008, Band II (§§ 150-410, SpruchG), 2. Auflage, Köln 2010 [zit.: *Bearbeiter*, in: Schmidt/Lutter, AktG].

Schmidt, Karsten / *Uhlenbruck, Wilhelm* *(Hrsg.)*	Die GmbH in Krise, Sanierung und Insolvenz, 4. Auflage, Köln 2009 [zit.: *Bearbeiter*, in: Schmidt/Uhlenbruck].
Schmidt, Philipp	Die monistische SE in Deutschland, zugl. Diss. Univ. Würzburg, Hamburg 2006 [zit.: *Schmidt*, SE].
Schmiegel, Johannes	Informationspflichten der Geschäftsführung bei Strukturmaßnahmen in Kapitalgesellschaften, zugl. Diss. Univ. Köln, Berlin 2011 [zit.: *Schmiegel*, Strukturmaßnahmen].
Schön, Wolfgang	Vermögensbindung und Kapitalschutz in der AG – Versuch einer Differenzierung, in: *Crezelius, Georg / Hirte, Heribert / Vieweg, Klaus* (Hrsg.), Festschrift für Volker Röhricht zum 65. Geburtstag, Köln 2005, S. 559-570 [zit.: *Schön*, in: FS Röhricht].
Schönke, Adolf / *Schröder, Horst* *(Begr.)*	Kommentar zum Strafgesetzbuch, 28. Auflage, München 2010 [zit.: *Bearbeiter*, in: Schönke/Schröder, StGB].
Scholz, Franz *(Begr.)*	Kommentar zum GmbH-Gesetz mit Anhang Konzernrecht, Band I (§§ 1-34), 10. Auflage, Köln 2006, Band II (§§ 35-52), 10. Auflage, Köln 2007, Band III (§§ 53-85, Nachtrag MoMiG), 10. Auflage, Köln 2010 [zit.: *Bearbeiter*, in: Scholz, GmbHG].
Schüppen, Matthias / *Schaub, Bernhard* *(Hrsg.)*	Handbuch Aktienrecht, Düsseldorf 2010 [zit.: *Bearbeiter*, in: Schüppen/Schaub, Aktienrecht].
Schütz, Carsten / *Bürgers, Tobias /* *Riotte, Michael*	Kommanditgesellschaft auf Aktien, Handbuch, München 2004 [zit.: *Bearbeiter*, in: Schütz/Bürgers/Riotte, KGaA-Handbuch].
Schumacher, Juha Martin	Vermögensbetreuungspflichten von Kapitalgesellschaftsorganen, zugl. Diss. Univ. Düsseldorf, Baden-Baden 2010 [zit.: *Schumacher*, Vermögensbetreuungspflichten].

Schramm, Edward	Untreue und Konsens, zugl. Diss. Univ. Tübingen, Berlin 2005 [zit.: *Schramm*, Untreue und Konsens].
Schwarz, Alexandra	Die Aufgabe der Interessenformel des BGH – Alte Besen kehren gut?, HRRS 2009, 341-346.
Schwarz, Günter Christian	Kommentar zur SE-VO, Verordnung (EG) Nr. 2157/2001 des Rates über das Statut der Europäischen Gesellschaft (SE), München 2006 [zit.: *Schwarz*, SE-VO].
Seemann, Ralf	Strafbare Vereitelung von Gläubigerrechten (§§ 283 ff., 288 StGB), zugl. Diss. Univ. Hagen, Berlin 2006 [zit.: *Seemann*, Gläubigerrechte].
Seibert, Ulrich	Regierungsentwurf des MoMiG und haftungsbeschränkte Unternehmergesellschaft, GmbHR 2007, 673-677.
Ders. / Kiem, Roger / Schüppen, Matthias	Handbuch der kleinen AG, 5. Auflage, Köln 2008 [zit.: *Bearbeiter*, in: Seibert/Kiem/Schüppen, AG-Handbuch].
Sethe, Rolf	Die personalistische Kapitalgesellschaft mit Börsenzugang, Die reformierte KGaA als Mittel zur Verbesserung der Eigenkapitalausstattung deutscher Unternehmen, zugl. Diss. Univ. Tübingen, Köln 1996 [zit.: *Sethe*, Die personalistische Kapitalgesellschaft].
Smid, Stefan	Praxishandbuch Insolvenzrecht, 5. Auflage, Berlin 2007 [zit.: *Smid*, Insolvenzrecht].
Sowada, Christoph	Der begünstigte Gläubiger als strafbarer „notwendiger" Teilnehmer im Rahmen des § 283c StGB?, GA 1995, 60-71.
Spindler, Gerald / Stilz, Eberhard (Hrsg.)	Kommentar zum Aktiengesetz, Band 1 (§§ 1-149), 2. Auflage, München 2010, Band 2 (§§ 150-410), 2. Auflage, München 2010 [zit.: *Bearbeiter*, in: Spindler/Stilz, AktG].
Staake, Marco	Ungeschriebene Hauptversammlungskompetenzen in börsennotierten und nicht börsennotierten Aktiengesellschaften, zugl. Diss. Univ. Leipzig, Köln 2009 [zit.: *Staake*, Hauptversammlungskompetenzen].

Steffek, Felix	Gläubigerschutz in der Kapitalgesellschaft, Krise und Insolvenz im englischen und deutschen Gesellschafts- und Insolvenzrecht, zugl. Diss. Univ. Heidelberg, Tübingen 2011 [zit.: *Steffek*, Gläubigerschutz].
Sternberg-Lieben, Detlev	Die objektiven Schranken der Einwilligung im Strafrecht, zugl. Habil. Univ. Tübingen, Tübingen 1997 [zit.: *Sternberg-Lieben*, Objektive Schranken].
Stimpel, Walter	Zum Auszahlungsverbot des § 30 Abs. 1 GmbHG, in: Lutter, Marcus / Ulmer, Peter / Zöllner, Wolfgang (Hrsg.), Festschrift 100 Jahre GmbH-Gesetz, Köln 1992, S. 335-361 [zit.: *Stimpel*, in: FS 100 Jahre GmbHG].
Stracke, Dorothée	Zur Übertragbarkeit des zivilrechtlichen Überschuldungsbegriffs in das Strafrecht, zugl. Diss. Univ. Passau, Berlin 2007 [zit.: *Stracke*, Übertragbarkeit].
Stratenwerth, Günter / Kuhlen, Lothar	Strafrecht, Allgemeiner Teil, 6. Auflage, München 2011 [zit.: *Stratenwerth/Kuhlen*, Strafrecht AT].
Strohn, Lutz	Existenzvernichtungshaftung – Vermögensvermischungshaftung – Durchgriffshaftung, ZInsO 2008, 706-713.
Tachau, Benjamin	Ist das Strafrecht strenger als das Zivilrecht?, zugl. Diss. Univ. Potsdam, Berlin 2005 [zit.: *Tachau*, Strafrecht].
Teichmann, Christoph	Gestaltungsfreiheit im monistischen Leitungssystem der Europäischen Aktiengesellschaft, BB 2004, 53-60.
Ders.	Die Einführung der Europäischen Aktiengesellschaft, Grundlagen der Ergänzung des europäischen Statuts durch den deutschen Gesetzgeber, ZGR 2002, 383-464.
Teufel, Manfred	Insolvenzkriminalität, Lübeck 1981 [zit.: *Teufel*, Insolvenzkriminalität].
Thalhofer, Thomas	Kick-backs, Expektanzen und Vermögensnachteil nach § 266 StGB, zugl. Diss. Univ. Passau, Frankfurt a. M. [u. a.] 2008 [zit.: *Thalhofer*, Kick-backs].

Theisen, Manuel René / Wenz, Martin (Hrsg.)	Die Europäische Aktiengesellschaft, 2. Auflage, Stuttgart 2005 [zit.: *Bearbeiter*, in: Theisen/Wenz, SE].
Thilow, Hauke	Die Gläubigerbegünstigung im System des Insolvenzrechts, Zur Beschränkung des § 283c StGB auf inkongruente Deckungen, zugl. Diss. Univ. Kiel, Baden-Baden 2001 [zit.: *Thilow*, Gläubigerbegünstigung].
Thümmel, Roderich C.	Die Europäische Aktiengesellschaft, Frankfurt a. M. 2005 [zit.: *Thümmel*, SE].
Tiedemann, Klaus	Wirtschaftsstrafrecht, Besonderer Teil, 3. Auflage, München 2011 [zit.: *Tiedemann*, Wirtschaftsstrafrecht BT].
Ders.	Zur Klageerzwingungsbefugnis von Aktionären und GmbH-Gesellschaftern, in: *Hiebl, Stefan / Kassebohm, Nils / Lilie, Hans* (Hrsg.), Festschrift für Volkmar Mehle zum 65. Geburtstag, Baden-Baden 2009, S. 625-636 [zit.: *Tiedemann*, in: FS Mehle].
Ders.	Anmerkung zur Entscheidung BGHSt 49, 147 ff., JZ 2005, 45-47.
Ders.	Der Untreuetatbestand – Ein Mittel zur Begrenzung von Managerbezügen?, in: *Heinrich, Bernd / Hilgendorf, Eric / Mitsch, Wolfgang / Sternberg-Lieben, Detlev* (Hrsg.), Festschrift für Ulrich Weber zum 70. Geburtstag, Bielefeld 2004, S. 319-332 [zit.: *Tiedemann*, in: FS Weber].
Ders.	Insolvenzstraftaten aus Sicht der Kreditwirtschaft, ZIP 1983, 513-522.
Ders.	Grundfragen bei der Anwendung des neuen Konkursstrafrechts, NJW 1977, 777-783.
Ders. (Hrsg.)	Die Verbrechen in der Wirtschaft, Neue Aufgaben für Strafjustiz und Strafrechtsreform, Karlsruhe 1970 [zit.: *Tiedemann*, Verbrechen in der Wirtschaft].
Trüg, Gerson / Habetha, Jörg	§ 283 Abs. 6 StGB und der „tatsächliche Zusammenhang", wistra 2007, 365-371.

Uhlenbruck, Wilhelm (Hrsg.)	Kommentar zur Insolvenzordnung, 13. Auflage, München 2010 [zit.: *Bearbeiter*, in: Uhlenbruck, Insolvenzordnung].
Ulmer, Peter	Der „Federstrich des Gesetzgebers" und die Anforderungen der Rechtsdogmatik – Kritische Anmerkungen aus rechtssystematischer Sicht zur Ausgestaltung bestimmter Deregulierungsvorschläge im RegE MoMiG, ZIP 2008, 45-55.
Ders.	Schutz der GmbH gegen Schädigung zugunsten ihrer Gesellschafter? – Zur Relevanz der Rechtsprechung zu § 266 StGB für das Gesellschaftsrecht, in: *von Gamm, Otto Friedrich / Raisch, Peter / Tiedemann, Klaus* (Hrsg.), Festschrift für Gerd Pfeiffer zum Abschied aus dem Amt als Präsident des Bundesgerichtshofes, Köln 1988 [zit.: *Ulmer*, in: FS Pfeiffer].
Ulmer, Peter / Habersack, Mathias / Winter, Martin (Hrsg.)	Großkommentar zum GmbHG, Band 1 (Einleitung, §§ 1-28), Tübingen 2005 [zit.: *Bearbeiter*, in: Ulmer/Habersack/Winter, GmbHG].
Valerius, Brian	Anmerkung zu BGH, Beschluss vom 15.9.2011, 3 StR 118/11, NZWiSt 2012, 65-67.
Van Hulle, Karel / Maul, Silja / Drinhausen, Florian (Hrsg.)	Handbuch zur Europäischen Gesellschaft (SE), München 2007 [zit.: *Bearbeiter*, in: van Hulle/Maul/Drinhausen, SE-Handbuch].
Veil, Rüdiger	Die Unternehmergesellschaft im System der Kapitalgesellschaften, ZGR 2009, 623-643.
Ders.	Gesellschafterhaftung wegen existenzvernichtenden Eingriffs und materieller Unterkapitalisierung, NJW 2008, 3264-3266.
Ders.	Die Unternehmergesellschaft nach dem Regierungsentwurf des MoMiG, GmbHR 2007, 1080-1086.

Ders.	Existenzvernichtungshaftung, in: Gesellschaftsrechtliche Vereinigung (Hrsg.), Gesellschaftsrecht in der Diskussion, Jahrestagung der Gesellschaftsrechtlichen Vereinigung (VGR) 2005, Köln 2006, S. 103-126 [zit.: *Veil*, in: VGR 2005].
Volk, Klaus (Hrsg.)	Münchener Anwaltshandbuch, Verteidigung in Wirtschafts- und Steuerstrafsachen, München 2006 [zit.: *Bearbeiter*, in: Münchener Anwaltshandbuch].
Volkelt, Lothar	Die Unternehmergesellschaft (UG), 2. Auflage, Wiesbaden 2011 [zit.: *Volkelt*, Unternehmergesellschaft].
Ders.	Die Genossenschaftstheorie und die deutsche Rechtsprechung, Berlin 1887.
Vonnemann, Wolfgang	Strafbarkeit von GmbH-Geschäftsführern wegen Untreue zu Lasten der GmbH bei Zustimmung der Gesellschafter?, GmbHR 1988, 329-334.
Vormbaum, Thomas	Probleme der Gläubigerbegünstigung, GA 1981, 101-133.
Wabnitz, Heinz-Bernd / Janovsky, Thomas (Hrsg.)	Handbuch des Wirtschafts- und Steuerstrafrechts, 3. Auflage, München 2007 [zit.: *Bearbeiter*, in: Wabnitz/Janovsky].
Wachter, Thomas	Sacheinlagen bei der Unternehmergesellschaft (haftungsbeschränkt), NJW 2011, 2620-2623.
Wagner, Tobias	Die Untreue des Gesellschafters in der einfachen und konzernierten Einmann-GmbH, zugl. Diss. Univ. Greifswald, Berlin 2005 [zit.: *Wagner*, Untreue].
Weber, Ulrich	Untreue durch Verursachung straf- und bußgeldrechtlicher Sanktionen gegen den Vermögensinhaber?, in: *Kahlo, Michael / Klesczewski, Diethelm / Schneider, Hendrik / Schumann, Heribert* (Hrsg.), Festschrift für Manfred Seebode zum 70. Geburtstag, Berlin 2008, S. 437-448 [zit.: *Weber*, in: FS Seebode].
Wegner, Carsten	Anmerkung zu BGH, Beschluss vom 15.9.2011, 3 StR 118/11, GWR 2011, 520-521.

Ders.	Aktuelle Entwicklungen im Insolvenzstrafrecht, HRRS 2009, 32-37.
Weise, Klaus-Peter	Finanzielle Beeinflussungen von sportlichen Wettkämpfen durch Vereinsfunktionäre – Überlegungen zur Missbrauchsuntreue auf der Grundlage des sog. Bundesliga-Skandals, zugl. Diss. Univ. Gießen, Selbstverlag, 1982 [zit.: *Weise*, Finanzielle Beeinflussungen].
Welzel, Hans	Das Deutsche Strafrecht, 11. Auflage, Berlin 1969 [zit.: *Welzel*, Strafrecht].
Werner, Rüdiger	Die Enthaftung des Vorstands: Die strafrechtliche Dimension, CCZ 2011, 201-207.
Wessels, Johannes / Hillenkamp, Thomas	Strafrecht, Besonderer Teil II – Straftaten gegen Vermögenswerte, 33. Auflage, Heidelberg 2010 [zit.: *Wessels/Hillenkamp*, Strafrecht BT II].
Westermann, Harm Peter	Wettbewerb zwischen haftungsbeschränkenden Gesellschaftsrechtsformen mit geringem Kapitaleinsatz – wirklich notwendig?, in: *Burgard, Ulrich / Hadding, Walther / Mülbert, Peter O. / Nietsch, Michael / Welter, Reinhard* (Hrsg.), Festschrift für Uwe H. Schneider zum 70. Geburtstag, Köln 2011, S. 1437-1454 [zit.: *Westermann*, in: FS Schneider].
Weyand, Raimund / Diversy, Judith	Insolvenzdelikte, Unternehmenszusammenbruch und Strafrecht, 8. Auflage, Berlin 2010 [zit.: *Weyand/Diversy*, Insolvenzdelikte].
Wichert, Joachim	Die Finanzen der Kommanditgesellschaft auf Aktien, zugl. Diss. Univ. Frankfurt a. M., Frankfurt a. M. [u. a.] 1999 [zit.: *Wichert*, Finanzen].
Wicke, Hartmut	Kommentar zum Gesetz betreffend die Gesellschaften mit beschränkter Haftung (GmbHG), 2. Auflage, München 2011 [zit.: *Wicke*, GmbHG].

Wiedemann, Herbert	Gedanken zum Inhalt der Juristischen Person im Zivilrecht, in: *Kindler, Peter / Koch, Jens / Ulmer, Peter / Winter, Martin* (Hrsg.), Festschrift für Uwe Hüffer zum 70. Geburtstag, München 2010, S. 1091-1101 [zit.: *Wiedemann*, in: FS Hüffer].
Ders.	Gesellschaftsrecht, Band I, München 1980 [zit.: *Wiedemann*, Gesellschaftsrecht I].
Wilhelm, Jan	Kapitalgesellschaftsrecht, 3. Auflage, Berlin 2009 [zit.: *Wilhelm*, Kapitalgesellschaftsrecht].
Ders.	Die Vermögensbindung bei der Aktiengesellschaft und der GmbH und das Problem der Unterkapitalisierung, in: *Jakobs, Horst Heinrich / Knobbe-Keuk, Brigitte / Picker, Eduard / Wilhelm, Jan* (Hrsg.), Festschrift für Werner Flume zum 70. Geburtstag, Köln 1978, S. 337-397 [zit.: *Wilhelm*, in: FS Flume].
Wittmann, Christian	Wissenszurechung im Strafrecht, zugl. Diss. Univ. Tübingen, Berlin 2006 [zit.: *Wittmann*, Wissenszurechnung].
Wittig, Petra	Wirtschaftsstrafrecht, München 2010 [zit.: *Wittig*, Wirtschaftsstrafrecht].
Wodicka, Josef	Untreue zum Nachteil der GmbH bei vorheriger Zustimmung aller Gesellschafter, zugl. Diss. Univ. Heidelberg, Frankfurt a. M. [u. a.] 1993 [zit.: *Wodicka*, Untreue].
Wuschek, Thomas	Der Überschuldungsbegriff, ZInsO 2011, 1734-1738.
Ziemons, Hildegard / Jaeger, Carsten (Hrsg.)	Beck'scher Online-Kommentar zum GmbHG, Edition 9 (Stand: 1. November 2011), München 2011 [zit.: *Bearbeiter*, in: Ziemons/Jaeger, GmbHG].
Zech, Susanne	Untreue durch Aufsichtsratsmitglieder einer Aktiengesellschaft, zugl. Diss. Univ. Passau, Frankfurt a. M. [u. a.] 2007 [zit.: *Zech*, Untreue].

Zieschang, Frank	Strafbarkeit des Geschäftsführers einer GmbH wegen Untreue trotz Zustimmung sämtlicher Gesellschafter?, in: *Hirsch, Hans-Joachim / Wolter, Jürgen / Brauns, Uwe* (Hrsg.), Festschrift für Günter Kohlmann zum 70. Geburtstag, Köln 2003, S. 351-363 [zit.: *Zieschang*, in: FS Kohlmann].
Zirpins, Walter / Terstegen, Otto	Wirtschaftskriminalität – Erscheinungsformen und ihre Bekämpfung, Lübeck 1963.
Zöllner, Wolfgang / Noack, Ulrich (Hrsg.)	Kölner Kommentar zum Aktiengesetz, Band 1 (§§ 1-75 AktG), 3. Auflage, Köln 2011, Band 3/3 (§§ 133-178 AktG), 3. Auflage, Köln 2010, Band 5/3 (§§ 262-290 AktG), 2. Auflage, Köln 2004 [zit.: *Bearbeiter*, in: KölnKomm-AktG].

Centaurus Buchtipp

Felix Walther

**Bestechlichkeit und Bestechung
Im geschäftlichen Verkehr**
Internationale Vorgaben
und deutsches Strafrecht

Studien zum Wirtschaftsstrafrecht, Bd. 36,
2011, 338 S., br., ISBN 978-3-86226-089-7
€ 26,80

Im Jahre 2012 feiert das strafrechtliche Verbot der Korruption im Geschäftsverkehr seinen 100. Geburtstag. Nach einem jahrzehntelangen Schattendasein im Nebenstrafrecht ist der nunmehr in das StGB überführte § 299 StGB beliebter Gegenstand dogmatischer Erörterungen und rechtspolitischer Reformvorschläge. Die vorliegende Arbeit will zu dieser Diskussion einen sehr speziellen Beitrag leisten. Sie beschäftigt sich mit der bisher nur unvollkommen thematisierten Frage, nach den Auswirkungen internationaler Vorgaben zur Bekämpfung der Korruption im Geschäftsverkehr auf das deutsche Strafrecht. Die Politik hat auf internationaler Ebene nämlich schon vor längerer Zeit vollendete Tatsachen geschaffen in Form von Tatbestandsvorgaben, denen das deutsche Strafrecht letztlich anzupassen sein wird. Die Ausarbeitung der Rechtsakte gelangte erst in den Fokus der deutschen juristischen Fachöffentlichkeit, als mit dem „Entwurf eines Zweiten Gesetzes zur Bekämpfung der Korruption" im September 2006 die Transformation in das nationale Recht vorgeschlagen wurde.

Die Dissertation wurde mit dem WisteV-Preis 2012 der Wirtschaftsstrafrechtlichen Vereinigung e.V. ausgezeichnet. Der Preis wird jährlich für die aus der Perspektive der Praxis beste Dissertation oder Habilitation des Wirtschaftsstrafrechts vergeben.

www.centaurus-verlag.de

Centaurus Buchtipps

Steffen Röber
Ökonomische Prinzipien im argentinischen Bundesstrafprozess
Reihe Rechtswissenschaften, Bd. 218, 2012, 266 S.,
ISBN 978-3-86226-178-9, € **26,80**

Mathias Trennt
Die Vergabe internationaler Sportveranstaltungen
Eine Bewertung der Vergabeverfahren und der Anforderungskataloge internationaler Sportverbände am Maßstab des primärrechtlichen Vergaberechts der Europäischen Union
Reihe Rechtswissenschaften, Bd. 217, 2012, 333 S.,
ISBN 978-3-86226-165-9, € **26,80**

Dorith Deibel
Die Reichweite des § 153 Abs. 1 S. 1 AO
Steuerverfahrensrechtliche und steuerstrafrechtliche Aspekte der Verpflichtung zur „Berichtigung von Erklärungen"
Reihe Rechtswissenschaften, Bd. 216, 2011, 432 S.,
ISBN 978-3-86226-107-9, € **29,80**

Jochen Stockburger
Unternehmenskrise und Organstrafbarkeit wegen Insolvenzstraftaten
Eine Untersuchung zu aktuellen Problemen der Bestimmung der strafrechtlichen Krisenmerkmale und der Strafhaftung von AG-Vorständen und GmbH- und UG- Geschäftsführern wegen Insolvenzstraftaten
Reihe Rechtswissenschaften, Bd. 215, 2011, 364 S.,
ISBN 978-3-86226-093-5, € **25,80**

Bianca Schöpper
Die Systeme der progressiven Kundenwerbung unter besonderer Berücksichtigung des Multi-Level-Marketing-Systems
Reihe Rechtswissenschaften, Bd. 214, 2011, 214 S.,
ISBN 978-386226-063-8, **24,80 €**

Christian Reinhard
Rechte und Pflichten des Betriebsrates bei der Verwendung von Arbeitnehmerdaten
Eine Untersuchung anhand betriebsverfassungsrechtlicher und datenschutzrechtlicher Vorgaben
Forum Arbeits- und Sozialrecht, Bd. 38, 2012, 280 S.,
ISBN 978-3-86226-198-7, € **27,80**

Jan Friedrich Beckmann
Rechtsgrundlagen der beruflichen Weiterbildung von Arbeitnehmern
Forum Arbeits- und Sozialrecht, Bd. 37, 2012, 402 S.,
ISBN 978-3-86226-151-2, € **28,80**

Moritz Koch
Dreigliedrige Standortsicherungsvereinbarungen
Forum Arbeits- und Sozialrecht, Bd. 35, 2012, 270 S.,
ISBN 978-3-86226-145-1, € **26,80**

Informationen und weitere Titel unter **www.centaurus-verlag.de**

MIX
Papier aus verantwortungsvollen Quellen
Paper from responsible sources
FSC® C105338

If you have any concerns about our products,
you can contact us on
ProductSafety@springernature.com

In case Publisher is established outside the EU,
the EU authorized representative is:
Springer Nature Customer Service Center GmbH
Europaplatz 3, 69115 Heidelberg, Germany

Printed by Libri Plureos GmbH
in Hamburg, Germany